wiso

Wirtschafts- und Sozialkunde

Spedition und Logistikdienstleistung

von
Roland Lötzerich / Peter-J. Schneider

unter Mitarbeit der Verlagsredaktion

Winklers

Auf verschiedenen Seiten dieses Buches befinden sich Verweise (Links) auf Internet-Adressen.
Haftungshinweis: Trotz sorgfältiger inhaltlicher Kontrolle wird die Haftung für die Inhalte der externen Seiten ausgeschlossen. Für den Inhalt dieser Seiten sind ausschließlich deren Betreiber verantwortlich. Sollten Sie bei dem angegebenen Inhalt des Anbieters dieser Seite auf kostenpflichtige, illegale oder anstößige Inhalte treffen, so bedauern wir dies ausdrücklich und bitten Sie, uns umgehend per E-Mail unter www.westermann.de davon in Kenntnis zu setzen, damit der Verweis beim Nachdruck gelöscht wird.

1. Auflage, 2012
Druck 1, Herstellungsjahr 2012

Redaktion: Holger Alex
Satz: PER Medien + Marketing GmbH
Umschlaggestaltung: Helmut Schmidt Design, Braunschweig
Druck und Bindung: westermann druck GmbH, Braunschweig

ISBN 978-3-8045-**6408**-4

Vorwort

Diese Wirtschafts- und Sozialkunde berücksichtigt den aktuellen KMK-Rahmenlehrplan für den Ausbildungsberuf Kaufmann für Spedition und Logistikdienstleistung/Kauffrau für Spedition und Logistikdienstleistung nach Beschluss der Kultusministerkonferenz vom 30.04.2004. Sie folgt den relevanten Lernfeldern:

- LF 1 Die Berufsausbildung mitgestalten
- LF 2 Im Speditionsbetrieb mitarbeiten
- LF 8 Betriebliche Beschaffungsvorgänge planen, steuern und kontrollieren
- LF 15 Speditionelle und logistische Geschäftsprozesse an wirtschaftlichen Rahmenbedingungen ausrichten

Die berufsspezifischen Lernfelder und Situationen werden unter gesamtwirtschaftlichen Gesichtspunkten betrachtet und bewertet. Zahlreiche Übersichten, Zusammenfassungen, viele praxisorientierte Fallstudien sowie eine klare Gliederung zeichnen das Buch aus. Als Kapiteleinstieg wurden praxisorientierte und motivierende Fallstudien gewählt.

Wie arbeiten Sie mit diesem Buch?

Moment mal!

Wer schon eine Vorstellung davon hat, über was ein Kapitel informieren soll, ist beim Lernen im Vorteil. Diese Aufgabe übernimmt „Moment mal!“.
Eine für den Lerninhalt typische Situation und hierzu ergänzende Leitfragen sollen zu einem ersten Nachdenken anregen.

Haben Sie das Ziel erreicht? Vielleicht haben einige von Ihnen wichtige Lerninhalte übersehen oder nicht richtig verstanden. Hier helfen die Arbeitsvorschläge. Sie sind als Kontrollinstrument am Ende eines Lernabschnitts bzw. Teilabschnitts zu finden.

Manche Informationen haben eine besondere Bedeutung für Ihren beruflichen und privaten Lebensweg. Sie werden in **„exakt!“** besonders hervorgehoben.

Und wer noch mehr wissen möchte, der findet unter dem bekannten Symbol @ Internetadressen, die ihm gezielt bei der Suche nach tiefer gehenden Informationen helfen können.

Wir wünschen Ihnen viel Erfolg!

2012 Die Verfasser

Inhalt

Lernfeld 8: Betriebliche Beschaffungsvorgänge planen, steuern und kontrollieren 177

Lernfeld 15: Speditionelle und logistische Geschäftsprozesse an wirtschaftlichen Rahmenbedingungen ausrichten 259

Lernfeld 1:

Die Berufsausbildung mitgestalten

1 Das Berufsbildungsgesetz
2 Der Ausbildungsvertrag
3 Das Jugendarbeitsschutzgesetz
4 Ordnungsmittel der dualen Ausbildung
5 Betriebliche Mitbestimmung

1 Das Berufsbildungsgesetz

Moment mal!

Kristin sucht im Internet nach einem neuen Handyvertrag. Mal schnell gegoogelt „handy billig" und schon kann sie auf vielen Seiten zwischen insgesamt über 8.500.000 Ergebnissen wählen. „Wahnsinn", denkt sie, „viel zu viel ..." sie vergleicht zahlreiche Angebote auf den ersten Seiten und getreu dem Motto: „Wer die Wahl hat, hat die Qual," sucht sie lange und vergleicht zahlreiche Angebote. Dann endlich entscheidet sie sich bei BASE für das Samsung Galaxy Ace mit 375 sehr positiven Bewertungen.

Hat die Auswahl länger gedauert, so geht das Bestellen ganz schnell: Einige Mausklicks, schon ist alles klar. Die Lieferzeit wurde im Angebot mit 2–4 Tagen angegeben und so klingelt der Bote von DHL tatsächlich auch nach 4 Tagen bei Kristin, die so schnell stolze Besitzerin eines neuen Handys geworden ist.

„Das war easy", denkt sie sich.

Doch was Kristin nicht weiß: Ihr Handy hat schon eine kleine Weltreise hinter sich: Der Hersteller ist der Süd-Koreanische Elektronikkonzern Samsung mit 86 Filialen weltweit. Produziert wurde dieses Handy aber in China und von Shanghai nach Hamburg verschifft. Dahinter steckt die Arbeit von zahlreichen verschiedenen Logistikfachkräften.

- Welche Berufe arbeiteten an der im Folgenden beschriebenen Handy-Zustellung mit?
- Welche Ausbildungsberufe gibt es in dieser Branche?
- Welche Rechte und Pflichten haben Auszubildende?

?

1.1 Bestellung per Mausklick

Im Zentrallager bei BASE

Vier Wochen bevor Kristin ihr Handy in Empfang nehmen konnte, schickt Lisa eine E-Mail an die Einkaufsabteilung. Lisa ist **Fachkraft für Lagerlogistik** und überwacht, den Warenein- und Ausgang. Da das Galaxy Ace gerade der Renner ist, will sie den Bestand aufstocken, damit es zu keinen Lieferengpässen kommt. Denn warten wollen die Kunden heute nicht mehr – dann wechseln sie lieber den Anbieter.

Eine Mail an die Einkaufsabteilung

Lisa schickt ihre Anforderung per Mail an die **Kauffrau im Groß- und Außenhandel** Edith. Sie ist schon seit über 20 Jahren im Einkauf bei verschiedenen Betrieben tätig gewesen. Früher reiste sie zum Teil um die ganze Welt. „Das waren mitunter tolle Jobs, sagt sie, „doch heute sitze ich den ganzen Tag am Schreibtisch und bestelle Waren aus aller Welt am PC, das geht schneller und spart Kosten."

Edith erfährt von Samsung Deutschland, dass die bestellten Handys voraussichtlich schon in 14 Tagen im Container im Hafen von Shanghai für den Seetransport nach Deutschland bereit stehen werden. Jetzt gilt es, die Lieferung abzuwickeln. Sie ruft einen **Schifffahrtsmakler** in Hamburger an, der hat schon für die Container bei einer Hamburger Reederei Platz gebucht.

Shanghai – Hamburg, kein Problem

Bei der Reederei erreicht Edith den **Schifffahrtskaufmann** Sven, der dafür zuständig ist, dass die Auslastungsquote der Schiffe auf der Linie Shanghai – Hamburg möglichst hoch ausgelastet ist. Da bei diesem Schiff noch einige Restplätze verfügbar waren, konnte Sven einen guten Preis anbieten. Nach der Buchung trägt Sven den Transport ins digitale Reservierungssystem ein, schickt per E-Mail eine Benachrichtigung an den Kapitän und kümmert sich um Zollunterlagen und Frachtpapiere.

Zweitgrößter Containerhafen Europas

Der Hamburger Hafen ist hinter Rotterdam der zweitgrößte Containerhafen Europas, mit einem Umschlag von insgesamt neun Millionen 20-Fuß-Standardcontainern erreichte er im Jahr 2011 ein Plus von 1,12 Millionen Containern, das war ein Seegüterumschlag von 132,2 Millionen Tonnen Waren.

Wenn ein Schiff in Hamburg ankommt, helfen die **Hafenschiffer** beim Festmachen und Entladen des Schiffes. Die **Kranführer** verteilen die Container mit ihren riesigen Kränen und bei der Menge wundert man sich, dass sie dann von den **Transporteuren** so schnell gefunden werden.

An Land wartet dann bereits Patrik, der als **Fachkraft für Hafenlogistik** die eingegangenen Lieferungen kontrolliert. Ist die Ware vollzählig? Wurde etwas beim Transport beschädigt? Erst wenn alles okay ist, werden die angekommenen Waren per Laptop erfasst und frei gegeben. Ab jetzt reisen die Handys als Stückgut an Land weiter.

Weiterfahrt per Schiene oder Schiff?

Lars, ein **Kaufmann für Spedition und Logistikdienstleistung**, der für die Spedition Zufall in Kassel arbeitet, übernimmt die Lieferung aus Shanghai. Er berechnet nun, wie der Weitertransport am kostengünstigsten und/oder am schnellsten stattfinden kann. Es gibt verschiedene Alternativen: Lässt sich der Transport auf der Schiene abwickeln? Dann wäre es Lisas Job, die Ware weiter transportieren zu lassen. Lisa arbeitet als **Eisenbahnerin im Betriebsdienst** am Hamburger Güterbahnhof. Größere Produkte, die nicht so schnell transportiert werden müssen, können mit dem Binnenschiff transportiert werden. Am Ziel-Binnenhafen müssen sie dann von der Bahn oder dem LKW übernommen werden. Dieser Transportweg ist langsamer aber preiswert und umweltfreundlich. Das wäre ein Job für Manfred, der als **Binnenschiffer** ein Containerschiff steuert, auf dem er auch gleichzeitig wohnt.

Eine Spedition erhält den Zuschlag

Ein Weitertransport wäre auch noch per Flugzeug (oftmals bei hochwertigen und eiligen Lieferungen, wie Ersatzteile usw.) oder per Express-Kleintransporter möglich. In ersterem Fall würden die **Luftverkehrskauffrauen/männer** die Bearbeitung übernehmen. Beide Alternativen sind teurer, daher entscheidet sich Lars für den Transport per LKW. Dimitri ist **Berufskraftfahrer** und arbeitet bei einer Spedition. Sein Disponent, ein **Kaufmann für Spedition und Logistikdienstleistung** ist mit ihm per GPS verbunden und kann, da er auf der Rückfahrt von Hamburg noch Platz hat, einen Umweg einplanen und Dimitri die Handys nach Potsdam zu Base bringen lassen. Darum ist der Transport mit der Spedition in diesem Falle nicht nur preiswerter sondern auch schnell.

Die Ladung trifft im Logistikzentrum bei BASE ein

Dimitri trifft an der Ladebucht mit seinem 18-Tonner ein. Dort wird er von Lisa, der **Fachkraft für Lagerlogistik** empfangen. Sie war das, die vor mehr als vier Wochen den Auftrag bei Samsung getätigt hatte und so erst den Transport aus China ins Rollen gebracht hatte. Bevor die Kisten entladen werden, überprüft sie die Begleitpapiere mit der Bestellung. Da die Anzahl der Kisten stimmt und diese auch äußerlich unversehrt sind, gibt Lisa das Abladen frei. Eine **Fachkraft für Lagerlogistik** bringt die Kisten dann auch gleich zur Wareneingangskontrolle. Dort werden die Handys ausgepackt, gezählt und mit einer Stichprobe kontrolliert. Da alles in Ordnung ist, werden sie nun mit dem Handscanner in das Warenwirtschaftssystem gebucht und in das Hochregallager eingelagert. Das PC-Programm bestimmt in dieser „Chaotischen Lagerhaltung" die jeweiligen Lagerplätze für die einzelnen Handys.

Dimitri hat inzwischen mit seinem LKW das Lagergelände verlassen und ist auf dem Weg zur Autobahn.

Auslieferung der einzelnen Bestellungen

Die Bestellung von Kristin ist schon in Bearbeitung. Mehrere **Fachlageristinnen** stellen im Lager nun die einzelnen Lieferungen an die Endkunden zusammen – darunter war auch die Bestellung von Kristin. Die Aufträge wurden in das System eingegeben und automatisch bearbeitet. Automatisch werden die Handys und das Zubehör aus dem Hochregallager zu den Arbeitsplätzen der Fachlageristinnen transportiert. Diese kontrollieren noch einmal die Lieferung mit der Bestellung, dann wird das gesamte Paket gewogen und so erkannt, wenn ein falsches Handy oder zu wenig beziehungsweise zu viel Zubehör eingepackt worden wäre.

Als letztes werden die Rechnung – die hat in der Zwischenzeit eine **Bürokauffrau** ausgestellt – und ein Anschreiben auf das Handy gelegt, das Paket zugeklebt und die Adressetikette auf den Karton geklebt. Dann gehen die Handys einzeln auf ihre vorerst letzte Reise: Sie kommen auf ein Transportband, dort werden sie nach Postleitzahlregionen mit einem Festscanner geordnet und in die Rollwagen der DHL geladen.

Mit Paketservice bis an Kristins Haustür
Bei DHL arbeitet Gül als **Kauffrau für Kurier-, Express- und Postdienstleistungen**. Sie plant die Fahrtrouten und legt fest, welcher Fahrer welche Tour übernimmt. Der Transport selbst wird von den **Servicefahrern** übernommen. Und so klingelt der Servicefahrer Nick um 11:30 Uhr an Kristins Haustür. Er hält ihr ein Päckchen entgegen, in dem ihr neues Handy ist. „Hier bitte unterschreiben" – und fertig! Jetzt ist unsere Lieferkette geschlossen.

1.2 Eine Zukunftsbranche

Kristin ist glücklich und hat schon gleich mehrere SMS geschrieben. Für die schnelle Lieferung sorgten verschiedene Firmen und deren Mitarbeiter aus einem immer bedeutender werdendem Wirtschaftszweig: Die Transport- und Logistikbranche ist inzwischen mit über 2,6 Millionen Beschäftigten schon der drittstärkste Wirtschaftsbereich in Deutschland. Moderne Lagerhaltung unter dem Aspekt der Kostenminimierung wie „Just-intime" , die stetig weiter vorangetriebene Globalisierung mit einem immer größerem weltweiten Handel und der zunehmende E-Commerce (Verkäufe im Internet) aber auch die zentrale Lage Deutschlands in Europa geben der Logistikbranche und damit auch deren Beschäftigten weiterhin sehr gute Zukunftschancen.

Just-in-Time – Netzwerke und Marktplätze
Auch die Logistikbranche unterliegt einem immer schneller werdenden Wandel. Logistik bedeutet heute erheblich mehr, als nur Waren von einem Ort zum anderen zu transportieren oder zu lagern. Heute sind Logistiker auch Berater, Planer und Organisatoren, die Unternehmen mit Rohstoffen und Gütern versorgen, die z. B. Bananen reifen lassen, Waren für die Hersteller in verkaufsfähige Einheiten verpacken, die Lagerhaltung für Industrie- oder Handelsbetriebe übernehmen oder gleich für diese Unternehmen die gesamten Lieferkette, das sogenannte Supply-Chain-Management übernehmen. Auf Auszubildende in dieser Branche warten nicht nur Arbeitsplätze, die auch in Zukunft gebraucht werden sondern auch sich laufende wandelnde, sehr interessante Tätigkeiten.

Verschiedene Ausbildungsberufe in der Spedition und Logistikdienstleistung

Die große Anzahl von Berufen in der Spedition und Logistikdienstleistung lässt sich in folgende drei Bereiche einteilen:

Berufe in der Spedition und Logistikdienstleistung		
Kaufmännische Berufe	**Warenumschlag- und Lagerberufe**	**Transport- und Zustellberufe**
Bürokaufmann/-frau Industriekaufmann/-frau Kaufmann/-frau für Groß- und Außenhandel Kaufmann/-frau für Kurier-, Express- und Postdienstleistungen Kaufmann/-frau für Spedition und Logistikdienstleistung Luftverkehrskaufmann/-frau Schifffahrtkaufmann/-frau	Fachkraft für Hafenlogistik Fachkraft für Kreislauf- und Abfallwirtschaft Fachkraft für Lagerlogistik Fachkraft für Möbel-, Küchen- und Umzugsservice Fachlagerist/in	Berufskraftfahrer/in Binnenschiffer/in Eisenbahner/in im Betriebsdienst Fachkraft für Kurier-, Express- und Postdienstleistungen Hafenschiffer/in Servicefahrer/in

In einer Branche, die von ständiger Veränderung und Wachstum geprägt ist, werden permanent innovative Technologien und Abläufe eingeführt, modifiziert und aktualisiert. Das bedeutet lernen – immer wieder neu, ein Berufsleben lang! Damit ergeben sich für Berufsanfänger auch gute Chancen. Doch am Anfang steht erst einmal die Berufsausbildung. Es wird dabei von ihnen als Auszubildende/r erwartet, dass sie ihre Berufsausbildung selbst- und verantwortungsbewusst mitgestalten. Dafür müssen sie aber nicht nur ihre Mitwirkungsrechte und -möglichkeiten sondern auch die gesetzlichen Grundlagen kennen. Diese werden sie im ersten Lernfeld dieses Buches kennen lernen.

1.3 Bestimmungen zur Berufsausbildung

Die wichtigsten Bestimmungen zur Berufsausbildung stehen im Berufsbildungsgesetz (BBiG). Dieses gilt sowohl für die Berufsausbildung als auch für die Berufsausbildungsvorbereitung, Umschulungen und berufliche Fortbildung. Weitere Schutzgesetze wie das Jugendarbeitsschutz-, Urlaubs-, Mutterschutz-, Kündigungsschutz-, Schwerbehindertenschutz-, Tarifvertragsgesetz usw. sind ebenfalls wichtig für Ihre Ausbildung.

Neben den Rechten und Pflichten der Ausbildenden und der Auszubildenden beinhaltet das BBiG Regelungen über die Ausbildungsordnungen, die Anrechnung beruflicher Vorbildungen, den Berufsausbildungsvertrag, die Abschlussprüfungen, die Probezeit, die Kündigung des Ausbildungsvertrages, die Beendigung der Ausbildung, die Eignung des Ausbildungsbetriebs und der Ausbildenden usw. Für schulische Vollzeitausbildungen sind die jeweiligen Kultusministerien zuständig.

Die Pflichten des Ausbildenden

Pflichten	Der Ausbildende muss ...
Ausbildungspflicht	... dem Auszubildenden alle Kenntnisse und Fertigkeiten vermitteln, die zum Erreichen des Ausbildungszieles erforderlich sind.
Planungspflicht	... die Ausbildung zeitlich und sachlich gliedern und planen. Bei Kurzarbeit muss der Auszubildende weiter voll ausgebildet werden.
Vergütungspflicht	... dem Auszubildenden regelmäßig und ohne Aufforderung eine angemessene Ausbildungsvergütung zahlen. Diese muss vom 1. Ausbildungsjahr bis zur Abschlussprüfung Jahr für Jahr erhöht werden.
Bereitstellung von Arbeitsmitteln	... dem Auszubildenden die Ausbildungsmittel kostenlos zur Verfügung stellen.
Freistellungspflicht	... die Auszubildenden für die Teilnahme am Berufsschulunterricht, zu Ausbildungsmaßnahmen außerhalb der Ausbildungsstätte und für Prüfungen freistellen.
Einhaltungspflicht	... den gesetzlichen oder tarifvertraglichen Urlaub gewähren, Arbeitszeiten überwachen und andere Arbeitsschutzgesetze einhalten.
Fürsorgepflicht	... dem Auszubildenden nur Arbeiten übertragen, die dem Ausbildungszweck dienen. Sie dürfen den Azubi nicht körperlich oder sittlich gefährden.
Zeugnispflicht	... dem Auszubildenden nach Beendigung seiner Ausbildung ein Arbeitszeugnis ausstellen.

Pflichten des Ausbildenden = Rechte des Auszubildenden

Die Pflichten des Auszubildenden

Pflichten	Der Auszubildende muss ...
Lernpflicht	... sich bemühen, sich alle Fertigkeiten und Kenntnisse anzueignen, die für den Ausbildungserfolg wichtig sind.
Teilnahmepflicht	... an außerbetrieblichen Ausbildungsmaßnahmen (z. B. von der Kammer) teilnehmen.
Schweigepflicht	... über Betriebs- und Geschäftsgeheimnisse unbedingtes Stillschweigen wahren.
Sorgfaltspflicht	... Werkzeuge, Maschinen und alle Betriebseinrichtungen pfleglich behandeln (auch säubern).
Schulpflicht	... die Berufsschule besuchen.
Berichtsheft führen	... ein Berichtsheft führen, soweit es für seine Ausbildung verlangt wird.
Einhaltung der Betriebsordnung	... die Betriebsordnung beachten und einhalten.
Befolgungspflicht	... den Weisungen des Ausbilders, Betriebsinhabers oder anderer weisungsberechtigter Personen folgen.

Pflichten des Auszubildenden = Rechte des Ausbildenden

Probezeit

Jedes Berufsausbildungsverhältnis beginnt mit einer Probezeit. Diese muss mindestens einen und darf höchstens vier Monate betragen.
In dieser Probezeit können sowohl der Auszubildende als auch der Ausbildungsbetrieb den geschlossenen Ausbildungsvertrag jederzeit kündigen. Die Kündigung ist fristlos und es müssen keine Kündigungsgründe genannt werden.

Warum gibt es diese Probezeit?

Ausbildungsbetrieb und Auszubildende schließen einen Ausbildungsvertrag über zwei bis sogar dreieinhalb Jahre. Dies ist eine lange und vor allem für den Auszubildenden wichtige Zeit. Denn: Wenn er in seiner Ausbildung nur wenig lernt, kann im das für sein ganzes spätere Arbeitsleben von Nachteil sein. Da man so lange zusammen arbeiten und auskommen muss, sollte man vorher prüfen.

Es kann sein, der Auszubildende merkt, dass ihm der Ausbildungsberuf keinen Spaß macht oder ihm der Betrieb nicht gefällt. Dann kann er in der **Probezeit** ohne Probleme kündigen. Aufgeben könnte er aber den Ausbil-

@

Die aktuelle Fassung des Berufsbildungsgesetzes finden Sie auf der Homepage des Bundesministeriums für Bildung und Forschung. **www.bmbf.de/pub/die_reform_beruflichen_bildung.pdf**

Was man während der Probezeit prüfen kann

Überprüfung in der Probezeit

Auszubildender

- Habe ich die richtige Berufswahl getroffen? (Eignung, Interesse, Neigungen)
- Habe ich den richtigen Ausbildungsbetrieb gewählt?

Ausbildungsbetrieb

- Habe ich einen Auszubildenden eingestellt, der meinen betrieblichen Zielen entspricht?
- Wird der Auszubildende später ein guter Arbeitnehmer, den ich übernehmen kann?

dungsplatz auch, wenn er von den Mitarbeitern oder Ausbildern geschnitten oder nicht richtig behandelt würde, bzw. er nicht richtig ausgebildet würde. Aber auch der Ausbildungsbetrieb kann in der Probezeit fristlos kündigen, ohne Nennung von Gründen. Dies wird er tun, wenn er merkt, dass der Auszubildende kein Interesse an der Ausbildung und dem Betrieb hat, wenn er schwänzt, faul ist oder bei Mitarbeitern, Chef oder Kunden aneckt oder den Anforderungen der Ausbildung und des Betriebes nicht entspricht.

Arbeitsvorschläge

1. Wie schätzen Sie die Zukunftschancen der Speditions- und Logistikbranche und damit die Chancen für Ihren Arbeitsplatz ein?
2. Was ist Just-in-time?
3. Beschreiben Sie die Pflichten von Auszubildenden und Ausbildenden an Beispielen aus Ihrer Ausbildung. Begründen Sie diese jeweils.
5. Warum gibt es die Probezeit, und was sollten Sie in dieser beachten?
6. Prüfen Sie, ob folgende Verfahren rechtens sind:
   a) Der Chef zahlt die Vergütung jeweils am 15. des Folgemonats.
   b) Monatlich erhält ein Auszubildender 450,00 €. Für den Februar werden aber nur 420,00 € bezahlt, da der Februar ja nur 28 Tage hat.
   c) Ein Betrieb zieht dem Azubi die Berufsschultage bei der Vergütung ab.
   d) Ein Azubi erhält eine Woche keine Ausbildungsvergütung, weil er in dieser Zeit arbeitsunfähig war.

§ 17 Vergütungsanspruch
(1) Ausbildende haben Auszubildenden eine angemessene Vergütung zu gewähren.
Sie ist nach dem Lebensalter der Auszubildenden so zu bemessen, dass sie mit fortschreitender Berufsausbildung, mindestens jährlich, ansteigt.

§ 18 Bemessung und Fälligkeit der Vergütung
(1) Die Vergütung bemisst sich nach Monaten. Bei Berechnung der Vergütung für einzelne Tage wird der Monat zu 30 Tagen gerechnet.
(2) Die Vergütung für den laufenden Kalendermonat ist spätestens am letzten Arbeitstag des Monats zu zahlen.

2 Der Ausbildungsvertrag

Moment mal!

Kaufmann/-frau für Spedition und Logistikdienstleistung

Sie sind das Rückgrat der Logistikbranche: Wenn irgendwo Waren von A nach B transportiert werden, haben Kaufleute für Spedition und Logistikdienstleistung die Fäden in der Hand. Sie nehmen Aufträge an, kalkulieren die Kosten, kümmern sich um die Formulare, organisieren die Warenlagerung und planen die Route sowie die Art des Transports – ob auf Straße oder Schiene, auf dem Wasser oder in der Luft. Weil Sie so vielseitig sind, können sie Arbeit bei allen Unternehmen finden, die Güter transportierten, umschlagen und lagern. Also zum Beispiel bei Speditionen, aber auch bei Paketdiensten, Fluggesellschaften, Häfen oder Lagerbetrieben.
Das ist was für mich, war sich Sven nach reiflicher Überlegung sicher. Er bewarb sich bei verschiedenen Speditionen und bekam auch nach einem Vorstellungsgespräch eine Zusage von der Schirmer Logistik GmbH. Heute war sein großer Tag, er unterschrieb im Personalbüro einen Ausbildungsvertrag. Danach machte er einen Rundgang durch seinen zukünftigen Ausbildungsbetrieb.

- Warum müssen Ausbildungsverträge geschlossen werden?
- Welche Angaben müssen diese enthalten?

?

Hand aufs Herz: Haben Sie Ihren Ausbildungsvertrag eigentlich genau gelesen, bevor Sie ihn unterschrieben haben? Was steht denn drin?
Wissen Sie außer Urlaubslänge und Ausbildungsvergütung noch andere Einzelheiten aus Ihrem Ausbildungsvertrag?

Ausbildungsverträge sind zweiseitige Verträge
Sie werden zwischen den Ausbildungsbetrieben und den Auszubildenden vor Beginn der Ausbildung geschlossen.
Damit sie gültig sind, müssen folgende Voraussetzungen erfüllt werden:
- Sie müssen schriftlich geschlossen werden.
- Bei Minderjährigen muss der gesetzliche Vertreter zusätzlich unterschreiben.
- Der Ausbildende hat dem Auszubildenden nach Unterzeichnung ein Exemplar auszuhändigen.

Was steht drin im Berufsausbildungsvertrag?
Berufsausbildungsverträge müssen mindestens folgende Angaben enthalten:

- Art, Gliederung und Ziel der Ausbildung,
- Beginn und Dauer der Ausbildung,
- Ausbildungsmaßnahmen außerhalb der Ausbildungsstätte,
- Dauer der regelmäßigen täglichen Ausbildungszeit,
- Dauer der Probezeit (höchstens vier Monate),
- Zahlungstermine und Höhe der Vergütung,
- Dauer des Urlaubs und
- die Voraussetzungen, unter denen der Vertrag gekündigt werden kann.

Kontrolle durch die Kammer
Nach Abschluss des Berufsausbildungsvertrages muss der Ausbildende unverzüglich die Eintragung des Vertrages in das Verzeichnis der Berufsausbildungsverhältnisse bei der jeweiligen Industrie- und Handelskammer (IHK) beantragen. Hier werden die Verträge auf Richtigkeit und Vollständigkeit überprüft. Diese Eintragung wird nur vorgenommen, wenn der Berufsausbildungsvertrag dem Berufsbildungsgesetz und der Ausbildungsverordnung entspricht.

Die IHK prüft, ob der unterschriebene Vertrag die Mindestangaben enthält und ob folgende Voraussetzungen des Ausbildenden gegeben sind:

- **die persönlichen Voraussetzungen:** Er muss die bürgerlichen Ehrenrechte besitzen (das heißt, er darf nicht vorbestraft sein), und er muss die Ausbildereignung besitzen (er darf nicht grob gegen die Ausbildungsvorschriften verstoßen haben).
- **die fachliche Eignung:** Er muss die erforderlichen beruflichen Qualifikationen und die Ausbildereignungsprüfung besitzen.
- Sein Betrieb muss als **Ausbildungsstätte geeignet** sein (oder er muss Teile der Ausbildung ausgliedern).

Wenn dies nicht in allen Bereichen gegeben ist, kann ein kleiner Betrieb mit einem oder mehreren anderen Betrieben einen Ausbildungsverbund eingehen. Eine andere Möglichkeit wäre, dass Ausbildungsinhalte, die von einem Betrieb nicht vermittelt werden können, von der Industrie- und Handelskammer oder von anderen außerbetrieblichen Stellen vermittelt werden.

Die wichtigsten Grundlagen für den Berufsausbildungsvertrag stehen in dem Berufsbildungsgesetz (BBiG). Zusätzlich muss für Jugendliche das Jugendarbeitsschutzgesetz eingehalten werden. Auch die Vorschriften der Berufsgenossenschaften sowie Tarifverträge regeln die Ausbildung, ferner eventuell das Schwerbehinderten- und das Mutterschutzgesetz.

Das sind Deine Aufgaben
Am Anfang jedes Transports steht der Kunde, der etwas befördern möchte – und du willst, dass deine Firma den Auftrag bekommt. Du überzeugst ihn mit dem besten Preis, dem schnellsten und sichersten Transport und der professioneller Abwicklung. Oft erledigst du zum Beispiel auch das Lagern, den Zoll und die Versicherung für ihn.

Dein Ziel ist es, die Logistik perfekt zu organisieren. Du klärst Termine und Routen und überlegst auch, ob du mehrere Lieferungen zusammenlegen kannst. Dann legst du die Route fest, teilst einen Fahrer ein und stimmst dich mit dem Lager ab. Trotz aller Planung kann auch mal was dazwischenkommen: Ein Lkw ist defekt, am Flughafen wird gestreikt, auf der Autobahn herrscht Stau? Kein Problem für dich: Transporte kurzfristig und unter Termindruck umzuorganisieren, gehört mit dazu.
Du kannst auch in der Lagerorganisation arbeiten – zum Beispiel im Umschlaglager einer Spedition oder bei einem Betrieb, der die Lagerhaltung anderer Unternehmen übernimmt. Hier kümmerst du dich zum Beispiel um die Papiere, und Bestandslisten oder um das Abrechnen der Lagerkosten. Eine wichtige Aufgabe ist auch das Komissionieren, also das Zusammenstellen einer Lieferung aus den Lagerbeständen.
Neben dem eigentlichen Transport und dem Lagerwesen gibt es noch eine Menge anderer Dinge zu organisieren: Du kümmerst dich zum Beispiel um Zollformalitäten, stellst Lieferscheine aus, überprüfst ankommende Waren auf Schäden und erstellst Statistiken über den Warenumsatz. Du kannst natürlich auch andere kaufmännische Aufgaben übernehmen, zum Beispiel in der Buchhaltung oder im Marketing.

Was wichtig ist?
In den verschiedenen Logistikberufen gibt es unterschiedliche Anforderungen. Hier sehen Sie, was für Kaufleute für Spedition und Logistikdienstleistungen sehr wichtig – und was eher nebensächlich ist.
Organisationstalent
Organisation ist in diesem Beruf das A und O. Sie kümmern sich um alle Details, so dass Transporte reibungslos über die Bühne gehen und das Lager effizient arbeiten kann.
Kommunikationsstärke
Sie sind für Kunden der Ansprechpartner für alle Fragen rund um den Transport und das Lagern von Gütern. Sie sind immer hilfsbereit und freundlich, auch wenn Sie stark unter Zeitdruck stehen – zum Beispiel, weil ein Transport in letzter Minute umorganisiert werden muss.
Englischkenntnisse
Logistik findet heute weltumspannend statt. Deshalb ist es sehr wichtig, dass du in diesem Beruf gut Englisch kannst. Wenn Sie noch andere Sprachen können – umso besser!
Technikverständnis
Ohne moderne Technik läuft in der Transport- und Logistikbranche nichts. Mit Hilfe von GPS-Ortungstechnik kannst du zum Beispiel vom Bildschirm aus erkennen, wo sich die Lastwagen deines Fuhrparks gerade befinden.
Fitness
Sie arbeiten vor allem am Schreibtisch. Trotzdem kann es schon mal vorkommen, dass du mit anpackst – zum Beispiel, wenn bei einer großen Lieferung im Lager mal Not am Mann ist oder wenn ein Fahrer Hilfe beim Einladen braucht.

Berufszugang
Von den rund 4.400 Azubis, die 2009 in eine Ausbildung als Kaufmann oder -frau für Spedition und Logistikdienstleistung starteten, hatten die meisten

die Hochschulreife (52 %) oder einen mittleren Bildungsabschluss (40 %). Aber auch andere Abschlüsse sind keine Seltenheit. Engagierte und motivierte Schüler können sich auch erfolgreich auf Berufe bewerben, in denen höhere Schulabschlüsse üblich sind.

(Quelle: http://berufe.bibb-service.de/Z/B/30/70111700.pdf)

Arbeitsvorschläge

1. Warum müssen Berufsausbildungsverträge in die jeweiligen Verzeichnisse bei den Kammern eingetragen werden?
2. Welche Inhalte müssen Ausbildungsverträge mindestens enthalten?
3. Checken Sie Ihren Ausbildungsvertrag! Denn: „Unwissenheit schützt nicht vor den Folgen ..." Beachten Sie dabei folgende Schritte:
   - Bringen Sie Ihren Ausbildungsvertrag mit in die Berufsschule.
   - Stellen Sie fest, welche Inhalte enthalten sind. Schreiben Sie diese heraus.
   - Fertigen Sie sich hierzu eine Checkliste an.
   - Vergleichen Sie Ihren Ausbildungsvertrag: Sind die Mindestangaben enthalten?
   - Vergleichen Sie Ihren Vertrag mit denen Ihrer Mitschüler und stellen Sie eventuelle Unterschiede fest.
4. a) Vergleichen Sie den folgenden Lehrvertrag von Georg Walther aus dem Jahr 1864 mit Ihrem Ausbildungsvertrag.
   b) Prüfen Sie, ob eine oder mehrere Bestimmungen dieses Vertrages auch heute noch gültig wären.

Edard Groos in Grünberg einerseits und Philipp Walther in Biedenkopf andererseits haben folgende Übereinkunft getroffen:

1. Groos nimmt den Sohn des Philipp Walther mit Namen Georg auf vier Jahre, und zwar vom 15ten Oktober 1864 bis dahin 1868, als Lehrling in sein Geschäft auf.
2. Groos macht sich verbindlich seinen Lehrling in allen dem, was in seinem Geschäft vorkommt, gewissenhaft zu unterrichten, ein wachsames Auge auf sein sittliches Betragen zu haben und ihm Kost und Logis in seinem Hause frei zu geben.
3. Groos gibt seinem Lehrling alle 14 Tage des sonntags von 12 bis 5 Uhr frei; dabei ist es gestattet, dass er auch an dem Sonntage, wo er seinen Ausgangstag nicht hat, einmal den Gottesdienst besuchen kann.
4. Groos verzichtet auf ein Lehrgeld, hat aber dagegen die Lehrzeit auf vier Jahre ausgedehnt.
5. Walther hat während der Lehrzeit seines Sohnes denselben in anständiger Kleidung zu erhalten und für dessen Wäsche besorgt zu sein.
6. Walther hat für die Treue seines Sohnes einzustehen und allen Schaden, den derselbe seinem Lehrherrn verursachen sollte, ohne Einrede zu ersetzen.
7. Der junge Walther darf während der Dauer seiner Lehrzeit kein eigenes Geld führen, sondern die Ausgaben, welche nicht von seinem Vater direkt bestritten werden, gehen durch die Hände des Lehrherrn und der Lehrling hat solche zu verzeichnen.
8. Hat der junge Walther seine Kleidungsstücke auf seinem Zimmer zu verschließen, aber so, dass sein Lehrherr davon Kenntnis hat und dieser solche von Zeit zu Zeit nachsehen kann, sooft es diesem gewahrt ist, um ihn gehörig zu überwachen.
9. Darf der Lehrling während seiner Lehrzeit kein Wirtshaus oder Tanzbelustigung besuchen, er müsste dann ausdrücklich die Erlaubnis hierzu von seinem Vater oder Lehrherrn erhalten haben und dann besonders darf er auch nicht rauchen im Geschäft oder außer demselben, es bleibt ganz untersagt.

Grünberg und Biedenkopf, den 27. November 1864

(Quelle: Informationen zur politischen Bildung, Heft 175, Seite 24)

3 Das Jugendarbeitsschutzgesetz

Moment mal!

Eine Anfrage einer Auszubildenden im Chat:
Hilfe, wer kennt sich aus???? Ich, Natalia, bin 17 Jahre und im ersten Ausbildungsjahr zum Beruf Kaufmann für Spedition und Logistikdienstleistung. Mein Ausbildungsbetrieb ist ein kleines Subunternehmen, welches für größere Speditionen die örtliche Verteilung übernimmt. Dass die freiberuflichen Fahrer für einen Hungerlohn arbeiten, obwohl sie mit ihren eigenen PKWs fahren müssen, kann ich leider nicht ändern.
Aber auch ich fühle mich zunehmend ausgenutzt. Ich muss jeden Samstag arbeiten: Ab 6:00 Uhr ist die Paketausgabe und dann muss ich warten, bis der letzte Fahrer mit den nicht zugestellten Paketen zurück kommt – das ist in der Regel zwischen 14:00 und 15:00 Uhr. Als Ausgleich erhalte ich 4,00 € die Stunde. Mein Chef rechnet wie folgt: Meine monatliche Ausbildungsvergütung ist 588,00 € geteilt durch 160 Stunden pro Monat = 3,68 €/Std. – den Rest schenke er mir großzügig.
Zweimal in der Woche muss ich auch noch nachts arbeiten. Ich erwarte die eingehenden LKWs und bis der letzte abgefertigt ist, kann es schon mal 24:00 Uhr werden. Dann muss ich aber trotzdem am nächsten Morgen wieder um 6:00 Uhr da sein. Das ist mir manchmal ganz schön unheimlich, wenn ich so spät ganz allein mit irgend einem fremden Fahrer in der Halle bin. Da wir montags erheblich weniger zu verteilen haben, darf ich ab 10:00 Uhr nach Hause gehen.
Ist das alles so o.k.? Wer kann mir helfen???
Vielen Dank im Voraus, LG Natalia

- Für wen gilt das Jugendarbeitsschutzgesetz?
- Wie und warum werden diese Personen durch das Gesetz geschützt?

?

Das Jugendarbeitsschutzgesetz (JArbSchG) gilt nur für Jugendliche bis zur Vollendung des 18. Lebensjahres, um diese vor körperlichen und psychischen Gefahren besonders zu schützen und ihnen den Einstieg in die Arbeitswelt zu erleichtern.

Das Gesetz gilt aber nicht für volljährige Auszubildende. Nachfolgend sind die wichtigsten gesetzlichen Regelungen in Stichworten aufgeführt. Die ausführlichen Gesetzestexte, Ausnahmen usw. können Sie im Internet abrufen.

Die wichtigsten Bestimmungen des JArbSchG			
Bestimmung	**Inhalt**	**Ausnahmen/Besonderheiten**	**§§ JArb-SchG**
Kinderarbeit	ist verboten, Mindestalter für eine Beschäftigung: 15 Jahre	Ab einem Alter von 13 Jahren sind leichte Tätigkeiten erlaubt, wie z. B. Prospekte austragen.	§§ 5–7
Arbeitszeit	höchstens 8 Stunden pro Tag und 40 Stunden pro Woche	in der Landwirtschaft während der Erntezeit höchstens 9 Stunden pro Tag, höchstens 85 Stunde pro Doppelwoche	§ 8
Berufsschulbesuch	Auszubildende sind für den Berufsschulbesuch freizustellen.	gilt auch für volljährige Auszubildende	§ 9
	Beginnt die Berufsschule ab 9:00 Uhr, darf der/die Azubi vorher nicht im Betrieb beschäftigt werden.	gilt auch für volljährige Auszubildende	
	Berufsschulzeit ist Arbeitszeit. Ein Berufsschultag mit mehr als 5 Unterrichtsstunden gilt als voller Arbeitstag. Ein zweiter Berufsschultag wird nur mit der Anzahl der Schulstunden als Arbeitsstunden angerechnet. Hat dieser zweite Tag weniger als 6 Unterrichtsstunden, muss der/die Azubi anschließend in den Betrieb. Bei Blockunterricht gilt: Mindestens 25 Wochenstunden an 5 Tagen sind eine volle Arbeitswoche.		
Prüfung	Die Freistellung für Zwischen- und Abschlussprüfung ist mit der Zeit der Teilnahme einschließlich der Pausen auf die Arbeitszeit anzurechnen. Der Arbeitgeber hat den Jugendlichen an dem Arbeitstag, der der schriftlichen Abschlussprüfung unmittelbar vorangeht, freizustellen. Die Freistellung wird auf die Arbeitszeit mit acht Stunden angerechnet. Die Ausbildungsvergütung ist für diesen zusätzlichen freien Tag fortzuzahlen. Die Prüfungszeit ist ebenso wie die Unterrichtszeit an der Berufsschule Arbeitszeit. Die Zeit der Teilnahme an den Prüfungen, auch die Pausen, wird nach dem JArbSchG auf die Arbeitszeit angerechnet. Da das JArbSchG für Auszubildende über 18 Jahre nicht gilt (Ausnahme: § 9), findet auf sie nur das Berufsbildungsgesetz Anwendung. Eine gesetzliche Verpflichtung zur Anrechnung der Freistellungszeit für Prüfungen auf die Ausbildungszeit besteht hier nicht.		§ 10

Die wichtigsten Bestimmungen des JArbSchG

Bestimmung	Inhalt	Ausnahmen/Besonderheiten	§§ JArbSchG
Ruhepausen	Arbeitszeit 4,5–6 Std.: Pause mind. 30 Min. Arbeitszeit über 6 Std.: Pause mind. 60 Min. Jugendliche dürfen nicht länger als 4,5 Stunden ohne Pause arbeiten.	Mindestdauer je Pause: 15 Minuten	§ 11
beschäftigungsfreie Zeit	Zwischen Arbeitsende und nächstem Arbeitsbeginn müssen mindestens 12 Stunden liegen.		§ 13
Nachtruhe	Jugendliche dürfen nur von 6:00 bis 20:00 Uhr arbeiten.	**ab 16 Jahren:** in Gaststätten bis 22:00 Uhr, in Bäckereien und Konditoreien ab 5:00 Uhr (geplant ab 4:00 Uhr), in mehrschichtigen Betrieben bis 23:00 Uhr, in der Landwirtschaft zwischen 5:00 und 21:00 Uhr **ab 17 Jahren:** in Bäckereien ab 4:00 Uhr; damit Wartezeiten entfallen, sind Ausnahmen zwischen 5:30 und 23:30 Uhr möglich. Diese müssen genehmigt werden.	§ 14
5-Tage-Woche	Jugendliche dürfen nur an insgesamt 5 Tagen der Woche beschäftigt werden.	Die beiden freien Tage sollen möglichst zusammenhängen.	§ 15
Samstagsruhe	An Samstagen dürfen Jugendliche nicht beschäftigt werden. Zulässig ist die Beschäftigung Jugendlicher an Samstagen nur 1. in Krankenanstalten sowie in Alten-, Pflege- und Kinderheimen, 2. in offenen Verkaufsstellen, in Betrieben mit offenen Verkaufsstellen, 3. in Bäckereien und Konditoreien, 4. im Friseurhandwerk und im Marktverkehr, 5. im Familienhaushalt, im Gaststätten- und Schaustellergewerbe usw.	Mindestens zwei Samstage im Monat sollen beschäftigungsfrei bleiben. Werden Jugendliche am Samstag beschäftigt, ist ihnen die Fünf-Tage-Woche (§ 15) durch Freistellung an einem anderen berufsschulfreien Arbeitstag derselben Woche sicherzustellen. In Betrieben mit einem Betriebsruhetag in der Woche kann die Freistellung auch an diesem Tage erfolgen, wenn die Jugendlichen an diesem Tage keinen Berufsschulunterricht haben.	§§ 16
Sonntagsruhe	An Sonntagen dürfen Jugendliche nicht beschäftigt werden. Zulässig ist die Beschäftigung Jugendlicher an Sonntagen unter anderem nur 1. in Krankenanstalten sowie in Alten-, Pflege- und Kinderheimen, 2. in der Landwirtschaft und Tierhaltung, 3. im Schaustellergewerbe, Musikaufführungen, Theatervorstellungen usw., 4. im Gaststättengewerbe u. a.	Jeder zweite Sonntag soll beschäftigungsfrei bleiben. Mindestens zwei Sonntage im Monat müssen beschäftigungsfrei bleiben.	

Die wichtigsten Bestimmungen des JArbSchG

Bestimmung	Inhalt	Ausnahmen/Besonderheiten	§§ JArb-SchG
Feiertagsruhe	1. Am 24. und 31. Dezember nach 14 Uhr und an gesetzlichen Feiertagen dürfen Jugendliche nicht beschäftigt werden. 2. Zulässig ist die Beschäftigung Jugendlicher an gesetzlichen Feiertagen in den Fällen des § 17 Abs. 2, ausgenommen am 25. Dezember, am 1. Januar, am ersten Osterfeiertag und am 1. Mai.		§ 18
Urlaub	unter 16 Lebensjahren: Jahresurlaub von mindestens 30 Werktagen; noch nicht 17 Jahre: 27 Werktage; noch nicht 18 Jahre: 25 Werktage	Im JArbSchG ist der Mindesturlaub angegeben, länger ist möglich. Der Urlaub sollte in den Berufsschulferien liegen, sonst muss die Berufsschule auch während des Urlaubs besucht werden. Liegt der Urlaub außerhalb der Ferien, verlängert er sich pro Tag des Berufsschulbesuchs.	§ 19
Beschäftigungsverbote	Arbeit unter Tage; Akkord- und Fließbandarbeit; gefährliche Arbeiten bei: Lärm, Strahlen, außergewöhnlicher Hitze, Kälte, Nässe, mit gefährlichen Stoffen; Überschreitung der Leistungsfähigkeit	Für Jugendliche über 16 Jahren werden Ausnahmen nur zum Zweck der Ausbildung genehmigt.	§§ 22–24
Gefahrenschutz	Ausbilder muss den Jugendlichen über Gefahren im Betrieb informieren.		§ 29
Untersuchungen	Vorgeschrieben sind je eine Untersuchung vor Beginn und ein Jahr nach Beginn der Ausbildung.	Auf Wunsch des Jugendlichen sind häufigere Untersuchungen möglich.	§§ 32–46

Arbeitsvorschläge

1. Helfen Sie Natalia, indem Sie ihre Aussagen prüfen.
2. Für wen gelten die Bestimmungen des JArbSchG?
3. Wie wird ein Berufsschultag mit sechs, wie ein zweiter Tag mit fünf Unterrichtsstunden auf die wöchentliche Arbeitszeit angerechnet?
4. Zu welchen Tageszeiten dürfen Jugendliche arbeiten?
5. Wie viel Tage pro Woche dürfen Jugendliche beschäftigt werden?
6. Welche gesundheitlichen Untersuchungen sind mindestens vorgeschrieben?
7. Wie ist die Beschäftigung für Kaufleute für Spedition und Logistik an Wochenenden und Feiertagen geregelt.
8. Welche Arbeiten sind Jugendlichen grundsätzlich verboten?

4 Ordnungsmittel der dualen Berufsausbildung

Moment mal!

Sind Sie der nächste Weltmeister?

Deutschland holt den Titel zum vierten Mal – FIATA – Nachwuchspreis 2010

Bonn, 5. Oktober 2010. Philipp Küffner von der Karl Gross Internationale Spedition GmbH in Bremen ist der Gewinner des diesjährigen FIATA Wettbewerbs „Young International Freight Forwarder of the Year Award YIFFA". In Bangkok setzte er sich in der Endrunde gegen die Regionalsieger aus Südafrika, Kanada und Singapur durch. Während der feierlichen Eröffnung des FIATA-Weltkongresses der Spediteure wurde er heute vor Ort ausgezeichnet und als „Weltmeister" gefeiert.

Der 23-Jährige hatte im vergangenen Jahr bereits den DSLV Nachwuchspreis Spedition und Logistik gewonnen und im Juli die starke europäische Konkurrenz hinter sich gelassen. Der Präsident des Deutschen Speditions- und Logistikverbandes, Mathias Krage, freut sich mit dem Nachwuchspreisträger über dessen internationalen Erfolg: „Wir haben mit Herrn Küffner gefiebert und sind sehr stolz, den Preis nun das vierte Mal nach Deutschland zu holen. Es ist ein Beleg für die qualitativ hochwertige Ausbildung, die unser Nachwuchs erfährt und für die Leistungskraft des Logistikstandortes Deutschland."

In der Tat wurde der Preis vor dem heutigen Tag bereits von drei deutschen Teilnehmerinnen gewonnen: Heike Hurst in 2000, Yvonne Philip in 2003 und Alina Wenzel in 2009.

Beim diesjährigen DSLV-Unternehmertag, am 12. und 13. November in Bremen, wird zum fünften Mal der nationale Nachwuchspreis Spedition und Logistik vergeben, der die Voraussetzung für die Teilnahme am internationalen Weltwettbewerb der FIATA ist.

(Quelle: http://www.spediteure.de/de/site/1351/696/n66/page/n66/index.xml)

Teilnahmeberechtigt waren Speditions- und Logistikkaufleute bis zu 30 Jahren, die im Winter 2007 oder Sommer 2008 die IHK-Abschlussprüfung mit der Note „sehr gut" abgelegt haben. Doch davor steht erst einmal die Berufsausbildung.

- Was versteht man unter dualer Ausbildung?
- Welche Ordnungsmittel regeln diese?
- Wann endet die Berufsausbildung?

?

Das duale Ausbildungssystem

Die Berufsausbildung ist in Deutschland nach dem dualen System aufgebaut, was bedeutet, dass zwei Partner bei der Ausbildung kooperieren: Der Ausbildungsbetrieb und die Berufsschule.

Das „duale System“ der Berufsausbildung

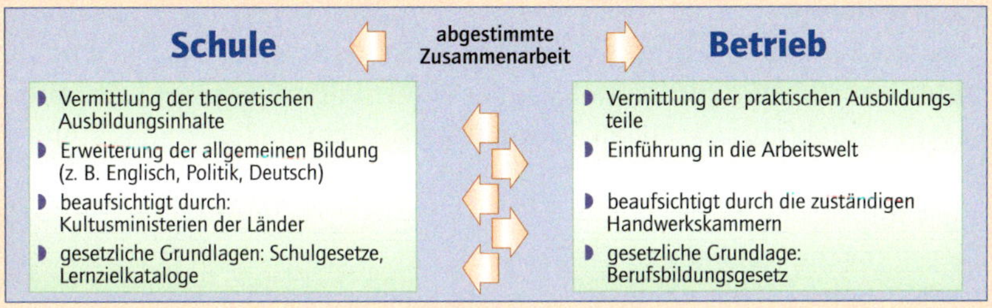

Vorteile des dualen Systems	Nachteile des dualen Systems
Die Ausbildung ist praxisbezogener.	Nicht immer findet man einen Ausbildungsplatz im Wunschberuf.
Die Auszubildenden lernen, sich an betriebliche Abläufe anzupassen.	Die betrieblichen Ausbildungsplätze reichen oftmals nicht aus.
Für schulmüde Schüler ist die duale Ausbildung abwechslungsreicher.	Es gibt große qualitative Unterschiede in der betrieblichen Ausbildung.
Es ist preiswerter für den Staat als eine vollschulische Ausbildung.	Abstimmungsprobleme zwischen Schule und Betrieben sind möglich.

Welche Betriebe dürfen ausbilden?

Ausbilden dürfen alle Betriebe, wenn

- sie persönlich und fachlich zur Ausbildung geeignet sind,
- Art und Einrichtung für die Ausbildung geeignet sind (falls nicht alle Kenntnisse und Fertigkeiten vermittelt werden können, ist eine zusätzliche Ausbildung außerhalb des Betriebes notwendig),
- die Zahl der Auszubildenden in einem angemessenen Verhältnis zur Anzahl der insgesamt beschäftigten Personen steht.
  (Ausnahmen können von den Industrie- und Handelskammern genehmigt werden.)

Ausbildungsordnung und Ausbildungsrahmenplan

Im Betrieb soll die Ausbildung mehr praxisbezogen sein. Außerdem sollen betriebliche Strukturen erkannt werden und die Auszubildenden auf ihre Rolle als Arbeitnehmer vorbereitet werden. In den anerkannten Ausbildungsberufen darf nur nach der bundeseinheitlichen Ausbildungsordnung für den jeweiligen Beruf ausgebildet werden. Der Ausbildungsbetrieb ist verpflichtet, dem Auszubildenden die Ausbildungsordnung vor Beginn der Ausbildung kostenlos auszuhändigen. Die Ausbildungsordnung regelt verbindlich

Siehe:
http://www2.bibb.de/tools/aab/ao/kaufmann_spedition_logistikdienstleistung_2004.pdf

- die Ausbildungsdauer,
- die zu vermittelnden Fertigkeiten und Kenntnisse (Ausbildungsinhalt),
- den zeitlichen Ablauf der Ausbildung (Ausbildungsrahmenplan),
- die Prüfungsanforderungen.

Inhalte der Berufsausbildung

!

Das Berichtsheft ist ein Nachweis über die ordnungsgemäße Ausbildung. Daher unbedingt nur das eintragen, was auch tatsächlich gemacht wurde!

Das Berichtsheft

Der Ausbildungsbetrieb muss seinem Auszubildenden die Berichtshefte kostenlos zur Verfügung stellen. Jeder Auszubildende muss während der gesamten Ausbildungszeit ein Berichtsheft regelmäßig, mindestens wöchentlich stichwortartig führen.
Das gilt für
- die praktische Ausbildung im Betrieb,
- die überbetriebliche Ausbildung im Bildungszentrum,
- den Unterricht in der Berufsschule.

Der Ausbildungsbetrieb ist zudem verpflichtet, den Auszubildenden zur Führung des Berichtsheftes anzuhalten und es regelmäßig, mindestens monatlich, durchzusehen.

Unvollständige bzw. fehlende Ausbildungsnachweise können eine **Nichtzulassung zur Abschlussprüfung** zur Folge haben.
Die Auszubildenden sollen im Berichtsheft mit kurzen berufsspezifischen Formulierungen die täglich ausgeführten Arbeiten und Lehrinhalte beschreiben. Erforderlich sind kurze Angaben
- zu der ausgeübten Tätigkeit,
- zu den eingesetzten Maschinen und Hilfsmitteln,
- ob die Tätigkeit selbstständig ausgeübt wurde.

!

Wer durch die Abschlussprüfung fällt, muss bis zur Wiederholungsprüfung weiterhin die Berufsschule besuchen.

Lernort Berufsschule

Für alle Auszubildenden besteht eine gesetzliche Berufsschulpflicht. Dies gilt für die gesamte Dauer der Ausbildung, d. h. auch wenn man die Ausbildung verlängert. Der Unterricht ist in der Regel in Teilzeitform organisiert: An einem oder zwei Tagen ist Berufsschulunterricht, an den anderen Tagen findet die Ausbildung im Betrieb statt. In manchen Berufen werden die Berufsschultage aber auch zu Blöcken gebündelt, dem sogenannten **Blockunterricht**. Der Schulstoff ist in Lehrplänen vorgeschrieben.

Im Berufsschulunterricht werden neben Theorie und Praxis auch allgemeinbildende Inhalte unterrichtet (z. B. Politik, Deutsch, Fremdsprachen, Religion). Hier sollen neben dem Fachwissen die Schlüsselqualifikationen gefördert werden.
Eine erfolgreiche Berufsausbildung schließt im betrieblichen Teil mit der Facharbeiter-, Gesellen- oder Gehilfenprüfung ab. Unabhängig davon können Auszubildende den **Berufsschulabschluss** erwerben. Dafür müssen die Leistungen am Ende der Ausbildung in allen Fächern mindestens „ausreichend" oder in nicht mehr als einem Fach „mangelhaft" sein. Eventuell gibt es auch Sperrfächer, die besser als „mangelhaft" sein müssen. Der Berufsschulabschluss richtet sich nur nach den Zeugnisnoten der Berufsschule und nicht nach der Gesellenprüfung. Wird ein Berufsschulabschluss nicht erreicht, erhält man ein **Abgangszeugnis** von der Berufsschule. Es wäre sogar möglich, dass man auch beim dritten Mal durch die Gesellenprüfung gefallen ist, durch positive Noten im **Abschlusszeugnis** aber dennoch den Berufsschulabschluss erreicht hat. Dieser ist dem Hauptschulabschluss gleichzusetzen. Durch Zusatzleistungen kann man sogar den Realschulabschluss oder die Fachoberschulreife erreichen.
Die Anrechnung der Berufsschulzeiten auf die Ausbildungszeit und die Freistellung nach der Berufsschule sind für Voll- und Minderjährige unterschiedlich.

Bei zwei Berufsschultagen mit mindestens sechs Unterrichtsstunden obliegt dem Firmeninhaber die Entscheidung, an welchem Tag die Freistellung erfolgt.

Berufsschulzeiten im Vergleich

Berufsschulzeit	
Minderjährige Azubis Die Anrechnung ist im Jugendarbeitsschutzgesetz geregelt.	**Volljährige Azubis** Jugendarbeitsschutzgesetz gilt nicht für Volljährige.
Beschäftigung vor der Berufsschule: An einem vor 9 Uhr beginnenden Unterrichtstag dürfen Auszubildende vorher nicht in dem Betrieb beschäftigt werden.	**Beschäftigung vor der Berufsschule:** An einem vor 9 Uhr beginnenden Unterrichtstag dürfen Auszubildende vorher nicht in dem Betrieb beschäftigt werden.
Beschäftigung nach der Berufsschule: An einem Berufsschultag mit mehr als fünf Unterrichtsstunden (also sechs oder mehr) dürfen sie nicht mehr beschäftigt werden. An einem zweiten „langen" Berufsschultag oder an einem Berufsschultag mit maximal fünf Unterrichtsstunden entfällt die Freistellung.	**Beschäftigung nach der Berufsschule:** Volljährige Azubis können generell nach der Berufsschule in den Betrieben beschäftigt werden.
Anrechnung der Berufsschulzeit auf die Arbeitszeit: An einem Berufsschultag mit mehr als fünf Unterrichtsstunden sind acht Zeitstunden auf die Wochenarbeitszeit anzurechnen. An dem zweiten Berufsschultag dürfen nur die tatsächlichen Unterrichtszeiten einschließlich der Pausen angerechnet werden.	**Anrechnung der Berufsschulzeit auf die Arbeitszeit:** Auf die Wochenarbeitszeit werden grundsätzlich nur die tatsächlichen Unterrichtszeiten einschließlich der Pausen angerechnet.

Zwischen- und Abschlussprüfung

Zur Ermittlung des Ausbildungsstandes muss nach §48 BBiG eine Zwischenprüfung während der Ausbildung absolviert werden. In der Regel findet diese Prüfung ungefähr zur Hälfte der Ausbildungszeit statt. Die Teilnahme ist verbindlich und ist Voraussetzung für die Zulassung zur Abschlussprüfung, auch wenn das Ergebnis negativ war.

Nach §37 BBiG soll in der Abschlussprüfung festgestellt werden, ob der Prüfling die erforderlichen Fertigkeiten beherrscht als auch die notwendigen praktischen und theoretischen Berufskenntnisse besitzt. Des Weiteren soll der Nachweis erbracht werden, ob der für die Berufsausbildung wesentliche, im Berufsschulunterricht vermittelte Lehrstoff dem Prüfling vertraut ist.

Auch hier wird die Ausbildungsordnung zugrunde gelegt.

Zur Abschlussprüfung ist zugelassen,

- Wer die Ausbildungszeit absolviert hat oder wessen Ausbildungszeit nicht später als zwei Monate nach dem Prüfungstermin endet,
- Wer an der vorgeschriebenen Zwischenprüfung teilgenommen sowie ein Berichtsheft geführt hat und
- Wessen Berufsausbildungsverhältnis in das Verzeichnis der Berufsausbildungsverhältnisse eingetragen oder aus einem Grund nicht eingetragen ist, den weder der Auszubildende noch dessen gesetzlicher Vertreter zu vertreten hat.

Nach bestandener Abschlussprüfung:
Die Weltorganisation der Spediteure (FIATA) vergibt das FIATA-Diplom (FIATA-Diploma by vocational training and examination), das weltweit anerkannt ist In Deutschland gilt: Jeder, der seine Ausbildung zum Speditionskaufmann/zur Speditionskauffrau bzw. Kaufmann/Kauffrau für Spedition und Logistikdienstleistung erfolgreich abgeschlossen hat, kann über den Deutschen Speditions- und Logistikverband (DSLV) das FIATA-Diplom beantragen. Wie das geht, haben wir für Sie in einem Merkblatt zusammengestellt. Dokumente Merkblatt, Antrag, Hintergrundinformationen auf:

(Quelle: http://www.spediteure.de/de/site/769//n62/page/n62/index.xml)

Beendigung oder Verlängerung der Berufsausbildung

Ein Ausbildungsvertrag ist ein zweiseitiger Vertrag. Er gilt für die im Vertrag geschlossene Laufzeit. Die Ausbildung ist aber tatsächlich mit dem Tag des Bestehens des letzten Teils der Abschlussprüfung beendet. Eine Änderung (Verlängerung, Verkürzung oder Aufhebung) kann nur mit beiderseitiger Zustimmung erfolgen.

Ausnahmen sind

- die einseitige Kündigung in der Probezeit,
- die Kündigung nach der Probezeit,
- die Pflicht zur Verlängerung nach nicht bestandener Abschlussprüfung.

Wie schon im Teil „Berufsbildungsgesetz" (siehe Kap. 1) beschrieben, kann ein Ausbildungsvertrag in der **Probezeit** sowohl vom Ausbilder als auch vom Auszubildenden jederzeit und fristlos gekündigt werden.

Nach der Probezeit ist eine Kündigung nur unter besonderen Bedingungen möglich. Damit sollen vor allem die Auszubildenden geschützt werden.

Normale Beendigung des Ausbildungsverhältnisses

Alles hat ein Ende ... auch das Ausbildungsverhältnis, und dann darf natürlich gefeiert werden.

Die Berufsausbildung ist beendet mit dem Bestehen des letzten Teils der Prüfung. Ab dem nächsten Tag ist man dann kein Auszubildender mehr. Das bedeutet, dass man ab diesem Tag auch den Gesellenlohn oder das volle Gehalt, ausgerechnet für die restlichen Tage des Monats, bekommt.
Dies gilt auch, wenn im Ausbildungsvertrag das Monatsende als Ausbildungsende genannt wurde. Und natürlich auch, wenn die Abschlussprüfung vorgezogen wurde.

Beispiel:
Ein Ausbildungsvertrag läuft bis zum 30.07. Der letzte Teil der Abschlussprüfung wurde aber am 12.07. bestanden. An diesem Tag endet auch die Berufsausbildung. Wird der Auszubildende weiterbeschäftigt, erhält er ab dem 13.07. mindestens das tarifliche Gehalt.

Weiterarbeit

Werden Auszubildende im Anschluss an das Berufsausbildungsverhältnis weiter beschäftigt (also am nächsten Tag nach bestandener mündlicher Prüfung), ohne dass hierüber ausdrücklich etwas vereinbart worden ist, dann tritt automatisch ein unbefristetes Arbeitsverhältnis in Kraft. Dies gilt nach § 24 BBiG, auch wenn kein schriftlicher Arbeitsvertrag geschlossen worden ist.

Aufhebung in beiderseitigem Einvernehmen

Nach der Probezeit kann ein Ausbildungsverhältnis jederzeit in beiderseitigem Einvernehmen durch einen Aufhebungsvertrag beendet werden.

Erst wenn alle Vermittlungsmöglichkeiten ausgeschöpft sind, sollte ein Vertrag zur Aufhebung des Ausbildungsverhältnisses geschlossen werden.

Mögliche Gründe für eine solche Beendigung:
- kein Interesse mindestens einer Seite an einer Fortsetzung des Ausbildungsverhältnisses;
- der Auszubildende wird den Anforderungen der Ausbildung in keiner Weise gerecht, sodass ein Bestehen der Prüfung unmöglich erscheint;
- großer Streit zwischen Ausbilder und Auszubildendem usw.

Vor Abschluss eines Aufhebungsvertrages sollte jedoch stets erwogen werden, ob das Ausbildungsverhältnis nicht durch die Einschaltung Dritter (Eltern, Berufsschullehrer, Ausbildungsberater der Kammer, Lehrlingswart der Innung) gerettet werden kann.

Ein Aufhebungsvertrag mit einem minderjährigen Auszubildenden ist nur dann wirksam, wenn der gesetzliche Vertreter (in der Regel ein Elternteil) zustimmt.

!

Wenn Sie Ihre Ausbildung verkürzen wollen, wenden Sie sich an Ihren Klassenlehrer oder an den Ausbildungsberater der Kammer.

Verlängerung oder Verkürzung der Ausbildung

Die Ausbildung verlängert sich automatisch bis zur nächsten Prüfung, wenn der/die Auszubildende die Abschlussprüfung nicht besteht, höchstens jedoch um ein Jahr.

Eine Verlängerung kann aber auch vor der Abschlussprüfung vom Auszubildenden beantragt werden, wenn die Verlängerung erforderlich ist, um die Prüfung zu schaffen. Hier muss der Ausbilder zustimmen. Bei besonders guten Leistungen kann die Ausbildung um ein halbes Jahr verkürzt werden, wenn zu erwarten ist, dass der Auszubildende auch in der kürzeren Zeit das Ausbildungsziel erreicht. Auch damit muss der Ausbilder einverstanden sein.

Kündigung des Ausbildungsverhältnisses

Nach der Probezeit wird eine Kündigung des Ausbildungsverhältnisses vom Gesetzgeber bewusst erschwert. Dies geschieht, um insbesondere die Auszubildenden zu schützen. Ihnen soll eine Beendigung ihrer Ausbildung unter normalen Umständen ermöglicht werden. Dennoch gibt es aber für beide Seiten die Möglichkeit, das Ausbildungsverhältnis zu kündigen:

Kündigung des Ausbildungsverhältnisses

Kündigung

durch

Auszubildende

- in der Probezeit, fristlos und ohne Grund
- aus wichtigem Grund (Angriff auf Körper und Gesundheit, Krankheit durch Arbeit, Allergien usw. und Nichtzahlung der Ausbildungsvergütung) – **Kündigung erfolgt fristlos**
- bei Aufgabe oder Wechsel der Berufsausbildung **mit Einhaltung einer 4-Wochen-Frist**

Ausbilder

- in der Probezeit, fristlos und ohne Grund
- aus wichtigem Grund (tätlicher Angriff, schwerer Diebstahl, grobe Beleidigungen von Kunden oder Mitarbeitern, wiederholte Arbeitsverweigerung, laufende Verletzung der Betriebsordnung, Versäumnis der Berufsschule usw.) **Kündigung erfolgt fristlos**

Nach § 21 BBiG ist eine Kündigung aus einem wichtigen Grund unwirksam, wenn die ihr zugrunde liegenden Tatsachen dem zur Kündigung Berechtigten länger als zwei Wochen bekannt sind. Ist ein vorgesehenes Güteverfahren vor einer außergerichtlichen Stelle eingeleitet, so wird bis zu dessen Beendigung der Lauf dieser Frist gehemmt.

„Vorsicht Kündigungsfalle" warnte eine Zeitung, als einer Sekretärin gekündigt wurde, weil sie eine Frikadelle von einem Buffet nahm. Immer öfter kündigen die Arbeitgeber ihren Mitarbeiter bei Diebstahl und anderen recht kleinen Verfehlungen. Dabei spielt der Wert des Diebesgutes keine Rolle. „Geklaut ist geklaut" und damit ein Grund für eine fristlose Kündigung. Eine Kuchenverkäuferin hatte ein Stück Bienenstich aus der Auslage genommen und gegessen. Sie wurde fristlos entlassen.

Schadenersatz nach § 23 BBiG
Bei vorzeitiger Auflösung des Arbeitsverhältnisses nach der Probezeit kann der verschuldende Vertragspartner bei einseitigem Rücktritt ohne Angabe von Gründen schadenersatzpflichtig werden. Der Anspruch ihm gegenüber erlischt, wenn nicht innerhalb von drei Monaten nach Beendigung des Ausbildungsverhältnisses dieser geltend gemacht wird. Die gilt nicht, wenn der Auszubildende mit der gesetzlichen Frist von vier Wochen kündigt und er die Ausbildung beendet und wechselt.

Arbeitsvorschläge

1. Beschreiben Sie jeweils Ihren Ausbildungsberuf anhand der Haupttätigkeiten, der Dauer und der wichtigsten Anforderungen.
2. Erklären Sie das System der „dualen Ausbildung".
3. Warum sollten Auszubildende ihre Berichtshefte sehr sorgfältig führen?
4. Beschreiben Sie die Anrechnung des Berufsschulbesuchs auf die Arbeitszeit. Unterscheiden Sie dabei zwischen voll- und minderjährigen Auszubildenden.
5. Erklären Sie, in welchen Fällen man von der Berufsschule ein Abschluss- bzw. ein Abgangszeugnis erhält.
6. Unter welchen Umständen kann die Ausbildungszeit verkürzt werden?
7. Erklären Sie die Regelung für Jugendliche und Volljährige, wenn der Berufsschulunterricht auf zwei Tage in der Woche verteilt ist.
8. Bearbeiten Sie folgende Fragen unter Zuhilfenahme des entsprechenden Gesetzes: Mario hat seine Ausbildung als Speditionskaufmann gekündigt, da er auch nach acht Monaten noch immer lediglich ausbildungsfremde Arbeiten verrichten musste. Er sucht daher eine neue Ausbildungsstelle.
   a) Wer trägt die Kosten für die Ausbildungsplatzsuche?
   b) Kann Mario seinen ehemaligen Ausbildenden wegen entgangener Ausbildungsvergütung auf Schadenersatz verklagen?

5 Betriebliche Mitbestimmung

Moment mal!

Wirtschaftsdemokratie: Gibt es sie wirklich?
Kassel. „Lässt sich das Demokratieprinzip auf die Wirtschaft übertragen?" Diese Frage wurde wieder einmal auf der Tagung der Sozial-Akademie in Kassel von Vertretern der Wirtschaft diskutiert. Einhellig war die Meinung der Gewerkschaftsvertreter, dass es eigentlich keinen Grund gibt, die Produktionsfaktoren Arbeit und Kapital nicht gleichwertig zu behandeln. Der betriebliche Erfolg, so ihr Standpunkt, habe doch schließlich immer zwei Wurzeln. Hat eine von beiden keine gute Bodenhaftung mehr, droht auch einem erfolgreich gewachsener Betrieb die wirtschaftliche Instabilität. Wie nicht anders zu erwarten, kam von der Arbeitgeberseite unverzüglich heftiger Protest. Dr. Neumann, Geschäftsführer der Spedition Speeda AG, wies darauf hin, dass ein demokratisch geführtes Unternehmen zu Misserfolg verdammt sei. Unternehmerische Entscheidungen, die immer stärker vor dem Hintergrund eines brutalen Überlebenskampfes auf den internationalen Märkten getroffen werden müssen, könnten Arbeitnehmerinteressen nur dann berücksichtigen, wenn sie einem profitablen Kapitaleinsatz nicht im Wege stünden.

- Welche Möglichkeiten der Mitbestimmung und Mitwirkung gibt es für Arbeitnehmer?
- Wie sind diese Möglichkeiten organisiert?

?

In einer Betriebsordnung aus dem frühen 20. Jahrhundert ist zu lesen: **„Der Arbeiter ist Untergebener und ist Gehorsam schuldig."** Die Zeiten haben sich geändert. Unternehmer sind heute verpflichtet, auch die Interessen der Arbeitnehmer zu berücksichtigen. Das geht aber nicht soweit, dass in den Betrieben nur noch demokratisch gehandelt wird. Aber immerhin: Viele

Konflikte werden nicht mehr durch Anweisung des Chefs gelöst, sondern im Gespräch mit den Mitarbeitern. Denn auch die Arbeitgeber wissen: Wer mitbestimmen darf, ist motivierter und leistet bessere Arbeit.

Um in Betrieben mitwirken und mitbestimmen zu können, sind die Arbeitnehmer in verschiedenen Organen vertreten:

Vertretungsorgane der Arbeitnehmer

Betriebsrat	Betriebsversammlung	Jugend- und Auszubildendenvertretung	Einigungsstelle	Wirtschaftsausschuss	Vertretung im Aufsichtsrat

5.1 Der Betriebsrat

Beispiel

Karsten, Serina und Simon finden es klasse, dass es in ihrem Ausbildungsbetrieb, der Speeda AG einen Betriebsrat gibt. Warum stehen sie so hinter ihrem Betriebsrat?

Karsten: „Vor zwei Jahren sah es in unserer Filiale ganz mies aus. Alle redeten nur noch von Entlassungen, aber der Betriebsrat hat es hinbekommen. Statt Leute vor die Tür zu setzen, war unser Chef damit einverstanden zu versuchen, mit Kurzarbeit über die Durststrecke zu kommen. Und es hat geklappt!“

Serina: „Letztes Jahr ist der Urlaub mit meinem Freund ins Wasser gefallen. Wegen angeblich dringender betrieblicher Aufgaben wurde ihm der schon lang geplante Urlaub einfach gestrichen. Bei uns wäre das nicht passiert. Da hat nämlich der Betriebsrat ein Wörtchen mitzureden.“

Simon: „Wie in vielen anderen kleinen Betrieben ging es bei uns auch zu. Ohne Vorankündigung wurden mal eben ein paar Überstunden angeordnet. Geregelte Arbeitszeiten gab es häufig gar nicht. Seitdem wir einen Betriebsrat haben, ist alles anders. Er bestimmt mit über Beginn und Ende der Arbeitszeit und über Überstunden.“

Wahl des Betriebsrats

Der Betriebsrat vertritt die Interessen der Arbeitnehmer im Betrieb. Auch für Karsten, Serina und Simon haben sich die Arbeitsbedingungen durch den Einfluss des Betriebsrats verbessert. Bei den nächsten Wahlen zum Betriebsrat geben auch sie wieder ihre Stimme ab. Das ist alle vier Jahre der Fall und zwar jeweils in der Zeit vom 1. März bis 31. Mai.

Betriebsräte können gewählt werden in Betrieben mit fünf ständigen wahlberechtigten Arbeitnehmern. Drei von ihnen müssen wählbar sein. Betriebsratsmitglieder müssen für die Betriebsratsarbeit und zur Teilnahme an Schulungs- und Bildungsveranstaltungen freigestellt werden. Die gewählten Mitglieder des Betriebsrats wählen aus ihrer Mitte den Vorsitzenden und seine Stellvertreter.

Wahl des Betriebsrates

Wahlberechtigt ist jeder Arbeitnehmer, der das 18. Lebensjahr vollendet hat.

Wählbar ist jeder Wahlberechtigte, der mindestens ein halbes Jahr dem Betrieb angehört.

Wahlausschreiben für die Wahl des Betriebsrats

Aufgrund des Betriebsverfassungsgesetzes ist im Betrieb

Speeda AG

ein Betriebsrat zu errichten.

Die Wahl des Betriebsrats findet am ..-04-15 statt.

Der Betriebsrat besteht aus 7 Mitgliedern, davon erhalten

die Arbeiter 5 Mitglieder,

die Angestellten 2 Mitglieder (§§ 9 und 10 BetrVG).

Aufgrund der am ..-01-30 erfolgten Abstimmung wird die Betriebsratswahl in **gemeinsamer Wahl** durchgeführt.

Wahlberechtigt sind alle Arbeitnehmer, die das 18. Lebensjahr vollendet haben (§ 7 BetrVG).

Wählbar sind alle Wahlberechtigten, die sechs Monate dem Betrieb angehören oder als in Heimarbeit Beschäftigte in der Hauptsache für den Betrieb gearbeitet haben. Auf diese sechsmonatige Betriebszugehörigkeit werden Zeiten angerechnet, in denen der Arbeitnehmer unmittelbar vorher einem anderen Betrieb desselben Unternehmens oder Konzerns (§ 18 Abs. 1 des Aktiengesetzes) angehört hat. Nicht wählbar ist, wer infolge strafgerichtlicher Verurteilung die Fähigkeit, Rechte aus öffentlichen Wahlen zu erlangen, nicht besitzt (§ 8 Abs. 1 BetrVG).

Wählen oder gewählt werden kann nur, wer in die Wählerliste eingetragen ist (§ 2 Abs. 3 WO).

Die Wählerliste und die Wahlordnung (WO) liegen wie folgt bereit:

für Arbeiter im Personalbüro

für Angestellte im Personalbüro

Die Wählerliste kann von jedem Wahlberechtigten täglich von 08:00 bis 15:30 Uhr eingesehen werden. ...

Größe der Betriebsräte nach Betriebsgrößenklassen

Wahlberechtigte Arbeitnehmer	**Betriebrats-mitglieder**	Wahlberechtigte Arbeitnehmer	**Betriebrats-mitglieder**	Wahlberechtigte Arbeitnehmer	**Betriebrats-mitglieder**
5–20	**1**	201–400	**9**	5.001–6.000	**31**
21–50	**3**	401–700	**11**	7.001–9.000	**35**
51–100	**5**	2.001–2.500	**19**		
101–200	**7**	4.001–4.500	**27**		

Wirtschaftsausschuss

Haben Unternehmen mehr als 100 ständig beschäftigte Arbeitnehmer, so ist ein Wirtschaftsausschuss zu bilden. Er hat die Aufgabe, die wirtschaftlichen Angelegenheiten mit dem Arbeitgeber zu beraten. Alle Mitglieder des Ausschusses müssen dem Betrieb angehören. Mindestens ein Mitglied muss aus dem Betriebsrat stammen. Der Betriebsrat ist über das Ergebnis der Beratung zu unterrichten.

Mitwirkungs- und Mitbestimmungsrecht des Betriebsrats

Die rechtliche Grundlage für die Arbeit des Betriebsrates ist das Betriebsverfassungsgesetz (BetrVG). Es enthält Hinweise auf Rechte, die dem Betriebsrat gegenüber der Unternehmensleitung zustehen. Betriebsräte haben in betrieblichen Angelegenheiten ein **Mitbestimmungsrecht**, ein **Mitwirkungsrecht** oder zumindest ein **Informations- und Beratungsrecht**.
Neben diesen Beteiligungsrechten hat der Betriebsrat auch verschiedene **allgemeine Aufgaben** zu erledigen. So muss er z. B. Beschwerden von Arbeitnehmern entgegennehmen, und er unterstützt besonders schutzbedürftige Personen (z. B. Schwerbeschädigte).

Die Rechte des Betriebsrats im Überblick

Umfang der Rechte	Bedeutung	Beispiel
Mitbestimmungsrechte	Betriebsrat und Arbeitgeber können **Entscheidungen nur gemeinsam treffen**. Bei Meinungsverschiedenheiten entscheidet eine Einigungsstelle.	Geschäftsleitung und Betriebsrat der Spedition Speeda AG beschließen die Öffnungszeiten des Restaurants um eine Stunde zu verlängern.
Mitwirkungsrechte	**Zustimmung** des Betriebsrats ist erforderlich. Die kann er nur verweigern, wenn er wichtige Gründe gegen eine Entscheidung der Geschäftsleitung vorbringen kann (eingeschränktes Mitwirkungsrecht).	In der Speeda AG ist einem Lagerarbeiter gekündigt worden. Der Betriebsrat verweigert seine Zustimmung, da soziale Gesichtspunkte (Familienvater von drei Kindern) nicht berücksichtigt wurden.
Beratungs- und Informationsrechte	▸ Der Arbeitgeber und der Betriebsrat **beraten** gemeinsam eine betriebliche Angelegenheit. Die Geschäftsleitung **kann** die Meinung des Betriebsrats berücksichtigen, sie muss es aber nicht	Aus Kostengründen sollen Weiterbildungsmaßnahmen vermindert werden. Der Betriebsrat gibt zu bedenken, dass sich dies negativ auf den Betrieb auswirken kann.
	▸ Die Geschäftsleitung **informiert** den Betriebsrat über wichtige Änderungen bei wirtschaftlichen Angelegenheiten.	Die Geschäftsleitung der Speeda AG hat beschlossen, den Fuhrpark zu erweitern. Der Betriebsrat wird von der Geschäftsleitung über diesen Plan informiert.

In Unternehmen sind ständig betriebliche Angelegenheiten zu regeln. Sie lassen sich einteilen in **soziale, personelle** und **wirtschaftliche** Angelegenheiten. Welche Rechte der Betriebsrat hierbei hat, zeigt die folgende Tabelle:

Die Rechte des Betriebsrats im Einzelnen

Mitbestimmungsrechte in sozialen Angelegenheiten	Mitwirkungsrechte in personellen Angelegenheiten	Unterrichtungsrechte in wirtschaftlichen Angelegenheiten
Der Betriebsrat hat, soweit keine gesetzliche Regelung besteht, u. a. in folgenden Fällen mitzubestimmen: • Betriebsordnung und Arbeitnehmerverhalten • Beginn, Ende und Verteilung der täglichen Arbeitszeit, Pausen • Urlaubsplan • Einführung von technischen Einrichtungen zur Überprüfung von Verhalten und Leistung der Arbeitnehmer • Unfallverhütung • Sozialeinrichtungen im Betrieb • betriebliche Entlohnungsgrundsätze und -methoden • Akkord- und Prämiensätze • betriebliches Vorschlagswesen	**Der Betriebsrat ist bei der Durchführung jeder der folgenden Maßnahme zu beteiligen:** • Einstellung, Ein- und Umgruppierung, Versetzung • betriebliche Berufsbildungsmaßnahmen • Kündigungen	**Der Arbeitgeber muss den Betriebsrat/Wirtschaftsausschuss unterrichten und sich mit ihm beraten:** • wirtschaftliche und finanzielle Lage • Produktions- und Absatzlage • Investitionen und Rationalisierungen • Arbeitsmethoden • Stilllegen, Verlegen und Zusammenschließen von Betrieben • Änderung der Betriebsorganisation • Getaltung des Arbeitsplatzes

!

Wird eine Kündigung ohne Anhörung des Betriebsrates ausgesprochen, so ist sie unwirksam.

Besonders wichtig für den Arbeitnehmer ist das Mitwirkungsrecht des Betriebsrats bei Kündigungen. Vor jeder **Kündigung** muss der Betriebsrat gehört werden. Er kann einer ordentlichen Kündigung innerhalb einer Woche widersprechen, wenn bestimmte Gründe vorliegen. Diese sind im Einzelnen:

Organisationen und Vereinbarungen, bei denen der Betriebsrat mitwirkt

Betriebsvereinbarungen

Mitbestimmung im betrieblichen Alltag erfolgt auch häufig durch Betriebsvereinbarungen. Diese werden gemeinsam vom Betriebsrat und dem Arbeitgeber beschlossen. Sie sind schriftlich abzufassen und an geeigneter Stelle im Betrieb so auszulegen, dass die Arbeitnehmer/-innen sie jederzeit lesen können. Betriebsvereinbarungen betreffen u. a. das Verhalten der Arbeitnehmer/-innen am Arbeitsplatz, beispielsweise das Tragen von Schutzkleidung oder die Einhaltung des Rauchverbots. Betriebsvereinbarungen dürfen den Gesetzen und den geltenden Tarifverträgen nicht widersprechen.

Betriebsversammlung

Einmal im Vierteljahr hat der Betriebsrat eine Betriebsversammlung einzuberufen. Die Betriebsversammlung besteht aus den Arbeitnehmern des

Betriebes. Geleitet wird sie vom Vorsitzenden des Betriebsrats. Er hat einen Tätigkeitsbericht vorzulegen. Der Arbeitgeber ist zu der Betriebsversammlung einzuladen.

Einigungsstelle
Bestehen Meinungsverschiedenheiten zwischen Arbeitgeber und Betriebsrat in Angelegenheiten, in denen der Betriebsrat mitzubestimmen hat, ist eine Einigungsstelle anzurufen. Sie besteht aus einer gleichen Anzahl von Beisitzern, die jeweils vom Arbeitgeber und vom Betriebsrat bestellt werden. Hinzu kommt ein unparteiischer Vorsitzender.

Arbeitsvorschläge

1. Ab welcher Anzahl von Mitarbeitern kann ein Betriebrat gewählt werden?
2. In welchen Zeitabständen ist ein Betriebsrat zu wählen?
3. Welche Aufgabe erfüllt der Wirtschaftsausschuss?
4. Entscheiden Sie, ob der Betriebsrat in den folgenden Fällen ein Mitbestimmungsrecht, Mitwirkungsrecht oder nur ein Beratungs- bzw. Informationsrecht hat.
   a) Die Verteilung der Arbeitszeit soll neu geregelt werden.
   b) Eine Arbeitskraft soll in eine andere Filiale versetzt werden.
   c) Eine Filiale soll wegen Arbeitsmangels stillgelegt werden.
   d) Der Pausenraum für die Mitarbeiter soll verkleinert werden.
   e) Zur Renovierung der Beladungsrampen soll ein Kredit aufgenommen werden.
5. Nennen Sie jeweils zwei Beispiele für soziale, personelle und wirtschaftliche Angelegenheiten.
6. Die Erfahrung zeigt, dass in manchen Speditionsbetrieben die Beschäftigten darauf verzichten, einen Betriebsrat zu wählen.
   a) Bewerten Sie diese Situation.
   b) Versuchen Sie, eine Erklärung für diese Situation zu finden.
7. Der kaufmännische Angestellte Dirk Bauer soll von der Personalabteilung in die Kostenstelle Lagerverwaltung versetzt werden. Seine Arbeiten in den Abteilungen sind vergleichbar. Dirk weigert sich, der Versetzung zuzustimmen. Er wendet sich an den Betriebsrat mit der Bitte ihm zu helfen.
   a) Welches Recht hat der Betriebsrat in dieser Angelegenheit?
   b) Beurteilen Sie die voraussichtliche Erfolgswahrscheinlichkeit des Betriebsrates sich gegen die Unternehmensleitung durchzusetzen.

5.2 Die Jugend- und Auszubildendenvertretung (JAV)

Beispiel

Sich stark machen für die Interessen der Auszubildenden und richtig was für sie bewegen – geht das überhaupt? Es geht – und zwar mit Hilfe der JAV.

Claudia, Mike und Jens arbeiten mit in der JAV der Spedition Speeda AG. Hier ihr Kommentar:

Claudia: „Kaffeekochen, Papierkörbe leeren und Getränke holen sind jetzt tabu. Wir haben uns erfolgreich gegen ausbildungsfremde Arbeiten gewehrt. Auch kümmern wir uns darum, dass Azubis keine Überstunden mehr machen müssen und die Arbeitszeitregelungen eingehalten werden."

Mike: „Wir haben auch erreicht, dass es einen Azubi-Paten gibt, der bei Problemen ein offenes Ohr hat. Gemeinsam mit dem Betriebsrat haben wir es geschafft, dass es mit der Vorbereitung auf die Abschlussprüfung jetzt besser klappt."

Jens: „Wir haben es durchgesetzt, dass wir eine neue Belüftungsanlage bekommen haben. Wir kümmern uns auch darum, dass die Azubis möglichst alle übernommen werden."

Die JAV kann zu allen Betriebsratssitzungen einen Vertreter entsenden.

Claudia, Mike und Jens arbeiten seit einem Jahr in der JAV. Vieles wäre in ihrem Ausbildungsbetrieb ohne die JAV und deren Unterstützung durch den Betriebsrat nicht erreicht worden.

Die JAV ist die gewählte Interessenvertretung aller Jugendlichen und Auszubildenden in Betrieben mit fünf Arbeitnehmern, die noch keine 18 Jahre alt sind. Wahlberechtigt sind alle jugendlichen Arbeitnehmer unter 18 Jahren und alle Auszubildenden bis zum 25. Lebensjahr. Wählbar sind alle, die das 25. Lebensjahr noch nicht vollendet haben.

Die JAV kümmert sich um die unterschiedlichsten Probleme, die Auszubildende an ihrem Arbeitsplatz haben. Sie achtet darauf, dass Gesetze und auch die Tarifverträge eingehalten werden.

Die JAV arbeitet mit dem Betriebsrat zusammen. In Jugendfragen hat sie hier ein Stimmrecht. Über den Betriebsrat reicht die JAV Beschwerden und Verbesserungsvorschläge zur Ausbildung an den Arbeitgeber weiter. Sie kann sich dafür einsetzen, die Qualität der Ausbildung zu verbessern. Und sie kann sich dafür stark machen, dass die Auszubildenden nach abgeschlossener Ausbildung übernommen werden.

Über weitere Einzelheiten zur JVA informiert das folgende Schaubild.

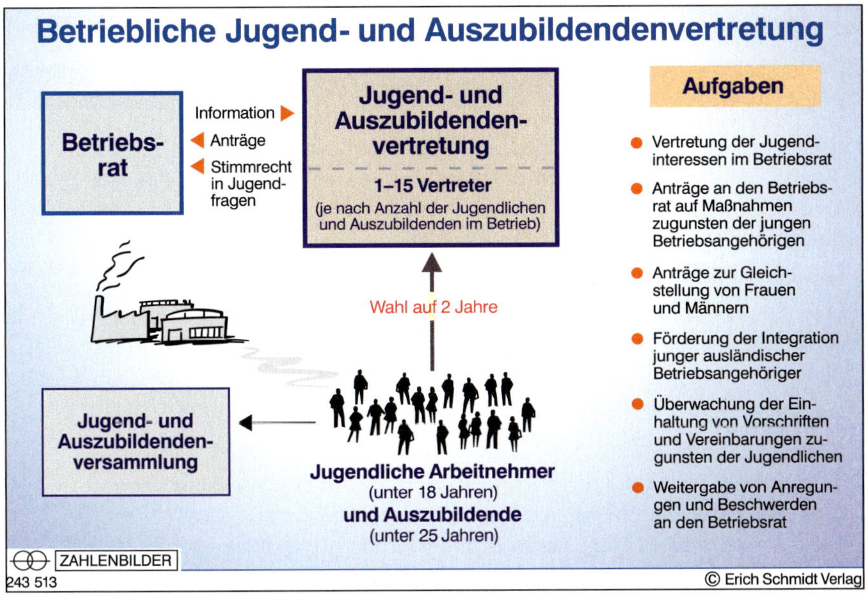

Weiterführende Informationen zum Betriebsrat und zur Jugend- und Auszubildendenvertretung gibt es unter der Internetadresse: **www.mitbestimmung.dgb.de**

Wie einflussreich die Jugend- und Auszubildendenvertretung sein kann, zeigt sich auch an einer Bestimmung ans dem Betriebsverfassungsgesetz (BetrVfG). Sie sieht in § 66 vor, dass sogar Beschlüsse des Betriebsrates auszusetzen sind, wenn die Mehrheit der JAV diese als eindeutige Verletzung ihrer Interessen ansieht.

Ein Beispiel: Ein Betriebsrat spricht sich dafür aus, wegen einer unsicheren Arbeitsplatzsituation in einer Firma den Auszubildenden nach abgeschlossener Berufsausbildung keinen Arbeitsvertrag anzubieten, um so die bisherigen Arbeitsplätze nicht zu gefährden. Auf Antrag der JAV ist dieser Beschluss des Betriebsrates eine Woche auszusetzen. In dieser Zeit soll der JAV Gelegenheit gegeben werden, sich zusammen mit der im Betrieb vertretenen Gewerkschaft mit dem Betriebsrat zu verständigen.

Arbeitsvorschläge

1. Wer darf die JAV wählen und wer darf gewählt werden?
2. Welche Aufgaben hat die JAV?
3. Welche Beziehung besteht zwischen der JAV und dem Betriebsrat?
4. In welchen zeitlichen Abständen finden die Wahlen zur JAV statt?
5. Verwenden Sie das vorstehende Zahlenbild und halten Sie einen Kurzvortrag zum Thema Jugend- und Auszubildendenvertretung.

5.3 Mitbestimmung von Arbeitnehmern im Aufsichtsrat

Beispiel

Petra und Olga sind Arbeitskolleginnen. Beide sind in der Verwaltung der Speeda AG tätig. Das gesamte Unternehmen hat mit seinen 8 Filialen deutschlandweit 534 Beschäftigte. Petra und Olga machen gerade Mittagspause in der Kantine und unterhalten sich ...

Petra: „Olga, du als Betriebsratsmitglied kannst mir sicher was erklären. Am Schwarzen Brett hängt die Aufforderung, die Arbeitnehmervertreter in den Aufsichtsrat zu wählen. Was soll das eigentlich? Wir sind doch so kleine Rädchen im Getriebe. Und unsere Arbeitnehmervertreter im Aufsichtsrat, was können die schon gegen die Bosse ausrichten?"

Olga: „Du musst das anders sehen, Petra. Der Aufsichtsrat kontrolliert nämlich den Vorstand. Er bestimmt auch, wer in den Vorstand kommt. Das kann uns doch nicht egal sein. Und wenn es in der Geschäftspolitik ums ‚Eingemachte' geht, dann wird der Aufsichtsrat auch gefragt. Denk doch nur mal an letztes Jahr. Unser geschätzter Vorstand wollte die Arbeitsplätze in den Verwaltungen der drei kleinsten Filialen zusammenstreichen. Die dort arbeitenden Kollegen hätten dann mit ihrem Arbeitsplatz ganz schlechte Karten gehabt. Der Aufsichtsrat war es, der große Bedenken gegen diesen Plan hatte. Und hier sind ja auch unsere Leute mit dabei.
So wurde die Sache erst einmal auf Eis gelegt. Also Petra, ran an die Wahlurne ..."

Warum Mitbestimmung im Aufsichtsrat?

Petra und Olga wissen, die wichtigsten Entscheidungen in ihrem Betrieb betreffen wirtschaftliche Aufgaben. Sie haben es selbst in ihrem Betrieb miterlebt. Das große Zittern ging in den kleineren Filialen um, als dort Arbeitsplätze abgebaut werden sollten.

Egal, ob es um die Beschaffung von Maschinen, die Güterherstellung, den Absatz von Erzeugnissen oder die Auslagerung ganzer Abteilungen geht:

Alle Entscheidungen, die im Aufsichtsrat getroffen werden, wirken sich stark auf den Erfolg eines Unternehmens aus. Und der ist natürlich auch wichtig für die Sicherheit der Arbeitsplätze. In all diesen wirtschaftlichen Angelegenheiten hat der Betriebsrat kein Mitbestimmungsrecht. Die hier wichtigen Führungsentscheidungen werden in den jeweiligen Unternehmensorganen getroffen.
Bei Aktiengesellschaften (AG) ist dies der Vorstand (leitendes Organ), der Aufsichtsrat (überwachendes Organ) und die Hauptversammlung (beschlussfassendes Organ). Bei der Gesellschaft mit beschränkter Haftung (GmbH) heißen die entsprechenden Organe Geschäftsführer, Aufsichtsrat und Gesellschafterversammlung.

Unternehmensorgane von AG und GmbH

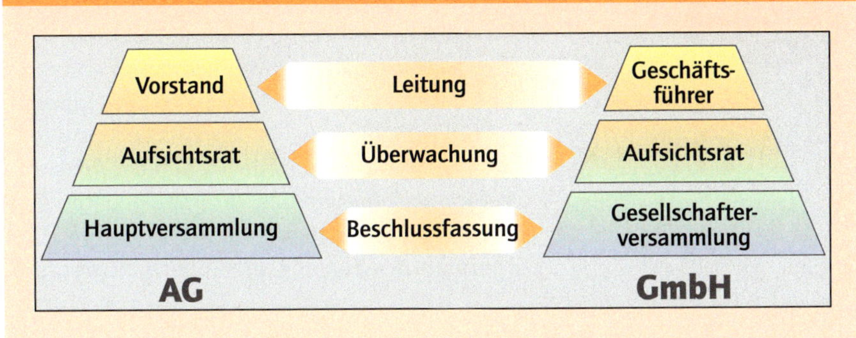

Die gesetzlichen Regelungen zu dieser Unternehmensmitbestimmung sollen den Arbeitnehmern die Möglichkeit einräumen, wichtige unternehmerische Planungen und Entscheidungen zu beeinflussen. Die Mitbestimmung bezieht sich vor allem auf die Zusammensetzung des Aufsichtsrats. Dieser bestellt die Mitglieder des Vorstandes, kontrolliert sie und kann so die Unternehmenspolitik in ihren Grundzügen mitbestimmen. Bei einem der zwei Mitbestimmungsmodellen werden außerdem Arbeitnehmervertreter direkt in den Vorstand gewählt. Die Modelle sind im Einzelnen:

Betriebsverfassungsgesetz von 1952
Das Gesetz regelt die Mitbestimmung von Arbeitnehmervertretern im Aufsichtsrat von Kapitalgesellschaften mit 501–2.000 Beschäftigten (Aktiengesellschaften, Gesellschaften mit beschränkter Haftung) und Genossenschaften.
Der Aufsichtsrat muss hier zu einem Drittel aus Vertretern der Arbeitnehmer bestehen. Zwei Drittel der Mitglieder sind Vertreter der Kapitaleigner.

Bei Aktiengesellschaften sind dies Vertreter der Aktionäre. Im Vorstand dieser Betriebe sitzt kein Vertreter der Arbeitnehmer.

Mitbestimmungsgesetz von 1976

Es gilt für Aktiengesellschaften, Gesellschaften mit beschränkter Haftung und Genossenschaften, die mehr als 2.000 Arbeitnehmer beschäftigen und nicht der Montanmitbestimmung unterliegen.

Das Gesetz sieht vor, dass ...

- der Aufsichtsrat je zur Hälfte aus Vertretern der Kapitaleigner und der Arbeitnehmer besteht. Eine echte paritätische Mitbestimmung ist aber nicht gegeben, da unter den Arbeitnehmervertretern ein leitender Angestellter sein muss.

- bei Stimmengleichheit im Aufsichtsrat die Stimme des Vorsitzenden den Ausschlag gibt. Der Aufsichtsratsvorsitzende ist im Allgemeinen ein Vertreter der Kapitaleigner.

- für soziale und personelle Fragen ein Arbeitsdirektor als Mitglied des Vorstands zuständig ist. Er kann nicht **gegen** die Stimmer der Arbeitnehmer bestellt und abberufen werden.

Arbeitsvorschläge

1. Wie heißen die leitenden, überwachenden und beschlussfassenden Organe bei der AG und bei der GmbH?
2. Frau Sonja Klug wurde zur Arbeitsdirektorin des Stahlwerks RUPP-AG berufen.
   a) Für welchen Aufgabenbereich ist sie zuständig?
   b) Welchen Einfluss haben die Arbeitnehmer auf die Besetzung dieser Stelle?
3. Auf welche Unternehmungen sind die einzelnen Mitbestimmungsgesetze anzuwenden?
4. Das Chemiewerk BUNO AG hat 3.100 Beschäftigte.
   a) Welches Mitbestimmungsgesetz ist für diesen Betrieb anzuwenden?
   b) Wie setzt sich der Aufsichtsrat zusammen?
   c) Beurteilen Sie, ob die Vertreter der Arbeitnehmer und die der Aktionäre wirklich gleichberechtigt verteilt sind.
5. Formulieren Sie eine passende Überschrift zu der nachfolgenden Karikatur.

6. Etwa nur 25 % aller Jugendlichen werden in Betrieben ausgebildet, die eine Jungend- und Auszubildendenvertretung (JAV) haben. Nennen Sie drei Vorteile, die eine JAV für die Auszubildenden hat.

Lernfeld 2:

Im Speditionsbetrieb mitarbeiten

1 Der Arbeitsvertrag

Moment mal!

Steffen: „Hallo Jenny – halt dich fest, es hat geklappt!"
Jenny: „Was hat geklappt? Bist du beim Casting angenommen worden?"
Steffen: „Nein, heute kam der Chef und sagte: ‚Ich nehme ja an, dass Sie die Abschlussprüfung schaffen werden. Da auch wir hier zufrieden mit Ihnen sind, übernehme ich Sie nach der Prüfung in einen befristeten Arbeitsvertrag. Eine Verlängerung oder eine Übernahme in ein unbefristetes Arbeitsverhältnis ist möglich, wenn die Auftragslage sich bessert.' – Jetzt können wir zusammenziehen!"
Jenny: „Halt mal, nicht so schnell ... außerdem, was heißt denn befristeter Arbeitsvertrag? Schmeißen die dich dann wieder raus? Du weißt doch, wie es der Babs voriges Jahr gegangen ist. Nach einem Vierteljahr war sie draußen – und sie sucht heute noch eine Stelle."
Steffen: „Was glaubst du, das macht mein Chef nicht, er ist O.K."
Jenny: „Aber irgendeine Bedeutung hat das doch. Frag doch mal, was der Unterschied zwischen einem befristeten und unbefristeten Arbeitsvertrag ist ..."

- ▸ Welcher Unterschied besteht zwischen einem befristeten und einem unbefristeten Arbeitsvertrag?
- ▸ Was muss im Arbeitsvertrag stehen?

?

Arbeitsverträge werden überwiegend unbefristet abgeschlossen. In letzter Zeit nimmt aber die Zahl der befristeten Verträge zu. Vor allem werden oftmals Auszubildende nach bestandener Abschlussprüfung mit einem befristeten Arbeitsvertrag übernommen.

Anbahnung eines Arbeitsvertrages

Es gibt zur Anbahnung eines Arbeitsvertrages zwei Möglichkeiten:
1. Möglichkeit:
Der Arbeitgeber übernimmt die Initiative durch
- eine Anzeige in der Presse,
- eine Anzeige bei der Bundesagentur für Arbeit,
- ein Angebot auf seiner Homepage.

In allen Fällen muss bei einer Bewerbung genau auf die geforderten Qualifikationen eingegangen werden.

2. Möglichkeit:
Der Arbeitnehmer übernimmt die Initiative und schreibt Initiativbewerbungen oder erkundigt sich mündlich oder per Mail, ob der Betrieb eine Arbeitskraft mit seinen Qualifikationen sucht.

Vor allem, wenn zahlreiche Bewerbungen eingehen, werden diese mit einem sogenannten 30-Sekunden-Check erst einmal grob durchgesehen. Ein Teil der Bewerbungen wird daraufhin zurückgeschickt.
Das sind solche,

- die mit unvollständigen Unterlagen abgegeben wurden,
- die kein sauberes und ansprechendes Äußeres haben,
- die Lücken im Lebenslauf aufweisen.

Daher sollte zuerst einmal die äußere Form ansprechend sein, damit die Bewerbung die 30-Sekunden-Hürde überspringt.

Im Anschreiben sollte dann unbedingt auf eventuell geforderte Qualifikationen eingegangen werden. Die Botschaft muss sein, dass der Bewerber möglichst viel für den Betrieb bringt.

Wenn Ihre Bewerbung erfolgreich war, werden Sie zum Vorstellungsgespräch eingeladen. In diesem prüfen sowohl der Arbeitgeber, ob Sie in sein Team passen als auch Sie, ob diese Stelle für Sie die Richtige ist.

Bei einem Vorstellungsgespräch dürfen dem Bewerber keine persönlichen Fragen über seine Vermögensverhältnisse, Krankheit, Schwangerschaft, Religion oder politische bzw. Gewerkschaftstätigkeit gestellt werden.
Wenn der Bewerber bei solchen Fragen die Unwahrheit sagt, ist dies kein Kündigungsgrund.

Voraussetzungen für befristete Arbeitsverträge
Heute können ohne sachliche Begründung befristete Arbeitsverträge angeboten werden.

- Sie müssen die gleiche Form und die gleichen Inhalte haben, wie unbefristete Verträge.
- Sie dürfen höchstes 24 Monate Laufzeit haben.
- Sie dürfen nur zweimal verlängert werden. Beim dritten Mal wandeln sie sich automatisch in unbefristete Verträge.

Ein auf Zeit abgeschlossener Arbeitsvertrag darf allerdings nur abgeschlossen werden

- **bei Neueinstellung:** Der Arbeitnehmer wird im Betrieb für eine befristete Zeit neu eingestellt oder nach einer mindestens viermonatigen Pause nochmals auf Zeit eingestellt.
- **im Anschluss an die Berufsausbildung:** Wenn der Auszubildende nur befristet weiterbeschäftigt werden kann, weil für eine unbefristete Stelle nicht genügend Arbeit vorhanden ist.

Auf www.top-bewerbung.de finden Sie zahlreiche Vorlagen für Deckblätter, Anschreiben, Lebenslauf, Anlagenverzeichnis, aus denen eine moderne Bewerbung besteht.
Daneben sind hier auch viele Musteranschreiben und Textbausteine für eine erfolgreiche Bewerbung.

Wenn Sie zu einem Vorstellungsgespräch eingeladen werden, erhalten Sie die Aufwendungen für die Fahrt vom Arbeitgeber ersetzt.

Wenn Sie Ihr Betrieb nach der Ausbildung nicht weiterbeschäftigen kann, bitten Sie um einen befristeten Vertrag von wenigstens drei Monaten. In dieser Zeit können Sie eine neue Stelle suchen.

Neben dieser zeitlichen Befristung gibt es auch eine Zweckfristung. Hier erfolgt die Befristung nicht für eine bestimmte Zeit, sondern für einen bestimmten Zweck.

Gründe für eine Zweckfristung:
- Schwangerschaftsvertretung,
- Vertretung eines für längere Zeit kranken Mitarbeiters,
- Saisonarbeit (z. B. Ernte oder Arbeit während der Kampagne einer Zuckerfabrik),
- ein Geselle ist auf Meisterkurs usw.

Folgende Arbeitspapiere müssen Sie bei Einstellung zum neuen Arbeitgeber mitbringen:
- **Lohnsteuerkarte,**
- **Sozialversicherungsausweis,**
- **Bescheinigung über genommenen Urlaub,**
- **Sozialversicherungsnachweisheft.**

Ende der befristeten Arbeitsverträge
Die befristeten Arbeitsverträge enden
- entweder nach Ablauf der genannten Frist (z. B. nach drei Monaten),
- mit dem Erreichen eines genannten Datums (z. B. am 31.12.11) oder
- mit der Zweckerreichung (z. B. wenn ein Erkrankter zurückkehrt, die Schwangerschaftsvertretung endet oder die Saison beendet ist).

Ein befristeter Arbeitsvertrag muss also nicht gekündigt werden. Er unterliegt natürlich auch keinem Kündigungsschutz.

Unbefristete Arbeitsverträge
Diese laufen auf unbestimmte Zeit. Da Arbeitsverträge von zwei Partnern (dem Arbeitgeber und dem Arbeitnehmer) geschlossen werden, müssen sie auch von beiden durch einen Aufhebungsvertrag beendet werden. Beide Partner müssen mit allen Bedingungen in diesem Vertag einverstanden sein. Da in diesen Fällen eine einseitige Trennung nicht möglich wäre, gibt es für beide Seiten die Möglichkeit zur Kündigung. Hierfür gibt es Fristen. Es kann auch der Kündigungsschutz eintreten. (Siehe hierzu: Kap. 2.3 Besonderer Schutz durch das Kündigungsschutzgesetz)

Form von Arbeitsverträgen
In zahlreichen kleineren Handwerksbetrieben war es früher üblich, dass ein Arbeitsvertrag per Handschlag zwischen dem Inhaber und dem Arbeitnehmer geschlossen wurde. Dies führte in Streitfällen häufig zu großen Schwierigkeiten. Wie sollte ein Arbeitnehmer zum Beispiel dem Arbeitsgericht beweisen, dass ihm mehr Überstundengeld, Ausgleich für Fahrten zur Montage oder Ähnliches versprochen wurde, wenn sich der Meister nicht mehr daran erinnern konnte, dies damals bei Vertragsschluss versprochen zu haben?
Daher wurde von der Europäischen Union der schriftliche Arbeitsvertrag vorgeschrieben. Diese sind nur gültig, wenn sie vom Arbeitgeber und Arbeitnehmer unterschrieben sind.

Inhalte von Arbeitsverträgen
Folgende Inhalte muss ein Arbeitsvertrag nach dem Nachweisgesetz mindestens enthalten:

- Namen und Anschriften beider Parteien,
- Bezeichnung und Beschreibung der Tätigkeit,
- Zeitpunkt des Beginns des Arbeitsvertrags,
- die Dauer des Arbeitsvertrags (nur bei befristeten Verträgen),
- Arbeitsort oder der Hinweis, dass der Arbeitnehmer an verschiedenen Orten beschäftigt werden kann,
- die Dauer des Jahresurlaubs,
- die Höhe und die Zusammensetzung des Lohnes oder Gehaltes einschließlich der Zulagen, Prämien, Sonderzahlungen sowie anderer Zahlungen (z. B. vermögenswirksame Leistungen, Betriebsrente) und die Fälligkeit der Zahlungen,
- Tages- und Wochenarbeitszeit,
- Fristen für die Kündigung des Arbeitsverhältnisses,
- Hinweis auf die geltenden Tarifverträge, Betriebs- oder Dienstvereinbarungen.

Eine Ausfertigung eines von beiden Seiten unterschriebenen Arbeitsvertrages muss dem Arbeitnehmer spätestens nach einem Monat gegeben werden. Bestehen Sie darauf, und heben Sie diesen gut auf.

Probezeit
In den meisten Arbeitsverträgen wird eine Probezeit vereinbart. Diese darf im Höchstfall sechs Monate betragen. In dieser Probezeit kann das Arbeitsverhältnis von beiden Seiten mit einer Frist von zwei Wochen gekündigt werden.

Wichtige Pflichten aus einem Arbeitsvertrag
Nach Abschluss eines Arbeitsvertrages entstehen beiden Vertragsparteien Pflichten und auch Rechte. Wobei die Pflichten des einen jeweils die Rechte des anderen sind.

Die einzelnen Pflichten von Arbeitgeber und Arbeitnehmer finden Sie auf der folgenden Seite.

Die Pflichten von Arbeitgeber und Arbeitnehmer

Pflichten des Arbeitgebers

Beschäftigung:
Der Arbeitnehmer muss in der vertraglich festgelegten Tätigkeit beschäftigt werden.

Vergütung:
Das vereinbarte Gehalt und etwaige Nebenleistungen wie Urlaubsgeld, vermögenswirksame Leistungen, Überstundengeld usw. müssen pünktlich gezahlt werden.

Fürsorge:
Der Arbeitgeber ist verpflichtet, Gesundheit und Leben seiner Angestellten zu schützen (z. B durch Einhaltung des Arbeitszeitgesetzes, der Unfallverhütungsvorschriften, des Jugendarbeitsschutzgesetzes, durch die Abführung der Sozialversicherungsbeiträge).

Zeugnis:
Er muss bei Beendigung des Arbeitsverhältnisses ein Zeugnis oder auf Wunsch Zwischenzeugnisse ausstellen.

Arbeitsschutz:
Arbeitsschutzmaßnahmen sind einzuhalten und Berufskrankheiten vorzubeugen

Urlaub:
Der Urlaub ist nach Urlaubsgesetz oder nach Tarifvertrag zu geben.

Allgemeines Gleichbehandlungsgesetz (AGG):
Die Arbeitsnehmer müssen nach dem AGG gleich behandelt werden.
Am **Beschäftigungsende** müssen dem Arbeitnehmer die Arbeitspapiere ausgehändigt werden.

= Rechte des Arbeitnehmers

Pflichten des Arbeitnehmers

Arbeitsleistung:
Der Arbeitnehmer muss sich bemühen, die vereinbarte Arbeitsleistung zu erbringen.

Gehorsamspflicht:
Die Anweisungen des Arbeitgebers müssen befolgt und die übertragenen Arbeiten weisungsgerecht ausgeführt werden. Die Unfallverhütungsvorschriften müssen beachtet werden.

Sorgfaltspflicht:
Die Arbeiten müssen sorgfältig und nach bestem Wissen ausgeführt und die Arbeits- und Betriebsmittel pfleglich behandelt werden.

Schweigepflicht:
Betriebsgeheimnisse und der Datenschutz von Kunden und Mitarbeitern müssen gewahrt bleiben.

Betriebsordnung:
Der Arbeitnehmer muss sich an die Betriebsordnung halten. Die Arbeits- und Pausenzeiten sind einzuhalten.

Wettbewerbsverbot:
Der Arbeitnehmer darf dem Arbeitgeber keine Konkurrenz durch Schwarzarbeit machen. Er darf nebenbei auch nicht für andere Firmen arbeiten oder für diese werben.

Erholung:
Er darf an Wochenenden, Feiertagen oder im Urlaub nicht anderweitig gegen Entgelt arbeiten oder er muss sich diese vom Arbeitgeber genehmigen lassen. Diese Zeiten dienen zur Erholung.

= Rechte des Arbeitgebers

Pflichtverletzungen können ein Kündigungsgrund sein oder gar zu Schadenersatz führen.

Arbeitsvorschläge

1. Warum müssen Arbeitsverträge schriftlich abgeschlossen werden?
2. Erläutern Sie Vor- und Nachteile eines auf sechs Monate befristeten Arbeitsvertrages nach bestandener Ausbildung.
3. Unter welchen Voraussetzungen dürfen befristete Arbeitsverträge abgeschlossen werden?
4. Welche Inhalte müssen in Arbeitsverträgen mindestens aufgenommen sein?
5. Begründen Sie eine Pflicht des Arbeitgebers.
6. Erläutern Sie die Schweigepflicht.

2 Arbeitsrecht und Arbeitsschutz

Moment mal!

Krank und doch im Büro: Präsentismus verursacht Milliardenkosten
Der arbeitsmedizinische Fachbegriff Präsentismus steht für die Anwesenheit von Arbeitnehmerinnen und Arbeitnehmern an ihrer Arbeitsstätte, wobei die Mitarbeiter eigentlich erst zuhause ihre Krankheit in Ruhe auskurieren sollten. Für dieses Verhalten gibt es natürlich Gründe: Zum einen die starke Angst in einer globalisierten Welt schnell seinen Arbeitsplatz zu verlieren, wenn man eben nicht präsent ist. Zum anderen natürlich auch falsch verstandenes Verantwortungsgefühl in der Art von „Ohne meine Anwesenheit geht im Büro nichts". Eine Studie der Unternehmensberater von Booz & Company, die vor kurzem publiziert wurde, beleuchtet nun eingehend die finanziellen Aspekte des Phänomens Präsentismus. Manche bezeichnen des Präsentismus sogar als Volkskrankheit, allerdings sind es keineswegs nur die Deutschen die darunter leiden, auch in den USA gab es in der Vergangenheit eine ganze Reihe von Untersuchungen, die vor allem die volkswirtschaftlichen Aspekte von Krankheitstagen und Präsentismus unter die Lupe genommen haben.

Klares Ergebnis der Studie: Wer krank ist soll sich unbedingt zuerst auskurieren. Bereits die krankheitsbedingten Fehlzeiten von Mitarbeitern verursachen nach der Booz & Company-Studie den Unternehmen hierzulande hohe Kosten. Wer als Unternehmer oder Mitarbeiter allerdings dem Irrglauben aufsitzt, dass diese Herausforderung dadurch angegangen werden kann, dass man – oder frau – sich in kränklichem Zustand ins Büro schleppt, wird von den Autoren der aufschlussreichen Studie schnell eines Besseren belehrt.

Präsentismus verursacht doppelt so hohe Kosten wie krankheitsbedingte Fehlzeiten. Eigentlich kranke Mitarbeiter, die trotzdem arbeiten verdoppeln nämlich die Kosten, die allein durch Krankheit entstanden wären noch einmal glatt: Statt knapp 1.200 Euro pro Jahr und Arbeitnehmer entstehen durch Präsentismus Kosten von 2.400 Euro jährlich. Die Gründe: Mitarbeiter, die gesundheitlich noch nicht wieder hergestellt sind, machen deutlich mehr Fehler und sind insgesamt weniger leistungsfähig!

(Quelle: http://www.finanzwirtschafter.de/17730-krank-und-doch-im-buero-praesentismus-verursacht-milliardenkosten/)

- Warum gibt es Arbeitsschutzmaßnahmen?
- Welche Arten gibt es und was sollen diese bewirken?

?

2.1 Notwendigkeit des Arbeitsschutzes

Vor allem in den sogenannten Billiglohnländern gibt es auch heute kaum Schutzvorschriften an den Arbeitsplätzen. Das bedeutet, dass die Arbeitnehmer schutzlos den Unfall- und Krankheitsgefahren ausgesetzt sind. Daneben wird in diesen Ländern oftmals zwölf und mehr Stunden täglich gearbeitet und das sechs Tage die Woche. So viele Urlaubstage wie in Deutschland kennen die meisten ausländischen Arbeitnehmer ebenso wenig wie Lohnfortzahlung im Urlaub. Selbst der besondere Schutz für werdende Mütter, Schwerbehinderte oder Jugendliche am Arbeitsplatz wie in Deutschland ist in vielen Ländern unbekannt. Ebenfalls unbekannt sind in zahlreichen Ländern die Standards für den technischen Arbeitsschutz, welche die gesundheitlichen Gefährdungen am Arbeitsplatz verringern sollen. Die Folgen sind zahlreiche Berufskrankheiten und Arbeitsunfälle in Deutschland und der gesamten Welt.

Technischer Arbeitsschutz

Weltweit sterben jährlich etwa 2,2 Millionen Menschen durch Unfälle am Arbeitsplatz und Berufskrankheiten – Tendenz steigend. Neben den Todesopfern gibt es Jahr für Jahr 268 Millionen nicht tödliche Arbeitsunfälle, bei denen die Arbeitnehmer jedoch mindestens drei Tage ausfallen. Und im gleichen Zeitraum erkranken 160 Millionen Arbeitnehmer neu an einer Berufskrankheit.

www.dgb-jugend.de/ausbildung/jugendarbeitsschutz

Etwa alle drei Minuten kommt es zu einem Arbeitsunfall, in den ein Jugendlicher verwickelt ist. Im Jahr 2004 ereigneten sich in der Bundesrepublik über 165.000 meldepflichtige Unfälle in der Altersgruppe der 15- bis 24-Jährigen. Damit sind bei etwa jedem fünften Arbeitsunfall Heranwachsende betroffen. Junge Menschen sind noch nicht so belastbar wie Erwachsene. Das Jugendarbeitsschutzgesetz regelt daher Pausen- sowie Arbeitszeiten und sorgt für ausreichende Nachtruhezeiten, um Jugendliche vor Überforderung und gesundheitlichen Gefahren zu schützen. Aber auch für volljährige Arbeitnehmer gibt es einen sozialen und technischen Arbeitsschutz, wobei letzterer auch für Jugendliche gilt.

Berufsgenossenschaften und Gewerbeaufsichtsämtern bemühen sich vermehrt um Aufklärung, damit die menschlichen Fehler weniger werden. Daneben müssen aber auch verbesserte technische Unfallvorkehrungen entwickelt und die Gesetze und Verhütungsvorschriften den sich durch den technischen Fortschritt ständig verändernden Bedingungen angepasst werden (z. B. Strahlungsschäden, Haltungsschäden am PC). Zusätzlich muss laufende kontrolliert werden, ob die Gesetze und Richtlinien eingehalten werden, damit die Zahl der Arbeitsunfälle und Berufskrankheiten weiter vermindert wird – auch wenn klar ist, dass trotz stetiger Verbesserungen Arbeitsunfälle und Berufskrankheiten nie völlig verhindert werden können.

Neben den tragischen persönlichen Schicksalen durch Tod oder schwere Berufskrankheiten stehen die riesigen Kosten, die der Gesellschaft und den Betrieben dadurch aufgebürdet werden. Allein im Jahr 2007 betrugen die Aufwändungen der betrieblichen Unfallversicherung für Heilbehandlungen, Renten, Entschädigungen, Umschulung, Unfallverhütung usw. über 14,1 Mrd. Euro.

Wenn auch in einzelnen Wirtschaftszweigen und Berufen die Gefahren von Berufskrankheiten und -unfällen unterschiedlich hoch sind, können die meisten Arbeitsunfälle in Deutschland auf folgende Ursachen zurück geführt werden:

- technische Fehler und ungenügende Sicherheitsvorkehrungen in Betrieben: ca. 20 %
- menschliches Versagen (durch Leichtsinn, Unachtsamkeit, Verstöße gegen die Unfallverhütungsvorschriften, Bequemlichkeit und Drogen am Arbeitsplatz usw.): ca. 80 %

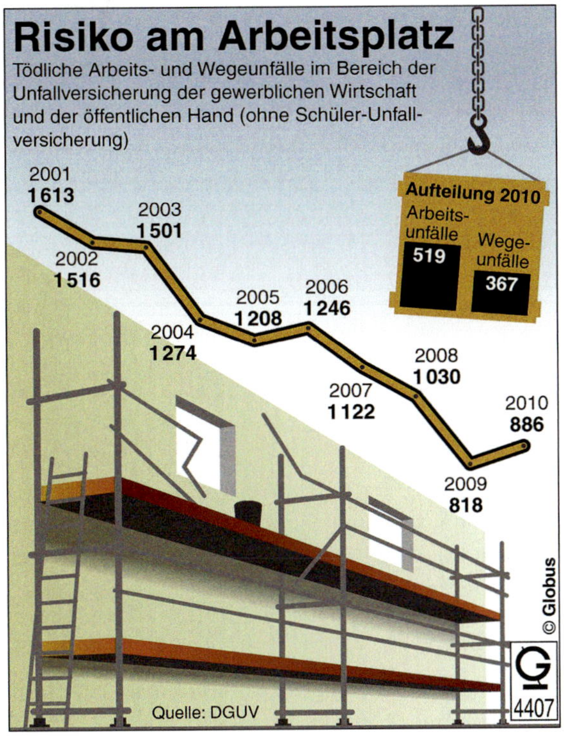

Arbeitsvorschläge

1. Was verbindet man mit dem Ausdruck Präsentismus?
2. Diskutieren Sie die möglichen Auswirkungen der Präsentismuskosten und berichten Sie über eventuelle Erfahrungen mit kranken Mitarbeitern am Arbeitsplatz.
3. Informieren Sie sich auf der Website Ihrer Berufsgenossenschaft über Arbeitsschutzmaßnahmen.

2.2 Sozialer Arbeitsschutz

2.2.1 Arbeitszeit- und Urlaubsgesetz

Beispiel

Freudentaumel in Gilsa-Jesberg. Die erste Mannschaft steigt in die Bezirksklasse auf. Als Belohnung darf die Mannschaft für eine Woche nach Mallorca fahren. Dort soll der Aufstieg erst richtig gefeiert werden. Doch Rolf ist entsetzt, denn sein Chef lehnt den Urlaub ab. „Erstens darfst du als Auszubildender nur in den Ferien Urlaub machen und zweitens brauche ich jetzt jeden Mann. Im Sommer kann man in einem Kurhotel keinen Urlaub bekommen – sollen wir die Gäste warten lassen oder weniger annehmen?" „Aber man steigt doch nur einmal auf!", entgegnet Rolf. „Na und ... bin ich dein Arbeitgeber oder dein Verein?", antwortet sein Chef. Wer von beiden hat wohl recht?

Arbeitszeit- und Urlaubsgesetz gelten nur für volljährige Arbeitnehmer/innen. Für die Ausbildung und Beschäftigung von Jugendlichen gilt dagegen das Jugendarbeitsschutzgesetz.

Arbeitszeit

Als Arbeitszeit wird die Zeit von Beginn bis Ende der Arbeit ohne die Ruhepausen gerechnet. Für Beschäftigte in Hotellerie und Gastronomie gilt die jeweilige tarifvertragliche Regelung.

Die Tarifverträge für die einzelnen Bundesländer weichen etwas voneinander ab. So ist z. B. im Tarifbereich NRW für die Branche Speditions-, Lokistik- und Transportwirtschaft eine Regelarbeitszeit von 39 Stunden festgelegt – für Kraftfahrer beträgt sie dort 40 Stunden.

Ruhepausen und Ruhezeit

Ruhepausen

Bei einer Arbeitszeit von mehr als sechs bis zu neun Stunden müssen mindestens 30 Minuten Ruhepause, bei mehr als neun Stunden mindestens 45 Minuten Ruhepause gewährt werden.

Zu beachten ist:

- Ruhepausen werden nicht als Arbeitszeit vergütet.
- Ruhepausen müssen mindestens 15 Minuten dauern.

- Länger als sechs Stunden dürfen Mitarbeiter nicht ohne Ruhepause beschäftigt werden.
- Ruhepausen müssen im Voraus festgelegt sein.

Ruhezeit
Nach Beendigung der täglichen Arbeitszeit muss eine ununterbrochene Ruhezeit von mindestens elf Stunden gewährleistet sein.

Bundesurlaubsgesetz

Gesetzlicher Mindeststandard
Nach dem Bundesurlaubsgesetz hat jeder Arbeitnehmer Anspruch auf mindestens 24 Werktage Urlaub pro Jahr. Das entspricht – bei einer Fünf-Tage-Woche – knapp fünf Wochen Urlaub jährlich. Während des Urlaubs muss das durchschnittliche Gehalt des letzten Vierteljahres (ohne Überstundenvergütung) weitergezahlt werden.
Scheidet der Arbeitnehmer z. B. nach einer dreimonatigen Probezeit wieder aus, dann hat er Anspruch auf $3/12$ Urlaub, d. h. ¼ von 24 entspricht sechs Tagen Urlaub. Wechselt er nach einem halben Jahr den Betrieb, dann steht ihm die Hälfte des Jahresurlaubs zu.
In den **Manteltarifverträgen** wird meist ein längerer Urlaub ausgehandelt.

Gesetzliche Feiertage sind, soweit sie in den Urlaub fallen, keine Arbeitstage. Wenn Sie im Urlaub krank werden und dies durch ärztliches Attest nachweisen, werden diese Krankheitstage nicht auf den Jahresurlaub angerechnet. Eine zusätzliche Sonderregelung gilt für Auszubildende: Ihnen muss der Urlaub innerhalb der Schulferien gewährt werden.

Grundsatz der Urlaubserteilung
Den Zeitpunkt des Urlaubs bestimmt der Arbeitgeber. Er muss dabei allerdings die Wünsche seiner Arbeitnehmer berücksichtigen, sofern diesen nicht dringende Belange des Betriebes entgegenstehen. Bei der Erteilung des Urlaubs kann es immer wieder zu Schwierigkeiten zwischen den Erfordernissen der Arbeitgeber und den Wünschen der Mitarbeiter oder zu Überschneidungen innerhalb der Interessen der Belegschaft kommen. Den Urlaub genehmigt grundsätzlich der Betrieb. Eine eigenmächtige Urlaubsnahme gegen diesen Willen ist nicht erlaubt und kann zur Kündigung führen.

Grundsätzlich muss der Urlaub im laufenden Kalenderjahr genommen werden. Eine Übertragung des Urlaubs auf das nächste Kalenderjahr ist allerdings möglich, wenn dringende betriebliche Gründe vorliegen. Auch entsprechende Gründe des Arbeitnehmers können dies rechtfertigen. In einem solchen Fall muss der Urlaub bis zum 31. März des Folgejahres genommen werden. Danach kann der Vorjahresurlaub nur noch dann genommen werden, wenn der Arbeitgeber mit einer über den 31. März hinausgehende Übertragung des Urlaubs ausdrücklich einverstanden ist.

Der Arbeitgeber ist an seine Urlaubszusage gebunden. Ist die zeitliche Festlegung erfolgt, kann diese nur mit Einwilligung des betroffenen Arbeitnehmers rückgängig gemacht werden. Nur in wenigen Ausnahmen, z. B. bei

Notfällen oder nicht vorhersehbaren Ereignissen, kann der Arbeitnehmer verpflichtet werden, seinen Urlaub zu verschieben. Andernfalls muss der Arbeitnehmer der Verschiebung seines Urlaubs oder auch einer vorzeitigen Rückkehr nur zustimmen, wenn der Arbeitgeber sich verpflichtet, alle entstehenden Mehrkosten, z. B. für die Stornierung einer gebuchten Reise, für den Arbeitnehmer und ggf. für seine Familie zu übernehmen.

Fallen Urlaubstage wegen einer Erkrankung des Arbeitnehmers aus, muss der Arbeitgeber diese nachgewähren. Allerdings gilt dies nur, wenn eine vom Arzt ausgestellte Arbeitsunfähigkeitsbescheinigung vorgelegt wird.

Generell kann der Urlaub nicht durch Geld abgegolten werden (sogenannte Urlaubsabgeltung). Dies ist nur möglich, wenn der Urlaub wegen Beendigung des Arbeitsverhältnisses nicht mehr oder nur teilweise genommen werden kann.

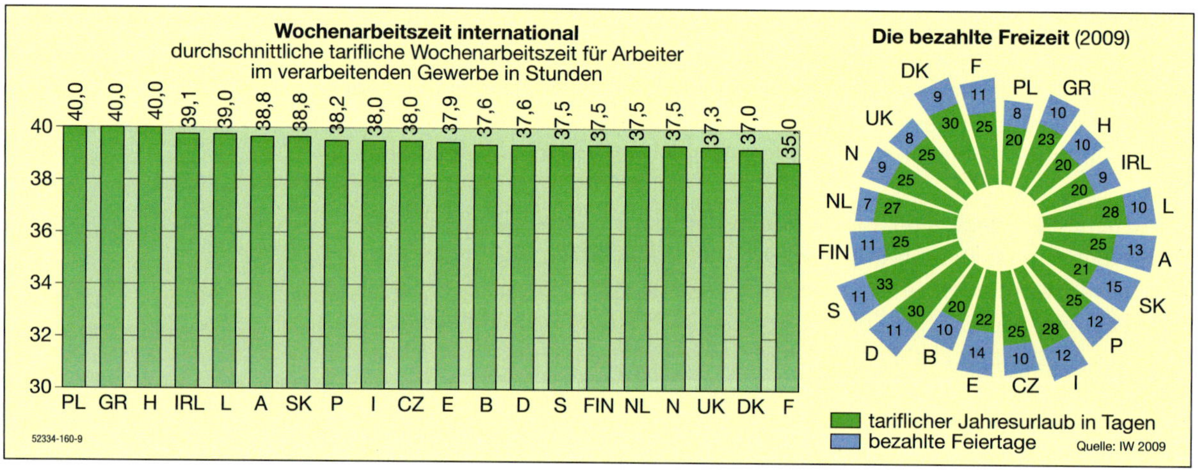

Arbeitsvorschläge

1. Erklären Sie die wichtigsten Regelungen des Arbeitszeitgesetzes für Ihren Beruf.
2. Wie viel Mindesturlaub hat jeder Arbeitnehmer?
3. Wird Rolf (aus dem Kapiteleinstiegsbeispiel 2.2.1) mit der Mannschaft mitfliegen können, wenn der Chef bei seiner Meinung bleibt? Überprüfen Sie die folgende Rechtslagen:
   a) Er ist Auszubildender und die Urlaubswoche würde in die Sommerferien der Berufsschule fallen.
   b) Er ist Auszubildender und der Termin liegt außerhalb der Berufsschulferien.
   c) Er ist Arbeiter und besteht auf diesen Urlaub.
   d) Obwohl der Chef diesen Urlaub nicht genehmigt hat, fliegt Rolf einfach mit.
4. Wann muss Urlaub spätestens genommen werden?
5. Wann darf Urlaub ausgezahlt werden?

2.2.2 Das Mutterschutzgesetz

Beispiel

„Ja, Frau Schulte, keine Frage, ich darf Ihnen gratulieren", sagte die Frauenärztin Dr. Weber. „Sie sind schwanger und zwar unzweifelhaft". „Das ist ja ...", Karin Schulte wusste gar nicht, was sie sagen sollte. „Ich möchte aber, dass es keiner erfährt", sagte sie nach kurzer Überlegung zur Ärztin. „Wollen Sie das Kind nicht bekommen?", fragte Dr. Weber. „Doch, natürlich, aber es soll so lange wie möglich das Geheimnis von meinem Mann und mir bleiben."
„Da haben Sie aber ein Problem, denn Sie müssen sofort Ihren Arbeitgeber informieren", entgegnete Dr. Weber. „Den Arbeitgeber? Was geht ihn denn an, ob ich schwanger bin oder nicht?", empörte sich Frau Schulte. „Sie müssen Ihren Arbeitgeber so schnell wie möglich informieren", entgegnete Dr. Weber, „denn ab diesem Zeitpunkt kommen Sie in den Genuss des Mutterschutzgesetzes. Gehen Sie am besten morgen in Ihr Personalbüro."

Was „man" und „frau" wissen sollte

Nach Art. 6, Abs. 4 im Grundgesetz hat jede Mutter Anspruch auf Schutz und die Fürsorge der Gemeinschaft. Dieser Schutz wird durch das Mutterschutzgesetz festgelegt. Dieses Gesetz gilt für alle Frauen, die in einem Arbeitsverhältnis stehen, auch für Teilzeitbeschäftigte, Heimarbeiterinnen, für Beschäftigte im öffentlichen Dienst sowie für Auszubildende. Die Regelungen des Elterngeldes (siehe S. 59) gelten auch für Väter.

Bei Schwangerschaft sofort den Arbeitgeber informieren

Sobald man Gewissheit über die Schwangerschaft hat, sollte man unverzüglich den Arbeitgeber informieren, denn der Arbeitgeber muss die Mutterschutzbestimmungen ab dem Tag der Kenntnis der Schwangerschaft beachten. Er muss die Schwangerschaft dem Gewerbeaufsichtsamt mitteilen. Dieses kontrolliert dann die Einhaltung der Mutterschutzvorschriften. Die werdende Mutter soll durch die Bestimmungen des Mutterschutzgesetzes vor Gefahren, Überforderungen und Gesundheitsschädigungen am Arbeitsplatz geschützt werden. Gleichzeitig wird sie vor finanziellen Einbußen und dem Verlust des Arbeitsplatzes bewahrt.

!

Im Vorstellungsgespräch dürfen Frauen vom Arbeitgeber nicht gefragt werden, ob sie schwanger sind. Das Bundesarbeitsgericht hat die Frage des Arbeitgebers nach dem Bestehen einer Schwangerschaft als unzulässige geschlechtsspezifische Benachteiligung bewertet. Wird eine solche Frage gestellt und bewusst nicht zutreffend beantwortet, so liegt keine arglistige Täuschung vor. Die spätere Anfechtung des Arbeitsvertrages wäre nicht möglich.

Die Beschäftigte ist verpflichtet, den Arbeitgeber unverzüglich zu informieren, wenn z. B. aufgrund einer Fehlgeburt die Schwangerschaft vorzeitig endet.

Arbeitszeit

Werdende und stillende Mütter unter 18 Jahren dürfen nicht länger als täglich acht Stunden beschäftigt werden. Sind sie über 18 Jahre, dürfen sie täglich nicht länger als achteinhalb Stunden arbeiten.

Gestaltung des Arbeitsplatzes

Der Arbeitsplatz muss so eingerichtet sein, dass Leben und Gesundheit der werdenden Mutter geschützt sind. Der Arbeitgeber hat ihr auch eine Sitzgelegenheit zum Ausruhen bereitzustellen. Die Schwangere muss Gelegenheit zu kurzen Arbeitsunterbrechungen erhalten. Außerdem muss ein Liegeraum eingerichtet werden, in dem sich die werdende Mutter nach Bedarf ausruhen kann.

Beim Bundesministerium für Familie, Senioren, Frauen, Jugend, Jägerstr. 8/9, 10117 Berlin können Sie folgende beiden kostenlosen Infobroschüren bestellen:
- Erziehungsgeld/Elternzeit
- Alleinerziehend

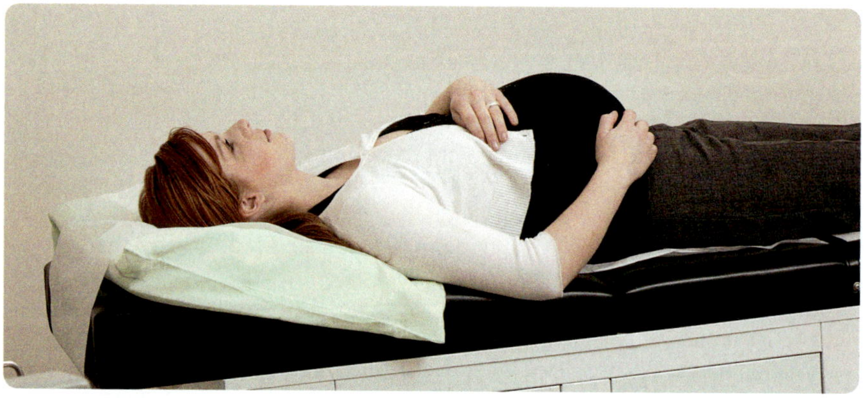

Beschäftigungsverbote

Bescheinigt ein Arzt, dass Leben oder Gesundheit von Mutter oder Kind gefährdet sind, wenn die Mutter weiterarbeiten würde, dann darf der Arbeitgeber sie nicht beschäftigen. Dasselbe gilt auch für Arbeiten mit schädlichen Einwirkungen von Strahlen, Gasen, Dämpfen.

Weiterhin dürfen werdende Mütter nicht beschäftigt werden
- nach Ablauf des fünften Monats der Schwangerschaft mit Arbeiten, bei denen sie ständig stehen müssen,
- mit Arbeiten, bei denen sie infolge ihrer Schwangerschaft in besonderem Maße der Gefahr ausgesetzt sind, an einer Berufskrankheit zu erkranken,
- mit Mehr-, Nacht- (zwischen 20:00 und 06:00 Uhr) sowie Sonn- und Feiertagsarbeit,
- mit Akkord- und Fließbandarbeit,
- mit gesundheitsgefährdenden Stoffen.

Ein generelles Beschäftigungsverbot besteht während der Mutterschutzfrist für die Zeit von
- sechs Wochen vor der Entbindung bis acht Wochen danach oder
- bei Mehrlingsgeburten bis jeweils zwölf Wochen nach der Entbindung.

- bei Frühgeburten verlängert sich die Mutterschutzfrist nach der Geburt um die Tage, die vor der Entbindung nicht in Anspruch genommen werden konnten

Mutterschaftsgeld
Während dieser Schutzfristen erhalten Arbeitnehmerinnen, wenn sie Mitglied in einer gesetzlichen Krankenkasse sind, von dieser Mutterschaftsgeld. Dessen Höhe richtet sich nach dem um die gesetzlichen Abzüge verminderten durchschnittlichen Arbeitsentgelt der letzten drei vollständig abgerechneten Kalendermonate (bei wöchentlichen Abrechnung der letzten 13 Wochen vor Beginn der Schutzfrist vor der Entbindung). Die Höchstgrenze des Mutterschaftsgeldes liegt bei 13 Euro pro Kalendertag, also 390 (403) Euro pro Monat. Verdient die schwangere Arbeitnehmerin mehr, dann muss der Arbeitgeber die Differenz als Zuschuss zum Mutterschaftsgeld zahlen.

Alle Arbeitnehmerinnen, die in einer privaten Krankenversicherung sind oder geringfügig beschäftigt sind, erhalten Mutterschaftsgeld vom Bundesversicherungsamt in Höhe von insgesamt höchstens 210 Euro pro Monat.

Beschäftigungsverbot und Mutterschutzlohn
Wenn ein Arzt einer Schwangeren aus gesundheitlichen Gründen für die Mutter und/oder das werdende Kind ein totales Beschäftigungsverbot erteilt hat, dann erhält sie Mutterschutzlohn. Dieser ist wenigstens so hoch, wie der Durchschnittsverdienstes der letzten drei Monate (oder der letzten 13 Wochen) vor Eintritt der Schwangerschaft.

Elterngeld
Alle Eltern, die weniger als 250.000 € im Jahr (Familieneinkommen 500.000) verdienen und nach der Geburt des Kindes eine Baby-Pause nehmen und nicht mehr als 30 Stunden je Woche arbeiten, erhalten Elterngeld zusätzlich zum Kindergeld. Es beträgt 67% des Nettogehaltes des Elternteils, der nach der Geburt des Kindes zu Hause bleibt, für höchstens 12 Monate. Der Partner kann dann zusätzlich noch für 2 Monate Elterngeld bekommen, wenn auch er in dieser Zeit höchstens 30 Stunden arbeitet. Man kann das Elterngeld aber auch aufteilen auf zweimal je sieben Monate oder jede andere Kombination.

@

http://www.bmfsfj.de/BMFSFJ/gesetze,did=93110.html

Alleinerziehende können für die vollen 14 Monate Elterngeld erhalten.
Eltern mit einem Nettoverdienst von mehr als 1.240,– EUR erhalten 65% statt bislang 67% ihres letzten Nettoverdienstes. Das Elterngeld beträgt mindestens 300 € und höchstens 1.800 € pro Monat.
(Besondere Bedingungen gibt es für Mehrkindfamilien, nicht ehelichen Lebensgemeinschaften und Hartz IV Empfängern.)

!

Viele Familien erhalten weniger Elterngeld als gedacht. Es wird nämlich in den ersten zwei Monaten nach der Geburt mit dem Mutterschaftsgeld verrechnet. Es lohnt aber unbedingt, den Antrag auf Elterngeld zu stellen, da es auch anteilig ausgezahlt wird.

Urlaub
Die Ausfallzeiten während der Mutterschutzfristen gelten bei der Berechnung des Urlaubsanspruchs als Beschäftigungszeiten, werden also für die Ermittlung des Urlaubs wie Arbeitstage gerechnet.

Kündigungsschutz

Das Kündigungsverbot des Arbeitgebers beginnt mit der Schwangerschaft und endet vier Monate nach der Entbindung. Ein Kündigungsschutz besteht auch während der Elternzeit. Gekündigt werden kann während der Elternzeit nur bei Ablauf des Beschäftigungsverhältnisses durch Befristung, Aufhebungsvertrag, Ende des Berufsausbildungsverhältnis oder bei Stilllegung des Betriebes.

In Ausnahmefällen ist eine Kündigung möglich, wenn der Arbeitgeber dringend auf eine qualifizierte Ersatzkraft angewiesen ist, diese aber auf einem unbefristeten Arbeitsvertrag besteht.

Arbeitsvorschläge

1. Welche Tätigkeiten sind Schwangeren untersagt?
   Nennen Sie als Beispiele spezielle Arbeiten aus Ihren Betrieben.
2. Welchen besonderen Kündigungsschutz haben werdende Mütter?
3. Was muss eventuell am Arbeitsplatz verändert werden, wenn eine Mitarbeiterin schwanger wird?
4. Wie lange dauert die Mutterschutzfrist?
5. Ihre Freundin plant eine baldige Schwangerschaft. Erklären Sie ihr die Elternzeit.
6. Erklärten Sie Mutterschutzlohn.
7. a) Wer bekommt Elterngeld?
   b) Welche Kombinationsmöglichkeiten hat ein verheiratetes Paar bezüglich des Elterngeldes?
8. Wie werden die Ausfallzeiten auf den Urlaub angerechnet?

2.2.3 Der Schwerbehindertenschutz

Beispiel

Die Unfallfolgen
Es war ein schönes Sommerfest. Sie hatten gegrillt und natürlich auch etwas getrunken. Auch Jan und die 16-jährige Maike. Und dann nahm er doch das Auto – er wollte ja nur Maike nach Hause bringen ...
Die Fahrt endete an einem Baum. Maike war sehr schwer verletzt.
Sie hatte letztendlich Glück und überlebte. Doch sie war querschnittsgelähmt – mit 16 Jahren für immer an den Rollstuhl gefesselt.
Nach zwei Jahren in verschiedenen Kliniken und Rehas wollte Maike eine Ausbildung beginnen. „Meinen Sie, ich habe überhaupt Chancen?", fragte sie den Arbeitsvermittler. „Bessere als die gesunden Bewerberinnen und Bewerber", entgegnete dieser der erstaunten Maike.

Warum ein besonderes Gesetz?
In Deutschland leben etwa vier Millionen körperlich und geistig behinderte Menschen. Das sind ca. fünf Prozent oder jeder 20. Mensch unter uns. Wenn die Behinderung so schwerwiegend ist, dass die Erwerbsfähigkeit unter 50 % liegt, ist man Schwerbehinderter.

! Bei einem Vorstellungsgespräch oder im Personalfragebogen darf ein Schwerbehinderter diesen Status nicht verneinen. Sonst kann der Arbeitsvertrag wegen arglistiger Täuschung angefochten werden.

Schwerbehinderte können oftmals Arbeiten, die für Nichtbehinderte problemlos sind, nicht ausführen. Andere bewegen sich langsamer, haben Sprach- oder Konzentrationsschwierigkeiten. Daneben müssen für sie am Arbeitsplatz oftmals besondere Investitionen getätigt werden (z. B. rollstuhlgerechte Türen, Toiletten und Aufzüge). Da lag es nahe, dass die Arbeitgeber den Schwerbehinderten lieber gesunde Arbeitnehmer/-innen vorzogen. Um auch den schwerbehinderten Menschen eine Chance zu geben und sie in den Arbeitsprozess einzugliedern, wurde das Schwerbehindertengesetz geschaffen.

Die wichtigsten Bestimmungen des Schwerbehindertengesetz	
Beschäftigungspflicht § 5	Betriebe ab 20 Arbeitsplätzen müssen mindestens fünf Prozent Schwerbehinderte einstellen.
Ausgleichsabgabe §§ 11, 12	Für jeden nicht mit einem Schwerbehinderten besetzten Platz muss der Arbeitgeber bei mindestens 20 Arbeitsplätzen eine Ausgleichsabgabe zwischen 100,00 € und 250,00 € an einen Ausgleichsfond bezahlen (je nach Beschäftigungsquote). Dieses Geld wird für die berufliche Förderung von Schwerbehinderten verwendet.
besonderer Kündigungsschutz §§ 15, 16, 20	Wenn ein Schwerbehinderter, der mindestens sechs Monate im Betrieb tätig war, gekündigt werden soll, muss dies die Hauptfürsorgestelle schriftlich genehmigen.
zusätzlicher Urlaub §§ 47	Schwerbehinderten steht ein Zusatzurlaub von fünf Tagen pro Jahr zu.

@

Schwerbehindertengesetz auf: **www.schwerbehindertengesetz.de**
Diabetiker können prüfen, wie hoch ihre Schwerbehinderung in Prozent ist auf: **www.diabetes-news.de/info/soziales2.htm**

Weitere besondere Rechte für Schwerbehinderte

Bewerbung: Wenn ein Schwerbehinderter nicht eingestellt wird, muss der Arbeitgeber beweisen, dass er den Bewerber nicht wegen seiner Behinderung benachteiligt, sondern ihn aus sachlichen Gründen nicht eingestellt hat. Bei Verstoß gegen dieses Benachteiligungsverbot kann der Bewerber finanzielle Entschädigung fordern. Die Höhe beträgt höchstens drei Monatsverdienste (Einstellungsgehalt). Ein Recht auf Einstellung hat er nicht.

Einkommensteuer: Hierbei können Steuerfreibeträge geltend gemacht werden, deren Höhe mit dem Grad der Behinderung ansteigt.

Öffentliche Verkehrsmittel: Er erhält Ermäßigungen bei der Deutschen Bahn AG und im öffentlichen Nahverkehr.

Kraftfahrzeug: Schwerbehindete zahlen weniger Kraftfahrzeugsteuer. Außerdem gibt es besondere Parkplätze für Behinderte.

Zusätzlich erhalten Behinderte:

- einen Freibetrag bei der Wohngeldberechnung,
- Eintrittsermäßigungen bei verschiedenen Veranstaltungen,
- einen Nachlass bei den Rundfunkgebühren.

Arbeitsvorschläge

1. Welche Menschen gelten als „schwerbehindert"?
2. Warum müssen diese Menschen besonders geschützt werden?
3. Wie viele Schwerbehinderte müssen Arbeitgeber einstellen, bei a) 18; b) 42; c) bei 358 Arbeitsplätzen?
4. Was passiert, wenn die Schwerbeschädigtenquote in einem Betrieb nicht erfüllt wird?

2.3 Besonderer Schutz durch das Kündigungsschutzgesetz

Beispiel

„das bisschen Chatten ..."
Dreimal wurde Silke schon von ihrem Chef ermahnt, am Arbeitsplatz nicht privat im Internet zu surfen. Vor zwei Wochen erhielt sie aus diesem Grund eine Abmahnung. Und heute ist sie schon wieder erwischt worden, als sie bei facebook mit ihrer Freundin chattet. Ihr Chef kündigt sie daraufhin unbefristet und bittet Silke die Spedition sofort zu verlassen. „Das kann der doch nicht mit mir machen, zumal ich ja grad nichts wichtiges zu tun hatte", denkt Silke. Auch ihre Freundin meint, dass das bisschen Chatten einen nur wieder munter mache und man danach eine bessere Leistung im Betrieb bringe. Doch der Chef besteht auf der fristlosen Kündigung.

Jeder Arbeitsvertrag kommt durch zwei übereinstimmende Willenserklärungen zustande. Eine Weiterbeschäftigung nach bestandener Prüfung ist auch eine solche zweiseitige Willenserklärung, in diesem besonderen Fall eine stillschweigende. Der Betrieb beschäftigt den ausgebildeten Fleischer zu tariflichen Bedingungen weiter, dieser willigt stillschweigend ein, indem er am Tag nach der praktischen Prüfung zur Arbeit kommt.

Arbeitsverträge können befristet oder unbefristet abgeschlossen werden (siehe hierzu auch Kap. 8). In **befristeten Arbeitsverträgen** endet das Beschäftigungsverhältnis mit Ende der im Vertrag festgelegten Frist. Eine **Beendigung unbefristeter Arbeitsverträge** geschieht entweder durch einen Aufhebungsvertrag oder durch Kündigung.
Kündigungen, Aufhebungsverträge aber auch Befristungen müssen schriftlich erfolgen.

Aufhebungsvertrag
In einem Aufhebungsvertrag erklären sich beide Vertragspartner zur Beendigung eines bestehenden Arbeitsverhältnisses bereit. Oftmals erhält der Arbeitnehmer für die Einwilligung eine Abfindung, wenn der Arbeitgeber großes Interesse an der Beendigung hat. Ein Teil der Abfindung wird allerdings auf das Arbeitslosengeld angerechnet. Dessen Bezug kann bis zu drei Monate gesperrt werden. Aufhebungsverträge werden oft aus betriebsbedingten Gründen (z. B. Auftragsrückgang, Kosteneinsparungen) angeboten, um die Kündigungsschutzfristen zu umgehen. Sie können aber auch angewendet werden, wenn der Arbeitnehmer einen Grund für eine fristlose Kündigung liefert, der Chef ihm aber eine solche Kündigung ersparen will, damit er bei folgenden Bewerbungen bessere Chancen hat. In diesem Fall wird sicherlich keine Abfindung vereinbart.

Kündigung in der Probezeit
Während der Probezeit kann die Kündigung des Arbeitsverhältnisses bis zum letzten Tag der Probezeit von beiden Seiten erklärt werden. Es gilt dann eine verkürzte Kündigungsfrist von zwei Wochen und selbst dann, wenn das Fristende außerhalb der vereinbarten Probezeit liegt. Wer also am letzten

Tag seiner Probezeit, etwa am 30.09., die Kündigung erhält, der muss am 14.10. gehen.
Weil der Kündigungsschutz nach dem Kündigungsschutzgesetz erst nach sechs Monaten greift, bedarf eine Kündigung während der ersten sechs Monate keiner sozialen Rechtfertigung, d.h. der Arbeitgeber muss die Kündigung nicht gesondert begründen. Dauert die Probezeit ausnahmsweise länger als sechs Monate, so muss der Arbeitgeber bereits in der Probezeit den gesetzlichen Kündigungsschutz beachten und braucht einen Kündigungsgrund. Ist die vereinbarte Probezeit z.B. acht Monate, so gilt die verkürzte Kündigungsfrist von zwei Wochen nur in den ersten sechs Monaten, danach gilt die normale Kündigungsfrist von 4 Wochen zum 15. Oder zum Ende des Monats.

Kündigungsfristen bei Kündigung durch den Arbeitgeber
Eine Kündigung ist eine einseitige Willenserklärung des Kündigenden, die vom anderen Vertragspartner lediglich empfangen werden muss. In der höchstens sechsmonatigen Probezeit können Arbeitsverträge mit einer Frist von zwei Wochen von beiden Seiten gekündigt werden.

Wenn der **Arbeitgeber** kündigt, gelten für Beschäftigte unter 25 Jahren die einfache Kündigungsfristen von vier Wochen zum 15. oder zum Monatsende. Für Beschäftigte über 25 Jahre hängen die Kündigungsfristen von der Betriebszugehörigkeit ab.

Kündigungsschutzfristen

Betriebszugehörigkeit	Kündigungsfrist
unter **2 Jahren**	**4 Wochen** zum 15. oder Monatsende
ab **2 Jahren**	**1 Monat** zum Monatsende
ab **5 Jahren**	**2 Monate** zum Monatsende
ab **8 Jahren**	**3 Monate** zum Monatsende
ab **10 Jahren**	**4 Monate** zum Monatsende
ab **12 Jahren**	**5 Monate** zum Monatsende
ab **15 Jahren**	**6 Monate** zum Monatsende
ab **20 Jahren**	**7 Monate** zum Monatsende

Kündigungsarten

Es gibt drei Kündigungsarten:

- ordentliche, fristgemäße Kündigung
- außerordentliche, fristlose Kündigung
- Änderungskündigung

Ordentliche (gesetzliche) Kündigung durch den Arbeitnehmer
Die gesetzliche Kündigungsfrist für Arbeitnehmer beträgt unabhängig von seiner Betriebszugehörigkeit jeweils vier Wochen zum Monatsende oder zum 15. des Monats (der jeweils erste Termin). Wenn Sie als Arbeitnehmer am 01.05. oder am 15.05. eine neue Stelle annehmen wollen, müssen Sie an den folgenden Terminen kündigen:

Beispiele

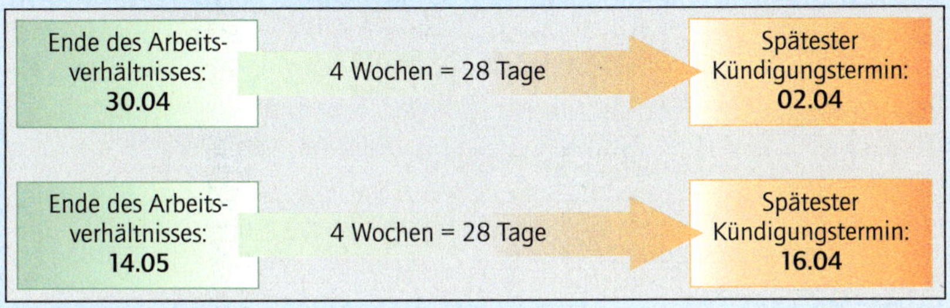

Außerordentliche, fristlose Kündigung
Diese kann sowohl vom Arbeitgeber als auch vom Arbeitnehmer erfolgen. Bedingung ist, dass dem Kündigenden eine Fortsetzung des Arbeitsverhältnisses nicht mehr zugemutet werden kann. Dies ist allerdings nur möglich, wenn ein wichtiger Grund vorliegt, wie zum Beispiel:
- Diebstahl,
- Arbeitsverweigerung,
- grober Verstoß gegen die Betriebsordnung,
- ungenehmigter Urlaub,
- Beleidigungen,
- Vorenthaltung des Gehaltes,
- sexuelle Belästigung
- übertriebenes privates Surfen im Internet am Arbeitsplatz usw.

Jeder Vertragspartner muss dem anderen den Kündigungsgrund unverzüglich mitteilen. Eine fristlose Kündigung ist auch nur möglich, wenn der Kündigungsgrund nicht länger als zwei Wochen bekannt ist.

Änderungskündigung
Ein Arbeitnehmer soll an einem anderen Platz als dem im Arbeitsvertrag festgelegten eingesetzt werden. Es soll ihm aber nicht gekündigt werden. Oder aber seine im Vertrag festgelegten Arbeitsbedingungen sollen geändert werden. Dann bietet sich eine Änderungskündigung an. Dies bedeutet: Dem Beschäftigten wird die Fortsetzung der Anstellung zu geänderten Bedingungen angeboten. Diese könnten sein: weniger Lohn, Wegfall von Überstundenregelungen, eine andere Tätigkeit oder eine Beschäftigung an einem anderen Standort usw. Unterschreibt der Arbeitnehmer den neuen Vertrag nicht, verliert sein alter Vertrag trotzdem seine Gültigkeit.

Kündigungsschutz
Die zwei Voraussetzungen des Kündigungsschutzes:
- Der Kündigungsschutz gilt nur für Mitarbeiter in Betrieben mit mehr als zehn vollbeschäftigten Arbeitnehmern (über 30 Wochenstunden). Auszu-

bildende zählen nicht mit. Teilzeitbeschäftigte zählen mit geringerem Faktor im Anteil der Arbeitsstunden.
- Zum Zeitpunkt der Kündigung muss der Arbeitnehmer länger als sechs Monate im Betrieb angestellt sein.

Allgemeiner Kündigungsschutz

Einem Arbeitnehmer darf, wenn die unten genannten Voraussetzungen erfüllt sind, nur dann gekündigt werden, wenn er durch seine Person oder sein Verhalten einen Kündigungsgrund gibt, oder wenn betriebliche Erfordernisse vorliegen.

Kündigungsgründe nach dem Kündigungsschutzgesetz

personenbedingte Gründe	verhaltensbedingte Gründe	betriebliche Gründe
◗ mangelhafte Kenntnisse und Fähigkeiten (dürfen bei der Einstellung nicht bekannt gewesen sein) ◗ mangelnde körperliche oder geistige Eignung (z. B. Allergien) ◗ lange Krankheit, deren Ende nicht absehbar ist ◗ häufige Kurzerkrankungen (wenn die wirtschaftliche Belastung für den Arbeitgeber zu groß wird)	◗ schuldhafte Vertragsverletzung wie Arbeitsverweigerung, häufige Unpünktlichkeit, selbstgenommener und nicht genehmigter Urlaub ◗ Verletzung arbeitsrechtlicher Nebenpflichten wie Nichtvorlage einer Arbeitsunfähigkeitsbescheinigung ◗ Verstöße gegen die Betriebsordnung, Verweigerung von Überstunden, Verweigerung der Aufgabenaufteilung im Betriebsteam ◗ Drogenkonsum am Arbeitsplatz (auch Alkohol) ◗ Verletzung eines Rauchverbotes im Betrieb ◗ fehlender Leistungswille ◗ Störung des Betriebsfriedens durch Beleidigung von Kollegen, des Meisters oder von Kunden; sexuelle Nötigung	◗ Umsatz- oder Ertragsrückgang ◗ Umstrukturierung des Betriebes ◗ Betriebsverkleinerung (z. B. aus Altersgründen, Krankheit) ◗ Umorganisation (z. B. Einsatz modernerer Maschinen)
Zusatzpflichten des Betriebsinhabers:	**vorherige schriftliche Abmahnung:** Dadurch erhält der Arbeitnehmer die Chance, sein Verhalten zu ändern. Erfolgt dies nicht, kann die Kündigung ausgesprochen werden.	Berücksichtigung sozialer Gesichtspunkte

Kündigung nach Abmahnung

Wann ist eine Abmahnung erforderlich?

Vor Ausspruch einer Kündigung wegen vertragswidrigen Verhaltens (sogenannte verhaltensbedingte Kündigung), z. B. wegen unentschuldigten Fehlens in der Berufsschule oder mangelnder Bereitschaft zur Eingliederung in die betriebliche Ordnung, muss der Auszubildende zweimal abgemahnt werden. Der Ausbildungsbetrieb muss dem Auszubildenden also in diesen Fällen zuerst die „gelbe Karte" zeigen und ihm damit Gelegenheit geben, sein Verhalten zu ändern. Wenn nach beiden Abmahnungen keine Besserung erfolgt, kann aus diesem Grund gekündigt werden.
Ansonsten ist die Kündigung **unwirksam**.

Nur bei **schweren** Vertrauensverstößen (z. B. bei Unterschlagung eines größeren Geldbetrages) kann eine Kündigung direkt ohne vorherige Abmahnung ausgesprochen werden.

Wie lange wirkt eine Abmahnung?
Die Rechtswirkung einer Abmahnung ist zeitlich begrenzt. Hat der Auszubildende, nachdem sie ausgesprochen wurde, längere Zeit seine Pflichten erfüllt, wird eine Abmahnung gegenstandslos.
Abmahnungen, die länger als ein Jahr zurückliegen, sind in der Regel gegenstandslos geworden.

In welcher Form muss eine Abmahnung erteilt werden?
Die Abmahnung ist formfrei, d. h. sie kann grundsätzlich auch mündlich erfolgen. Sie wird jedoch aus Beweisgründen in der Praxis schriftlich erteilt.

Soziale Abwägung
Es muss dem Kollegen gekündigt werden, für den eine Kündigung die geringste soziale Härte darstellt. Zu berücksichtigende soziale Faktoren sind z.B. Lebensalter, Dauer der Betriebszugehörigkeit, Unterhaltsverpflichtung, Vermögensverhältnisse, Schulden, Krankheiten. Mitarbeiter, auf die der Betrieb aufgrund ihrer Qualifikation besonderen Wert legt, sollen aber nicht als erste gehen müssen, nur weil sie z. B. jung und unverheiratet sind.

Bei betriebsbedingten Kündigungen hat der Arbeitgeber die Möglichkeit, eine Abfindung anzubieten. Der Arbeitnehmer kann entscheiden, ob er das Angebot annimmt oder ob er klagen will. Dies soll langwierige juristische Streitereien vermeiden helfen.

In Betrieben mit **Betriebsrat** ist dieser vor jeder Entlassung **anzuhören**. Unterbleibt dies, ist die Kündigung unwirksam. Widerspricht der Betriebsrat einer Kündigung und es wird Klage eingereicht, muss der Gekündigte weiterbeschäftigt werden, bis vom Arbeitsgericht eine Entscheidung getroffen wurde.

Der besondere Kündigungsschutz
Folgende Gruppen genießen einen besonderen Kündigungsschutz:
- **Schwangere:** Für sie gilt nach § 9 Mutterschutzgesetz ein Kündigungsschutz auch schon während der Probezeit (siehe hierzu auch Kap. „Das Mutterschutzgesetz")

- **Betriebsratsmitglieder:** Nach § 15 des KSchG ist eine ordentliche Kündigung eines Betriebsratsmitgliedes und für dessen Ersatzmann unzulässig. Dieser besondere Schutz erstreckt sich auch für Kandidaten zur Betriebsratswahl und gilt auch noch bis ein Jahr nach Beendigung der Amtszeit als Betriebsrat.
  Vertritt ein Ersatzmitglied beispielsweise ein ordentliches Betriebsratsmitgliedes wegen Krankheit, so genießt das Ersatzmitglied für die Dauer der Vertretung und ein weiteres Jahr ebenfalls Kündigungsschutz.
  Bei groben Verfehlungen eines Betriebsratsmitgliedes hat der Arbeitgeber jedoch ein Recht auf eine außerordentliche Kündigung. Hierzu bedarf es jedoch wiederum der Zustimmung des Betriebsrates.
  (siehe hierzu auch LF 1 Kap. 5.1„Der Betriebsrat")
- **Schwerbehinderte:** Die Kündigungsfrist des Arbeitsverhältnisses eines Schwerbehinderten, der mindestens sechs Monate im Betrieb angestellt war, beträgt mindestens vier Wochen. Der Arbeitgeber muss die Kündigung bei der für den Sitz des Betriebes zuständigen Hauptfürsorgestelle schriftlich beantragen. Diese muss den Schwerbehinderten anhören und Stellungnahmen des zuständigen Arbeitsamtes, des Betriebsrates und der Schwerbehindertenvertretung einholen. Ohne eine Genehmigung der Hauptfürsorgestelle ist eine Kündigung eines Schwerbehinderten ungültig. (siehe hierzu auch LF 2 Kap. 2.2.3 „Der Schwerbehindertenschutz")
- **Auszubildende:** Die Probezeit beträgt mindestens einen und höchstens drei Monate, hier kann täglich von beiden Seiten gekündigt werden. Danach unterliegen die Auszubildenden einem besonderen Kündigungsschutz, nachdem sie nur nach groben Verfehlungen gekündigt werden können. Sie selbst können bei Aufgabe oder Wechsel der Ausbildung (nicht jedoch im gleichen Ausbildungsberuf bei Ausbildungsbetriebswechsel) mit einer Vier-Wochen-Frist oder aus wichtigem Grund fristlos kündigen. (Siehe hierzu auch LF 1 Kap 1 „Das Berufsbildungsgesetz")

Form der Kündigung

Eine Kündigung muss schriftlich erfolgen, sonst ist sie unwirksam. Auch eine Kündigung per Mail, Telefax oder SMS ist wegen Verstoßes gegen die gesetzliche Formvorschrift unwirksam.

Rechte des Arbeitnehmers nach der Kündigung

- Anspruch auf angemessene Freistellung zu Vorstellungsgesprächen
- Ausstellung eines Arbeitszeugnisses (auf Wunsch qualifiziertes Zeugnis)
- eventuellen Resturlaub
- Aushändigung der Arbeitspapiere (Lohnsteuerkarte, Sozialversicherungsnachweis, Urlaubsbescheinigung)
- Der Arbeitgeber muss den gekündigten Arbeitnehmer darüber informieren, dass er sich unverzüglich bei der Arbeitsagentur melden muss, damit sich sein Arbeitslosengeld nicht vermindert. Hierfür ist er von der Arbeit freizustellen.
- Klage: Wenn man der Meinung ist, dass die Kündigung nicht gerechtfertigt ist, muss innerhalb von drei Wochen nach Zugang der Kündigung eine Kündigungsschutzklage beim zuständigen Arbeitsgericht eingereicht werden. Nach Ablauf dieser Frist ist es nur noch in Ausnahmefällen möglich, noch etwas zu retten.

Eine Kündigung kann übrigens auch während einer Krankheit oder des Urlaubs ausgesprochen werden.

Arbeitsvorschläge

1. Überprüfen Sie das Beispiel von Silke (Kapiteleinstieg). Wer hat Recht?
2. Welche normalen und besonderen Kündigungsfristen gibt es?
3. Wie und wen schützt das Kündigungsschutzgesetz?
4. Irene hat sich beworben und könnte zum 01.06.2012 beginnen. Wann muss sie spätestens bei ihrem jetzigen Arbeitgeber kündigen?
5. Vergleichen Sie die Kündigungsfristen während der Probezeit in der Ausbildung mit denen in der Probezeit eines Arbeitsplatzes.
6. Beurteilen Sie die Rechtslage folgender Fälle. Entscheiden Sie, ob eine Kündigung möglich ist. Wenn ja, welche?
   a) Lars wurde nun schon zum dritten Mal aufgefordert, nicht angetrunken in die Nachtschicht zu kommen.
   b) Klaus ist freitags öfter krank. Wenn er donnerstags lange aus war, hat er morgens häufig starke „Migräne".
   c) Andreas kann wegen eines Bandscheibenvorfalles seine Tätigkeit als Kraftfahrer nicht mehr ausüben.
   d) Klara weigert sich, nachdem sie nach der Ausbildung übernommen wurde, die ihr zugewiesenen Arbeiten zu übernehmen.
   e) Maike ist nicht gewillt, einen Lehrgang für die neue Software zu machen.
7. Für welche Arbeitnehmer gilt das Kündigungsschutzgesetz nicht?
8. Wie lang ist die Kündigungsfrist in folgenden Fällen:
   a) Die 44-jährige Frau Meier ist 14 Jahre im Betrieb beschäftigt.
   b) Eine 22-Jährige ist seit Ihrem 16. Lebensjahr im Betrieb tätig.
   c) Die 32-jährige schwangere Frau Schulz ist seit 6 Jahren im Betrieb.
9. Bernd wird am 15.04., dem letzten Tag seiner sechswöchentlichen Probezeit gekündigt. Wann ist sein letzter Arbeitstag?
10. Mesut hat einen Arbeitsvertrag bei der Spedition Unger, einem Subunternehmen eines großen deutschen Versanddienstleisters unterschrieben. Dort wurden 9 Monate Probezeit vereinbart. Er wird im achten Monat seiner Probezeit gekündigt. Wie lange ist die Kündigungsfrist?

3 Arbeitsgerichtsbarkeit

Moment mal!

**Videoüberwachung kommt Arbeitgeber teuer zu stehen:
7.000 Euro Entschädigung**

Das Hessische Landesarbeitsgericht in Frankfurt hat einen Arbeitgeber zur Zahlung einer saftigen Entschädigung in Höhe von 7.000 € verurteilt, der eine Mitarbeiterin mindestens seit Juni 2008 an ihrem Arbeitsplatz permanent mit einer Videokamera überwachte. Die 24-jährige Speditionskauffrau arbeitete in einer Niederlassung eines bundesweit vertretenen Unternehmens. Gegenüber der Eingangstür des Büros hatte der Arbeitgeber eine Videokamera angebracht, die nicht nur auf den Eingangsbereich, sondern auch auf den Arbeitsplatz der Klägerin gerichtet war. Mit der Klage machte die Mitarbeiterin Schadensersatzansprüche wegen Persönlichkeitsverletzung geltend. Das Arbeitsgericht in Wetzlar verurteilte das neugierige Unternehmen zunächst zur Zahlung einer Entschädigung in Höhe von 15.000,- €.

Die gegen dieses Urteil eingelegte Berufung vor dem Landesarbeitsgericht in Frankfurt hatte nur zum Teil Erfolg. Weder das Arbeitsgericht noch das Landesarbeitsgericht ließen die Argumente des Arbeitgebers gelten, mit der er die Videoüberwachung rechtfertigen wollte. Der Arbeitgeber hatte sich im Prozess damit verteidigt, dass die Kamera nicht ständig in Funktion gewesen und nur zur Sicherheit der Mitarbeiter angebracht worden sei, weil es in der Vergangenheit schon zu Übergriffen auf Mitarbeiter gekommen sei. Obwohl der Arbeitgeber mit dem Urteil nicht einverstanden war, wird es rechtsgültig, da eine Revision beim Bundesarbeitsgericht nicht zugelassen wird.

Hessisches LAG, Urteil vom 25. Oktober 2010 – 7 Sa 1586/09; Vorinstanz: Arbeitsgericht Wetzlar vom 01. September 2009 – 3 Ca 211/08.

(Nach: Pressemitteilung Nr. 2/11 des Hessischen Landesarbeitsgerichts vom 26.1.2011)

- Für welche Streitigkeiten sind die Arbeitsgerichte zuständig?
- Wie ist die Arbeitsgerichtsbarkeit aufgebaut?

?

Zuständigkeit der Arbeitsgerichtsbarkeit

Haben Arbeitnehmer Streit mit ihrem Arbeitgeber, versucht man zuerst, den Konflikt innerbetrieblich zu lösen. Scheitern die Gespräche zwischen dem

Arbeitgeber, den Arbeitnehmern und dem Betriebsrat, dann trifft man sich vor dem Arbeitsgericht.
Arbeitsgerichte sind zuständig für Rechtsstreitigkeiten, die sich im Arbeitsleben ergeben.

Zuständigkeitsbereiche der Arbeitsgerichtsbarkeit

Beispiele

Rechtsstreitigkeiten ...	Beispiele:
• zwischen Arbeitgebern und Arbeitnehmern aus dem Arbeitsverhältnis	• Streit zwischen Victor und seiner Firma wegen ausstehender Bezahlung von Überstunden
• zwischen Arbeitgebern und Arbeitnehmern wegen unerlaubter Handlungen	• Streit zwischen dem Fernfahrer Horst und seinem Arbeitgeber wegen angeblicher Mitnahme von Motoröl
• zwischen Gewerkschaften und Arbeitgeberverbänden oder einzelnen Arbeitgebern	• Streit zwischen Verdi und der Stinnes AG über den Umfang einer tariflich vereinbarten Arbeitszeitverkürzung
• zwischen Arbeitnehmern untereinander	• Streit zwischen den beiden im Gruppenakkord arbeitenden Lageristen Ivan und Ilkay über die Aufteilung der Leistungsprämie
• die sich aus den Mitbestimmungsrechten der Arbeitnehmer nach dem Betriebsverfassungsgesetz ergeben	• Streit zwischen dem Betriebsrat und der Geschäftsleitung der Transport GmbH über Inhalte einer neuen Betriebsordnung

Wie die Übersicht zeigt, sind die Arbeitsgerichte für sehr verschiedene Arten von Rechtsstreitigkeiten aus dem Arbeitsleben zuständig. Mehr als dreiviertel aller Arbeitsgerichtsentscheidungen entfallen aber auf die beiden Streitgegenstände Lohn- bzw. Gehaltsansprüche und Kündigung. An erster Stelle stehen dabei die Kündigungen. In wirtschaftlich schlechteren Zeiten mit hoher Arbeitslosigkeit haben die Arbeitsgerichte besonders viel mit Kündigungsproblemen zu tun.

Weiterführende Informationen zum Arbeitsgericht finden Sie im Internet unter **www.bundesarbeitsgericht.de**

Aufbau der Arbeitsgerichtsbarkeit
Eine Besonderheit der Arbeitsgerichtsbarkeit ist die **Güteverhandlung**. Sie findet vor jeder Hauptverhandlung des Arbeitsgerichts statt. Die Güteverhandlung möchte dazu beitragen, den Arbeitsfrieden im Betrieb zu wahren. Der Streit soll geschlichtet werden ohne eine gerichtliche Verhandlung. Die Parteien können sich vor den Arbeitsgerichten selbst vertreten. Ein Rechtsanwalt ist nicht unbedingt notwendig. Möglich ist auch, dass Arbeitnehmer sich durch die Gewerkschaft vertreten lassen. Wenn eine gütliche Einigung nicht möglich ist, wird der Rechtsstreit vor einer Kammer des Arbeitsgerichts

weiter verhandelt. Gegen Urteile des Arbeitsgerichts (1. Instanz) kann die unterlegene Partei Berufung beim zuständigen Landesarbeitsgericht (2. Instanz) einlegen. Revision gegen Urteile des Landesarbeitsgericht kann beim Bundesarbeitsgericht (3. Instanz) eingelegt werden. Dies ist aber nur in Fällen möglich, bei denen die Urteile Rechtsfehler enthalten.

Damit Gerichtskosten kein Hindernis für ein Arbeitsgerichtsverfahren darstellen, sind sie besonders niedrig. Anders als bei der Zivilgerichtsbarkeit müssen auch keine Vorschüsse auf die Gerichtskosten gezahlt werden. Als Gewerkschaftsmitglied erhält man kostenlosen juristischen Beistand.

Aufbau, Besetzung und Instanzenzug der Arbeitsgerichtsbarkeit

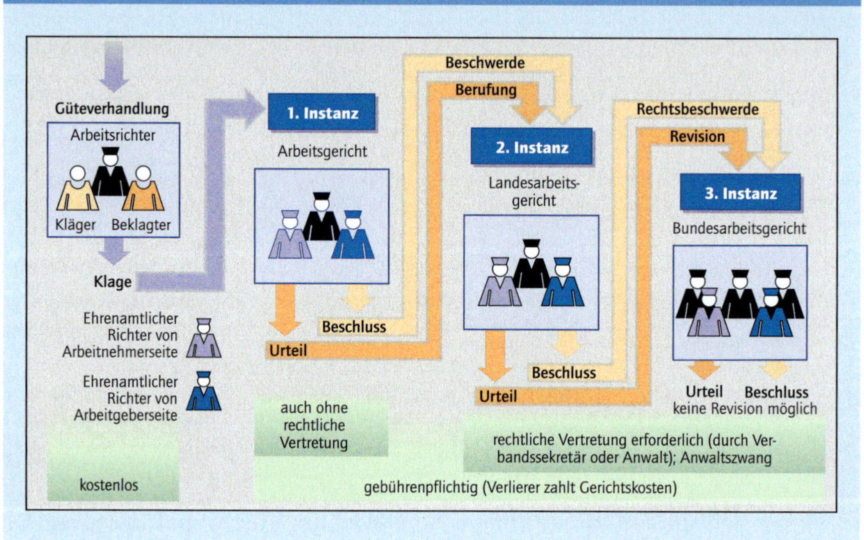

Arbeitsvorschläge

1. Beschreiben Sie den Instanzenweg der Arbeitsgerichtsbarkeit.
2. Karsten Suther und sein Chef werden zu einer Güteverhandlung vor das Neustädter Arbeitsgericht geladen. Welches Ziel hat diese Vorladung?
3. Bernd Willems scheut den Gang zum Arbeitsgericht wegen der angeblich zu hohen Kosten. Wie beurteilen Sie diese Meinung?
4. Für welche Arten von Rechtsstreitigkeiten ist die Arbeitsgerichtsbarkeit zuständig?

4 Fragen rund um das Personalwesen

Personalbeurteilung

- Welche Arten und welche Anlässe sind bei der Personalbeurteilung zu unterscheiden?
- Welche Aufgaben und Ziele hat die Personalbeurteilung?

Stellenbeschreibung und Personalbeschaffung

- Welcher Zusammenhang besteht zwischen Stellenbeschreibung und Personalbeschaffung?
- welche Möglichkeiten der Personalbeschaffung hat ein Betrieb?

Mitarbeitermotivation

- Warum ist die Mitarbeitermotivation unverzichtbar?
- Welche Faktoren beeinflussen die Motivation?

Weiterbildung

- Warum ist die berufliche Weiterbildung so wichtig?
- Welche Möglichkeiten zur Weiterbildung werden angeboten?

Führungsstil und Führungsmethode

- Welche Führungsstile und -methoden gibt es?
- Wie wirken sie sich aus?

Personalentwicklung

- Welche Ziele verfolgen betriebliche Fördermaßnahmen?
- Welche Maßnahmen und welche Methoden finden Anwendung?

Moment mal!

- ▸ Welche Aufgaben fallen im Rahmen des Personalwesens an?
- ▸ Was beinhalten diese Aufgaben?
- ▸ Welche Möglichkeiten zur Personalbeschaffung hat ein Betrieb?

?

4.1 Stellenbeschreibung und Personalbeschaffung

Beispiel

Seitdem zwei Lagerfachkräfte bei der Spedition Pyro GmbH aus Altersgründen ausgeschieden sind, gibt es personelle Engpässe in der Kostenstelle Lagewirtschaft. Die Folge: Dringende Lagerarbeiten verzögern sich, ein- und ausgehende Bestände werden nur noch mit zeitlicher Verzögerung erfasst und waren außerdem häufig fehlerhaft. Es war dringend notwendig zu handeln. Um hier Abhilfe zu schaffen entschließt sich Herr Kurz, der zuständige Kostenstellenleiter, eine weitere Fachkraft für Lagerlogistik bei der Personalabteilung anzufordern.

4.1.1 Die Stellenbeschreibung

Die Stellenbeschreibung ist der erste Schritt für eine Personalanforderung. Sie geht der Personalabteilung zu, die dann die weiteren Schritte zur Personalbeschaffung veranlasst.

Personalanforderung: Fachkraft für Logistik

Bezeichnung der Tätigkeit:	Erledigung von lagerlogistischen Aufgaben und Aufträgen
Beschreibung der Tätigkeit:	Einlagerung von eingehenden Waren • Abarbeitung von Kommissionieraufträgen • Umgang mit Gefahrgütern
Unbedingte Anforderungen:	Staplerschein für Front- und Seitenstapler
Wünschenswerte Anforderungen:	gute Teamfähigkeit, gute Deutschkenntnisse in Wort und Schrift
Alter:	20 bis 45 Jahre
Berufserfahrung:	mind. 5 Jahre
Unmittelbarer Vorgesetzter:	Werner Müller/Meister
Unterstellter Mitarbeiter:	xxx
Tarifgruppe:	L 2
Ersatz für/Zusatzbedarf wegen:	xxx/erhöhter Arbeitsanfall

(Datum, Unterschrift)

4.1.2 Die Personalbeschaffung

Personal zu beschaffen kann sowohl innerbetrieblich als auch außerbetrieblich erfolgen.
Sowohl die innerbetriebliche als auch die außerbetriebliche Personalbeschaffung haben Vor- und Nachteile, die es gegeneinander abzuwägen gilt.

Gegenüberstellung inner- und außerbetrieblicher Personalbeschaffung

Innerbetriebliche Personalbeschaffung	Außerbetriebliche Personalbeschaffung
Vorteile • bei Aufstiegschancen im Betrieb erhöht sich die Bindung der Arbeitnehmer • geringere Beschaffungskosten • in aller Regel keine Probezeit, in der es zum Abspringen von Bewerbern kommen kann • Betriebskenntnis, kurze Einarbeitungszeit • Fähigkeiten und Möglichkeiten des Mitarbeiters sind bekannt • Stelle kann ohne langes Suchen rascher besetzt werden • ursprüngliche Position des Arbeitnehmers wird frei, Chance für den Nachwuchs • äußerste Transparenz der Personalpolitik	**Vorteile** • breitere Auswahl an Arbeitnehmern • neue Impulse und Innovation von außen • Einstellung löst den Personalbedarf direkt, ohne dass innerbetriebliche Verschiebungen erforderlich werden • gegebenenfalls – und wenn auch nur durch Unkenntnis – größerer Respekt vor den angenommenen Leistungen des neuen Arbeitnehmers

Gegenüberstellung inner- und außerbetrieblicher Personalbeschaffung	
Innerbetriebliche Personalbeschaffung	**Außerbetriebliche Personalbeschaffung**
Nachteile • weniger Auswahlmöglichkeiten durch geringes Kontingent an Bewerbern • möglicherweise Betriebsblindheit des Arbeitnehmers, keine Innovation • Personalbedarf quantitativ nicht gelöst; ein Loch wird gestopft, doch ein anderes aufgerissen • kollegiale Bindungen des Arbeitnehmers, Sachentscheidungen können „verkumpelt" werden • nachlassende Mitarbeiter-Aktivitäten Eindruck von automatischen Beförderungsmechanismen kann entstehen (wenn z. B. der Vertreter bei einer Vakanz meist auch der Nachfolger wird)	**Nachteile** • höhere Beschaffungskosten • hohe externe Einstellungsquote und häufiges Erscheinen auf dem Arbeitsmarkt kann dazu führen, dass die Fluktuation von Arbeitnehmern begünstigt wird („Bei denen kann man nichts werden.") • negative Einwirkungen auf das Betriebsklima durch Beförderungsfrust beim Stammpersonal • Risiko der Probezeit, in der es sich der neue Arbeitnehmer kurzfristig noch einmal anders überlegen könnte • Einarbeitungs- oder zumindest Einführungszeit • Stellenbesetzung mit entsprechenden Sondierungen ist zeitaufwändig

4.2 Personalentwicklung

Beispiel

In der Spedition Pyro GmbH werden dringend zwei Mitarbeiter für das Fuhrparkmanagement gesucht. Da ein Mitarbeiter in zwei Monaten aus Altersgründen ausscheidet und außerdem der Bestand an Fahrzeugen zugenommen hat, besteht ein dringender Handlungsbedarf. Alle bisherigen Versuche über Stellenanzeigen jemanden zu finden waren vergeblich. Die Geschäftsleitung der Pyro GmbH beschließt daher, die Stelle im Betrieb auszuschreiben. Über geeignete Maßnahmen im Rahmen der Personalentwicklung sollen die Bewerber für ihre zukünftige Aufgabe fit gemacht werden.

Mit dem Engagement unserer Mitarbeiter steht und fällt das ganze Unternehmen. Sehr entscheidend ist, was durch unsere Personalführung und Personalentwicklung aus dem Persönlichkeitsangebot der Mitarbeiter gemacht wird.

Dr. Karin Bach,
Geschäftsführerin
der Pyro GmbH

Überblick

Die Konkurrenz auf den nationalen und internationalen Märkten verlangt nach immer qualifizierteren Personal. Fachleute auf dem Arbeitsmarkt zu finden wird aber immer schwieriger. Ein wesentlicher Grund hierfür ist die demographische Entwicklung. Die außerbetriebliche Personalbeschaffung stößt immer häufiger an Grenzen. Um Stellen besetzen zu können und um die Arbeitskräfte mit den gestiegenen betrieblichen Anforderungen vertraut zu machen, ist eine gut strukturierte Personalentwicklung mehr denn je das Gebot der Stunde.

Dabei sind es nicht nur die Betriebe selbst, die von den Maßnahmen profitieren, sondern die Beschäftigten selbstverständlich auch. Galt früher das Fachwissen über viele Jahre als konstante Größe, so ist es inzwischen ständig im Fluss. Wer bei seinem beruflichen Fortkommen keine Nachteile haben möchte, oder sogar einen beruflichen Aufstieg anstrebt, kommt ohne geeignete Fortbildungsmaßnahmen nicht aus.

Merkmale der betrieblichen Förderung

Betriebliche Fördermaßnahmen bei der Personalentwicklung

einzelne Mitarbeiter (individuelle Förderung)	**Wer wird gefördert?**	Gruppen von Mitarbeitern
direkt auf auszuführende Tätigkeit	**Worauf bezieht sich die Förderung?**	indirekt auf auszuführende Tätigkeit
• Schulungen • Seminare • Qualitätszirkel • Coaching u. a.	**Mit welchen Maßnahmen wird gefördert?**	• Stellenrotation • computergestützte Lernprogramme • Traineeprogramme • Workshops u. a.
• Diskussion • Konferenzmethode Fallmethode u. a.	**Welche Methoden der Vermittlung werden angewandt?**	• Rollenspiel • Referat • Brainstorming u. a.
Personalentwicklung **on** the job (durch direkte Maßnahmen am Arbeitsplatz)	**Wo wird gefördert?**	Personalentwicklung **off** the job (durch Maßnahmen außerhalb des Betriebes)
	Personalentwicklung **near** the job (durch arbeitsplatznahe Maßnahmen)	

Arbeitsvorschläge

1. Welche Ziele verfolgen betriebliche Fördermaßnahmen?
2. Welche Maßnahmen dienen der Personalentwicklung?
3. Überlegen Sie, warum betriebliche Fördermaßnahmen heute viel wichtiger sind als in früheren Jahren.
4. Nennen Sie einige betriebliche Fördermaßnahmen aus Ihrem Ausbildungsbetrieb.

4.3 Personalbeurteilung

Beispiel

Kurt Felix ist zuständig für das Fuhrparkmanagement in der Spedition Pyro GmbH. Seine Probezeit von sechs Monaten geht dem Ende zu. Herr Felix hat eigentlich ein gutes Gefühl, dass er seinen Aufgabenbereich im Sinne der Unternehmensleitung gut im Griff hatte. Aber mit dem Gefühl ist ja bekanntlich so eine unsichere Sache, es kann täuschen. Entscheidend für seine Weiterbeschäftigung ist letztlich das Urteil des Vorgesetzten, der mit der Personalabteilung zusammenarbeitet.

Arten und Anlässe der Personalbeurteilung

Bei der Personalbeurteilung geht es darum, die Leistungen und/oder die Potentiale (Potentialbeurteilung) von Beschäftigten zu bewerten. Bei der Leistungsbeurteilung werden nicht nur die Leistung bewertet, sondern auch das Arbeitsverhalten, die Qualifikation sowie das Führungsverhalten.
Bei der Potentialbeurteilung (Entwicklungsbeurteilung) geht es um die Bewertung der Mitarbeiter für zukünftige Aufgaben. Es sollen ihnen Perspektiven für ihre berufliche Weiterentwicklung aufgezeigt werden.
Personalbeurteilungen werden im Allgemeinen alle 12 Monate durchgeführt. Ein kürzeres Zeitintervall ist nicht sinnvoll, da eine Personalbeurteilung auch zur Motivation der Mitarbeiter dienen soll.

Personalbeurteilung

Bewertungsmerkmale

- Leistung
- Arbeitsverhalten
- persönliche und fachliche Qualifikation
- Führungsverhalten

- entwicklungsfähige Eigenschaften
- entwicklungsfähige Fähigkeiten
- früher ungenutzte Potentiale

Die typischen Anlässe für eine Beurteilung sind Beförderung oder Versetzung (Personalentwicklung), Ablauf der Probezeit, Erstellung eines Arbeitszeugnisses, Verbesserung der Mitarbeiterführung, Leistungsgerechte Entlohnung.

Formen der Personalbeurteilung

Die klassische Form der Beurteilung ist die Mitarbeiterbwertung. Hierbei bewerten Vorgesetzte mit Hilfe eines Beurteilungsbogens einen der ihnen unterstellten Mitarbeiter. Die Beurteilungskriterien sind dabei vorgegeben, um Beurteilungen nachvollziehbar und vergleichbar zu machen. Durchgeführt werden auch Vorgesetztenbeurteilungen. Sie werden von Mitarbeitern eines Vorgesetzten erstellt. Vorgesetzte erhalten ein Feedback über ihr Führungsverhalten. Die Bewertung erfolgt meist anonym.

Beispiel eines Beurteilungsbogens, der nach dem Ausfüllen auszuwerten ist.

Mitarbeiterbeurteilung		angefordert am:			
		zurück an bis	T:		
		Eingang am			
Daten des Stelleninhabers	Name:	Fehlzeiten	Jahr		
	Abrechnungs-schlüssel: Personal-Nr.:		Fälle		
	Eintritt: Geburtsdatum:		Tage		
	GF-Ressort	Bereich	Abtl.-Kurzbez.	Tätigkeit bei BM	Tätigkeitsschlüssel
Anlass der Beurteilung	Periodische Beurteilung ☐	Versetzung ☐	Grund:		
	Austritt ☐	Sonstiger Anlass ☐	→		
Beurteilungs-stufen	A übertrifft bei weitem die Erwartungen B übertrifft die Erwartungen C erfüllt die Erwartungen voll D erfüllt die Erwartungen nur teilweise	E erfüllt die Erwartungen nicht F Beurteilung nicht oder nur begrenzt möglich, da Merkmal von der Position her zz. nicht oder nur selten gefordert.			

Angaben zur Beurteilung	Beurteilungsmerkmale	Stufen A	B	C	D	E	F
I. Arbeitsverhalten und Leistung	1. Arbeitsleistung (quantitativ und qualitativ)						
	2. Zuverlässigkeit (Verantwortungsbereitschaft, Pflichtbewusstsein)						
	3. Arbeitsinteresse						
	4. Arbeitstempo						
	5. Belastbarkeit						
	6. Dispositionsvermögen (Arbeitsplanung)						
	Gesamtbeurteilung I						
II. Persönliche und fachliche Qualifikation	1. Fachkönnen						
	2. Fachwissen						
	3. Denkfähigkeit (logisches Denken, Urteilsfähigkeit, Auffassungsgabe)						
	4. Ideenreiches Denken und Handeln						
	5. Wirtschaftliches Denken und Handeln						
	6. Praktisches Geschick						
	Gesamtbeurteilung II						
III. Soziales Verhalten	1. Verhalten zu Arbeitskollegen						
	2. Verhalten zu Vorgesetzten						
	3. Bereitschaft zur Mitarbeit in der Gruppe						
	Gesamtbeurteilung III						
IV. Führungsverhalten (Nur für Mitarbeiter mit Vorgesetztenfunktion ab Meisterebene)	1. Planung und Organisation						
	2. Entscheidungs- und Verantwortungsbereitschaft						
	3. Aktivierung und Führung der Mitarbeiter						
	4. Information und Anleitung der Mitarbeiter						
	5. Bereitschaft zur Delegation von Aufgaben und Verantwortung						
	Gesamtbeurteilung IV						

Arbeitsvorschläge

1. Welches sind die typischen Anlässe für eine Personalbeurteilung?
2. Welchen Nutzen haben Ihrer Meinung nach Mitarbeiter von einer Personalbeurteilung?
3. Beschäftigte werden im Rahmen einer Personalbeurteilung auch teilweise zu einer Selbstbeurteilung aufgefordert. Versuchen Sie anhand der vorstehenden Beurteilungsrichtlinien eine Selbstbeurteilung vorzunehmen.

4.4 Motivation der Mitarbeiter

Beispiel

DUISBURG. Arbeitnehmer in Deutschland sind einer Studie zufolge über die vergangenen Jahrzehnte unzufriedener geworden.
Das Institut Arbeit und Qualifikation (IAQ) der Universität Duisburg-Essen hat für seine Untersuchung Daten aus der repräsentativen Befragung des Sozio-ökonomischen Panels zwischen 1984 und 2009 ausgewertet.
Am stärksten gewachsen ist die Unzufriedenheit den Forschern zufolge bei den Berufstätigen über 50 Jahre. Die Unterschiede zwischen Ost und West hätten sich hingegen angeglichen, sagen die Wissenschaftler. Zuvor seien ostdeutsche Arbeitnehmer lange Zeit viel unzufriedener gewesen.
Die Auswertung liefert auch Hinweise darauf, dass Bildung glücklich macht: „Generell sind Personen höherer Bildung mit ihrer Arbeitssituation glücklicher als Erwerbstätige mit niedrigen Bildungsabschlüssen", hieß es in einer Mitteilung vom Dienstag.
Die Ursachen für die steigende Unzufriedenheit sehen die Wissenschaftler der Uni Duisburg-Essen in größerem Stress und geringen Lohnsteigerungen. Aber auch Probleme bei der Vereinbarkeit von Familie und Beruf und berufliche Zukunftsängste spielten eine Rolle. Unglückliche Arbeitnehmer könnten „für Unternehmen langfristig fatal sein", warnte Forscher Marcel Erlinghagen. (dpa)

(nach: http://www.focus.de/politik/deutschland/arbeit-studie-arbeitnehmer-immer-unzufriedener_aid_651927.html)

„Über schwierige Chefs ärgern sich mehr als 80 Prozent der Mitarbeiter mindestens einmal in der Woche, jeder zehnte sogar mehrmals am Tag."

Quelle: Wirtschaftswoche, Nr. 2, 7.1.99, S. 63

Überblick

Die Situation am Arbeitsmarkt hat sich in den letzten Jahren stark verändert. Aufgrund der demographischen Entwicklung leiden immer mehr Betriebe heute schon an einem Facharbeitermangel. In den nächsten Jahren wird sich dieses Problem weiter verschärfen. Der Wettlauf um die besten Köpfe hat erst begonnen. Das gilt auch für Auszubildende. Die Zeiten, in denen sich Betriebe die Besten unter einer Vielzahl von Bewerbern aussuchen konnten sind vorbei.

Das Problem des Arbeitskräftemangels hat nicht nur eine qualitative, sondern auch eine quantitative Seite. Die Aufgaben in den Betrieben werden ständig anspruchsvoller. Die Bereitschaft sich darauf einzulassen ist nicht bei allen Arbeitnehmern von Natur aus gegeben. Wenn der Arbeitsmarkt den Bedarf an geeigneten Arbeitskräften nicht abdeckt, müssen Betriebe verstärkt versuchen, die Potentiale ihrer Belegschaft stärker zu erschließen. Personalentwicklung ist demnach das Gebot der Stunde. Damit nicht genug: Beschäftigte gilt es auch mittel- und langfristig an das Unternehmen zu binden. Eine hohe Fluktuationsrate wirft ein schlechtes Bild auf das Personalmanagement eines Betriebes. Fachkräfte sind für ein Unternehmen aber nur dann ein Gewinn, wenn sie über die notwendige Leistungsbereitschaft bzw. Motivation verfügen. Sie sollten engagiert sein, sich mit ihrer Arbeit identifizieren und über eine ausgeprägte Lernbereitschaft verfügen. Eine hohe Arbeitsmotivation zeigt sich auch darin, wenn sich die Beschäftigten sich in ihrer Arbeitnehmerrolle wohlfühlen.

Motivationsfördernde Faktoren in der Arbeitswelt

Ort: Verwaltung der Spedition Pyro GmbH
Vorgang: Umfrage an Mitarbeiter der Pyro GmbH.
Frage: Welche drei Faktoren haben für Sie das höchste Motivationspotential?

Heike Manns:
Marketing

- kollegiale Zusammenarbeit
- betriebliche Kinderbetreuung
- gleitende Arbeitszeit möglich

Max Junger:
Vertriebsassistent

- leistungsgerechte Bezahlung
- betriebliche Kinderbetreuung
- gutes Betriebsklima

Sven Weise:
Netzadministrator

- Gewinnbeteiligung am Unternehmenserfolg
- anspruchsvolle Weiterbildungsseminare
- betriebliches Gesundheitsmanagement

Karl Maibach:
Auszubildender

- Hilfsbereitschaft der Kollegen
- Weiterbeschäftigung nach Ausbildung
- betriebliches Fitnesscenter

Carlo Lorenzo:
Zollwesen

- Bezahlung von Mehrarbeit
- betrieblicher Workshop
- Fitnessangebote

Vera Kulicke:
Personalsachbearbeiterin

- Teilzeitarbeit möglich
- angenehme Kollegen
- Unterstützung durch Vorgesetzte

Sven Kunze:
Kundendienst

- ordentliche Bezahlung
- großer Entscheidungsspielraum
- Möglichkeit eines Sabbaticals

Familienfreundliche Arbeitsgestaltung

Die Zeiten, in denen Familienfreundlichkeit in Unternehmen als „Sozialklimbim“ belächelt wurde, der nichts bringt und nur was kostet, sind längst vorbei. Familienfreundlichkeit gilt inzwischen als wichtiger Wettbewerbs- und Standortfaktor für die Anwerbung qualifizierter Arbeitskräfte. Wer als Betrieb für die Arbeitsmotivation seiner Belegschaft etwas tun will, schafft familienfreundliche Arbeitsplätze. Unternehmen können hier nur punkten, wenn sie sich als attraktive Arbeitgeber präsentieren. Eine gute Bezahlung allein reicht nicht mehr aus. Vielmehr ist ein Arbeitsumfeld zu schaffen, in dem Familie, Freizeit und Beruf miteinander zu vereinbaren sind. Außerdem ist hinreichend bekannt, dass zufriedene und motivierte Beschäftigte auch bessere Leistungen erbringen. Die Bindung an das Unternehmen erhöht sich, der Krankenstand sinkt und die Produktivität wird verbessert.

Eine Arbeitswelt gilt als familienfreundlich, wenn sie bestimmte Bedingungen erfüllt. Größere Betriebe mit vielen Beschäftigten haben natürlich mehr Möglichkeiten als kleinere mit wenig Personal.

Möglichkeiten für eine familienfreundliche Arbeitsplatzbetreuung

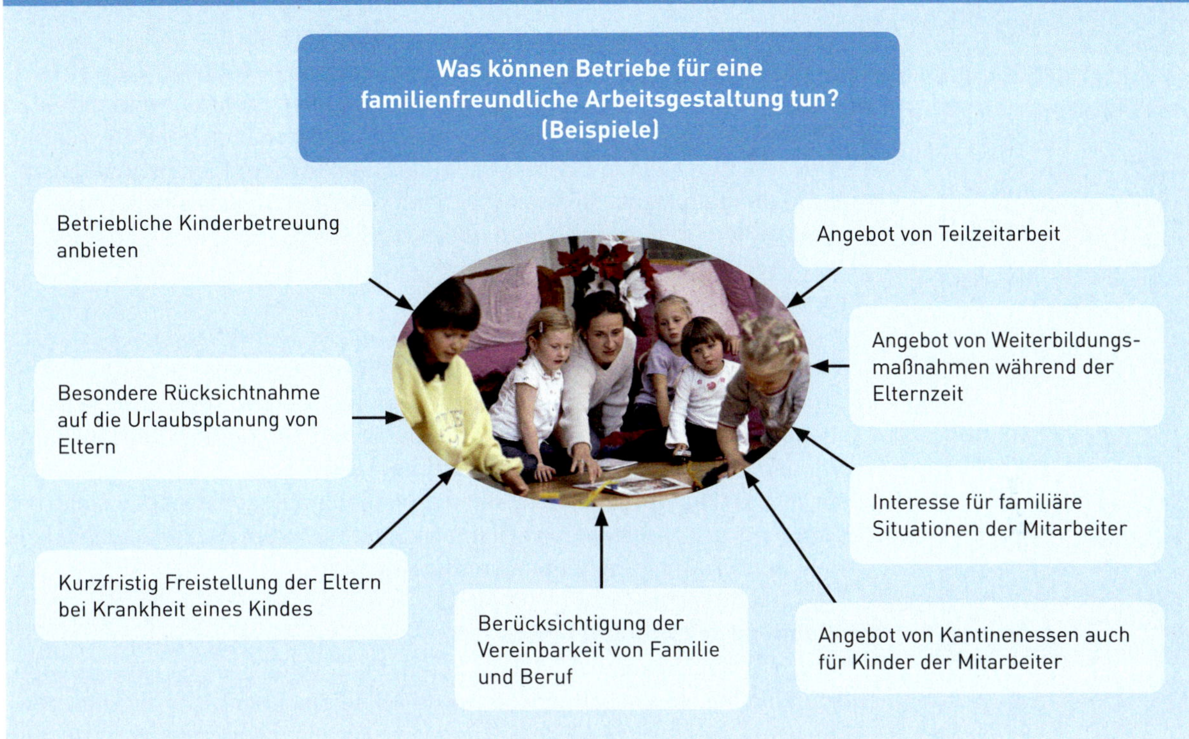

Organisation der Arbeitszeit (Arbeitszeitmodelle)

Wenn die persönliche Arbeitszeit den Wünschen der Arbeitnehmer entgegenkommt, ist das ein dickes Plus für die Arbeitsmotivation. Bei der Organisation der Arbeitszeit hat sich in den letzten Jahrzehnten eine Menge getan. Es wurde eine Vielzahl von Arbeitszeitmodellen entwickelt. Sie weisen vor allem eine Gemeinsamkeit auf: Die Arbeitszeit wurde flexibler gestaltet. Die Arbeitszeitinteressen der Betriebe können negative Auswirkungen auf die Bedürfnisse der Beschäftigten haben uns so die Arbeitsleistung negativ beeinflussen. So wird z. B. die Nacht- und Wochenendarbeit von vielen als belastend empfunden.

Die Grundtypen der Arbeitszeitmodelle sind:

- **Schichtarbeit:** Bei dieser ältesten Form einer flexibel gestalteten Arbeitszeit wird die Lage, nicht aber die Dauer der Arbeitszeit verändert. Bevorzugt wird diese Form der Arbeitszeitgestaltung vor allem in großen Betrieben.
- **Jobsharing (Arbeitsplatzteilung):** Das ist eine spezielle Form der Teilzeitarbeit, bei der sich zwei Arbeitnehmer einen Arbeitsplatz teilen.
- **Jobsplitting:** Bei dieser Regelung wird ein Vollzeitarbeitsplatz vom Arbeitgeber in mehrere voneinander unabhängige Arbeitsplätze aufgeteilt.

- **Gleitzeit:** Bei der einfachen Gleitzeit hat der Arbeitnehmer die Möglichkeit, Anfang und Ende seiner täglichen Arbeitszeit selbst zu bestimmen. Anwesenheitspflicht besteht zu bestimmten Kernzeiten. Bei der qualifizierten Gleitzeit kann der Arbeitnehmer nicht nur die Lage, sondern auch die Dauer der Arbeitszeit bestimmen.
- **Altersteilzeit:** Es handelt sich um ein Arbeitszeitmodell, durch das der gleitende Übergang in den Ruhestand erleichtert werden soll. Bis zum Ausscheiden aus dem Erwerbsleben kann der Arbeitnehmer seine Arbeitszeit über eine längere „Gleitphase" in Stufen mehrfach verkürzen.
- **Sabbatical:** Es handelt sich hier um eine mehrmonatige bezahlte Auszeit von Job. Durch einen Lohnverzicht oder dem vorhergehenden Aufbau eines Lohnguthabens können Arbeitnehmer in den Genuss einer längeren Freizeit (meist zwischen 4 und 6 Monaten) kommen.

Betriebsklima

Ein gutes Betriebsklima wirkt sich positiv auf die Motivation aus. Geringere Fehlzeiten, geringere Fluktuation, geringere Leistungs- und Qualitätsschwankungen sowie vergleichsweise wenige Beschwerden über Arbeitskollegen und Vorgesetzte sind Merkmale, die für ein gutes Betriebsklima sprechen. Negativ auf das Betriebsklima wirken sich z. B. aus: schlechter Führungsstil der Vorgesetzten, ständige Angst um den Arbeitsplatz, starker Leistungsdruck, schlechtes Verhältnis zu den Vorgesetzten und Arbeitskollegen, geringe Mitspracherechte am Arbeitsplatz.

Entlohnung des Arbeitnehmers

„Wer mehr Geld bekommt, ist auch bereit, mehr zu leisten" ist eine Aussage, die auf die meisten Arbeitnehmer zutreffen dürfte. Aber nicht nur die Lohnhöhe wirkt sich auf die Leistungsbereitschaft aus. Weitere leistungsbeeinflussende Faktoren sind:

- Wird die Entlohnung als gerecht empfunden?
- Wie viel Abzüge vom Bruttolohn hat der Arbeitnehmer?
- Wie wird Mehrarbeit entlohnt?
- Werden Prämien gezahlt (z. B. für schwierige Termineinhaltung)?
- Besteht eine Beteiligung des Arbeitnehmers am Gewinn des Unternehmens?
- Wird Urlaubs- und/oder Weihnachtsgeld gezahlt?
- Berücksichtigt die Lohnform die Gegebenheiten des Arbeitsplatzes?
- Welche Chancen bestehen für den Arbeitnehmer, sich über einen beruflichen Aufstieg einkommensmäßig zu verbessern?

Betriebliche Gesundheitsförderung

Wer krank ist verfügt auch nur über eine geringere Arbeitsmotivation. Die moderne Arbeitswelt überfordert viele Beschäftigte. Immer mehr geraten in Stress mit all seinen negativen Folgen. Das Burn-out-Syndrom ist inzwischen in aller Munde. „Burn out" kommt aus dem Englischen und bedeutet soviel wie „ausbrennen"! Bedingt durch ständige Überforderung und Stress kann es zu einem massiven Erschöpfungszustand kommen. Auch körperliche Beschwerden sind häufig die Folge. Wer an einem Burn-out-Syndrom leidet ist für mehrere Wochen oder sogar Monate von der Bildfläche verschwunden. Die Genesungsphase dauert nicht selten sehr lange. Typische

Merkmale eines Burn-out-Syndroms sind eine körperliche und emotionale Erschöpfung, lang anhaltende psychische und physische Leistungs- und Antriebsschwäche. Auch geht die Fähigkeit sich zu erholen verloren. Das Burn-out-Syndrom zählt zu den psychischen Erkrankungen, die sich gegenüber dem Vergleichsjahr 2000 inzwischen verdoppelt haben und einen großen Teil der Arbeitsunfähigkeitsfälle ausmachen. Die krankheitsbedingten Ausfallkosten sind enorm. Auch bei den Gründen für die Frühverrentung machen psychische Erkrankungen inzwischen einen Großteil aus.

Besonders große und mittlere Betriebe haben reagiert. Sie haben Maßnahmen ergriffen, die zur Entlastung und Entspannung ihrer Beschäftigten dienen. Beispiele sind: Einrichtung von Yoga- und Gymnastikkursen, Laufgruppen und Fitnessmöglichkeiten. Ganz allgemein geht es darum, die Arbeitsbedingungen zu optimieren. Dazu gehört auch für die Betriebe die Grenze zwischen Arbeit und Freizeit zu beachten und an ihre Beschäftigten nicht den Anspruch auf ständige Erreichbarkeit zu stellen. Die so wichtige Regeneration wird dadurch erheblich erschwert.

Arbeitsvorschläge

1. Warum ist die Mitarbeitermotivation unverzichtbar?
2. Welche Faktoren beeinflussen die Motivation?
3. Stellen Sie eine Rangfolge von 5 Faktoren her, die für Sie und Ihren Arbeitsplatz wichtig sind. Verwenden Sie dafür das nachfolgende Schaubild.

4. Machen Sie Vorschläge für eine familienfreundliche Arbeitsplatzgestaltung.
5. Welcher Führungsstil ist am besten für eine gute Arbeitsmotivation geeignet?
6. Machen Sie Vorschläge, was in Ihrem Ausbildungsbetrieb zur Gesundheitsförderung getan werden könnte.
7. Warum sind in der gegenwärtigen Arbeitsmarktsituation arbeitsmotivierende Maßnahmen der Betriebe wichtiger denn je?
8. Was hat betriebliche Kompetenzförderung mit Arbeitsmotivation zu tun?
9. Stellen Sie einen Zusammenhang zwischen der nachfolgenden Karikatur und dem Stichwort „Arbeitsmotivation" her.

4.5 Weiterbildung und Umschulung

Beispiel

„Und wie gefällt dir nun der Beruf als Kauffrau für Spedition- und Logistikdienstleistungen"? war für Vera Müller eine etwas überraschende Frage, die ihr eine Schulfreundin auf einem Klassentreffen der „Ehemaligen" gestellt wurde. „Eigentlich ganz gut" war ihre etwas zögernde Antwort. Und sie entgegnete mit einem traurig klingenden aber: „Immer nur Rechnungen schreiben bei der Pyro GmbH ist mir als gelernte Kauffrau einfach zu wenig. Ich möchte mal Entscheidungen treffen und Verantwortung übernehmen. Und ein „mehr" auf meinem Gehaltskonto müsste auch drin sein". Sie ergänzte: „Meine Fachwirtin für Logistik bei der IHK zu machen würde ich sehr interessant finden".

Warum Weiterbildung und Umschulung?

Vera möchte beruflich vorankommen. Ohne Weiterbildung läuft da wenig. Die beruflichen Anforderungen nehmen ständig zu. Die Nachfrage nach Spezialisten auf einem bestimmten Fachgebiet steigt unaufhörlich. Galt früher ein gutes Fachwissen als ständige Quelle aus der Geld floss, ist dies heutzutage anders. Fachwissen ist nach wie vor unverzichtbar. Fast ebenso wichtig wurden aber Schlüsselqualifikationen. Eine dieser Qualifikationen ist das lebenslange Lernen.

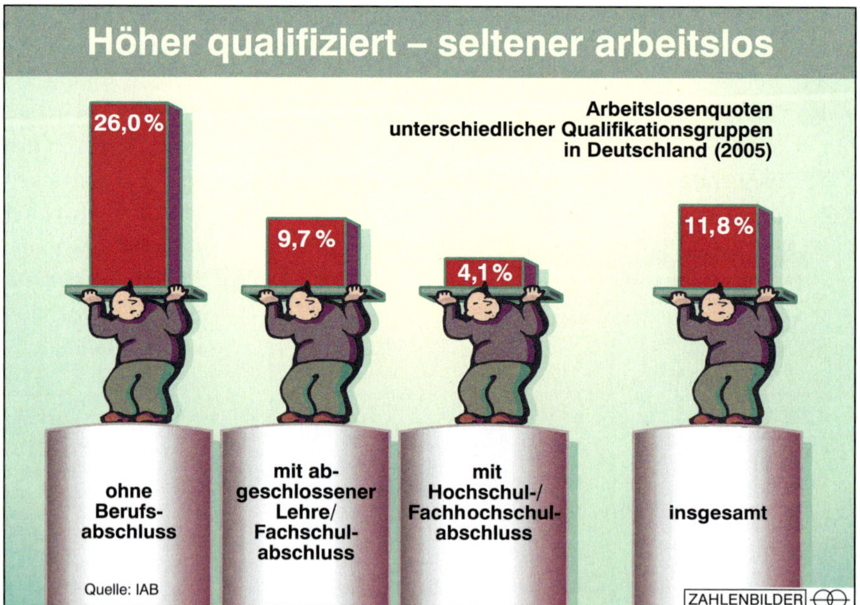

© Erich Schmidt Verlag 258 332

Experten sagen, dass die Arbeitsanforderungen in der Zukunft weiter ansteigen werden. Der Bedarf an ungelernten Arbeitskräften wird weiter zurückgehen. Zunehmen wird die Nachfrage nach Meistern, Technikern und Hochschulabsolventen.

Wer besser qualifiziert ist, wird auch seltener arbeitslos. Das vorstehende Schaubild informiert über diese Tatsache. Und ein anderer Zusammenhang

liegt natürlich auch auf der Hand: Mit der Qualifikation steigt auch das Einkommen. Weiterbildung wird häufig durch bessere Verdienstmöglichkeiten belohnt.
Die berufliche Umschulung ist eine Zweitausbildung. Durch die Teilnahme an geeigneten Umschulungsmaßnahmen soll es ermöglicht werden, eine andere berufliche Tätigkeit auszuüben. Gründe, die eine Umschulung notwendig machen, sind:

- Der betreffende Arbeitnehmer kann aus gesundheitlichen Gründen seinen Beruf nicht mehr ausüben.
- Es besteht auf dem Arbeitsmarkt für den zur Zeit ausgeübten Beruf kein Bedarf. Das ist häufig der Fall, wenn Arbeitskräfte in Branchen arbeiten, die mittel- und langfristig Arbeitskräfte abbauen, z. B. verarbeitendes Gewerbe wie Textil- oder Möbelherstellung.
- Eine drohende Arbeitslosigkeit soll verhindert werden, weil z. B. durch betriebliche Rationalisierungsmaßnahmen der alte Arbeitsplatz weggefallen ist.

Möglichkeiten zur beruflichen Weiterbildung und Umschulung
Die Möglichkeiten zur beruflichen Weiterbildung sind vielfältig. Das Angebot an Kursen und Lehrgängen ist riesengroß. Berufliche Schulen, Volkshochschulen, Arbeitsämter, Kammern und Gewerkschaften sind nur einige Anbieter von Kursen. Mit etwas Mühe kann jeder den für seine beruflichen Ziele richtigen Lehrgang finden. Die jeweiligen Bildungsträger sind bei der Auswahl der Kurse gern behilflich.
Die häufigsten Weiterbildungsziele nach einer abgeschlossenen Berufsausbildung sind der folgenden Übersicht zu entnehmen:

Beispiele zur beruflichen Weiterbildung

Weiterführende berufliche Abschlüsse

Meister/-in (z. B. im Handwerk, in der Industrie, in der Landwirtschaft)	**Fachwirt/-in Fachkaufmann/frau** (verschiedene Fachrichtungen)	**Staatlich geprüfte/r Techniker/-in** (verschiedene Fachrichtungen)	**Staatlich geprüfte/r Betriebswirt/-in** (verschiedene Fachrichtungen)
Voraussetzung	**Voraussetzung**	**Voraussetzung**	**Voraussetzung**
Vorbereitungslehrgänge	**Fachschule**	**Fachschule**	**Fachschule**
mehrjährige berufliche Tätigkeit; für Industriemeister auch ohne Berufsabschluss mindestens 8-jährige Berufstätigkeit	mindestens 3 Jahre Berufspraxis oder bei fehlendem Berufsabschluss mindestens 6 Jahre Berufstätigkeit	mindestens 1 Jahr Berufstätigkeit; ohne Berufsabschluss mindestens 7 Jahre Berufstätigkeit	2 bzw. 3 Jahre Berufspraxis; ohne Berufsabschluss mindestens 5 bis 7 Jahre Berufstätigkeit

An weiterführenden Abschlüsse für das Berufsbild Kaufmann/Kauffrau für Speditions- und Logistikdienstleistungen kommen z. B. in Frage:

- Fachwirt/in für Verkehr
- Betriebswirt/in (Fachschule) Logistik
- Betriebswirt/in (Hochschule) Logistik
- Betriebswirt/in (Fachschule) für Verkehr
- Betriebswirt/in (Hochschule) für Verkehr
- Betriebswirt/in (Fachschule) Außenwirtschaft

Mit der beruflichen Weiterbildung muss man nicht unbedingt bis nach dem Abschluss der Berufsausbildung warten. Schon während der dualen Ausbildung lassen sich parallel hierzu Zusatzqualifikationen erwerben. Dies sind Qualifikationsarten, die über das hinausgehen, was in der Ausbildungsordnung vorgeschrieben ist. Dazu zählen z. B. der Europäische Computerschein (ECDL), Bewerbungstraining für die spätere Stellensuche, Rhetorik, Beschwerdemanagement und den Umgang mit Prüfungssituationen. Wer sich entschließt, einen Teil seiner Ausbildung im Ausland zu machen oder nach deren Abschluss gern im Ausland arbeiten möchte, ist gut beraten, schon frühzeitig Sprachkurse zu besuchen.

Arbeitsvorschläge

1. Warum ist berufliche Weiterbildung so wichtig?
2. Welche Möglichkeiten der Weiterbildung werden angeboten?
3. Welche sind die häufigsten Weiterbildungsziele nach einer abgeschlossenen Berufsausbildung?
4. Zeigen Sie den Zusammenhang auf zwischen beruflicher Qualifikation und Arbeitswirklichkeit.

4.6 Führungsstile und Führungsmethoden

Beispiel

Fehlende Führung
Ein einfacher Trick brachte Konrad Kant das Ergebnis: weil er herausfinden wollte, warum immer wieder in denselben Abteilungen des Volkswagen-Werkes in Kassel krankgefeiert wurde, tauschte der Personalchef die Meister ein Jahr zur Probe aus. Das Ergebnis war deutlich: Die Meister hatten den Krankenstand mitgenommen.
Am eigenen Beispiel sah Kant so, was viele Unternehmer meist erst sehr spät sehen: Wenn Mitarbeiter sehr oft krankfeiern, liegt das nicht nur an Grippeviren. Oft haben die Mitarbeiter einfach keine Lust auf die Arbeit, genauer: auf ihren Chef. „Ungewöhnliche Krankenstände", so ein Bochumer Unternehmensberater, „müssen als Abstimmungen per Krankenschein gesehen werden."
Krankfeiern als stille Meuterei gegen den Chef? Mit dieser These steht der Unternehmensberater nicht alleine. Häufige Krankmeldungen spiegeln oft die Unzufriedenheit der Belegschaft wieder.

Führungsstile der Vorgesetzten

Unternehmerische Führung ist darauf ausgerichtet, das Verhalten der Mitarbeiter so zu beeinflussen, dass die wirtschaftlichen Ziele des Unternehmens und die persönlichen Ziele der im Betrieb tätigen Menschen verwirklicht werden. Ein Vorgesetzter, der von Menschenführung nichts versteht, schadet dem Unternehmen mehr, als er ihm nützt. Durch ein solches Verhalten kann er die Leistungsbereitschaft seiner Mitarbeiter nicht fördern, sondern eher dämpfen.

Grundsätzlich werden drei Führungsstile unterschieden:

- **Laissez-faire-Stil**
  Er ist durch weitgehende Planlosigkeit und wenig Kooperationsbereitschaft gekennzeichnet. Eine straffe Führung fehlt, Mitarbeiter werden teilweise sich selbst überlassen und die Umsetzung von Anordnungen wird nicht überwacht. Für den betrieblichen Bereich hat dieser Stil keine Bedeutung.
- **Autoritärer oder autokratischer Führungsstil**
  Dieser Stil ist das andere Extrem. Er bevormundet die Mitarbeiter und lässt ihnen keine oder nur relativ wenig Entscheidungsfreiheit. Die Kontrolle ist sehr stark und die Führung ist straff und hierarchisch organisiert, sodass Eigeninitiative der Mitarbeiter kaum zum Tragen kommt.
- **Demokratischer oder kooperativer Führungsstil**
  Er orientiert sich an den Bedürfnissen der Mitarbeiter und fördert die Zusammenarbeit. Die Beschäftigten werden in die Verantwortung mit einbezogen. Konstruktive Kritik ist ausdrücklich erwünscht. Statt Fremdkontrolle durch den Vorgesetzten ist die Eigenkontrolle der Mitarbeiter vorherrschend.

Führungsmethoden der Vorgesetzten

Führungsmethoden sind Rahmenvorgaben für alle Weisungsbefugten in dem Unternehmen. Sie sind Konzepte für das vermeintlich richtige Führungsverhalten.

Zu unterscheiden sind:

- **Management by Objectives**
  (Führung durch Zielvereinbarung)
  Ausgehend von obersten Unternehmenszielen setzen Angestellte mit ihren Vorgesetzten diese Ziele in ihrem Arbeitsbereich um. Es werden Aufgaben für die einzelnen Stellen festgelegt. Da der jeweilige Stelleninhaber an der Aufgabenstellung mit beteiligt war, ist er besonders motiviert, diese Aufgabe auch zu bewältigen.
- **Management by Delegation**
  (Führung durch Übertragung von Verantwortung und Entscheidungsbefugnissen)
  Die Mitarbeiter dürfen innerhalb ihres Aufgabenbereiches selbstständig Entscheidungen treffen. Sie unterliegen zwar der Kontrolle des Vorgesetzten, dieser soll aber nicht in den Entscheidungsprozess eingreifen, es sei denn, er könnte Fehlentwicklungen verhindern.
- **Management by Exception**
  (Führung nach dem Ausnahmeprinzip)
  Alle üblicherweise anfallenden Entscheidungen werden von den zuständigen Stellen selbstständig getroffen. Die Vorgesetzten greifen nur dann ein, wenn über außergewöhnliche Maßnahmen entschieden werden soll. Durch diese Führungsmethode werden sie von allen routinemäßigen Arbeiten befreit.

Arbeitsvorschläge

1. Welche Führungsstile und welche Führungsmethoden gibt es?
2. Wie wirken sie sich aus?
3. Nennen Sie Merkmale des Führungsstils „laissez-faire-Stil".
4. Worin sehen Sie die Besonderheiten der Führungsmethode „Management by Objectives"?
5. Diskutieren Sie über die Behauptung: „Krankenstände sind nichts anderes als Abstimmung der Arbeitnehmer per Krankenschein".
6. Nennen Sie jeweils vier Verhaltensweisen von Vorgesetzten, die Sie als besonders negativ bzw. positiv einstufen würden.
7. Der Auszubildende Werner Hilpert in der Lagerverwaltung der Spedition Müller OHJG hat zum dritten Mal gelieferte Ware falsch einsortiert. Formulieren sie die Kritik seines Chefs, die sich durch folgende Gegensatzpaare beschreiben lässt: a) öffentlich – unter vier Augen, b) persönlich – sachlich, c) entmündigend – ermutigend, d) übertrieben – angemessen.

5 Tarifrecht

Bitte, die Herren, das übliche Zeremoniell – es ist angerichtet!

Moment mal!

Jedes Jahr das gleiche Spiel. Fernsehkameras surren. Ernst dreinschauende Damen und Herren verkünden, dass man sich auch in der dritten Sitzung dieser Tarifrunde nicht geeinigt habe. Schuld daran sei natürlich die starre Haltung der anderen Seite. Die sei ja so was von unbeweglich! Und dass die auf die berechtigten Forderungen nicht eingehen wollten, sei eigentlich ein Skandal. Nun ja, in 14 Tagen wird ein neuer Versuch gestartet. Und wenn die anderen nicht nachgeben werden, dann wird es ernst ...

- Tarifautonomie: Was ist das überhaupt?
- Wer sind die Tarifpartner?

?

5.1 Tarifautonomie

Tarifpartner
Wer legt sie eigentlich fest, die Löhne und Arbeitsbedingungen?

Die Tarifpartner entscheiden im Rahmen ihrer **Tarifautonomie**. Hierunter versteht man das Recht der Gewerkschaften und Arbeitgeber, Löhne und Arbeitsbedingungen in eigener Verantwortung zu vereinbaren. Der Staat mischt sich nicht ein. Er geht davon aus, dass die Sozialpartner selbst am besten wissen, welche Vereinbarungen sie treffen sollten. Für den Staat hat das den Vorteil, dass er sich aus schwierigen Lohnkonflikten heraushalten kann. Dieser Freiraum der Sozialpartner ist in der Bundesrepublik sogar in der Verfassung garantiert.

!

Durch die ausgehandelten Arbeitsbedingungen der Tarifpartner darf der Arbeitnehmer nicht schlechter gestellt sein als es in den jeweiligen Gesetzen steht.

Wenn der Staat sich aus den Tarifverhandlungen heraushält, heißt das aber nicht, dass er ganz unbeteiligt ist. Zahlreiche Gesetze hat er erlassen, die auch die Arbeitsbedingungen regeln. Dies ist z. B. der Fall beim Kündigungsschutzgesetz, der Arbeitszeitordnung, dem Urlaubs- und Schwerbehindertengesetz. Aber der Staat hat durch diese Gesetze nur **Mindestbedingungen** festgelegt. Den Tarifpartnern steht es frei, andere Vereinbarungen zu treffen.

Manchmal lässt der Staat den Tarifpartnern auch **„Orientierungsdaten"** zukommen. Er gibt dadurch zu erkennen, welche Richtung er bei den Tarifverhandlungen für wünschenswert hält. Ist z. B. ein niedriges Wirtschaftswachstum zu erwarten, so könnten hohe Lohnabschlüsse das Problem der Arbeitslosigkeit verschlimmern. Der Staat wird daher vor anstehenden Tarifverhandlungen zu maßvollen Lohnabschlüssen raten. Staatliche Orientierungsdaten sind aber immer unverbindliche Empfehlungen an die Tarifpartner.

Verantwortung der Tarifpartner

Mit dem Recht der Tarifautonomie übernehmen die Tarifpartner auch **Verantwortung** für ihre Tarifpolitik:

Auswirkungen und wirtschaftliche Folgen der Tarifpolitik

Gewerkschaften und Arbeitgeber handeln Löhne und Arbeitsbedingungen aus.

Dies hat Auswirkungen auf ...		Wirtschaftliche Folgen
Beschäftigung	Wenn die Lohnabschlüsse zu hoch sind ...	kann die Arbeitslosigkeit zunehmen.
Kosten und Preise	Wenn die Lohnabschlüsse zu hoch sind ...	kann eine Inflation ausgelöst oder beschleunigt werden.
Konkurrenzfähigkeit	Wenn die Lohnabschlüsse zu hoch sind ...	kann die nationale oder internationale Wettbewerbsfähigkeit erschwert werden oder verloren gehen.
gesamtwirtschaftliche Nachfrage	Wenn die Lohnabschlüsse zu niedrig sind ...	können die Kaufkraftimpulse zur Konjunkturbelebung der Wirtschaft nicht ausreichen.
Lebensbedingungen der Arbeitnehmer	Wenn die Lohnabschlüsse zu niedrig sind ...	kann sich der Lebensstandard der Arbeitnehmer verschlechtern.

5.2 Tarifvertrag

Beispiel

Beschäftigte der Logistikbranche wollen 5,5 % mehr Lohn
Kassel. Die Dienstleistungsgewerkschaft Ver.di will 5,5 % mehr Lohn für die Beschäftigten in den Logistikbetrieben. Auszubildende sollen sogar 8–10 % mehr Ausbildungsvergütung bekommen, da hier die Bezahlung deutlich geringer war als in anderen Branchen. Ein Papier mit diesen Forderungen wurde den Vertretern des Arbeitgeberverbandes übergeben. Die verhandlungen beginnen am Montag. Nach Angeben des Landesfachbereichsleiters für Spediteure und Logistik von Ver.di sind 20.000 Arbeitnehmer betroffen. Vielfach wird in Nordhessen noch unter Tarif bezahlt. Teilweise erhalten Lagerarbeiter einen Stundenlohn von 7,08 € statt der im Tarifvertrag vorgesehenen 10,17 € (xrl)

Abschluss der Tarifverträge

Tarifverträge werden von den Tarifpartnern ausgehandelt. Die Gewerkschaften, einzelne Arbeitgeber sowie Arbeitgeberverbände (Vereinigungen von Arbeitgebern) können Vertragspartner sein. Die Arbeitgeberverbände für das Handwerk sind die **Landesinnungsverbände**. Der Tarifvertrag regelt die Rechte und Pflichten der Vertragspartner. Wie jeder andere Vertrag kommt auch er zustande, wenn die Vertragspartner sich in allen Punkten einig sind.

Kernstück eines Tarifvertrags sind die Vereinbarungen über Lohn, Gehalt und Ausbildungsvergütungen. Weitere Angelegenheiten, die geregelt werden können, sind z. B.:

- Urlaubsdauer,
- Urlaubsgeld,
- Arbeitszeit,
- Eingruppierung in Lohn- und Gehaltsklassen,
- Prämienzahlungen,
- Erfolgsbeteiligungen,
- Kurz- und Mehrarbeit,
- menschengerechte Gestaltung der Arbeit.

Wer im Einzelnen zu den Tarifvertragsparteien gehört, ist im Tarifvertragsgesetz (TVG) festgelegt:

§ 2 Tarifvertragsparteien.
(1) Tarifvertragsparteien sind Gewerkschaften, einzelne Arbeitgeber sowie Vereinigungen von Arbeitgebern.
(2) Zusammenschlüsse von Gewerkschaften und von Vereinigungen von Arbeitgebern (Spitzenorganisationen) können im Namen der ihnen angeschlossenen Verbände Tarifverträge abschießen, wenn sie eine entsprechende Vollmacht haben.
(3) Spitzenorganisationen können selbst Parteien eines Tarifvertrages sein, wenn der Abschluss von Tarifverträgen zu ihren satzungsmäßigen Aufgaben gehört.

Wenn alles stimmt ...

Arten der Tarifverträge

Bei den zahlreichen Tarifverträgen, die jedes Jahr abgeschlossen werden gibt es viele Unterschiede:

Unterscheidung der Tarifverträge

Unterscheidungsmerkmale	Erklärung
Inhalt der Tarifverträge	• Manteltarifverträge regeln Arbeits- und Ausbildungsbedingungen, Urlaub, Kündigungsfristen, Arbeitszeiten. • Rahmentarifverträge regeln z. B. die Lohngruppeneinteilung. So könnte hier festgelegt sein, dass gewerbliche und kaufmännische Auszubildende nach Abschluss ihrer Ausbildung den gleichen Lohn bekommen. • Vergütungstarifverträge (Lohn- und Gehaltstarifverträge) regeln die Vergütung der Arbeitnehmer.
Laufzeit der Tarifverträge	• Vergütungstarifverträge haben häufig nur ein Jahr Laufzeit. • Rahmen- und Manteltarifverträge haben Laufzeiten von mehreren Jahren.
beteiligte Tarifpartner	• Firmentarifverträge (Haustarifverträge) werden zwischen Gewerkschaften und großen Firmen abgeschlossen. Sie gelten nur für ein Unternehmen. • Verbandstarifverträge werden zwischen Gewerkschaften und Arbeitgebern abgeschlossen, die Mitglied eines tarifabschließenden Verbandes sind (z. B. Vereinigung des Verkehrsgewerbes).
räumlicher Geltungsbereich der Verträge	• Bundestarifvertrag: gilt für das gesamte Bundesgebiet. • Landestarifverträge: gelten nur in einem oder mehreren Bundesländern. • Regionaltarifverträge: gelten nur für eine bestimmte Region oder einen Ort.

Die für bestimmte Regionen geltenden Tarifverträge werden auch als **Flächentarifverträge** bezeichnet. Arbeitgeberverbände und Gewerkschaften handeln Lohn und Arbeitsbedingungen aus. Das Ergebnis ist dann quasi Gesetz für ein bestimmtes Tarifgebiet. Flächentarifverträge sind in die Kritik geraten. Der Grund: Die wirtschaftliche Situation der Betriebe ist häufig sehr unterschiedlich.
Manche Firmen können die regional ausgehandelten Tariflöhne nicht bezahlen. Diese Arbeitgeber möchten daher lieber einen individuellen Haustarifvertrag speziell für ihren Betrieb abschließen. Dass sich dieser Wunsch verwirklichen lässt, haben die letzten Jahre bewiesen. Immer häufiger werden neben den üblichen Flächentarifverträgen maßgeschneiderte Haustarifverträge abgeschlossen.

Gewerkschaftsvertreter stehen Haustarifverträgen häufig skeptisch gegenüber. Sie setzen sich eher für Flächentarifverträge ein.

Funktionen und Pflichten beim Tarifvertrag
Für wen gelten die Tarifverträge? Sie gelten eigentlich nur für die Arbeitnehmer, die der tarifabschließenden Gewerkschaft angehören. Ganz grob gesagt wären das etwa 30 % aller Arbeitnehmer. Und die vielen anderen? Gehen die leer aus?
Das ist nicht der Fall. Ein Tarifvertrag kann nämlich für allgemein verbindlich erklärt werden (Allgemeinverbindlichkeitserklärung). Dies geschieht durch den zuständigen Landesminister bzw. den Bundesminister für Arbeit und Sozialordnung. Vorausgehen muss ein Antrag von beiden Tarifvertragsparteien. Auch wenn Arbeitnehmer und Arbeitgeber nicht einer Tariforganisation angehören, wird für sie der Tarifvertrag zu zwingendem Recht.

Tarifverträge haben für die Arbeitnehmer eine **Schutzfunktion**. Die hier vereinbarten Regelungen sind Mindestleistungen. Durch die im Arbeitsvertrag getroffenen Vereinbarungen darf ein Arbeitnehmer nicht schlechter gestellt werden als tariflich vereinbart wurde. Eine Besserstellung ist dagegen zulässig.

Während der Laufzeit des Tarifvertrages sind von den Tarifpartnern bestimmte **Pflichten** zu erfüllen:

Pflichten beim Tarifvertrag

Erfüllungspflicht	Friedenspflicht	Nachwirkung
Vertragspartner müssen die im Tarifvertrag getroffenen Vereinbarungen auch wirklich erfüllen.	Alle Kampfmaßnahmen wie Streik und Aussperrung müssen während der Laufzeit eines Tarifvertrages unterbleiben.	Die alten Vereinbarungen sind auch nach Ablauf des Tarifvertrags einzuhalten und zwar so lange, bis ein neuer Vertrag abgeschlossen wurde.

Arbeitsvorschläge

1. Was versteht man unter Tarifautonomie?
2. Erklären Sie den Aussagegehalt der Karikatur auf Seite 72.
3. Der Staat hält sich aus den Tarifverhandlungen heraus. Er ist aber nicht unbeteiligt am Tarifgeschehen. Wie ist das zu verstehen?
4. Wenn Gewerkschaften und Arbeitgeber Löhne und Gehälter aushandeln, hat dies auch volkswirtschaftliche Auswirkungen. Nennen Sie Beispiele hierfür.
5. Diskutieren Sie über die Meinung des ernst dreinschauenden „Wikingers“, kundgetan bei einer gewerkschaftlich organisierten Demonstration.

6. Unterscheiden Sie zwischen einem Mantel- und einem Vergütungstarifvertrag.
7. Immer mehr Betriebe wollen statt Flächen- Firmentarifverträge abschließen. Begründen Sie, warum.
8. Frau Simon tritt in die Gewerkschaft ein. Nennen Sie vier Vorteile, die sie durch diesen Beitritt hat.
9. Welche Bedeutung hat die „Allgemeinverbindlichkeitserklärung“ bei Tarifverträgen?
10. Warum haben Manteltarifverträge wohl eine längere Laufzeit als Vergütungstarifverträge?
11. Rollenspiel: Ist „Trittbrettfahren“ eigentlich in Ordnung?
    Hanna und Lena sind Kolleginnen in einer Stuttgarter Spedition. Allerdings ist Lena gewerkschaftlich organisiert, Hanna hingegen nicht. Beide sind heute ganz happy. Sie haben gerade gehört, dass die Tarifverhandlungen nun endlich erfolgreich abgeschlossen wurden. 3,5 % mehr Lohn und zwei Tage zusätzlichen Urlaub gibt es im kommenden Jahr. Für Lena hat die Sache aber einen Pferdefuß. Und damit hält sie auch nicht hinter dem Berg: „Nicht in der Gewerkschaft zu sein und trotzdem die zusätzliche Kohle einzustreichen, das finde ich ungerecht. Diese Trittbrettfahrer, die nur ihre Vorteile sehen, die stinken mir ganz gewaltig!“ Hanna sieht die ganze Sache anders ...
    Führen Sie ein Rollenspiel durch:
    a) Teilen Sie die Klasse in Kleingruppen zu jeweils drei Schüler/-innen auf.
    b) Besetzen Sie die beiden Rollen von Hanna und Lena.
    c) Überlegen Sie sich Argumente, die Ihre Einstellung untermauern.
    Tauschen Sie die Argumente aus, und nehmen Sie kritisch Stellung zu den Argumenten Ihres Rollengegners.
12. Wie finanzieren sich Gewerkschaften?

5.3 Arbeitskampfmaßnahmen

Beispiel

Die Tarifverhandlungen sind gescheitert. Die Gewerkschaft lässt in einer Urabstimmung ihre Mitglieder abstimmen, ob sie für einen Streik sind.

→

75 % der Gewerkschaftsmitglieder sind bereit für die Forderungen der Gewerkschaft zu streiken.
Der Streik beginnt.

Schlichtung, Streik und Aussperrung

Tarifverhandlungen führen nicht immer zum Erfolg. Sie können auch scheitern. Gemeinsam können die Tarifparteien dann ein **Schlichtungsverfahren** beantragen. Auch eine Partei allein kann das tun. Die andere Seite muss das hinnehmen. In der Schlichtungsstelle sind beide Parteien mit gleicher Personenzahl vertreten. Eine unparteiische Person führt den Vorsitz.

Erst wenn die Schlichtung gescheitert ist, darf gestreikt werden. Manchmal graben allerdings die Gewerkschaften das „Kriegsbeil" schon vorher aus. Während die Verhandlungen noch laufen, kommt es zu **Warnstreiks**. Eigentlich besteht zu dieser Zeit noch Friedenspflicht. Warnstreiks sind daher, wie alle anderen „wilden Streiks" auch, rechtswidrig. Löhne und Gehälter braucht der Arbeitgeber für die ausgefallenen Arbeitsstunden nicht zu zahlen.

Ist die Schlichtung gescheitert, **darf** gestreikt werden. Bedingung ist, dass mindestens 75 % der gewerkschaftlich organisierten Arbeitnehmer sich in einer **Urabstimmung** für einen Streik aussprechen. Werden Betriebe bestreikt, wachen häufig Streikposten vor den Betriebstoren, um Arbeitswillige zu überreden, sich am Streik zu beteiligen. Soll ein Streik beendet werden, müssen sich mindestens 25 % der Gewerkschaftsmitglieder in einer Urabstimmung dafür aussprechen. Eine große Bedeutung hat der **Schwerpunktstreik** als Kampfmittel der Gewerkschaft gewonnen. Wenige Arbeiter in Schlüsselpositionen sind heute in der Lage, wichtige Funktionen in der Wirtschaft zu unterbinden. Wird z. B. ein bedeutender Autozulieferer bestreikt, können ganze Automobilfabriken lahmgelegt werden.

Arbeitgeber sind im Arbeitskampf nicht wehrlos. Sie können Streiks mit **Aussperrung** beantworten. Die Folge für die Arbeitnehmer ist, dass sie nicht mehr an ihre Arbeitsplätze gelassen werden. Wer ausgesperrt wird, bestimmt der Arbeitgeber. Er kann die ganze Belegschaft aussperren, einzelne Gruppen oder wenige Arbeitnehmer. Ebenso wie streikende Arbeitnehmer erhalten auch ausgesperrte Arbeiter keinen Lohn und kein Gehalt. Die Gewerkschaft zahlt nur an ihre Mitglieder eine **Streikunterstützung**. Sie liegt meist erheblich unter dem Nettolohn. Die Höhe dieses Streikgeldes richtet sich nach den gezahlten Beiträgen und der Dauer der Zugehörigkeit zur Gewerkschaft. Arbeitnehmern, die sich nicht an einem Streik beteiligen, steht auch weiterhin Lohn zu.

Verlauf eines Arbeitskampfes

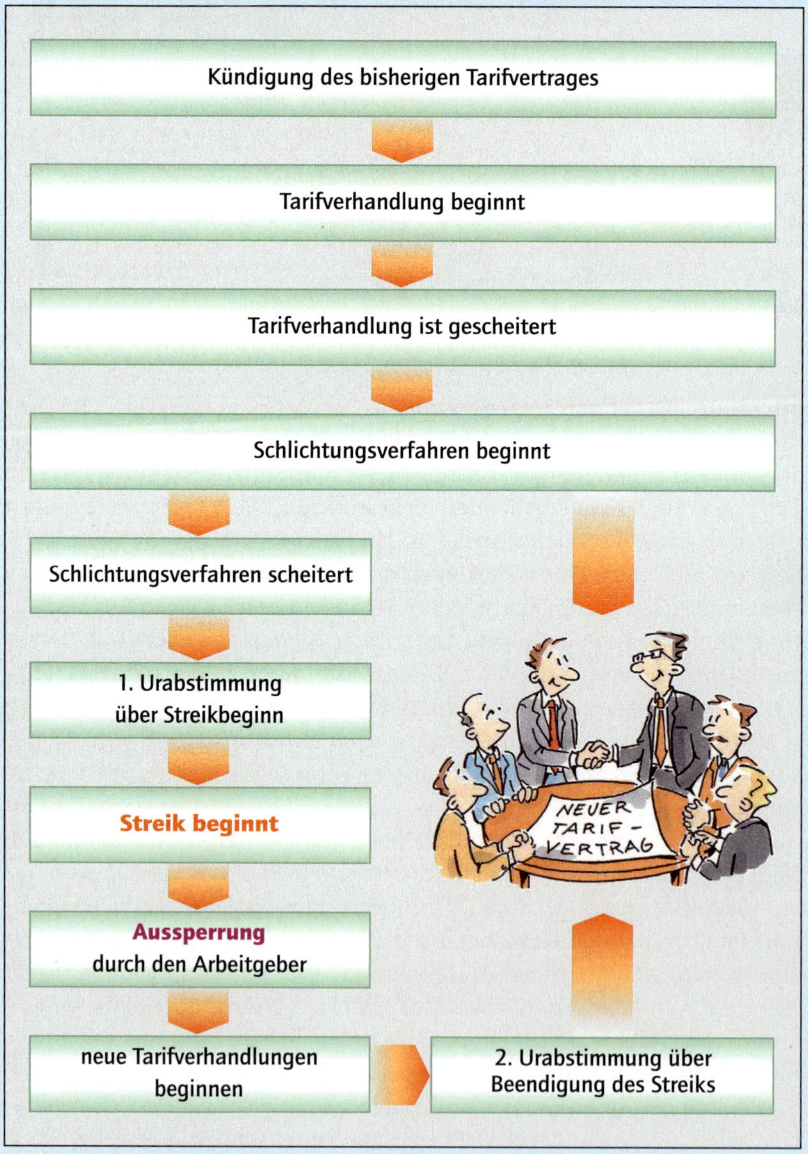

Verschiedene Streikarten lassen sich unterscheiden

Ein Streik kann sein …

Schwerpunktstreik	Vollstreik	Sympathiestreik	Warnstreik	Generalstreik
Nur in einzelnen ausgewählten Betrieben wird die Arbeit niedergelegt.	Von allen Arbeitnehmern eines bestimmten Tarifgebiets wird die Arbeit niedergelegt.	Streikende Arbeitnehmer eines anderen Tarifgebiets sollen durch die Niederlegung der eigenen Arbeit unterstützt werden.	Durch kurzzeitiges Niederlegen der Arbeit soll Streikbereitschaft demonstriert werden.	Alle Arbeitnehmer in allen Wirtschaftszweigen stellen ihre Arbeit ein. Der Generalstreik ist ein politischer Streik und grundsätzlich nicht zulässig.

Arbeitsvorschläge

1. Beschreiben Sie den Ablauf von Tarifverhandlungen vom Scheitern der Verhandlungen bis hin zum Abschluss eines neuen Tarifvertrages.
2. Was bedeutet es, wenn sich in einer Urabstimmung 72 % der Gewerkschaftsmitglieder für einen Streik aussprechen?
3. Die Kosmetikerin Petra Müller soll 85,00 € weniger Lohn erhalten als tariflich vereinbart. Wie ist die Rechtslage?
4. Aus einem Gespräch zwischen zwei Friseurinnen, Julia H. und Silke B.: Julia: „Nur 7 % von uns sollen in der Gewerkschaft sein. Das finde ich richtig schlimm!" Silke: „Was bringt das schon, Mitglied in einer Gewerkschaft zu sein? Die wollen doch nur unsere Beiträge, sonst passiert doch nicht viel." Diskutieren Sie die Meinungen der beiden Arbeitskolleginnen.
5. Welche Pflichten sind während der Laufzeit eines Tarifvertrages zu erfüllen?
6. Wann werden bei Tarifauseinandersetzungen Schlichter eingeschaltet?
7. **Fall: Die Agro AG, Hersteller für Zweiradmotoren wird bestreikt**
   Schon 14 Tage dauert der Streik in der Agro AG. Der Standort des Unternehmens, mit immerhin 1.280 Beschäftigten, befindet sich in einer strukturschwachen Region am Rande einer Kleinstadt in Sachsen-Anhalt. Die Agro AG ist dort der einzige größere Arbeitgeber. Zum Kundenkreis des Betriebs zählen namhafte Motorradhersteller. Bestandteile des Produktionsprogramms sind auch Motorenersatzteile, die vor allem an Reparaturwerkstätten geliefert werden.
   1. Überlegen Sie, wer alles von dem Streik der Agro AG betroffen ist.
   2. Benennen Sie die Folgen für die jeweils Betroffenen.

6 Die Sozialversicherung

Moment mal!

Wunschliste
- Strandurlaub auf Mallorca
- heißes Motorrad fahren
- immer genügend Geld in der Tasche für die kleinen Wünsche des Lebens
- gesund und fit bleiben

Petra, Mareike, Andreas und Sven sind gut drauf. Die Welt ist für sie in Ordnung. Es könnte zur Zeit kaum besser sein. Wie alle Menschen haben sie natürlich auch Wünsche. Ganz oben auf ihrer Wunschliste sind die nebenstehenden Punkte zu finden.

Nun weiß jeder, mit Wünschen ist das so eine Sache. Einige gehen in Erfüllung, andere zerplatzen wie Seifenblasen. Es ist sicher nicht sehr schlimm, statt eines größeren ein bescheideneres Auto zu fahren.

Wer aber an einer schweren Krankheit leidet und deshalb nicht mehr arbeiten kann, was wird aus dem?
Im Gegensatz zu früheren Zeiten bleibt ihm ein Fall ins Bodenlose erspart. Dafür sorgt unser soziales Netz, das allerdings heutzutage nicht mehr so dicht geknüpft ist wie vor einigen Jahrzehnten. Es macht einschneidende Risiken des Lebens besser kalkulierbar. Den wichtigsten Beitrag für ein Leben in relativer Sicherheit bietet die Sozialversicherung.

- Welche Sozialversicherungsarten gibt es, von denen die Menschen in Problemsituationen Hilfe erwarten können?
- Wie hat sich unser Sozialsystem entwickelt?

?

6.1 Das System der sozialen Sicherung

Die Sozialversicherung steht auf fünf Säulen:
- gesetzliche Krankenversicherung
- gesetzliche Rentenversicherung
- Arbeitslosenversicherung
- gesetzliche Unfallversicherung
- gesetzliche Pflegeversicherung

In der Sozialversicherung ist der größte Teil der deutschen Bevölkerung versichert.

Die Sozialversicherungs- und Beitragspflicht

Wer einem Beschäftigungsverhältnis nachgeht, ist sozialversicherungspflichtig. Sozialversicherungsfrei für Arbeitnehmer sind geringfügige Beschäftigungen. Für diese Mini-Jobs braucht der Arbeitnehmer auch keine Steuern zu bezahlen. Die monatliche Verdienstgrenze hierfür beträgt 400,00 Euro. Die Mini-Jobs können auch nebenberuflich ausgeübt werden und bleiben auch dann versicherungsfrei. Im Gegensatz zum Arbeitnehmer muss der Arbeitgeber bei diesen Beschäftigungsverhältnissen 30 % pauschale Abgaben abführen. Sie bestehen aus:

- 15 % für die Rentenversicherung,
- 13 % für die Krankenversicherung,
- 2 % Steuern.

! Die Geringverdienergrenze für Auszubildende beträgt nicht 400,00 Euro, sondern 325,00 Euro. Nur bis zu diesem Betrag ist die Vergütung sozialversicherungsfrei für den Arbeitnehmer.

Von 400,01 € bis 800,00 € muss der Arbeitnehmer verminderte Sozialabgaben zahlen. In diesem Einkommensbereich besteht eine Gleitzone bei der Aufteilung der Beitragssätze. Je höher das Einkommen ist, desto höher ist der Beitragssatz des Arbeitnehmers.

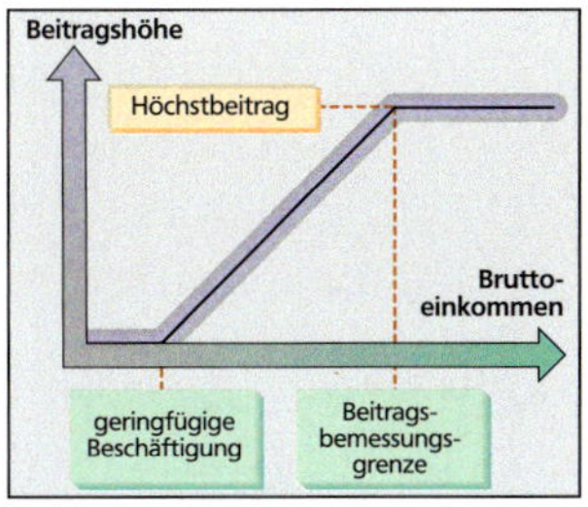

Ab einem bestimmten Bruttoeinkommen werden die Beiträge zur Sozialversicherung „eingefroren", d. h. sie steigen nicht mehr weiter. Diese **Beitragsbemessungsgrenze** wird jährlich der Einkommensentwicklung angepasst.

Beitragssätze bis 800 Euro Einkommen

	Arbeitnehmer zahlt ...	Arbeitgeber zahlt ...
bis 400,00 € pro Monat	• keine Steuern • keine Sozialabgaben (gilt auch für Nebenjobs)	pauschal 30 % davon: • 15 % Rentenversicherung • 13 % Krankenversicherung • 2 % Steuern
von 400,01 € bis 800,00 € pro Monat	Gleitzone bei der Aufteilung der Beitragssätze zwischen Arbeitgeber und Arbeitnehmer	

Arbeitsvorschläge

1. Was ist das Soziale an der Sozialversicherung?
2. Welche Bedeutung hat die Beitragsbemessungsgrenze bei der Sozialversicherung?
3. Wie hoch ist die Geringverdienergrenze bei Auszubildenden und welche Bedeutung hat sie für diese Gruppe der Arbeitnehmer bei der Sozialversicherung?
4. Wie ist die Sozialversicherungspflicht bei Mini-Jobs geregelt?

6.2 Die gesetzliche Krankenversicherung

Beispiel

Der Winterurlaub in Gerlos war für Petra und ihren Freund bisher einfach toll verlaufen. Pulverschnee, blauer Himmel und dann mit dem Snowboard die Hänge runter, das war Klasse. Und abends, beim Après-Ski, da ging die Post noch mal so richtig ab. So konnte man es aushalten. Doch dann, am vorletzten Urlaubstag, passierte es: Petra kam durch eine Schneewehe von der Piste ab, rutschte den Abhang hinunter, überschlug sich und prallte gegen einen Baum. Das Ergebnis: komplizierter Schienbeinbruch und schmerzhafte Prellungen im Beckenbereich.
Petra liegt seit 21 Tagen im Krankenhaus und musste schon dreimal operiert werden. Bis sie ihre Ausbildung als Restaurantfachfrau fortsetzen kann, werden noch mindestens zwei Monate vergehen.

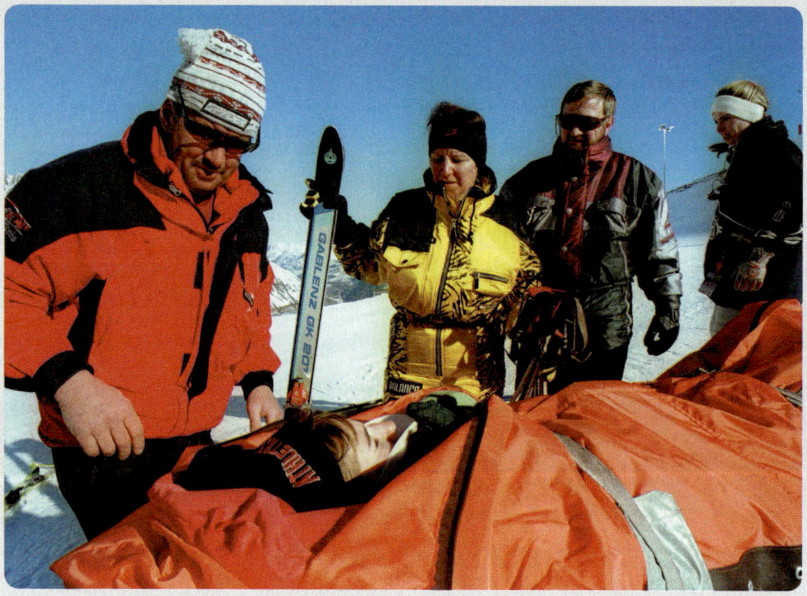

Versicherte Personen

Neunzig Prozent aller Bürger sind heute Mitglied der gesetzlichen Krankenversicherung. Wie alle übrigen Sozialversicherungszweige beruht diese auf der **Solidarität**. Alle Versicherten bilden eine Gemeinschaft und unterstützen sich gegenseitig. Die Aufgabe der Krankenversicherung besteht darin, den Gesundheitszustand der Versicherten zu erhalten, ihn wiederherzustellen oder aber ihn zu bessern.
Als Arbeitnehmer ist man automatisch versicherungspflichtig, wenn das Einkommen eine bestimmte Höchstgrenze (Versicherungspflichtgrenze) pro Jahr nicht übersteigt. Außerdem besteht eine Versicherungspflicht für folgende Bevölkerungsgruppen: Rentner, Studenten, selbstständige Landwirte, Arbeitslose, Behinderte. Neben diesen Pflichtmitgliedern hat die gesetzliche Krankenversicherung auch freiwillige Mitglieder. Zu ihnen zählen im Wesentlichen Arbeitnehmer, die wegen ihres hohen Einkommens eigentlich nicht mehr versicherungspflichtig sind und bestimmte Versicherungszeiten erfüllt haben.

Finanzierung

Die gesetzliche Krankenversicherung finanziert sich durch die Beiträge ihrer Mitglieder. Für versicherungsfremde Leistungen (z. B. Mutterschaftsgeld) gibt der Staat Zuschüsse. Was Petra zahlen muss, hängt ab von dem Beitragssatz ihrer Krankenkasse und von ihrem Verdienst. Besser Verdienende zahlen mehr als die einkommensschwächeren Versicherten und das, obwohl sie gleiche Leistungen erhalten. Dies bezeichnet man als **Solidarität der Versicherten**. Die Beitragssolidarität ist allerdings begrenzt. Die Beiträge zur GKV werden vom Staat festgesetzt. Neben einem Grundbeitrag dürfen die Kassen Zusatzbeiträge erheben. Diese können von der jeweiligen Kasse ohne Obergrenze festgelegt werden. Wenn sie allerdings mehr als 2 Prozent des Bruttoeinkommens des Versicherten betragen, greift der Sozialausgleich. Die Mittel hierzu werden vom Staat aus Steuermitteln aufgebracht. Der Arbeitgeberanteilsatz wurde ab 2011 auf 7,3 % eingefroren. Höher verdienende Arbeitnehmer zahlen ihren prozentualen Beitrag nur bis zur Beitragsbemessungsgrenze. Diese wird jährlich der allgemeinen Einkommensentwicklung angepasst. Während früher Unternehmen und Arbeitgeber jeweils die Hälfte des Betrages aufzubringen hatten, zahlen die Arbeitnehmer inzwischen 0,9 % mehr an Beiträgen. Arbeitnehmer und ihre Interessenvertreter sehen hierin eine unzumutbare und einseitige Belastung der Beschäftigten.
Eine besondere Regelung besteht für Arbeitnehmer, die Mini-Jobs ausüben. Der Arbeitgeber muss die Kassenbeiträge allein tragen, wenn das Monatseinkommen unter 400,00 Euro liegt. Bei Auszubildenden beträgt diese Grenze 325,00 Euro. Einen Beitrag zur Finanzierung der Krankenversicherung leisten die Versicherungsnehmer auch durch die **Praxisgebühr**. Wer das 18. Lebensjahr erreicht hat, muss bei jeder Inanspruchnahme eines Arztes, Zahnarztes oder Psychotherapeuten 10,00 Euro im Quartal zahlen. Bei Vorsorgeuntersuchungen, Schwangerschaftsvorsorge, Zahnprophylaxe und Schutzimpfungen entfällt diese Gebühr.

Das deutsche Gesundheitssystem ist viel zu teuer, es gibt zu viel Bürokratie und seine Strukturen sind unflexibel. Eine umfassende Reform des Gesundheitssystems sollte es richten.
Die wichtigsten Regelungen der **Gesundheitsreform** waren z. B.:

- Alle Einwohner ohne Absicherung im Krankheitsfall wurden in die Krankenversicherung einbezogen.
- Die privaten Krankenkassen müssen einen günstigen Basistarif für alle anbieten, die privat versichert sind oder privat versichert sein könnten.
- Patienten, die an schweren Krankheiten wie z. B. Aids oder Krebs leiden, wurde der Zugang zu ambulanten Behandlungen in Krankenhäusern erleichtert.
- Wichtige Impfungen werden jetzt von den Krankenkassen bezahlt.
- Jüngere Versicherte haben die empfohlenen Untersuchungen zur Vorsorge und Früherkennung wahrzunehmen. Nur dann haben sie bei einer späteren chronischen Erkrankung einen Anspruch auf eine verminderte Belastung bei Medikamentenzuzahlungen.

!

Kassenversicherte können ihre Kasse jederzeit mit einer Frist von zwei Kalendermonaten zum Monatsende kündigen. Der Gesetzgeber verlangt aber, dass sich der Versicherte 18 Monate an die neue Kasse bindet. Werden die Beiträge von der Kasse erhöht, hat der Versicherte ein verkürztes Sonderkündigungsrecht.

- Jede Krankenkasse muss ihren Versicherten einen speziellen kostengünstigen Hausarzttarif anbieten. Wer ihn wählt, hat die Pflicht, bei einer Krankheit zuerst zum Hausarzt zu gehen.

Als Antwort auf die Finanzkrise der gesetzlichen Krankenversicherung wurde ein **Gesundheitsfond** beschlossen.
Das Konzept wird inzwischen stark kritisiert, geplant ist, das System abzuändern.

Und so funktioniert er:

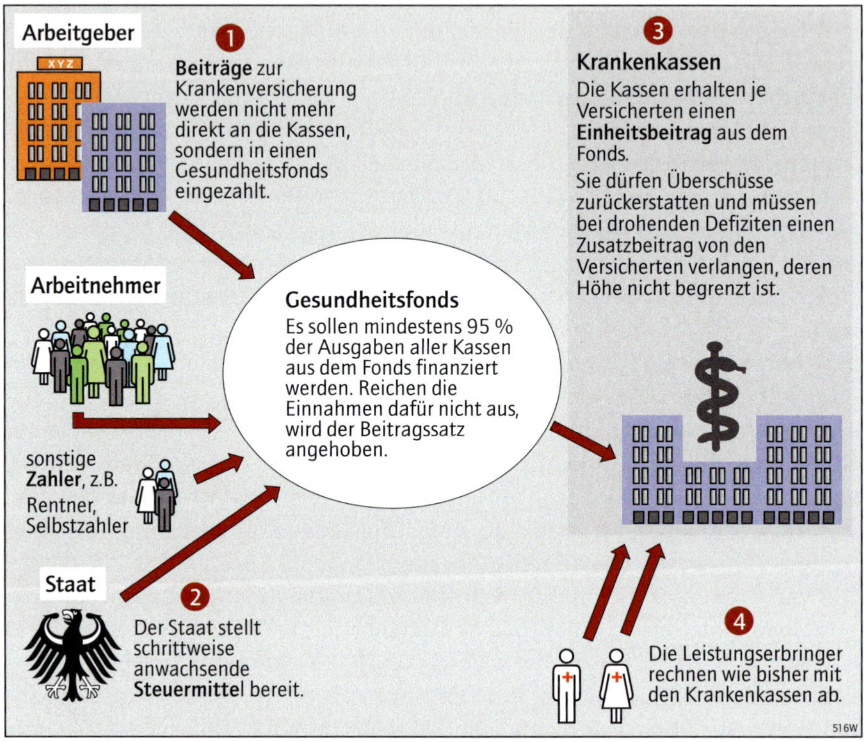

Träger der gesetzlichen Krankenversicherung
In der Bundesrepublik besteht ein gegliedertes Krankenkassensystem, weil es sieben Kassenarten mit zahlreichen Krankenkassen gibt. Die Arten im Einzelnen sind:

- Allgemeine Ortskrankenkasse
- See-Krankenkasse
- Landwirtschaftliche Krankenkasse
- Innungskrankenkassen
- Betriebskrankenkassen
- Bundesknappschaft
- Ersatzkassen

Alle Krankenkassen unterliegen der staatlichen Aufsicht. Ihre Ausgaben müssen durch Beiträge finanziert werden.

Leistungen

Versicherte der gesetzlichen Krankenkassen haben folgende Leistungsansprüche:

Leistungen	Was sie beinhalten ...
Förderung der Gesundheit	Maßnahmen zur Früherkennung von Krankheiten, so z. B. Herz- und Kreislauferkrankungen, Krebsvorsorge
Krankengeld	Arbeitnehmer, die durch Krankheit arbeitsunfähig sind, erhalten sechs Wochen lang ihren Lohn weitergezahlt (Lohnfortzahlung im Krankheitsfall). Danach erhalten sie von der gesetzlichen Krankenversicherung Krankengeld. Es beträgt 70 % vom Bruttolohn oder 90 % vom Nettolohn. Der jeweils niedrigere Wert dient als Berechnungsgrundlage.
Krankenbehandlung	Dazu gehören ärztliche und zahnärztliche Behandlung, Versorgung mit Arznei- und Verbandmitteln, Krankenhausbehandlung, Versorgung mit Heil- und Hilfsmitteln.
Leistungen bei Schwangerschaft und Mutterschaft	ärztliche Betreuung und Hebammenhilfe, Versorgung mit Arznei-, Verband- und Heilmitteln, stationäre Entbindung, häusliche Pflege, Mutterschaftsgeld
Maßnahmen zur Rehabilitation	ambulante oder stationäre Rehabilitationskuren

514W

Arbeitsvorschläge

1. Petra kann nach ihrem Snowboard-Unfall erst nach zwei Monaten wieder arbeiten.
   a) Wie lange muss nun ihr Arbeitgeber ihr Gehalt weiterzahlen?
   b) Wie sieht ihre finanzielle Situation anschließend aus?
2. Diskutieren Sie den Aussagegehalt der nebenstehenden Karikatur.
3. Was bedeutet die Aussage: „Die gesetzliche Krankenversicherung ist eine Familienversicherung."?
4. Auf welche Leistungen haben die Mitglieder der gesetzlichen Krankenkasse Anspruch?
5. Was bedeutet der Begriff „Solidarität" im Rahmen der gesetzlichen Krankenversicherung?
6. Wie finanzieren sich die gesetzlichen Krankenkassen?

6.3 Arbeitslosenversicherung und Arbeitsförderung

Beispiel

Svenja war sehr froh, als sie vor einem Jahr endlich die Abschlussprüfung als Speditionskauffrau bestanden hatte. Das Büffeln hatte sich gelohnt, und der Stellenwechsel in das nahe gelegene Kongresshotel war auch finanziell von Vorteil. Aber letzte Woche passierte es: Svenja wurde von der Personalchefin zu einem persönlichen Gespräch gebeten. Sie ahnte schon nichts Gutes ...
Frau Krause: „Svenja, ich muss Ihnen leider mitteilen, dass wir Sie nicht weiterbeschäftigen können. Sie müssen verstehen: die Wirtschaftskrise hat auch bei uns dazu geführt, dass unsere Kapazität nur etwa zur Hälfte ausgelastet ist."
Svenja: „Und warum gerade ich?"
Frau Krause: „Svenja, Sie sind noch ledig, und außerdem wurden Sie als Letzte eingestellt."
Svenja: „Na klar, den letzten beißen die Hunde."
Als Svenja sich von diesem Tiefschlag etwas erholt hatte, war ihr klar: „Ich muss unbedingt zur Agentur für Arbeit. Vielleicht helfen die mir!"

Versicherte Personen

„Zähle ich überhaupt zu den versicherten Personen?", war eine der Fragen, die Svenja durch den Kopf ging.
In der Arbeitslosenversicherung gibt es nur Pflichtversicherte. In diese Gruppe gehören alle Arbeiter, Angestellte, Auszubildende und Heimarbeiter. Wer sich allerdings selbstständig macht und dafür seinen bisherigen Job aufgibt, kann in der Arbeitslosenversicherung bleiben. Beamte, geringfügig Beschäftigte und Arbeitnehmer ab dem 65. Lebensjahr sind keine Mitglieder der Arbeitslosenversicherung.

Träger der Versicherung

Träger der Arbeitslosenversicherung und auch der Arbeitsförderung ist die Bundesagentur für Arbeit in Nürnberg. Für die einzelnen Bundesländer werden die Aufgaben von den Regionalämtern und den örtlichen Ämtern der Bundesagentur für Arbeit wahrgenommen.

Beiträge
Bei der Arbeitslosenversicherung sind die Beiträge jeweils zur Hälfte vom Arbeitgeber und Arbeitnehmer zu zahlen. Die Beitragshöhe wird begrenzt durch die jeweils aktuelle Beitragsbemessungsgrundlage. Der Arbeitgeber trägt die Beiträge allein, wenn der Arbeitnehmer nur wenig verdient. Geringfügig Beschäftigte brauchen keinen Beitrag zu zahlen. Die Bestimmung über die Mini-Jobs, wonach jemand, der nicht mehr als 400,00 Euro monatlich verdient, keine Sozialabgaben zu zahlen hat, gilt nicht für Auszubildende.

Für Arbeitslose zahlt die Bundesagentur für Arbeit die Beiträge zur Sozialversicherung in voller Höhe allein.

Leistungen

Aufgabenbereiche der Bundesagentur für Arbeit

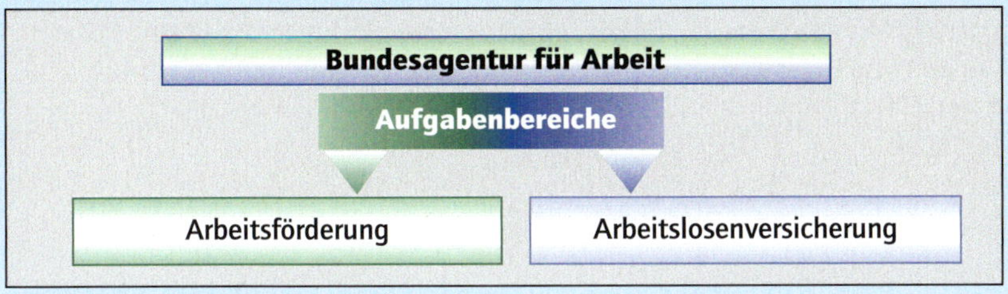

In nahezu allen Agenturen für Arbeit sind Berufsinformationszentren (BIZ) vorhanden. Jeder kann sich dort über Fragen zur Aus- und Weiterbildung kostenlos informieren. Auch das Internet bietet zahlreiche Informationsmöglichkeiten, so z. B.: unter der Internetadresse: www.arbeitsagentur.de.

Arbeitsförderung
Folgende Leistungen werden angeboten:
- Arbeitsvermittlung, Berufsberatung
- Förderung der beruflichen Bildung und Weiterbildung
- Gewährung von Eingliederungszuschüssen
- Maßnahmen zur Arbeitsbeschaffung (ABM)
- Förderung von arbeitslosen Arbeitnehmern, die sich selbständig machen wollen

Arbeitslosenversicherung
Die individuellen Leistungen, die von der Arbeitsagentur erbracht werden, sind in der nachfolgenden Tabelle aufgeführt.

Leistungen der Arbeitslosenversicherung	
Arbeitslosengeld	Grundlage für die Berechnung des Arbeitslosengeldes ist der früher erzielte Nettolohn. Das Arbeitslosengeld beträgt 67 % für Arbeitslose mit Kindern und 60 % für Arbeitslose ohne Kinder. Die Zahlung des Arbeitslosengeldes ist befristet. Sie beträgt im Normalfall 12 Monate; bei über 50-Jährigen 15 Monate. Ab einem Alter von 55 Jahren wird das Arbeitslosengeld I 18 Monate lang bezahlt und ab 58 Jahren sogar 24 Monate.
Arbeitslosengeld II	Dies ist eine fürsorgliche Leistung aus Steuermitteln, die an die bisherigen Empfänger von Arbeitslosenhilfe sowie an erwerbsfähige Sozialhilfeempfänger gezahlt wird. Arbeitslosengeld II wird nur gewährt, wenn der Arbeitslose den Lebensunterhalt für sich und seine Familie nicht durch andere Einkommensarten bestreiten kann. Anspruch auf Arbeitslosengeld II haben alle Erwerbstätigen zwischen 15 und 65 Jahren, die bedürftig sind. Mit der Reform der Arbeitslosenversicherung ist der Name des ehemaligen VW-Vorstandsmitglied Hartz verbunden. Die Reform wird deshalb auch als „Hartz IV" bezeichnet.
Kurzarbeitergeld	wird gewährt bei Kurzarbeit im Betrieb.
Insolvenzausfallgeld	wird gezahlt bei Ansprüchen auf rückständiges Arbeitsentgelt für die letzten drei Monate vor Eröffnung des Insolvenzverfahrens.
Saison-Kurzarbeitergeld (Saison-Kug)	Um Entlassungen in der Baubranche in der Winterzeit zu verhindern, zahlt die Arbeitsagentur Zuschüsse zu den Löhnen der Bauarbeiter. Mit Beginn der Schlechtwetterzeit (01.12.–31.03.) können Betriebe bei saisonalen Arbeitsausfällen Anträge bei der Arbeitsagentur stellen.
Wintergeld	Bauarbeiter erhalten für geleistete Arbeitsstunden innerhalb der tariflichen Arbeitszeit zwischen dem 15. Dezember und Ende Februar. Die Zahlung erfolgt zum Ausgleich für witterungsbedingte Erschwernisse.
Arbeitsbeschaffungsmaßnahme (ABM)	Für schwer vermittelbare Arbeitslose in Regionen mit hoher Arbeitslosigkeit können Arbeitgeber Zuschüsse zum auszuzahlenden Arbeitsentgelt erhalten.

Arbeitsvorschläge

1. Welche Leistungen erbringen die Agentur für Arbeit im Rahmen der Arbeitsförderung?
2. Berechnen Sie das Arbeitslosengeld für folgende Fälle:
   - Sven Lodicek, ledig, bisheriges Nettoeinkommen 1.380,00 Euro
   - Gudrun Heinemann, ein Kind, bisheriges Nettoeinkommen 1.820,00 Euro
3. Peter Hülya, seit fünf Jahren verheiratet mit der Besitzerin einer gutgehenden Gaststätte, ist seit einem Jahr arbeitslos. Letzte Woche wurde ihm mitgeteilt, dass der Anspruch auf Arbeitslosengeld in zwei Monaten ausläuft. Beurteilen Sie seine Chance, ab diesem Zeitpunkt das Arbeitslosengeld II zu erhalten.
4. Welche Leistungen erbringt die Bundesagentur für Arbeit neben der Arbeitsförderung?

6.4 Die gesetzliche Rentenversicherung

Beispiel

Senioren sind heute weitgehend finanziell abgesichert. Für das Baby sieht es da viel schlechter aus: Seine Rente ist alles anderes als sicher. Außerdem wird es bis zum 67 Lebensjahr arbeiten müssen.

Und wie sieht es mit den zukünftigen Rentenbeiträgen aus? Bis 2020 sollen sie zwar geringfügig steigen, aber unter 20 % bleiben. Bis 2030 werden Beitragssätze von 22 % vorausgesagt. Gibt es für die höheren Beiträge auch mehr Rente?
Das Gegenteil wird der Fall sein: Bis 2020 werden 46 % und bis 2030 nur noch 43 % des Durchschnittseinkommens in die Taschen der zukünftigen Rentner fließen.

Versicherte Personen
In der Rentenversicherung gibt es Pflicht- und freiwillig Versicherte. Pflichtversicherte Mitglieder sind Auszubildende, Arbeiter, Angestellte, Wehr- und Zivildienstleistende sowie Behinderte. Von den Selbstständigen sind nur bestimmte Personenkreise pflichtversichert (z. B. selbstständige Handwerker), andere dagegen können sich freiwillig versichern (z. B. Ärzte, Rechtsanwälte).

Finanzierung
Die Rentenversicherung finanziert sich vor allem aus Beiträgen der Versicherten und der Arbeitgeber. Über ihre Höhe entscheidet die Bundesregierung. Sie werden von ihnen jeweils zur Hälfte aufgebracht. Für Arbeitslose zahlt die Agentur für Arbeit die Beiträge, für die Wehr- und Zivildienstleistenden zahlt der Bund. Geringfügige Beschäftigungen bleiben versicherungsfrei. Bei einem geringen Arbeitsentgelt von nicht mehr als 400,00 Euro monatlich zahlt der Arbeitgeber die Beiträge allein. Für Auszubildende liegt die Grenze bei 325,00 Euro.
Die Beiträge richten sich nach dem Arbeitsverdienst. Sie sind nicht von jeder Einkommenshöhe zu zahlen, sondern nur bis zur Beitragsbemessungsgrenze.

Träger und Leistungen der gesetzlichen Rentenversicherung
Die Zahl der Versicherungsträger ist auf zwei reduziert worden. Neben der Vereinigung der Bundesversicherungsanstalt und der Landesversicherungsanstalten zur **„Deutschen Rentenversicherung Bund"** sind die Bundesknappschaft, die Bahnversicherungsanstalt und die Seekasse zur **„Deutschen Rentenversicherung Knappschaft-Bahn-See"** vereinigt worden.
Zuständig für Arbeiter und Angestellte ist die Deutsche Rentenversicherung Bund. Für Angestellte der Bahn, für Seeleute und Beschäftigte im Bergbau gibt es einen anderen Versicherungsträger: die Deutsche Rentenversicherung Knappschaft-Bahn-See.

Von der gesetzlichen Rentenversicherung werden Leistungen zur Rehabilitation erbracht und Renten gezahlt.

Leistungen der Rentenversicherung

Leistungen	Was sie beinhalten ...
Leistungen zur Rehabilitation	Ziel der Maßnahmen ist es, die Arbeitskraft des Versicherten wiederherzustellen. Erbracht werden medizinische Leistungen (ärztliche Behandlung, Kuren usw.) und berufliche Leistungen (berufliche Umschulung, Umzugskosten zum neuen Arbeitsplatz usw.).
Rentenzahlungen	**Altersrente, Witwen-** und **Waisenrente, Erziehungsrente** Eine **Erwerbsminderungsrente** wird Versicherten gewährt, die nicht mehr voll arbeiten können. Für alle nach 1960 geborenen Arbeitnehmer gibt es die Erwerbsminderungsrente in 2 Arten: • Rente wegen teilweiser Erwerbsminderung. Diese erhalten Versicherte, die weniger als sechs, aber mindestens drei Stunden am Tag arbeiten können. • Rente wegen voller Erwerbsminderung. Sie erhalten Versicherte, die weniger als drei Stunden am Tag arbeiten können. Die Rente ist dynamisch. Sie folgt der wirtschaftlichen Entwicklung während des Jahres. Die Rentenhöhe orientiert sich an der Entwicklung der Nettolöhne. Wegen finanzieller Probleme in der Rentenversicherung finden Rentenanpassungen nicht mehr jedes Jahr statt. Sogar mit einigen Nullrunden mussten sich die Rentner in den letzten Jahren abfinden. Experten halten es für wahrscheinlich, dass die Renten in Zukunft sogar sinken werden.

Auch Berufsanfänger haben bei einem Arbeitsunfall vom ersten Tag an einen Rentenanspruch in der gesetzlichen Rentenversicherung.

Die Rentenreform

Die Grundlage unseres Rentensystems ist der **Generationenvertrag**. Er beruht auf dem Umlageverfahren. Das bedeutet, dass die arbeitende Bevölkerung die Renten der Alten bezahlt. Seit Jahren ist klar, dass dieses System so nicht mehr funktionieren kann. Die Sicherheit der Renten ist nicht mehr gegeben. Große Versorgungslücken sind nach dem Modell des Generationenvertrages nicht mehr zu vermeiden.

Probleme, die dem alten System das Leben schwer machten, sind:
- Der Anteil der älteren Menschen erhöht sich bei anhaltend niedrigen Geburtenraten.
- Die jungen Menschen treten später in das Erwerbsleben ein. Dadurch zahlen sie auch später in die Rentenkassen ein.
- Die Rentenlaufzeit ist länger, weil der Rentenbeginn häufig schon früher eintritt. Kaum ein Arbeitnehmer hört heute erst mit 65 Jahren auf zu arbeiten.
- Außerdem steigt die Lebenserwartung.

Der **Rentenatlas** unten zeigt deutlich, dass die Höhe der Renten regional sehr unterschiedlich ist. In den alten Bundesländern ist sie höher als in den neuen und im Süden Deutschlands höher als im Norden.
Eine weitere Tatsache wird durch die Zahlen deutlich: Selbst die gegenwärtigen Renten sind durchschnittlich so niedrig, dass sie dem Rentenempfänger keine größeren finanziellen Sprünge erlauben. Es sei denn, er kommt in den Genuss von zusätzlichen finanziellen Mitteln (z. B. Zinsen, Mieteinnahmen, Zweitrente durch den Ehepartner). Und die künftigen Renten werden sogar noch niedriger sein als die heute gaezahlten. Sie können daher nichts weiter als eine Grundversorgung sein. Die Arbeitnehmer sollten sich daher unbedingt um eine finanzielle Zusatzversorgung kümmern.

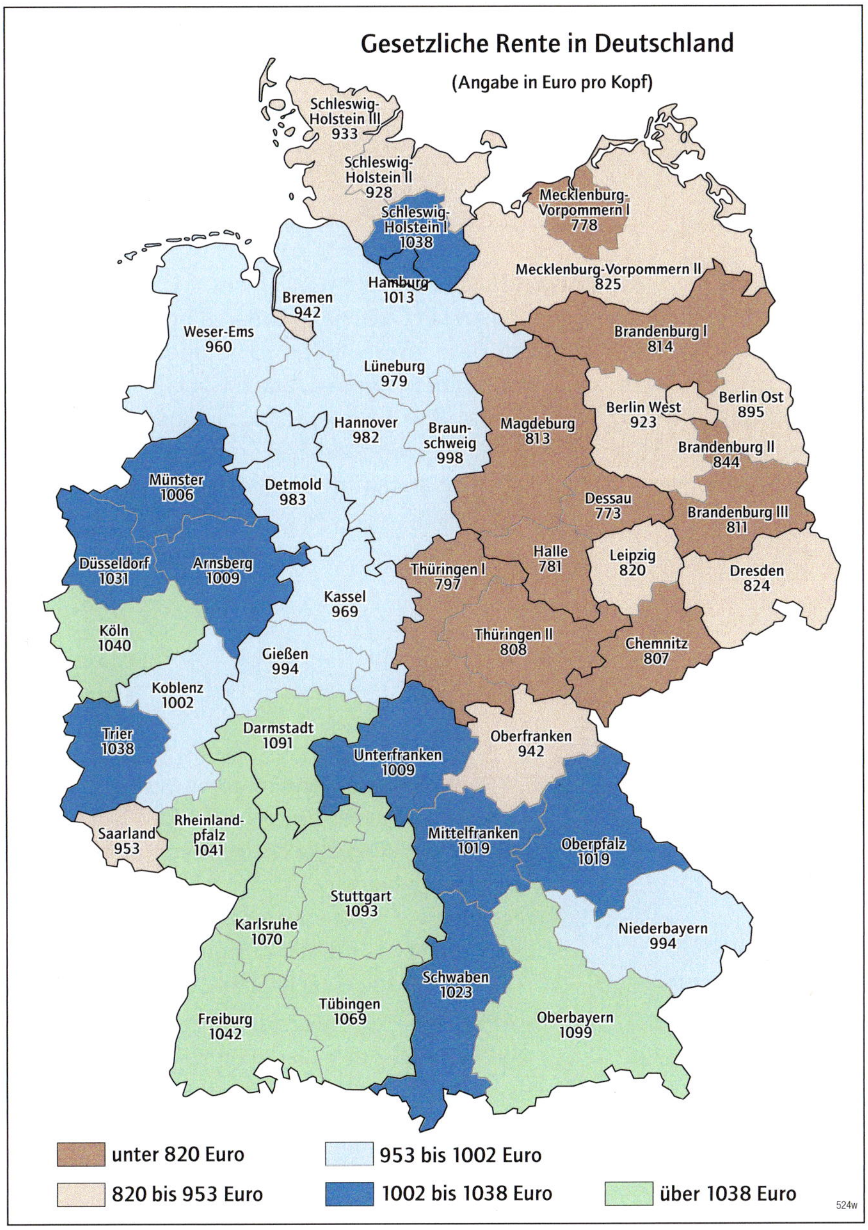

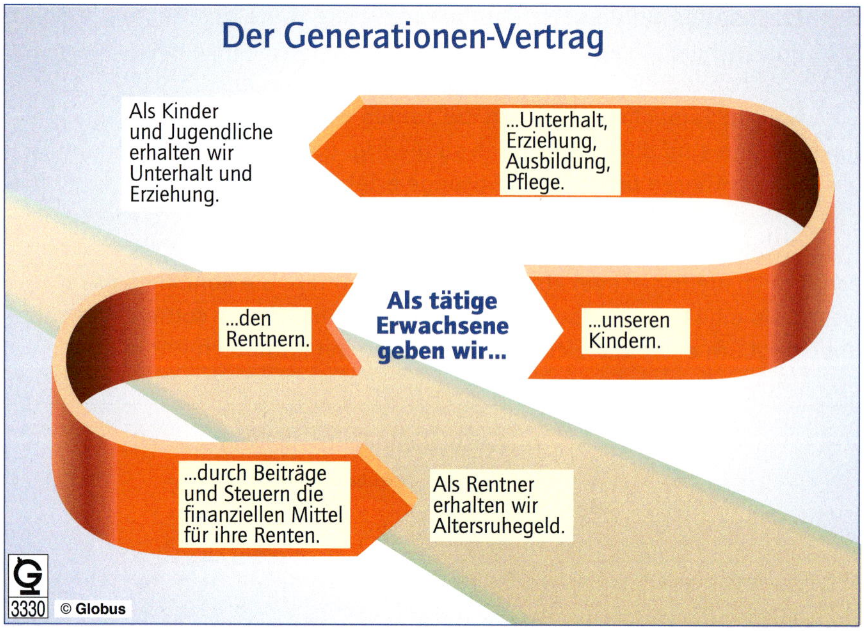

Eine Antwort auf diese Entwicklung ist die Rentenreform. Ihr Kernstück ist das **„Altersvermögensergänzungsgesetz"**. Danach sollen möglichst viele für eine zusätzliche Altersvorsorge Geld zurücklegen. Das staatliche System soll so entlastet werden. Arbeitnehmer können bis zu vier Prozent ihres Bruttolohnes in einem Renten- oder Wertpapiervertrag anlegen. Als Belohnung gibt es vom Staat – je nach Kinderzahl und Einkommen – Zulagen und Steuervorteile. Wer möchte, kann sich auch für eine Betriebsrente entscheiden. Auch diese wird staatlich gefördert.

Arbeitsvorschläge

1. Blättern Sie zwei Seiten zurück und diskutieren Sie über die Karikatur zum Generationenvertrag.
2. Welche Leistungen erbringt sie?
3. Welche Probleme hat die Rentenversicherung?
4. Was versteht man unter einer dynamischen Rente?
5. Wie heißen die Träger der Rentenversicherung für Arbeiter?
6. In der gesetzlichen Rentenversicherung hat der Begriff Generationenvertrag eine große Bedeutung.
   a) Was meint man, wenn man von dem Generationenvertrag spricht?
   b) Warum funktionierte der Vertrag früher besser als heute?
7. Wer zahlt die Beiträge zur gesetzlichen Rentenversicherung des Kraftfahrzeugmechanikers Jörg Schuster (monatliche Ausbildungsvergütung 520,00 Euro) und der Friseurin Daniela Kolbe (Ausbildungsvergütung 312,00 Euro)?
8. Wie ist es zu erklären, dass in den neuen Bundesländern die gesetzlichen Renten niedriger sind als in den alten Bundesländern?

6.5 Die gesetzliche Unfallversicherung

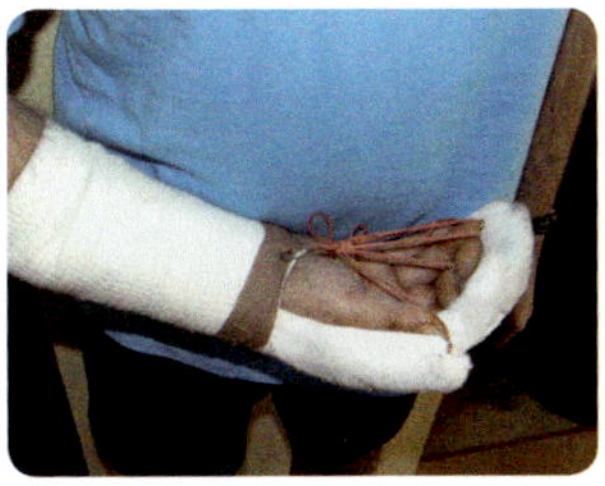

Beispiel

Carsten Wenk kam aus dem Stress nicht heraus. Gerade aus dem Urlaub zurück ging der Stress in der Verwaltung der Hohmann Spedition schon wieder richtig los. 42 Rechnungen mussten innerhalb der nächsten drei Tage geschrieben und verschickt werden. Als er mal wieder von seinem Schreibtisch aufstand um an den Aktenschrank zu gehen, passierte es. Schuld war der volle Papierkorb, über den er stolperte und der ihn letztlich zu Fall brachte. Instinktiv versuchte er, sich mit seinen Armen abzufangen. Seine Absicht ging schief. Der behandelnde Arzt der Ambulanz des städtischen Krankenhauses musste ihm leider mitteilen, dass er sich die Finger der rechten Hand gebrochen hatte. „Na, meinem Kollegen Otto wird es in den nächsten Wochen bestimmt nicht langweilig werden, wenn er meine Arbeit mitmachen darf", so sein Kommentar zu seiner Freundin.

Versicherte Personen

Wer bei der Ausübung seiner beruflichen Tätigkeit einen Unfall erleidet, wird von der gesetzlichen Unfallversicherung betreut.

Außer Arbeitnehmern sind noch weitere Personenkreise versichert. Welche das sind, zeigt folgende Übersicht:

Unfallversicherungsschutz

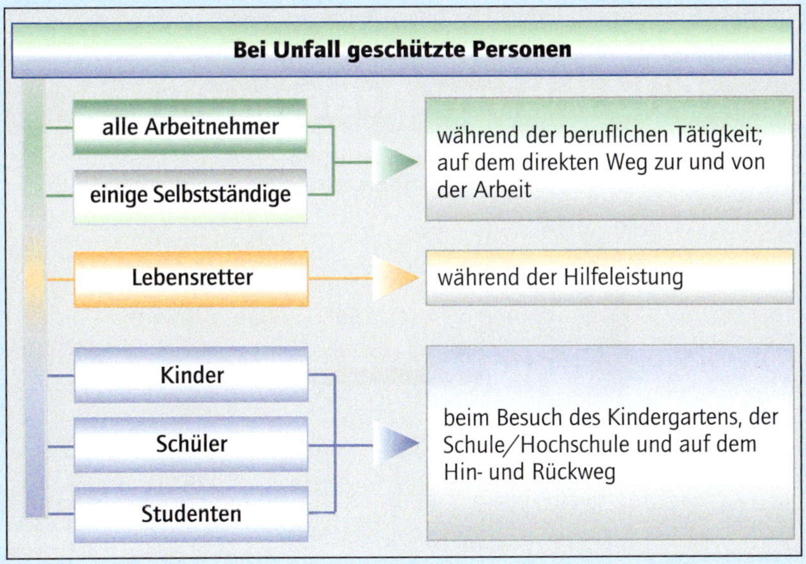

Die Berufsgenossenschaft versichert keine absichtlich herbeigeführten Unfälle. Auch bei Unfällen, die auf Trunkenheit oder anderen Drogenmissbrauch zurückzuführen sind oder bei privaten Tätigkeiten geschehen, erbringt die Berufsgenossenschaft keine Leistung.

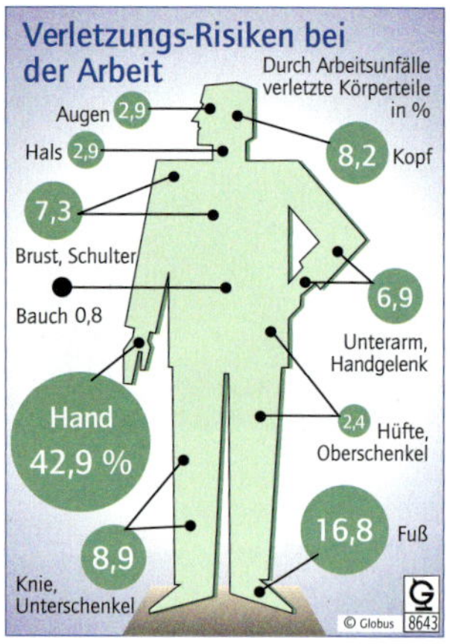

Träger der gesetzlichen Unfallversicherung

Für die Unfallversicherung sind in erster Linie die gesetzlichen Berufsgenossenschaften zuständig. Für landwirtschaftliche Betriebe gibt es spezielle Berufsgenossenschaften. Die Unfallrisiken der Gebietskörperschaften (z. B. Gemeinden, Städte) werden durch spezielle Versicherungsträger abgedeckt.

Die durch die Berufsgenossenschaften ständig weiter entwickelten Sicherheitsstandards haben dazu geführt, dass in der gewerblichen Wirtschaft in den vergangenen 35 Jahren das Arbeitsunfallrisiko um nahezu 75 % gesunken ist.

Sachlich zuständig für Speditonsbetriebe ist die **Berufsgenossenschaft für Transport und Verkehrswirtschaft** .

Leistungen

Die wichtigsten Leistungen der Unfallversicherung sind:

- Maßnahmen zur Früherkennung von Berufskrankheiten
- Bei einem Unfall während der beruflichen Tätigkeit oder auf dem Weg von und zur Arbeit: Heilbehandlung, Kuren, Verletztengeld, Umschulung, Renten an Verletzte oder Hinterbliebene, Sterbegeld
- Maßnahmen und Informationen zur Verhütung von Arbeitsunfällen und Berufskrankheiten.

Beispiel: Ursache von Krankheiten war früher oft schwere körperliche Arbeit. Heute belastet fortwährende Arbeit am Bildschirm die Gesundheit. Aus diesem Grund informiert die gesetzliche Unfallversicherung über die optimale Einrichtung von Bildschirm-Arbeitsplätzen:

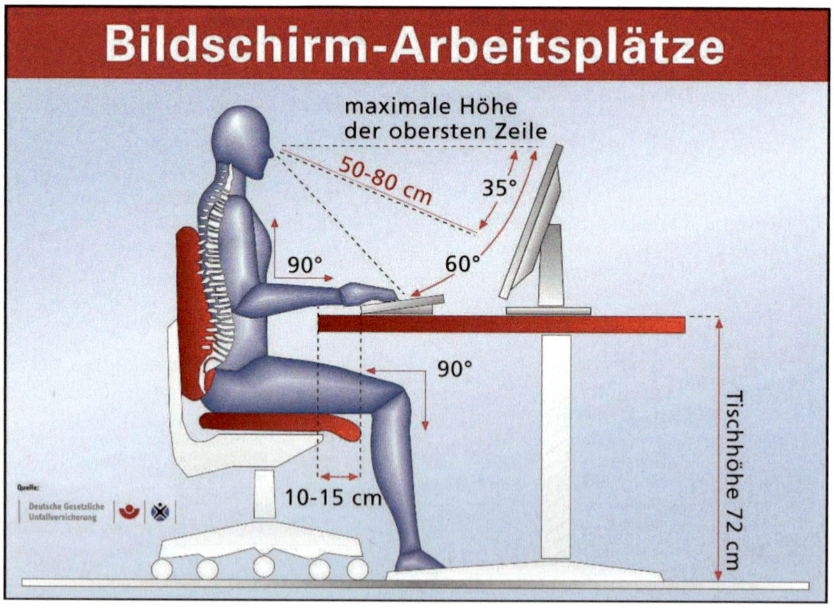

Finanzierung

Die Berufsgenossenschaften finanzieren sich allein aus den Beiträgen der Arbeitgeber. Die Beitragshöhe wird bestimmt durch die

- Unfallgefährdung in einem Betrieb,
- Lohn- und Gehaltssumme der Mitarbeiter,
- Schwere, Anzahl und Kosten der Unfälle.

Versichert

oder nicht versichert bei der BG

Einige interessante Beispiele zur Versicherung bei der Berufsgenossenschaft (BG)	
Stichwort	**Kommentar**
Arbeitskleidung	Das An- und Auskleiden bzw. Umziehen von Kleidung gehört grundsätzlich zum privaten Bereich und ist nicht BG-Versichert. Nur wenn die Arbeit im Betrieb eine besondere Kleidung erfordert, besteht beim An- und Auskleiden sowie Umziehen Versicherungsschutz.
Arztbesuch	Wer wegen eines nicht unfallbedingten Leidens zum Arzt oder zur hauseigenen Werksambulanz geht und auf dem Weg dorthin verunglückt, steht nicht unter Versicherungsschutz. Der Arzt- bzw. Ambulanzbesuch liegt hier im eigenen Interesse. Ausnahme: Der Unternehmer hat ein Interesse daran, dass der Mitarbeiter sofort behandelt wird, damit er seine Arbeit im Betrieb noch während der laufenden Arbeitsschicht wieder aufnehmen kann.
Ausstellungen und Messen	Der Besuch einschlägiger Ausstellungen und Messen auf Anweisung der Betriebsleitung ist eine dem Betrieb zuzurechnende Tätigkeit – also versichert.
Betriebsausflug/ Betriebsfest	Betriebliche Gemeinschaftsveranstaltungen wie Betriebsausflüge, Weihnachtsfeiern usw. sind BG-Versichert. Vorausgesetzt, sie dienen dem Zweck, die Verbundenheit zwischen Geschäftleitung und Angehörigen des Unternehmens zu erhalten oder zu vertiefen. Veranstalter muss der Arbeitgeber/die Geschäftsleitung sein.
Essen und Trinken/ Weg zum Essen	Essen und Trinken sind private Tätigkeiten und damit nicht BG-Versichert. Auch die Ausgabe verbilligten Essens durch den Betrieb ändert nichts an dieser Rechtslage. Versichert ist der Weg zum Essen während der Pause: Dies gilt sowohl für den Weg zur Betriebskantine als auch zu außerhalb gelegenen fremden Kantinen oder Gaststätten. Nicht versichert ist der Aufenthalt in der Kantine oder Gaststätte.
Fahrt eines kranken Kollegen zum Arzt/ nach Hause	Wer einen Kollegen, dem z. B. schlecht geworden ist, nach Hause oder zum Arzt fährt, ist BG-Versichert. Vorausgesetzt, der Arbeitgeber oder ein Beauftragter hat es angewiesen bzw. erlaubt.
Fortbildung außerhalb der Arbeitszeit	Wer außerhalb der Arbeitszeit an einer Fortbildungsveranstaltung teilnimmt, ist dann BG-Versichert, wenn die Fortbildung als Teil der Beschäftigung anzusehen ist und dem Betrieb unmittelbar dient.
Grippeschutz-impfung	Eine Grippeschutzimpfung gehört zum nicht BG-versicherten persönlichen Lebensbereich – auch wenn der Betrieb sie empfiehlt und gegebenenfalls sogar finanziert.

(nach: Loewer-Hirsch, B., versichert oder nicht versichert, in: akzente, Berufsgenossenschaft Nahrungsmittel und Gaststätten (Hrsg.), Heft 5, 2009, S. 14)

6.6 Die gesetzliche Pflegeversicherung

Beispiel

Andreas Bertram erzählte: „Meine Oma Gertrud ist einfach Klasse. Wie die mit 85 trotz ihrer kaputten Knie und ihres hohen Blutdrucks immer noch allein in ihrem Haushalt klar kommt, das finde ich super. Und dabei ist die Frau immer gut drauf."
Doch dann, zwei Tage vor Weihnachten, passierte es. Oma Gertrud bekam einen Schlaganfall und war rechtsseitig gelähmt. Trotz eines mehrwöchigen Aufenthalts in einer Spezialklinik stand bald fest, dass Gertrud Schmick für immer ein Pflegefall bleiben würde. Andreas Eltern mussten nicht lange überlegen, sie nahmen die 85-Jährige in ihrem Haus auf.
Die alte Frau in einem Pflegeheim unterzubringen, kam für sie erst einmal nicht in Frage.

Ein Jahr später klingelt das Telefon bei Andreas' Mutter, einer gelernten Bankkauffrau. Ihr früherer Chef will sie für drei Stunden täglich einstellen. Ein verlockendes Angebot, doch wer kümmert sich um ihre pflegebedürftige Mutter, wenn sie in der Bank arbeitet? Sie allein zu lassen, geht nicht. Gibt es nicht eine andere Lösung, die es Andreas' Mutter ermöglicht, stundenweise zu arbeiten und trotzdem Oma Gertrud in guten Händen zu wissen?

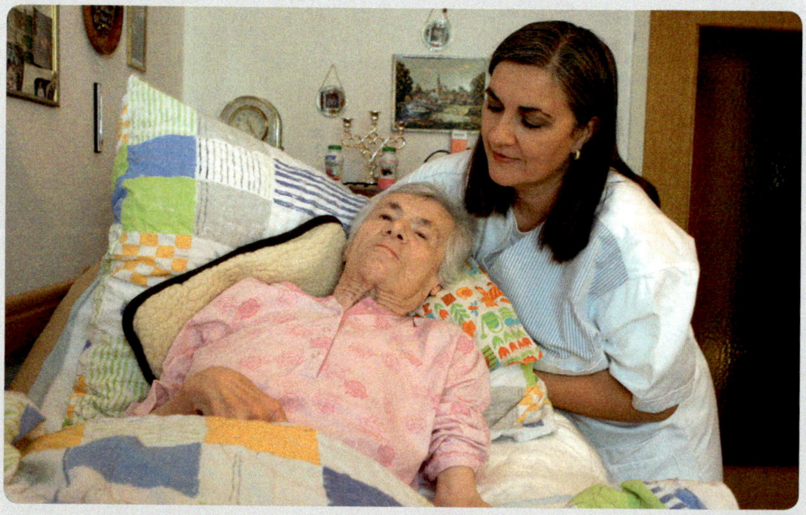

Versicherte Personen

Eine Versicherungspflicht besteht in der sozialen Pflegeversicherung für alle versicherungspflichtigen Mitglieder der gesetzlichen Krankenkasse. Die nicht berufstätigen Ehepartner und Kinder sind mitversichert. Alle privat krankenversicherten Personen müssen eine private Pflegeversicherung abschließen.

Träger

Die Pflegeversicherung hat keine eigenständigen Träger. Die Aufgaben der Pflegeversicherung werden von den gesetzlichen bzw. privaten Krankenkassen wahrgenommen.

Finanzierung

Grundsatz

Finanzierung erfolgt nach dem Umlageverfahren. Dies bedeutet, dass Beitragszahler für heutige Pflegebedürftige aufkommen.

Einzelheiten zur Finanzierung

- Arbeitnehmer und Arbeitgeber finanzieren die Versicherung je zur Hälfte.
- Es sind 1,95 % vom Einkommen des Versicherungsnehmers zu zahlen.
- Kinderlose Versicherte zahlen ab dem 23. Lebensjahr 2,2 % vom krankenversicherungspflichtigen Einkommen. Die 0,25 % höhere Mehrbelastung gegenüber dem Standardbeitragssatz von 1,95 % trägt der Arbeitnehmer allein.
- Der Ausgleich des Arbeitgeberanteils erfolgt durch Streichung eines Feiertages.[1]

1 Diese Regelung wird in den Bundesländern unterschiedlich gehandhabt.

510W

!

Unterhaltspflichtige Kinder und Ehegatten, deren monatliches Gesamteinkommen eine bestimmte Höhe (Geringfügigkeitsgrenze) nicht übersteigt, sind beitragsfrei mitversichert.

@

Weitergehende Informationen zur Sozialversicherung gibt es im Internet unter:
www.bma.bund.de
Hier lassen sich auch Broschüren bestellen, die fast alle kostenlos erhältlich sind.

Leistungen

Die finanziellen Leistungen, die erstattet werden, richten sich nach den drei **Pflegestufen**, in welche der Pflegebedürftige eingeordnet ist:

- Stufe I: erhebliche Pflegebedürftigkeit
- Stufe II: Schwerpflegebedürftigkeit
- Stufe III: Schwerstpflegebedürftigkeit

Die Kernleistungen aus der Pflegeversicherung

Leistungen	Was sie beinhalten ...
Leistungen für die häusliche Pflege	Die Pflegebedürftigen erhalten ein Pflegegeld, das nach der Stufe der Pflegebedürftigkeit gestaffelt ist. Die häusliche Pflege kann dabei von Familienangehörigen oder auch durch ambulante Dienste erbracht werden.
Pflegevertretung	Bei Verhinderung der Pflegeperson, z. B. weil diese in Urlaub ist, besteht ein Anspruch auf Pflegevertretung.
Pflegehilfsmittel	Die Leistungen der Versicherung zur häuslichen Pflege werden ergänzt durch Pflegehilfsmittel. Dies sind z. B. Pflegebetten, Rollstühle, Gehwagen.
Leistungen für die stationäre Pflege	Bei Unterbringung in einem privaten Pflegeheim übernimmt die Pflegeversicherung ganz oder teilweise die Kosten.
Qualitätskontrolle	Um Missstände in Pflegeheimen zu begegnen, werden unangekündigte Kontrollen durchgeführt und die Berichte veröffentlicht.
Versorgung bei Demenz	Alle dementen Menschen erhalten bei der Betreuung zu Hause auch Leistungen aus der Pflegeversicherung.

511W

Arbeitsvorschläge

1. Welche Leistungen erbringt die gesetzliche Unfallversicherung?
2. Welche Personenkreise sind bei Unfällen durch die gesetzliche Unfallversicherung geschützt?
3. Benennen Sie die Pflichten, die der Arbeitgeber hinsichtlich der gesetzlichen Unfallversicherung zu erfüllen hat.
4. „Ist doch prima, dass du jetzt in einer gesetzlichen Unfallversicherung bist, ohne etwas dafür zu zahlen. Dann bist du ja auch abgesichert, wenn dir bei deinem geliebten Snowboard-Fahren mal was passiert!", äußert Claudia gegenüber ihrem Freund, der in einem Hotel arbeitet.
   Nehmen Sie Stellung zu der Meinung von Claudia.
5. Erstellen Sie eine Liste der speziellen Verletzungsrisiken, denen Sie an Ihrem Arbeitsplatz ausgesetzt sind und vergleichen Sie in der Klasse.
6. Beurteilen Sie, ob in den folgenden Situationen die gesetzliche Unfallversicherung Leistungen erbringt.
   a) Die Auszubildende Katja Schröder wird von ihrem Chef zu einem PC-Laden geschickt, um dort Druckerpapier zu kaufen. Von einem unbekannt bleibenden Motorradfahrer wird sie angefahren und zieht sich eine tiefe Wunde zu, die genäht werden muss.
   b) Der Restaurantfachmann Peter Kowalcik stürzt bei der Arbeit über eine Türschwelle und muss in ein Krankenhaus eingeliefert werden. Bei der Untersuchung wird festgestellt, dass er am Abend zuvor große Mengen Alkohol getrunken hat.
   c) In der Frühstückspause rutscht der Koch Frank Silin auf verschüttetem Saft aus und verletzt sich.
7. Welche Aufgaben hat die Pflegeversicherung?
8. Welche Pflegearten werden bei der gesetzlichen Pflegeversicherung unterschieden?
9. Entscheiden Sie, welche Sozialversicherungsart jeweils durch die einzelnen Aussagen angesprochen wird:
   a) Ein Hotelkaufmann wird entlassen und erhält Arbeitslosengeld.
   b) eine Berufsgenossenschaft erlässt neue Unfallverhütungsvorschriften.
   c) Eine Frau geht zur Krebsvorsorgeuntersuchung.
   d) Einem Maurer wird Wintergeld gezahlt.
   e) Ein Rentner wird in einem Pflegeheim betreut.
   f) Ein beim Gemüse schneiden verletzter Koch erhält Verletztengeld.
   g) Ein Autofahrer verunglückt auf seinem Weg zur Arbeit und wird ärztlich behandelt.
   h) Für einen Arbeitslosen werden Trainingsmaßnahmen gezahlt, um seine Einstellungschancen zu verbessern.
   i) Einem pflegebedürftigen Rentner wird ein Rollstuhl geliefert.
   j) Ein Schulabgänger nimmt die Berufsberatung in Anspruch.
   k) Ein gesundheitlich angeschlagener Facharbeiter erhält Erwerbsminderungsrente.
   l) Wegen eines Unfalls am Urlaubsort muss eine Motorradfahrerin stationär behandelt werden.
   m) Aufgrund eines Betriebsunfalls kann der Schichtleiter in einem Betrieb der Systemgastronomie nicht mehr arbeiten und wird umgeschult.
   n) Die Versicherungsbeiträge müssen vom Arbeitgeber allein aufgebracht werden.
   o) Versicherungsträger für Arbeiter und Angestellte ist die Deutsche Rentenversicherung Bund.
   p) Wegen der schlechten finanziellen Situation der Versicherungen sollen die Versicherten zusätzlich privat vorsorgen.
   q) Um den Arbeitgeberanteil an der Versicherung zu finanzieren, wurde in den meisten Bundesländern ein Feiertag gestrichen.

7 Die Sozialgerichtsbarkeit

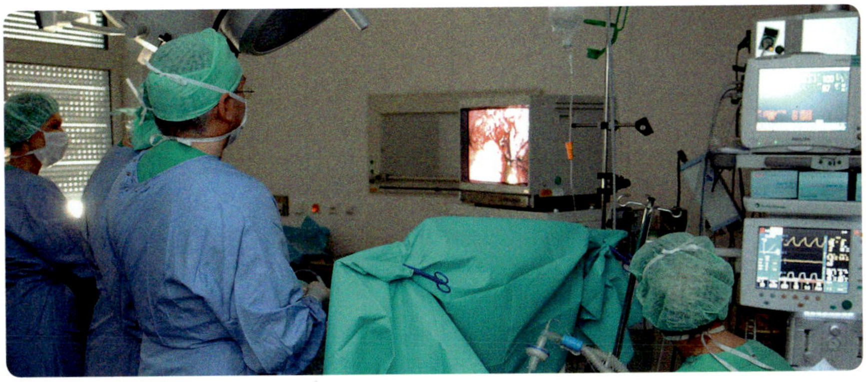

Moment mal!

Während eines Besuchs bei seinem Freund in Düsseldorf wird Tobias Bartel plötzlich krank. Der behandelnde Arzt stellt eine Blinddarmentzündung fest und rät zu einer sofortigen Operation in der Düsseldorfer Langenberg-Klinik. Als Tobias wieder zu Hause in Regensburg ist, erhält er von seiner Betriebskrankenkasse einen Brief mit dem Inhalt: „... können leider nur 80 % der Pflegesätze der Langenberg-Klinik übernehmen, da sie unangemessen hoch sind." „Das lasse ich mir nicht bieten", ist Tobias' erste Reaktion, als er ärgerlich die Nachricht liest. Er erkundigt sich und erfährt, dass man gegen den Bescheid der Krankenkasse Widerspruch einlegen kann. Er schreibt einen Brief an die Krankenkasse:

Sehr geehrte Damen und Herren,

am 15. Juni 20.. teilten Sie mir mit, dass Sie die Pflegesätze des Krankenhauses in Düsseldorf nicht anerkennen. Gegen diesen Bescheid möchte ich mit folgender Begründung Widerspruch einlegen:

1. Die Operation in Düsseldorf war dringend erforderlich und konnte nicht verschoben werden.
2. Aus Ihren Versicherungsbedingungen ist zu entnehmen, dass den Versicherten eine freie Krankenhauswahl zusteht.

- Für welche Angelegenheiten ist die Sozialgerichtsbarkeit zuständig?
- Wie ist die Sozialgerichtsbarkeit aufgebaut?

?

Zuständigkeit der Sozialgerichtsbarkeit

Die Bedeutung der Sozialgerichtsbarkeit wird deutlich, wenn das breite Feld der Rechtsfragen betrachtet wird, für die diese Gerichte zuständig sind. Sie entscheiden über Rechtsstreitigkeiten, die insbesondere folgende Angelegenheiten betreffen:

- Sozialversicherung (Renten-, Kranken-, Pflege-, Unfallversicherung),
- Ansprüche an die Bundesagentur für Arbeit (z. B. Arbeitslosenversicherung, Insolvenzausfallgeld),
- Kassenarztrecht (z. B. Streit über Kürzung von Arzthonoraren),
- soziale Entschädigung für Soldaten,
- Gewaltopferentschädigung.

!

Die Verfahren vor den Gerichten der Sozialgerichtsbarkeit sind kostenfrei. Eine persönliche Vertretung vor dem Sozial- und Landessozialgericht ist möglich.

Aufbau der Sozialgerichtsbarkeit

Tobias Bartel legt gegen die Entscheidung seiner Krankenkasse (Sozialversicherungsträger) **Widerspruch** ein. Zwei Wochen später erhält er einen Antwortbrief, dass sein Widerspruch zurückgewiesen wurde. Er entschließt sich daher vor dem Sozialgericht zu einer Klage.

Sozialgerichtsbarkeit und Widerspruchsausschuss im Überblick:

1. Der **Versicherungsträger** (z. B. Krankenkasse) fällt eine Entscheidung, mit der der Versicherungsnehmer nicht einverstanden ist.

2. Der Versicherungsnehmer legt Widerspruch beim zuständigen **Widerspruchsausschuss** ein.

3. Wurde der Widerspruch zurückgewiesen, kann Klage vor dem **Sozialgericht** erhoben werden. Dieses ist besetzt mit einem Berufs- und zwei ehrenamtlichen Richtern.

4. Gegen das Urteil des Sozialgerichts kann Berufung eingelegt werden beim **Landessozialgericht**. Das mit drei Berufsrichtern und zwei ehrenamtlichen Richtern besetzte Gericht prüft den Streitfall erneut.

5. Lehnt das Landessozialgericht das Begehren des Versicherungsnehmers ab, so kann Revision beim **Bundessozialgericht** eingelegt werden. Bedingung: Das Verfahren muss von grundsätzlicher Bedeutung sein. Das Bundessozialgericht ist mit drei Berufsrichtern und zwei ehrenamtlichen Richtern besetzt.

Arbeitsvorschläge

1. Für welche Rechtsstreitigkeiten sind die Gerichte der Sozialgerichtsbarkeit zuständig?
2. Beschreiben Sie den Aufbau der Sozialgerichtsbarkeit.
3. Wie begründet das Bundessozialgericht die Ablehnung des Versicherungsschutzes in folgendem Zeitungsartikel?

Krankenkasse muss Auslandstransport nicht bezahlen

Wer im Ausland erkrankt und sich in sein Heimatland zurücktransportieren lässt, könnte auf den Kosten sitzen bleiben. Denn die gesetzlichen Krankenkassen müssen in der Regel nicht für die Kosten eines Krankentransportes aus dem Ausland aufkommen. Das gilt nach einer Entscheidung des Bundessozialgerichtes (BSG) in Kassel auch für Transporte aus EU-Ländern.
Aus möglicherweise vorhandenen Unterschieden in der Qualität der jeweiligen medizinischen Versorgung lasse sich kein Anspruch auf einen Rücktransport ableiten.

8 Das System der Individualversicherungen (Privatversicherungen)

Moment mal!

Katrin Hoffmann, 19 Jahre alt und hat seit einem Jahr ausgelernt, im Gespräch mit ihrem Freund Bernd:

Katrin: „Stell dir vor, meine Kollegin Sonja hat vor einem Jahr ausgelernt, und jetzt muss sie sich einen ganz anderen Job suchen."

Bernd: „Wo gibt's denn so was?"

Katrin: „Tja, schwerer Trümmerbruch im linken Bein durch einen Sturz beim Skifahren. Die kann ihr Bein nicht mehr voll belasten. Von ihrem Beruf kann sie sich verabschieden."

Bernd: „Verdammt harter Schicksalsschlag. Wie sieht es denn jetzt mit ihrem Einkommen aus? Die hat doch auch 'ne Menge Ausgaben ...."

Katrin: „Ganz mau! Sonja hat sich erkundigt. Rente würde es in ihrem Fall erst nach fünf Jahren Wartezeit geben. Und die Berufsgenossenschaft rückt auch kein Geld raus, denn es war ja kein Arbeitsunfall."

Bernd: „Ich habe das Gefühl, wenn so etwas passiert, sitzt man auf einem Pulverfass. Vielleicht gibt es eine private Versicherung, die man für solche Fälle abschließen kann?"

- Welche Versicherung kann in dieser Situation helfen?
- Welche Arten der Privatversicherung lassen sich unterscheiden?

?

Individualversicherungen im Überblick

Arbeitnehmern werden monatlich Beiträge zur Sozialversicherung vom Lohn abgezogen. Die Sozialversicherung ist für sie eine Pflichtversicherung. Die Beitragszahlungen richten sich nach der Höhe des Einkommens oder bei der Unfallversicherung (die der Arbeitgeber allein bezahlt) vor allem nach dem Risiko der jeweiligen Branche.

Anders als Sozialversicherungen bieten private Zusatzversicherungen (Individualversicherungen) die Möglichkeit der persönlichen Gestaltung des Versicherungsschutzes. Vieles spricht für, manches aber auch gegen eine Individualversicherung.

Individualversicherungen lassen sich einteilen in Personen-, Vermögens- und Sachversicherungen.

Das System der Individualversicherungen

Personenversicherungen	Vermögensversicherungen	Sachversicherungen
Beispiele:	**Beispiele:**	**Beispiele:**
Berufsunfähigkeitsversicherung	Privat-Haftpflichtversicherung	Hausratversicherung
private Krankenversicherung	Kfz-Haftpflichtversicherung	Feuerversicherung
private Unfallversicherung	Rechtsschutzversicherung	Einbruchdiebstahlversicherung
Lebensversicherung	Reiserücktrittsversicherung	Kaskoversicherung
	Reisegepäckversicherung	

> **!**
> Eine private Absicherung ist in jungen Jahren besonders preiswert.
> Wer eine Berufsunfähigkeitsversicherung abschließt, sollte sich nicht auf die billigste Police stürzen.
> In manchen Policen ist nämlich eine „Verweisungsklausel" enthalten. Sie besagt, dass der Versicherer den Kunden im Ernstfall auf einen anderen Beruf verweisen kann, anstatt ihm die Rente auszuzahlen.
> Wichtig ist, eine ausreichend hohe Rente abzusichern. Sparen wäre an dieser Stelle verfehlt, denn es ist ja möglich, dass man später von dem Geld leben muss.

Personenversicherungen

Berufsunfähigkeitsversicherung

Laut Statistik muss jeder vierte Beschäftigte wegen Krankheit aus seinem Beruf aussteigen. In diesen Fällen soll eigentlich die gesetzliche Rentenversicherung greifen. Wie Sonja (siehe „Moment mal!") bereits erfahren musste, hat diese einen gewichtigen Nachteil: In den ersten fünf Versicherungsjahren zahlt sie keinen Cent. Auch gibt es eine volle Erwerbsminderungsrente nur dann, wenn der Versicherte weniger als drei Stunden täglich irgendeiner Tätigkeit nachgehen kann. Eine private Berufsunfähigkeitsversicherung bietet hier Abhilfe.

Lebensversicherung

Im Gegensatz zu den meisten Versicherungsarten wird bei der Lebensversicherung kein Schadensersatz geleistet, sondern eine bestimmte Summe ausbezahlt. Die Zahlung kann auf einmal **(Kapitalversicherung)** oder in Teilbeträgen **(Rentenversicherung)** erfolgen. Folgende Formen der Lebensversicherung werden unterschieden:

- Bei der **Todesfallversicherung** (Kapitallebensversicherung auf den Todesfall) wird die Versicherungssumme erst beim Tod des Versicherten fällig. Sie eignet sich als preisgünstige Hinterbliebenenversorgung.
- Bei der **Erlebensfallversicherung** wird die Leistung fällig, wenn der Versicherungsnehmer einen bestimmten Zeitpunkt erlebt (z. B. 60 Jahre alt wird).
- Die **gemischte Lebensversicherung** ist eine Versicherung auf den Erlebens- oder Todesfall. Die Versicherungssumme wird ausbezahlt, wenn ein bestimmtes Lebensalter erreicht wird. Stirbt der Versicherungsnehmer schon früher, wird der gesamte Betrag bereits zu diesem Zeitpunkt fällig.

Private Unfallversicherung

Sie zahlt für Invalidität oder Tod infolge von Unfällen, die nicht in den Bereich der gesetzlichen Unfallversicherung fallen (z. B. Freizeitunfälle).

Insassenunfallversicherung
Durch sie haben Kraftfahrer die Möglichkeit, mitfahrende Insassen gegen Unfälle zu versichern.

Private Krankenversicherung
Sie gilt für Angestellte und Selbstständige, die über der Gehaltsgrenze der gesetzlichen Krankenversicherung liegen. Die Mitglieder einer gesetzlichen Krankenversicherung können aber auch eine private Zusatzversicherung abschließen. So z. B. in Form einer Krankenhaustagegeldversicherung oder einer Krankenhauskosten-Zusatzversicherung. Eine besondere Art der privaten Krankenversicherung ist die Auslandsreise-Krankenversicherung. Sie ist für Kassenpatienten, die ins außereuropäische Ausland reisen, unverzichtbar.
Seit 2007 sind die privaten Krankenversicherungen verpflichtet, Nicht-Versicherte jeden Alters in einen Standardtarif aufzunehmen. Die Leistungen orientieren sich an denen der gesetzlichen Kassen.

Vermögensversicherungen
Kraftfahrzeug-Haftpflichtversicherung
Für die Folgen aller Unfälle, die der Fahrer eines Autos oder Zweirades einem anderen zufügt, kommt die Kfz-Haftpflichtversicherung auf. In Deutschland muss jedes Fahrzeug versichert sein.

Privat-Haftpflichtversicherung
Nach dem Gesetz haftet jeder unbegrenzt für Schäden, die er anderen zufügt. Wer z. B. als Fußgänger oder Radfahrer einen Verkehrsunfall verursacht, als Hausbesitzer seiner Streupflicht nicht nachkommt, wessen Kind die Scheibe des Nachbarn einschießt bzw. wer einen Hund besitzt, der den Briefträger beißt, haftet für die Schäden. Die Haftpflichtversicherung bezahlt den Schaden in Höhe der vereinbarten Deckungssumme. Sie übernimmt auch den Rechtsschutz, um ungerechtfertigte Ansprüche abzuwehren.

Rechtschutzversicherung
Wer in einem Rechtsstreit unterliegt, hat die entstehenden Kosten zu tragen. Sie zu übernehmen, ist Aufgabe der Rechtschutzversicherung. Sie ersetzt die Aufwendungen für den Rechtsanwalt, die Gerichtskosten, die Auslagen für Zeugen und Sachverständige.

Die Rechtsschutzversicherung übernimmt nur dann die Kosten, wenn der Rechtsstreit nicht von Anfang an aussichtslos ist. Darüber entscheidet der Rechtsanwalt des Versicherungsnehmers.

Reiserücktrittsversicherung
Versichert sind die dem Reiseveranstalter geschuldeten Rücktrittskosten. Das sind die Stornogebühren, die anfallen, wenn man eine Reise nicht antreten oder eine Ferienwohnung nicht nutzen kann.

Reisegepäckversicherung
Sie sichert den Versicherten vor dem finanziellen Schaden, der durch Verlust oder Beschädigung des Reisegepäcks entstehen kann. Versichert sind sämtliche Sachen des persönlichen Reisebedarfs.

Sachversicherungen

Hausratversicherung

Sie ersetzt Schäden am Hausrat (z. B. Bekleidung, Elektrogeräte, Möbel), die durch Feuer, Sturm, Hagel, Raub, Leitungswasser und Einbruchdiebstahl verursacht worden sind. Der Normaltarif der Hausratversicherung kann erweitert werden, sodass auch Schadenersatz bei Fahrraddiebstahl und Glasbruch geleistet wird.

Feuerversicherung

Ersetzt werden Schäden, die durch Brand, Blitzschlag, Explosion oder Flugzeugabsturz entstanden sind. Der Versicherungsschutz wird nur für Sachen gewährt, die dem Versicherungsnehmer selbst gehören.

Einbruchdiebstahlversicherung

Der Versicherer leistet Ersatz für Gegenstände, die durch Einbruchdiebstahl aus einem Gebäude entfernt oder dabei beschädigt bzw. zerstört werden. Wie der Name schon sagt, müssen bei dieser Versicherung **zwei Tatbestände** zusammentreffen:

- der Einbruch und
- der Diebstahl.

Kaskoversicherung

Sie beinhaltet einen Versicherungsschutz gegen Schäden am eigenen Fahrzeug. Als **Teilkaskoversicherung** tritt sie z. B. ein bei Schäden durch Brand, Explosion, Entwendung, Sturm und Hagel. Die **Vollkaskoversicherung** deckt darüber hinaus Schäden, die der Besitzer durch einen selbst verschuldeten Unfall am eigenen Fahrzeug verursacht hat.

Arbeitsvorschläge

1. Beschreiben Sie die Unterschiede zwischen Individual- und Sozialversicherung.
2. Entscheiden Sie, ob die gesetzliche oder die private Unfallversicherung zuständig ist: Unfall
   a) beim Fußballspielen,
   b) auf dem Weg zur Arbeit,
   c) als Lkw-Fahrer auf der Fahrt zu einer betrieblichen Baustelle,
   d) als Friseurin auf dem Weg zur Schwiegermutter, die kostenlos frisiert werden soll.
3. Welche Versicherung ist für folgende Schadensfälle zuständig:
   a) Frau Bachmann verursachte schuldhaft einen Unfall, bei der ihre Mitfahrerin erheblich verletzt wurde. Diese fordert ein Schmerzensgeld von 80.000,00 Euro.
   b) Im Sommerurlaub verkratzte Frau Möller mit ihrem Surfbrett die Autotür eines Bekannten. Der Lackschaden ist beträchtlich.
   c) Um ein nicht begründetes Bußgeldverfahren abwehren zu können, entstanden Herrn Frank Anwaltskosten von 1.800,00 Euro.
   d) Durch einen geplatzten Schlauch an der Waschmaschine kam es in der Wohnung von Frau Sabine Ziller zu einem Wasserschaden von über 3.000,00 Euro.

9 Individuelle Vermögensbildung

Moment mal!

Die Überraschung war groß, als Karin Meier erfuhr, dass der kürzlich verstorbene Onkel ihr 76.000 Euro hinterlassen hatte. Die Planung dauerte nicht lange: Ein neues Auto, ein moderner Wohnzimmerschrank und eine Urlaubsreise nach Spanien stehen ganz oben auf der Wunschliste. „Und den Rest packen wir auf unser Sparbuch", so der Vorschlag von ihrem Mann Frank. Und er ergänzt: „Wenn wir mal was brauchen, kommen wir schnell an das Geld ran." „Aber mit den Zinsen sieht es doch ganz mau aus", so Karin. „Dann können wir das Geld doch gleich unters Kopfkissen legen", ist ihr nicht ganz ernst gemeinter Einwand. „Da fällt mir ein", erwidert Frank und wird nachdenklich, „vielleicht sollten wir schon mal was für unsere Altersversorgung tun. Denn was man so hört, soll es ja mit den späteren Zahlungen aus der gesetzlichen Rentenversicherung ziemlich mies bestellt sein."
Für beide ist nun klar: Man muss sich beraten lassen.

- Welche Formen der Geldanlage gibt es?
- Warum ist es wichtig, schon frühzeitig an die spätere Altersversorgung zu denken?
- Welche Arten der Altersversorgung sind zu unterscheiden?

?

9.1 Formen der Geldanlage

Sparbuch
Das Sparbuch hat in der Regel eine dreimonatige Kündigungsfrist. Innerhalb eines Monats können ohne Ankündigung bis zu 2.000,00 Euro abgehoben werden. Wer kurzfristig mehr benötigt, bekommt auch ohne Kündigung den Betrag ausgezahlt, die Bank berechnet aber Vorschusszinsen für den Betrag über 2.000,00 Euro.

Es werden von den meisten Banken nur relativ geringe Zinsen bezahlt. Für eine Geldanlage ist dies zu wenig. Daher gilt das Sparbuch auch als schnell verfügbare Geldreserve mit höherer Verzinsung als das Girokonto. Für Sparbücher mit längerer Kündigungsfrist werden höhere Zinsen bezahlt.
Bei Sparverträgen und Sonderformen des Sparens sind Loseblattsammlungen, Kontoauszüge und Sparzertifikate gebräuchlich.

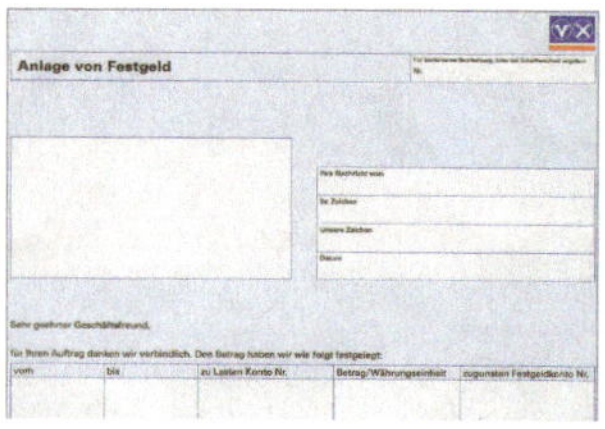

Termingeld/Festgeld
Hier wird ein Betrag (in der Regel ab 1.000,00 Euro) für einen bestimmten Zeitraum festgelegt – z. B. einen Monat, halbjährlich, jährlich oder länger. Die Zinsen sind höher als beim Sparbuch. Der Sparer kann aber auch nicht früher als vereinbart über das Geld verfügen. Benötigt er das Geld dringend, muss er auf die Zinsen ganz verzichten.

Prämiensparen
Man zahlt für eine Laufzeit von mehreren Jahren einen festen monatlichen Betrag (z. B. 50,00 Euro). Die Bank zahlt etwas höhere Zinsen als beim Sparbuch und am Ende der Laufzeit zusätzlich eine einmalige Prämie.

Aktien
Aktien sind Beteiligungen an Aktiengesellschaften. Ihr Nennwert lautet in der Regel über 1,00 Euro (oder in Stück, d. h. Anteile am Unternehmen) – dies ist der Betrag der Beteiligung an der AG. Auf ihn bekommt man auch eine Dividende (Gewinnanteil). Kaufen muss man die Aktien über die Banken an der Börse. Die Beträge, die man bezahlen muss, nennt man Kurswerte. Sie können, je nach Angebot und Nachfrage, höher oder niedriger sein als der Nennwert (der auf der Aktie aufgedruckte Wert). Man kann mit Aktien unter Umständen recht gute Gewinne erwirtschaften. Es ist aber auch möglich, dass die Börsenkurse fallen und man Verluste macht.

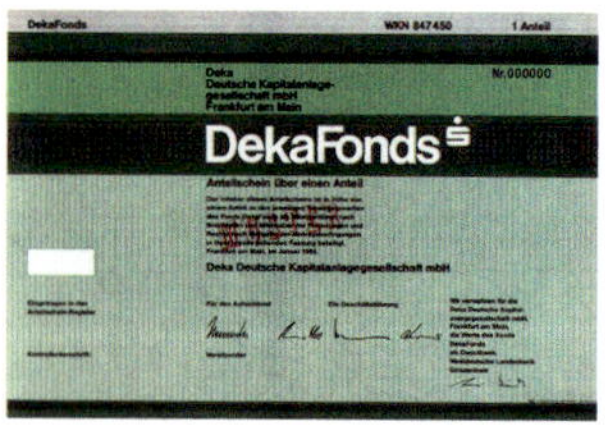

Wertpapierfonds
Risikoärmer als der Erwerb von einzelnen Aktien ist der Kauf von **Fondsanteilen**. In einem Fonds bündelt eine Kapitalanlagegesellschaft die Gelder zahlreicher Anleger, um sie nach dem Prinzip der Risikostreuung in verschiedenen Vermögenswerten (z. B. Aktien, Immobilien oder Bankguthaben) anzulegen. Die Vermögenswerte werden von den Gesellschaften fachmännisch verwaltet. Dahinter steht die Absicht, für den Anleger einen möglichst hohen Ertrag zu erwirtschaften. Für ihre Tätigkeit verlangen die Kapitalanlagegesellschaften im Normalfall einen Ausgabenaufschlag und eine jährliche Verwaltungsgebühr. Auch mit geringem finanziellem Einsatz lassen sich schon Fondsanteile erwerben. Es ist z. B. möglich, mit einer Bank einen Sparplan über eine monatliche Summe von 50,00 Euro zu vereinbaren, die jeweils zum Kauf von Fondsanteilen dient (Fondssparen).

Folgende **Fondsgrundtypen** lassen sich unterscheiden:
- **Standard-Aktienfonds**
- Sie legen die zugeflossenen Gelder in Aktien anerkannter Standardwerte an (sogenannte „blue chips").
- **Spezielle Aktienfonds**
- Sie konzentrieren sich bei ihrer Anlagestrategie u. a. auf bestimmte Branchen (z. B. Rohstoffe) oder Regionen (z. B. osteuropäische Länder).
- **Rentenfonds**
- Sie investieren die erhaltenen Gelder in verzinsliche Wertpapiere mit unterschiedlichen Zinssätzen und Laufzeiten.
- **Gemischte Fonds**
- Sie investieren ihre Gelder sowohl in Aktien als auch in Rentenpapieren und streuen dadurch das Risiko.

- **Immobilienfonds**
  Die eingesammelten Gelder werden dazu verwendet, Häuser (vorwiegenden große Gewerbeobjekte) zu erwerben.

Bundesschatzbriefe
Sie werden von der Bundesrepublik Deutschland ausgegeben und von den Banken an Privatpersonen verkauft. Im ersten Jahr liegen sie fest; danach kann man sie bis zu einer Summe von max. 5.000,00 Euro innerhalb von 30 Zinstagen verkaufen.
Bundesschatzbriefe haben einen jährlich steigenden Zinssatz. Beim Typ A werden die Zinsen jährlich ausgezahlt, beim Typ B werden sie angesammelt und am Ende der Laufzeit ausgeschüttet. Bundesschatzbriefe liegen im Depot einer Bank oder – gebührenfrei – bei der Bundesschuldenverwaltung (Vermittlung durch die Bank).

Bausparvertrag
Ein Bausparvertrag wird mit einer Bausparkasse abgeschlossen. Er läuft über viele Jahre. Die Guthabenzinsen sind relativ niedrig. Bei Fälligkeit des Vertrages erhält der Bausparer nicht nur seine eingezahlten Beiträge plus Zinsen, sondern auch einen Kredit von der Bausparkasse.
Interessant hierbei sind die niedrigen Schuldzinsen, wenn man bauen, umbauen, modernisieren oder Wohnraum kaufen will. Der Bausparvertrag wird fällig (zuteilungsreif), wenn eine bestimmte Bewertungszahl erreicht wird. Diese berechnet sich in der Regel aus der Summe der Einzahlungen und der Laufzeit.

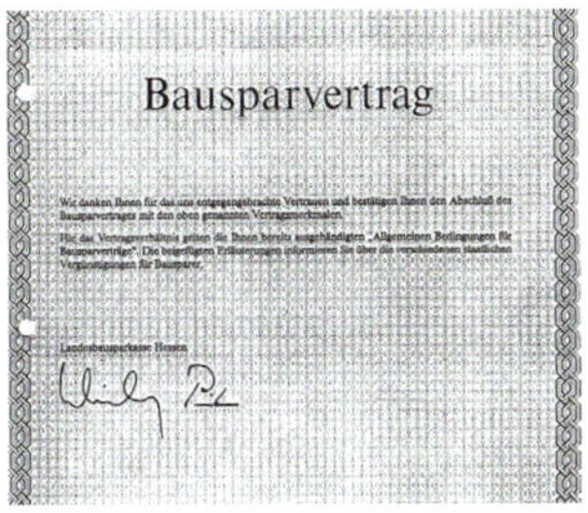

9.2 Vermögenswirksame Leistungen

Zusätzlich zur normalen Vergütung lassen viele Arbeitgeber ihren Auszubildenden und Arbeitnehmern ein kleines Geschenk in Form von vermögenswirksamen Leistungen (VL) zukommen. Deren Höhe ist in den einzelnen Wirtschaftsbereichen sehr unterschiedlich. Beispiel Land Hessen: Im Tarifvertrag über vermögenswirksame Leistungen im Friseurhandwerk wurde ein monatlicher Arbeitgeberzuschuss von 13,00 € vereinbart.
Nicht nur der Arbeitgeber zahlt Zuschüsse bei vermögenswirksamen Leistungen, sondern auch der Staat fördert durch die so genannte **Arbeitnehmersparzulage** die Vermögensbildung der Arbeitnehmer. Besonders für Arbeitnehmer mit niedrigerem Einkommen lohnt sich das vermögenswirksame Sparen.
Nach dem Vermögensbildungsgesetz gibt es unterschiedliche Möglichkeiten, seine VL-Gelder anzulegen. Manche sind allerdings nicht ganz ohne Risiko. Die Möglichkeiten im Einzelnen sind: **Investmentfonds, Bausparverträge, Anlage in Unternehmen des Arbeitgebers**.

Bei Heirat, einer mehr als einjährigen Arbeitslosigkeit oder dem Tod des Ehepartners ist eine vorzeitige Kündigung des Vertrages möglich.

Wer einen VL-Vertrag abschließt, muss auch wirklich regelmäßig sparen. Er darf das Angesparte nicht anrühren. Die Anspardauer beträgt sechs Jahre. Danach liegen die Gelder für ein Jahr fest (Sperrfrist). Erst danach kann der Sparer über die gesamte Summe verfügen.

Vermögenswirksame Verträge abschließen

Wie funktioniert das?

Schritte	Erklärungen
1 die Frage klären, wie viel Arbeitgeber gibt	Häufig gibt es die VL erst nach der Probezeit. Bei Auszubildenden erfolgt die Zahlung im Allgemeinen erst im zweiten Ausbildungsjahr (tarifliche Regelung).
2 den passenden Vertrag auswählen	Zu überlegen ist, welche Art von VL-Vertrag am besten zu der persönlichen Situation und Risikoneigung passt. Wer z. B. Aktienfonds wählt, muss eventuell mit Kursverlusten rechnen. Die gibt es bei Bausparverträgen nicht.
3 den Arbeitgeber informieren	Der Arbeitnehmer hat seinen Chef über den Abschluss seines VL-Vertrages zu informieren. Dieser überweist die Beträge, d. h. seinen Zuschuss und das, was der Arbeitnehmer freiwillig drauflegt.
4 die Arbeitnehmer-Sparzulage beantragen	Der Sparer muss jedes Jahr beim Finanzamt seine Sparzulage beantragen. Dies geschieht mit der Anlage „VL" zur Steuererklärung. Das Institut (z. B. Bausparkasse), das die VL-Gelder verwaltet, stellt das Formular aus. Die gesamte Fördersumme wird erst nach Ablauf der Sperrfrist vom Finanzamt überwiesen.

9.3 Vermögensbildung und Altersvorsorge

Weitergehende Informationen zur Vermögensbildung und Altersvorsorge erhalten Sie unter der Adresse: **www.altersvorsorge-macht-schule.de**

Wer kurz davor steht, seinen ersten Schritt ins Berufsleben zu machen, tut sich wahrscheinlich schwer, schon jetzt an seinen späteren Ruhestand zu denken. Wer im Alter aber ein finanziell abgesichertes Leben führen möchte, dem bleibt nichts anderes übrig, als sich schon in jungen Jahren Gedanken über seine spätere Altersversorgung zu machen. Die immer kleiner werdenden Renten sind ein großes Problem für die kommenden Generationen. Nach Expertenmeinung wird die Standardrente im Jahr 2030 nach 45 Beitragsjahren auf etwa 43 % des durchschnittlichen Bruttoeinkommens gesunken sein. Davon kann keiner leben.

Deshalb ist die finanzielle Vorsorge für jeden unverzichtbar und schon in jungen Jahren ein Gebot der Stunde. Die Geburtenraten sinken, die Lebenserwartung wird weiter steigen, und die im Berufsleben stehenden Beitragszahler werden ständig weniger. Für die gesetzliche Rentenversicherung ist es unmöglich, diese finanziell belastende Entwicklung ohne eine weitere Absenkung des Rentenniveaus zu bewältigen.

Damit die jetzigen Arbeitnehmer auch zukünftig im Alter sorgenfrei leben können, gibt es ein neues Modell der Altersversorgung: Das **„Drei-Schichten-Modell"**:

Altersvorsorge

1. Schicht: Basisversorgung

Neben Pensionen für die Beamten und der gesetzlichen Rente gehört auch die nach ihrem Erfinder benannte **Rüruprente** (auch Basisrente genannt) zum Baustein der Basisversorgung. Die Rüruprente soll vor allem dabei helfen, die beschlossenen Kürzungen bei der gesetzlichen Rentenversicherung auszugleichen. Die durch den Staat finanziell geförderte Rente ist an bestimmte Bedingungen gebunden. So wird z. B. das Geld frühestens ab einem Lebensalter von 60 Jahren in monatlichen Teilbeträgen ausbezahlt.

Bernd Rürup gilt als der geistige Vater der neuen Vorsorge.

2. Schicht: Zusatzversorgung

Seit einiger Zeit bietet das Altersvermögensgesetz die Möglichkeit, eine sogenannte **Riesterrente** abzuschließen. Zusammen mit der Betriebsrente bildet sie die **zweite Schicht** der Altersversorgung.
Bei der **Betriebsrente** erhalten die Arbeitnehmer Unterstützung vom Chef. Jeder Arbeitnehmer hat das Recht, Teile seines Gehalts in eine betriebliche Altersversorgung fließen zu lassen (Entgeltumwandlung). Da der Betrieb die Beiträge subventioniert (finanziell gefördert), rechnet sich die Betriebsrente fast für jeden. Beiträge, die im Rahmen einer Betriebsrente z. B. in eine Direktversicherung oder einen speziellen Fonds einfließen, sind außerdem steuerfrei. Allerdings müssen die späteren Auszahlungsbeträge versteuert werden (nachgelagerte Besteuerung).

Nach Walter Riester ist eine Form der Vorsorge benannt.

Um mehr Bürger zu privater Vorsorge zu motivieren, brachte der ehemalige Arbeitsminister Walter **Riester** eine private Zusatzrente auf den Weg, die seinen Namen trägt. Um das Ziel einer dauerhaften Absicherung für den Lebensabend zu erreichen, werden nur solche Kapitalanlagen mit Extrageld und Steuervorteilen bedacht, die bestimmte Bedingungen erfüllen. So werden z. B. nur solche Produkte bezuschusst, die mindestens die Auszahlung des angesammelten Kapitals garantieren.

3. Schicht: Kapitalanlageprodukte

Basisrente und Riesterrente sind interessante Möglichkeiten, steuerbegünstigt die persönliche Versorgungslücke zu schließen. Für persönliche Wünsche lassen sie jedoch kaum Spielraum. Dies ist anders bei den Produkten

!

Je früher man mit der Vorsorge beginnt, desto besser ist die Absicherung im Ruhestand. Das neue Rentensystem ist kompliziert. Deshalb sollte man sich vor Vertragsabschluss von möglichst unabhängigen Fachleuten beraten lassen. Bevor Verträge abgeschlossen werden, sollten erst verschiedene Angebote verglichen werden.

aus der **dritten Schicht**. Die Anlageprodukte, die hier infrage kommen können, müssen nicht allein der Altersvorsorge dienen. Wer z. B. eine große Urlaubsreise machen möchte, kann sich bei Rentenbeginn eine größere Summe auszahlen lassen. Zu den Kapitalanlageprodukten dieser Art zählen vor allem die Kapitallebensversicherung und die private Rentenversicherung. Bei der Kapitallebensversicherung müssen die Erträge, das ist die Differenz zwischen eingezahlten Beiträgen und ausgezahlter Summe, voll versteuert werden. Wer aber mindestens zwölf Jahre lang Beiträge zahlt und erst ab 60 Jahren die Auszahlung wünscht, für den wird die Steuer halbiert. Todesfallleistungen bleiben generell steuerfrei. Auch die Hinterbliebenen sind so gut abgesichert.

Wer eine private Rentenversicherung abschließt, stellt sich steuerlich noch günstiger als bei der Kapitallebensversicherung. Geht man mit 65 Jahren in Rente, muss nur ein geringer Teil der ausgezahlten Beträge versteuert werden. Der Sparer hat auch hier die Möglichkeit, sich sein Guthaben auf einmal auszahlen zu lassen. Dann gelten aber hier die gleichen ungünstigen steuerlichen Bestimmungen wie bei der Lebensversicherung.

Arbeitsvorschläge

1. Die Zeiten haben sich bei der Altervorsorge geändert: 1986 konnte der damalige Arbeitsminister Norbert Blüm noch behaupten: „Die Renten sind sicher."
   a) Beurteilen Sie diese Aussage aus heutiger Sicht.
   b) Welche Gründe haben zu dieser geänderten Rentensituation geführt?
2. Es wird geschätzt, dass ein 65-Jähriger, der 2040 in Rente geht, noch eine restliche Lebenserwartung von 19 Jahren hat. Bei Frauen beläuft sich dieser statische Wert sogar auf 23,2 Jahre. Was schließen Sie daraus?
3. Karin und Frank Meier haben eine Erbschaft gemacht (siehe „Moment mal!"). Beide sind sich einig, eine Anlageform zu wählen, die einen hohen Ertrag verspricht. Karin rät nun zum Kauf von Bundesschatzbriefen, Frank möchte das Geld lieber in einen Aktienfond stecken. Beurteilen Sie die Meinungen von Karin und Frank.
4. Beschreiben Sie das Ablaufschema für den Abschluss eines vermögenswirksamen Vertrages.
5. Beschreiben Sie das Drei-Schichten-Modell der Altersvorsorge.
6. **Expertenbefragung**
   Das Gebiet der Vermögensbildung und Altersvorsorge ist nicht leicht zu verstehen. Es ist aber auch für Sie als Berufsanfänger und Ihr jetziges Leben sehr wichtig, darüber Bescheid zu wissen. Laden Sie einen Spezialisten aus einer Bank ein. Sammeln Sie zuvor Fragen, deren Beantwortung für Sie und Ihre Klasse von besonderem Interesse sind.
7. Stellen Sie in Ihrer Klasse fest,
   a) wer einen Vertrag über vermögenswirksame Leistungen abgeschlossen hat,
   b) wie hoch der jeweilige Arbeitgeberzuschuss ist.

10 Steuern

Moment mal!

Ausgepresst und abgeschöpft. So fühlen sich viele Steuerzahler. Eine Gruppe von ihnen klagt besonders laut: die Autofahrer. Sie stecken eingezwängt in der staatlichen Steuerschraube und fühlen sich „total besteuert". Ein paar Zahlen belegen, wie kräftig der Staat bei ihnen die Steuerschraube angezogen hat und das Geld aus ihnen herausquetscht.

Beispiel: **Mercedes E-Klasse**
Neupreis 48.000,00 €

Und das kassiert der Staat in fünf Jahren:

8.590,00 €	MWSt. Kaufpreis
2.040,00 €	Kraftfahrzeugsteuer
1.270,00 €	Versicherungsteuer
4.492,00 €	Mineralölsteuer
1.800,00 €	Ökosteuer
2.043,00 €	MWSt. Kraftstoff
524,00 €	MWSt. Reparatur/Wartung
314,00 €	MWSt. Zubehör/Reifen
426,00 €	MWSt. Fahrzeugpflege
786,00 €	MWSt. Stellplatzmiete
650,00 €	Gebühren öffentlicher Parkraum
100,00 €	Zulassungskosten, Kennzeichen
23.035,00 €	**für den Fiskus**

- Warum benötigt der Staat Steuern?
- Welche Steuerarten gibt es?

?

10.1 Steuerarten im Überblick

Notwendigkeit von Steuern und anderen Abgaben

Steuern ist für alle von uns ein heißes Thema. Wir zahlen selbst dann Steuern, wenn es uns gar nicht bewusst ist. Egal ob wir verreisen, einkaufen oder unserer Arbeit nachgehen, der Staat verdient immer mit. Warum müssen wir überhaupt Steuern und andere Abgaben zahlen? Die Antwort ist einfach: Mit den Einnahmen finanzieren Bund, Länder und Gemeinden ihre Aufgaben.

Das Bundesfinanzministerium in Berlin

Die Ausgaben des Staates nennt man öffentliche Ausgaben. Sie fallen z. B. an für die Bundeswehr, die Polizei, den Straßenbau, für den Unterhalt der Universitäten und vieles andere mehr. Da die Einnahmen im Allgemeinen nicht ausreichen um die vielen Ausgaben zu bezahlen, nimmt der Staat Kredite auf. Die Sache hat einen Nachteil. Der Staat muss einen großen Teil der laufenden Einnahmen für Zinsen und Tilgung seiner Schulden ausgeben.
Um seine Ausgaben bezahlen zu können gibt es außer Steuern noch drei weitere Arten von Abgaben, die der Staat von den Bürgern einkassiert. Im Einzelnen sind dies: **Gebühren** (z. B. Müllabfuhrgebühren), **Beiträge** (z. B. Erschließungsbeiträge für Grundstücke) und **Zölle** (z. B. Einfuhrzölle). Gebühren, Zölle und Beiträge sind stets zweckgebunden. Steuern jedoch nicht. So fließt z. B. die Kraftfahrzeugsteuer nur zum Teil in den Straßenbau.

Steuerarten und Einteilung der Steuern
In der Bundesrepublik werden zahlreiche Steuerarten erhoben. Die Steuereinnahmen sind in ihrer Höhe sehr unterschiedlich. Den größten „Batzen" der Einnahmen bringen die Umsatzsteuer und die Lohnsteuer. Die „Schlusslichter" bilden solche Steuerarten wie Schankerlaubnis- und Getränkesteuer. Die Übersicht zeigt, wie erfinderisch der Staat ist, wenn es darum geht Einnahmequellen zu erschließen. Immer mehr Besteuerungsquellen hat der Staat sich ausgedacht, um an das Geld seiner Bürger zu kommen.

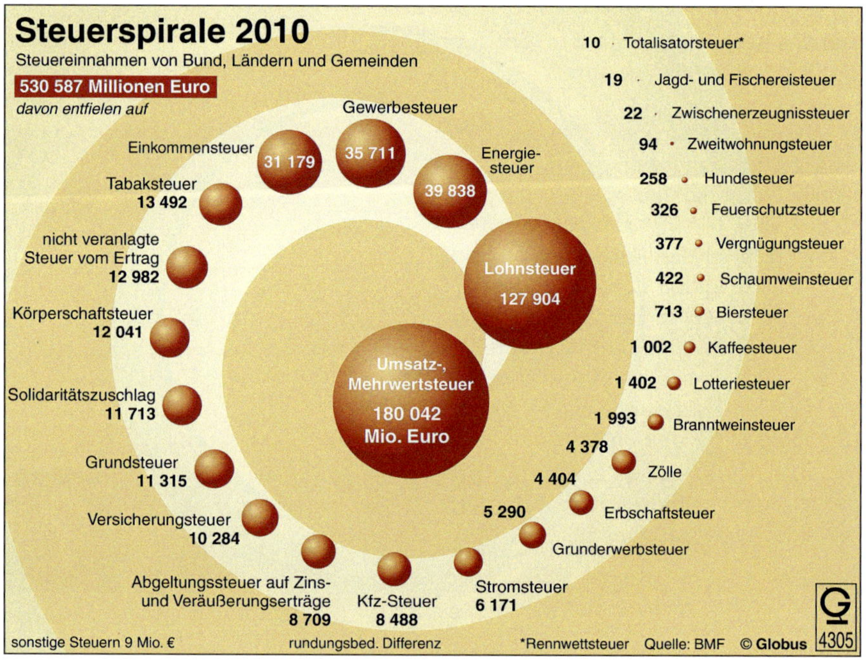

Steuerarten lassen sich nach unterschiedlichen Kriterien einteilen.

- **Unterscheidung der Steuer nach ihrer Auswirkung**
  Bei dieser Unterscheidung sind die Begriffe **Steuerschuldner** und **Steuerträger** wichtig. Steuerschuldner ist die Person, welche die Steuer zu bezahlen hat. Steuerträger ist derjenige, der durch die Steuer tatsächlich belastet wird. So ist z. B. bei der Mineralölsteuer der Benzinhersteller Steuerschuldner, Steuerträger dagegen der Autofahrer.

Einteilung der Steuer nach ihrer Auswirkung

direkte Steuern	indirekte Steuern
Merkmal: Steuerschuldner und Steuerträger sind dieselbe Person.	**Merkmal:** Steuerschuldner und Steuerträger sind unterschiedliche Personen.
Beispiele: Lohnsteuer, Vermögensteuer	*Beispiele:* Umsatzsteuer, Tabaksteuer

- **Unterscheidung der Steuer nach dem Steuergegenstand**
  Danach gibt es Besitz-, Verkehrs- und Verbrauchsteuern.

Einteilung der Steuer nach dem Steuergegenstand

Besitzsteuern	Verkehrsteuern	Verbrauchsteuern
Merkmal: Besteuert wird der Besitz in Form von Einkommen und Vermögen.	**Merkmal:** Besteuert wird ein wirtschaftlicher Vorgang.	**Merkmal:** Besteuert wird der Verbrauch von Gütern.
Beispiele: Grundsteuer, Einkommensteuer	*Beispiele:* Umsatzsteuer, Grunderwerbsteuer	*Beispiele:* Kaffeesteuer, Getränkesteuer

- **Einteilung der Steuer nach dem Steuerempfänger**
  Zu unterscheiden sind Bundes-, Länder- und Gemeindesteuern.

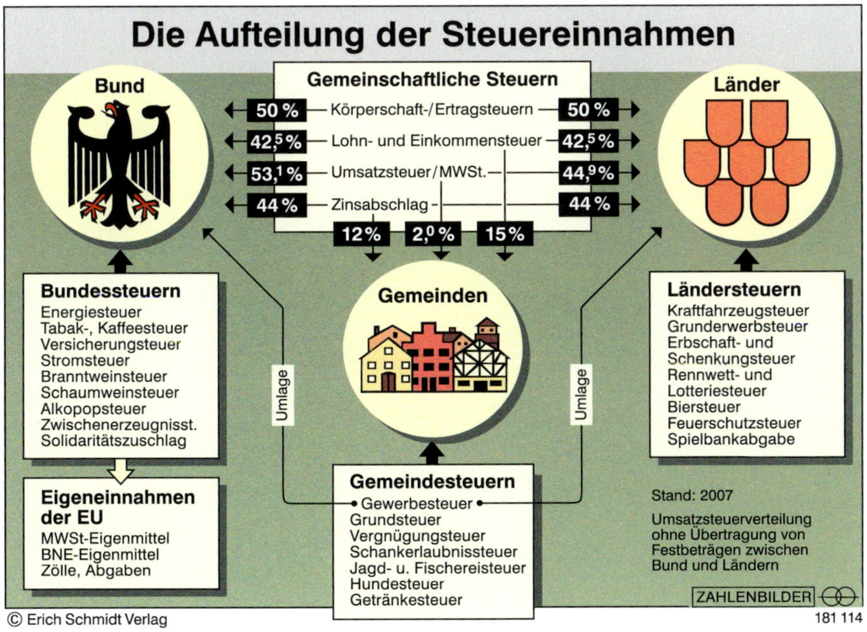

 181 114

Arbeitsvorschläge

1. Nennen Sie jeweils zwei Beispiele für Bundes-, Landes- Gemeinde- und Gemeinschaftssteuern.
2. Was sind direkte und was sind indirekte Steuern?
3. Welches sind die größten Einnahmeposten im Bundeshaushalt?
4. Welche Abgabearten lassen sich unterscheiden?
5. Entscheiden Sie, welche der drei Steuerarten eine Besitz-, Verbrauch- oder Verkehrsteuer darstellt:
   a) Biersteuer,
   b) Erbschaftsteuer
   c) Versicherungssteuer.

10.2 Grundlagen des Lohnsteuerabzugs

Die elektronische Lohnsteuerkarte

Vom Bruttolohn behält der Arbeitgeber die gesetzlichen Abzüge ein. Sie setzen sich zusammen aus der Lohn- und Kirchensteuer, dem Solidaritätszuschlag und dem Anteil zur Sozialversicherung (Kranken-, Arbeitslosen-, Renten- und Pflegeversicherung). Übrig bleibt der Nettolohn, der auf das Girokonto des Arbeitnehmers überwiesen wird. Um die individuelle Lohnsteuer des jeweiligen Arbeitnehmers ermitteln und an das Finanzamt abführen zu können, benötigen die Arbeitgeber die sogenannten **Lohnsteuerabzugsmerkmale**. Diese bestehen aus der Steuerklasse, der Zahl der Kinderfreibeträge, der sonstigen Freibeträge und dem Kirchensteuermerkmal. Bis zum Jahr 2010 diente die papierene Lohnsteuerkarte als Informationsträger. Ab dem Jahr 2013 (ursprünglich geplant für 2012) sind diese Informationen in einer Datenbank der Finanzverwaltung gespeichert. Diese **E**lektronischen **L**ohn **St**euer **A**bzugs **M**erkmale (ELStAM) werden dem Arbeitgeber zur Verfügung gestellt. Eine Lohnsteuerkarte aus Papier ist zukünftig nicht mehr notwendig. Die Zuständigkeit für eine Änderung der Lohnsteuerabzugsmerkmale (z. B. Wechsel der Steuerklasse) liegt zukünftig bei dem Finanzamt und nicht mehr bei den Städten und Gemeinden. Nur für die Änderung der Meldeart (z. B. Heirat) bleibt die Gemeinde zuständig.

Nähere Informationen unter www.elster.de. Eine Informationsbroschüre „Die elektronische Lohnsteuerkarte" als Download unter www.bundesfinanzministerium.de.

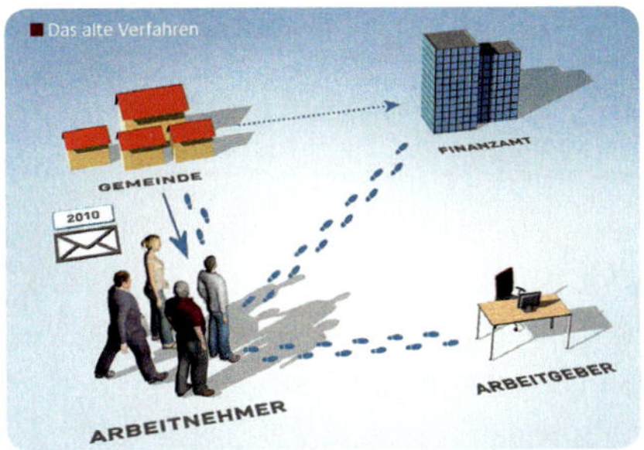

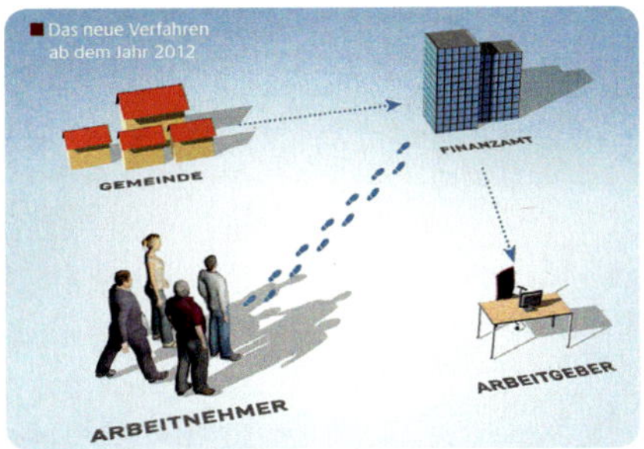

Arbeitnehmer haben einen Anspruch darauf, dass sie von ihrem Arbeitgeber einen Ausdruck der elektronischen Steuerbescheinigung erhalten. Auf ihr ist auch die iTIN (elektronische Transfer-Identifikationsnummer) anzugeben. Nachfolgend der Abriss einer elektronischen Lohnsteuerbescheinigung:

Arbeitnehmer: Werner Müller

Datum:	05.02.20..
eTIN:	MLLRWLND92A1115
Identifikationsnummer:	84657235081
Geburtsdatum:	02.04.1992
Steuerklasse:	1
Kirchensteuermerkmal:	ev
Arbeitgeber:	Wegu GmbH Neue Fahrt 8 34011 Kassel

1. Dauer des Dienstverhältnisses	vom-bis *01.01.–31.12.*	
2. Zeiträume ohne Anspruch auf Arbeitslohn	Anzahl „U"	
Großbuchstaben (S, B, F)	*B*	
	Euro	Ct
3. Bruttoarbeitslohn einschl. Sachbezüge	1.500	00
4. Einbehattene Lohnsteuer von 3.	118	75
5. Einbehaltener Solidaritätszuschlag von 3.	6	53
6. Einbehaltene Kirchensteuer des Arbeitnehmers von 3.	9	50
7. Einbehaltene Kirchensteuer von 3. (nur bei konfessions-	–	

Steuerklassen
Das deutsche Einkommensteuersystem kennt sieben Steuerklassen. Die Einordnung der Steuerpflichtigen in diese Klassen erfolgt nach persönlichen und familiären Verhältnissen. Die Steuerschuld wird mithilfe von Steuertabellen ermittelt. Sie informieren über die Steuerbelastung der in Steuerklassen eingeteilten Steuerpflichtigen.

Steuerklassen	Personenkreise (vereinfachte Angaben)
I	Ledige, Geschiedene, Verwitwete oder dauernd getrennt lebende Ehepartner
II	Ledige, Geschiedene und Verwitwete mit mindestens einem Kind, für das sie einen Kinderfreibetrag haben
III	Verheiratete, wenn nur ein Ehegatte Arbeitslohn bezieht oder wenn beide arbeiten und einer Steuerklasse V wählt. Die Kombination III/V ist dann sinnvoll, wenn der Ehegatte mit dem deutlich niedrigeren Einkommen die Steuerklasse V wählt.
IV	Verheiratete, wenn beide Ehegatten Arbeitslohn beziehen und beide die gleiche Steuerklasse wählen
IV mit Faktor	Durch die Kombination „IV/IV mit Faktor" soll ein Nachteil der Kombination III/V ausgeglichen werden. Die steuerliche Belastung in der Klasse V wird deutlich vermindert.
V	Wenn Verheiratete beide Arbeitslohn beziehen, kann der Ehegatte mit dem deutlich niedrigeren Einkommen die Steuerklasse V, der andere die Klasse III wählen.
VI	Wenn mehrere Arbeitsverhältnisse bei verschiedenen Arbeitgebern bestehen, werden die zusätzlichen Arbeitsverhältnisse mit Klasse VI besteuert.

Steuertarif
Wäre es sozial und gerecht, wenn jedes Einkommen mit dem gleichen Steuersatz belastet würde? Es wäre ungerecht und auch nicht sozial. Für einen Steuerzahler mit sehr niedrigem Einkommen würde diese Steuerlast ein sehr viel größeres Opfer bedeuten als für einen Großverdiener. Unser Steuersystem orientiert sich vor allem an der Leistungsfähigkeit des Einzelnen. Es versucht die Steuerlast fair zu verteilen. Das Gebot der steuerlichen Fairness gehört mit zu den Eckpfeilern unseres Sozialstaates. Es wird berücksichtigt im Aufbau des Einkommensteuertarifs und besteht aus vier Bausteinen:

- **Grundfreibetrag (Nullzone):**
  mit kleinem oder nur sehr geringem Einkommen sind von der Steuerzahlung befreit. Der Gesetzgeber gesteht seinen Bürgern damit ein einkommensmäßiges Existenzminimum zu.
- **Progressionszone:**
  Ausgehend vom Eingangssteuersatz beginnt der progressive Einkommensteuertarif. Das heißt, auf höhere Einkommen ist nicht nur eine höhere Steuer zu entrichten, sondern es gilt ein höherer Prozentsatz. Er steigt an, bis der Spitzensteuersatz erreicht ist.
- **untere Proportionalzone:**
  Ab einer bestimmten Einkommenshöhe steigt der Steuersatz zunächst nicht weiter an. Spitzeneinkommen werden einheitlich mit demselben Höchstsatz von 42 % bis zu einem Monatseinkommen von unter 250.000 € versteuert.
- **obere Proportionalzone:**
  Einkommen, die 250.000 € übersteigen, werden nicht mit 42 %, sondern mit 45 % versteuert (Reichensteuer)

10.3 Die Einkommensteuererklärung

Was ist eine Einkommensteuererklärung?
Wer über steuerpflichtiges Einkommen verfügt, sollte am Jahresende einen Veranlagungsantrag stellen. Das gilt auch für Auszubildende. Der Freibetrag liegt z. B. für das Jahr 2012 bei 8.004,00 €. Nur wer mehr verdient, zahlt auch Steuern. Davon kann er jedoch abzugsfähige Ausgaben geltend machen. Der Antrag auf Einkommensteuerveranlagung wird durch Abgabe einer Einkommensteuererklärung gestellt. Aufgrund dieser Erklärung setzt

das Finanzamt die Steuern nach Ablauf eines Kalenderjahres fest. Sie dient dazu, überzahlte Lohnsteuer zurückzuerhalten. Die Einkommensteuererklärung muss man nicht abgeben, sie ist eine freiwillige Angelegenheit. Anders sieht es z. B. aus, wenn ein Arbeitnehmer zusätzliche Einkünfte in Form von Miete oder Zinsen erhält, die eine bestimmte Höhe überschreiten. In diesem Fall muss er unaufgefordert eine Einkommensteuererklärung abgeben (Pflichtveranlagung).

Im Zweifelsfall sollte man immer eine Einkommensteuererklärung abgeben. Durchschnittlich verliert jeder Steuerzahler jedes Jahr 350,00 €, weil er auf die Steuererklärung verzichtet hat.

Einkommensteuererklärung

Zu versteuerndes Einkommen

Aufgrund der Angaben in der Einkommensteuererklärung berechnet das Finanzamt das zu versteuernde Einkommen. Dabei wird das Jahresbruttoeinkommen um bestimmte abzugsfähige Beträge vermindert. Teile dieser Beträge sind schon als Pauschalbeträge in der Monatslohnsteuertabelle berücksichtigt. Nur Aufwendungen, die darüber hinausgehen, vermindern das zu versteuernde Einkommen. Sie müssen gegenüber dem Finanzamt nachgewiesen werden.

Jahresbruttoeinkommen
- Freibeträge
- Werbungskosten
- Sonderausgaben
- außergewöhnliche Belastungen

(abzugsfähige Posten)

= zu versteuerndes Einkommen

Die abzugsfähigen Posten im Einzelnen

Werbungskosten

Dies sind Aufwendungen, die der Sicherung und Erhaltung der Berufstätigkeit dienen. Es lohnt sich nur dann, diese Aufwendungen geltend zu machen, wenn sie die Werbungskostenpauschale von 1.000,00 € übersteigen.

Beispiele:
- Aufwendungen für die Fahrt zur Arbeit: Angesetzt werden können 0,30 € je Kilometer
- Aufwendungen für Berufskleidung, Fachliteratur
- Aufwendungen für berufliche Fortbildung
- Gewerkschaftsbeiträge
- Mehraufwendungen wegen einer beruflich bedingten doppelten Haushaltsführung

Die abzugsfähigen Posten im Einzelnen

Sonderausgaben

Dies sind Aufwendungen, die der sozialen Vorsorge dienen. Eine Vorsorgepauschale ist in der Lohnsteuertabelle bereits eingearbeitet.

Beispiele:
- Arbeitnehmeranteil an der gesetzlichen Sozialversicherung
- Private Haftpflichtversicherung
- Kirchensteuer
- Spenden

außergewöhnliche Belastungen

Sie entstehen durch größere Aufwendungen des Steuerpflichtigen. Sie fallen zwangsläufig aufgrund besonderer Umstände an.

Beispiele:
- Kosten durch Krankheit oder Tod eines Familienangehörigen
- Ausgaben wegen Ehescheidung
- Aufwendungen für körperliche und sonstige Behinderungen
- Ausgaben zur Unterstützung bedürftiger Angehöriger
- Ausgaben für Unwetterschäden

Freibeträge

Dies sind Steuerentlastungen, die vom Staat aus sozialen oder politischen Gründen festgelegt werden. Freibeträge sind zum Teil in der Steuertabelle bereits berücksichtigt.

Beispiele:
- Grundfreibetrag
- Arbeitnehmerfreibetrag
- Kinderfreibetrag

Das Formular der Einkommensteuererklärung

Das Formular der Einkommensteuererklärung ist mit einer ausführlichen Anleitung beim Finanzamt kostenlos erhältlich. Aber auch eine Steuererklärung am PC ist möglich. Fast ein Dutzend unterschiedlicher Programme sind auf dem Markt. Sie haben einen großen Vorteil: Der Anwender kann sich mithilfe der Software errechnen lassen, wie viel Steuern er zurückbekommt oder aber noch zu zahlen hat.

Die Finanzverwaltung bietet mit dem Programm „ElsterFormular" eine kostenlose Software für die Steuererklärung an. Via Internet lassen sich die Daten elektronisch an das zuständige Finanzamt übermitteln.

Eine Einkommensteuererklärung auszufüllen ist leichter geworden, da man vereinfachte Erklärungsvordrucke verwenden kann. Dies ist aber nur möglich, wenn nur Arbeitslohn und z. B. keine Mieteinnahmen bezogen wurden. Eine weitere Bedingung ist, dass nur die im Vordruck bezeichneten Werbungskosten, Sonderausgaben und außergewöhnlichen Belastungen geltend gemacht werden. Zur Berichtigung von Versicherungszahlungen ist allerdings die Anlage VI zu verwenden. Beim Ausfüllen ist zu beachten, dass die sog. „eTIN" (elektronische Transfer-Identifikationsnummer) auf den Vordruck zu übertragen ist.

Als wichtige Informationsgrundlage des Arbeitnehmers für die einzutragenden Daten dient eine Lohnsteuerbescheinigung. Als A4-Ausdruck wird sie den Beschäftigten von ihrem Arbeitgeber zur Verfügung gestellt. Er enthält die Angaben, die der Arbeitgeber der Finanzverwaltung übermittelt hat. Die folgenden Abbildungen zeigen Auszüge aus eine vereinfachten Einkommensteuererklärung.

2012

1	**Vereinfachte Einkommensteuererklärung für Arbeitnehmer**	**Antrag auf Festsetzung der Arbeitnehmer-Sparzulage**	Eingangsstempel
2	**Steuernummer**		
3	**Identifikationsnummer**	**Steuerpflichtige Person** (Stpfl.), bei Ehegatten: **Ehemann**	**Ehefrau**

000306001

An das Finanzamt

Einkünfte aus nichtselbständiger Arbeit 47 48

24	eTIN lt. Lohnsteuerbescheinigung **Stpfl. / Ehemann,** sofern vorhanden	eTIN lt. Lohnsteuerbescheinigung **Ehefrau,** sofern vorhanden	
25	**Lohn- / Entgeltersatzleistungen** (z. B. Arbeitslosengeld, Insolvenzgeld lt. Bescheinigung der Agentur für Arbeit; Elterngeld lt. Nachweis; Krankengeld und Mutterschaftsgeld lt. Leistungsnachweis)	Stpfl. / Ehemann EUR ,–	Ehefrau EUR ,–

Werbungskosten Stpfl. / Ehemann 87

31	**Wege zwischen Wohnung und regelmäßiger Arbeitsstätte** (Entfernungspauschale) Regelmäßige Arbeitsstätte in (Ort und Straße)	Arbeitstage je Woche	Urlaubs- und Krankheitstage

	Arbeitsstätte aufgesucht an	einfache Entfernung	davon mit eigenem oder zur Nutzung überlassenem Pkw zurückgelegt	davon mit Sammelbeförderung zurückgelegt	davon mit öffentl. Verkehrsmitteln, Motorrad, Fahrrad o. Ä., als Fußgänger, als Mitfahrer einer Fahrgemeinschaft zurückgelegt	Behinderungsgrad mind. 70 oder mind. 50 und Merkzeichen „G"
32	40 Tagen	41 km	68 km	78 km	km	36 1 = Ja

			EUR
33	Aufwendungen für Fahrten mit öffentlichen Verkehrsmitteln – ohne Flug- und Fährkosten – (Bitte stets die Zeile 32 ausfüllen)	27	,–
34	Aufwendungen für Arbeitsmittel, Bewerbungskosten, Fortbildungskosten, Kontoführungsgebühren, Reisekosten bei Auswärtstätigkeiten, Flug- und Fährkosten, Beiträge zu Berufsverbänden – soweit nicht steuerfrei ersetzt –	53	,–

2010003060002

Sonderausgaben 52

			EUR 2010 gezahlt		EUR 2010 erstattet
39	**Kirchensteuer** (soweit diese nicht als Zuschlag zur Abgeltungsteuer gezahlt wurde)	103	,–	104	,–
40	**Spenden und Mitgliedsbeiträge** zur Förderung steuerbegünstigter Zwecke (lt. beigefügten Bestätigungen)			109	,–
41	**Spenden und Mitgliedsbeiträge** zur Förderung steuerbegünstigter Zwecke, bei denen die Daten elektronisch an die Finanzverwaltung übermittelt wurden	202	Stpfl. / Ehemann ,–	203	Ehefrau ,–

Außergewöhnliche Belastungen 53

42	Stpfl. / Ehemann	56 Grad der Behinderung	20 blind / ständig hilflos 1 = Ja	Ehefrau	57 Grad der Behinderung	21 blind / ständig hilflos 1 = Ja	

			Aufwendungen EUR		Erhaltene / Anspruch auf zu erwartende Versicherungsleistungen, Beihilfen, Unterstützungen usw. EUR
43	Ehescheidungskosten, Fahrtkosten behinderter Menschen, Krankheitskosten, Kurkosten, Pflegekosten Art der Belastung	63	,–	64	,–
44	Für die – wegen Abzugs der zumutbaren Belastung – nicht abziehbaren Pflegeleistungen wird die Steuerermäßigung für haushaltsnahe Dienstleistungen beantragt. Die in Zeile 43 enthaltenen Aufwendungen für haushaltsnahe Pflegeleistungen betragen			77	Aufwendungen (abzüglich Erstattungen) EUR ,–
45	Für den Abzug der außergewöhnlichen Belastungen lt. Zeile 43: Die gesamten Kapitalerträge betragen nicht mehr als 801 €, bei Zusammenveranlagung nicht mehr als 1 602 €.			75	1 = Ja

Arbeitsvorschläge

1. Welche Lohnsteuerklassen haben die folgenden Beschäftigten der Spedition Vogel GmbH?
   a) Ramona Krämer ist ledig und kinderlos.
   b) Geschäftsführer Dr. Michel ist verheiratet. Seine Frau ist Oberärztin im städtischen Krankenhaus und hat ein vergleichbares Einkommen.
   c) Die Buchhalterin Petra Knauf ist verheiratet und arbeitet nur vormittags. Ihr Mann ist Diplomingenieur und in einer Automobilfabrik tätig.
   d) Jasmin Stiller ist neben ihrem Teilzeitjob in der Spedition als Servierhilfe in einer Gaststätte beschäftigt.
2. In einem Gespräch zwischen zwei Auszubildenden wird die Meinung vertreten, dass es sich immer lohnt, eine Einkommensteuererklärung abzugeben. Nehmen Sie Stellung zu dieser Meinung.
3. Bernd Fischer ordnet seine Unterlagen für die Einkommensteuererklärung. Dazu gehören: Spende an das Rote kreuz von 50,00 €, private Unfallversicherung 210,00 €, Gebühr für Fortbildungslehrgang 125,00 €, Ausgaben für Zahnimplantat 2.699,99 €, Gewerkschaftsbeitrag 134,00 €, Fahrten zu Vorstellungsgesprächen 184,00 €, Arbeitnehmeranteil zur gesetzlichen Renten-, Kranken- und Pflegeversicherung 4.320,00 €.
   Ermitteln Sie die Summen, die an Werbungskosten, Sonderausgaben, außergewöhnlichen Belastungen und Vorsorgeaufwand angefallen sind.
4. Die Werbungskostenpauschale beträgt 1.000,00 €. Welche Bedeutung hat dies für die Steuerklärung von Bernd Fischer?
5. Bernd Fischer wohnt in Marburg und arbeitet in Bad Zwesten. Er muss täglich 35 Kilometer mit dem Auto zurücklegen. Letztes Jahr hat er 209 Tage gearbeitet. Berechnen Sie die Aufwendungen, die als Werbungskosten für seine Fahrten zwischen Wohn- und Arbeitsstätte berücksichtigt werden.
6. Machen Sie eine „Steuerrückerstattungsübung" mit einer vereinfachten Steuerklärung. Tragen Sie die folgenden Angaben dort ein. Als Orientierung können die vorstehenden Formularabschnitte dienen.
   - persönliche Angaben: Martha Köster, ledig, Zahntechnikerin
   - Angaben zu Werbungskosten: Gewerkschaftsbeiträge 216,00 €, Fortbildungskosten 283,00 €, Arbeitskleidung 172,00 €, Fachliteratur 74,00 €. Die Entfernung zwischen Wohnung und Arbeit beträgt 40 km. Martha hat an 225 Tagen gearbeitet.
   - Angaben zu Sonderausgaben: Spenden 65,00 €, Kirchensteuer 198,00 €.
   - außergewöhnliche Belastungen: anteilige Ehescheidungskosten 3.400,00 €.

   Hinweis: Alle weiteren notwendigen Angaben (Bankverbindung, Adresse) ergänzen Sie gemäß Ihrer eigenen Vorstellung.

11 Grundlage des Handelsrechts

Moment mal!

Horst Meier hat sich vor einem Jahr als Kurierfahrer selbständig gemacht. Mit dem Fahrrad in den Stadtbezirken von Kassel unterwegs erledigt er jeweils die aktuellen Aufträge seiner Kunden. Wer es mit dem Transport von Schriftstücken und kleinen Gegenständen eilig hat, ist bei Horst Meier an der richtigen Stelle. Kontakte mit seinen Kunden werden weitgehend telefonisch unter seiner Geschäftsbezeichnung „Meiers Botenservice" hergestellt. Durch das Leasen eines Pkws hat er inzwischen sein Absatzgebiet erheblich erweitert. Auch hat er einen Hilfsfahrer eingestellt, der ihn stundenweise entlastet. Als Horst vorigen Monat bei dem Gewerbeamt sein Gewerbe anmelden wollte, erlebte er eine Überraschung. Der zuständige Sachbearbeiter gab ihm den Rat, sich als Kaufmann in das Handelsregister eintragen zu lassen: „Und dazu gehört auch", so die Information, „ein Name der als Firma den gesetzlichen Bestimmungen entspricht."

- Welche Funktion hat das Handelsregister?
- Was ist eine Firma?
- Wer ist Kaufmann im Sinne des Handelsgesetzbuches (HGB)?

?

11.1 Die Kaufmannseigenschaft

Kaufmannsbegriff

Im HGB ist gleich in § 1 geregelt, wer Kaufmann ist. Dort ist zu lesen:
Kaufmann im Sinne dieses Gesetzes ist, wer ein Handelsgewerbe betreibt.
Damit ist klar, dass hiermit nicht diejenigen gemeint sind, die das Wort „Kaufmann" als Berufsbezeichnung tragen. Ein gelernter Bank-, Speditions- oder Industriekaufmann ist demnach also kein Kaufmann im Sinne des HGB. Die betreffenden Personen betreiben ja selbst kein Handelsgewerbe, sie sind vielmehr nur Mitarbeiter (Gehilfen) eines Kaufmanns.
Was ist nun eigentlich ein **Handelsgewerbe**? Als Handelsgewerbe gilt jeder Gewerbebetrieb, der nach Art und Umfang einen in kaufmännischer Weise eingerichteten Geschäftsbetrieb erfordert.
Und was ist ein **Gewerbebetrieb**? Sehr allgemein gesagt ist dies eine Tätigkeit, die selbstständig ausgeführt und planmäßig betrieben wird, auf Dauer angelegt ist und das Ziel hat, Gewinne zu erwirtschaften.

Um als Handelsgewerbe nach den Bestimmungen des HGB eingestuft zu werden, muss aber noch eine weitere Bedingung hinzukommen: Es ist nämlich ein kaufmännisch eingerichteter Geschäftsbetrieb erforderlich. Merkmale für einen solchen Geschäftsbetrieb sind z. B.: mehrere Beschäftigte, Geschäftsverkehr mit verschiedenen Kunden und Lieferanten, Notwendigkeit einer doppelten Buchführung, Kreditaufnahme bei Banken, eine gewisse Umsatzhöhe.

Kaufmannsarten

Das HGB unterscheidet verschiedene Arten von Kaufleuten:

- **Istkaufmann:**
  Er wird auch als Kaufmann kraft Betätigung bezeichnet (§ 1 HGB). Nach dem Handelsgesetzbuch ist jeder dann ein Kaufmann, wenn er ein Handelsgewerbe betreibt. Der Istkaufmann hat die Pflicht, sich in das Handelsregister einzutragen. Aber auch ohne diese Eintragung ist er Kaufmann. Das Handelsregister hat hierbei nur eine rechtsbekundende Wirkung.

- **Kannkaufmann:**
  Inhaber von Gewerbebetrieben ohne einen in kaufmännischer Weise eingerichteten Geschäftsbetrieb sind kein Kaufmann (§ 1 Abs. 2 HGB). Dies gilt für Kleingewerbetreibende wie z. B. Inhaber von kleineren Blumengeschäften oder auch Kioskbetreiber. Sie alle können aber Kaufmann werden, wenn sie sich in das Handelsregister eintragen lassen (§ 2 HGB). Das Handelsregister hat hier eine rechtsbegründende Wirkung. Im Unterschied zu einem Istkaufmann kann ein Kannkaufmann seine Kaufmannseigenschaft jederzeit rückgängig machen. Dies geschieht durch eine Löschung aus dem Handelsregister. Bevor das Registergericht einem solchen Antrag stattgibt, wird allerdings überprüft, ob das Unternehmen nicht in der Zwischenzeit eine Größe erreicht hat, hinter der eine kaufmännische Organisation zu vermuten ist. In diesem Fall wird der Antrag auf Löschung abgelehnt.
  Land- und Forstwirte zählen grundsätzlich nicht zu der Gruppe der Kaufleute (§ 3 Abs. 1 HGB). Wenn ihr Betrieb aber so groß ist, dass er eine kaufmännische Organisation aufweist, können sie sich in das Handelsregister eintragen lassen. Das gilt auch für den Fall, dass sie ein Nebengewerbe betreiben (Bsp.: Forstwirt betreibt kleines Sägewerk). Auch hier gilt: Erst durch die Eintragung in das Handelsregister wird die Kaufmannseigenschaft erworben.

- **Formkaufleute:**
  Kapitalgesellschaften wie die GmbH und die AG werden unabhängig von ihrer Größe und vom Gegenstand des Unternehmens Kaufmann (§ 6 Abs. 2 HGB). Die Kaufmannseigenschaft dieser juristischen Personen beginnt erst mit der Eintragung in das Handelsregister. Sie hat damit eine rechtsbegründende Wirkung.

Worin besteht der rechtliche Unterschied zwischen Kaufleuten und Nichtkaufleuten?

Nichtkaufleute:
- werden nicht in das Handelsregister eingetragen,
- dürfen keine Firmenbezeichnung führen,
- unterliegen nicht den Vorschriften der kaufmännischen Buchführung. Sie müssen nur eine Einnahmen- und Ausgabenrechnung aufstellen,
- können keine mündliche Bürgschaftserteilung abgeben,
- können keinen Prokuristen ernennen,
- unterliegen nicht den strengen Bestimmungen beim Prüfen und Rügen von Mängeln wie die Kaufleute. Während Nichtkaufleute 24 Monate Zeit haben, muss dies bei Kaufleuten unverzüglich geschehen.

Welche Kaufmannsarten gibt es?

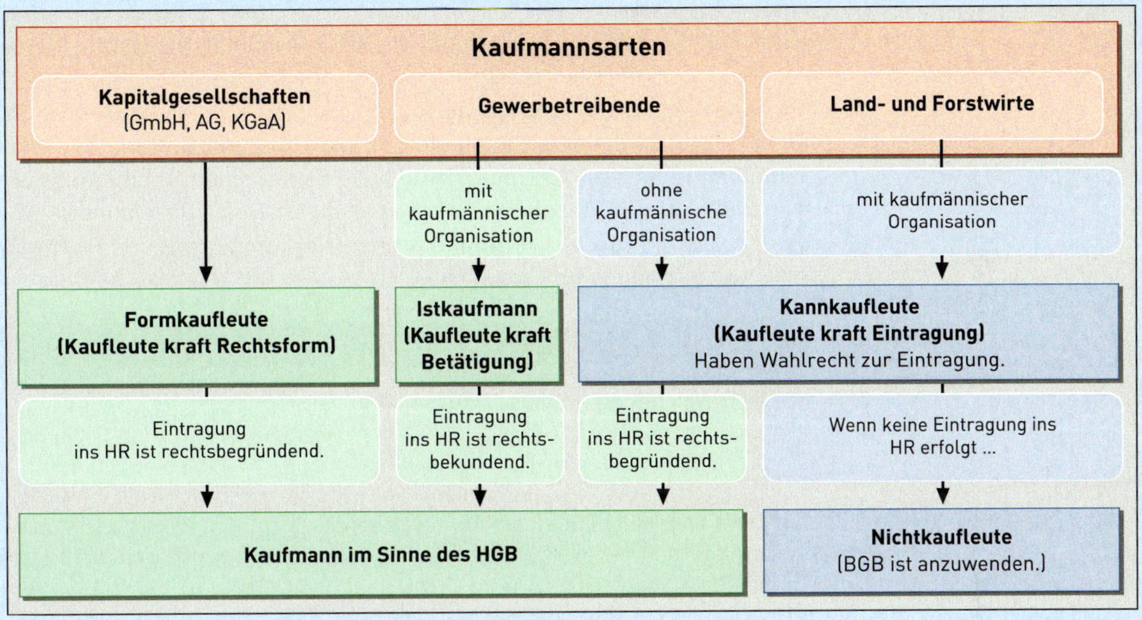

Arbeitsvorschläge

1. Jemand vertritt die Meinung, dass es ohne Bedeutung sei, ob man als Gewerbetreibender Kaufmann ist oder nicht. Diskutieren Sie.
2. Entscheiden Sie, zu welcher Art von Kaufleuten folgende Betriebe und Inhaber jeweils zählen: a) großes Bauunternehmen, b) Automobilfabrik, c) Zeitungskiosk, d) landwirtschaftlicher Betrieb mit einer Molkerei.
3. Der Vorstandsvorsitzende einer Maschinenbau GmbH, behauptet, dass er Kaufmann im Sinne des HGB sei. Nehmen Sie dazu Stellung.
4. Erklären Sie die vorstehende Übersicht über die Kaufmannsarten.

11.2 Die Firma

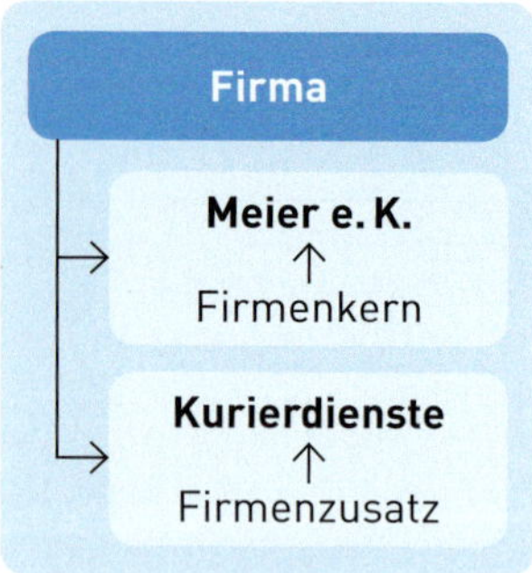

Die Firma: Ein Name für ein Unternehmen
Die Firma ist der Name, unter dem ein Kaufmann seine Geschäfte betreibt und seine Unterschrift abgibt. Der Kaufmann kann unter seiner Firma klagen und verklagt werden (§ 17 HGB). Die Firma ist auch der Name, unter dem das Unternehmen im Handelsregister eingetragen ist. Die nicht im Handelsregister eingetragenen Kleingewerbetreibenden dürfen keinen Firmennamen führen. Häufig werden von ihnen sogenannte Geschäftsbezeichnungen benutzt, wie z. B. „Karls Wurstlädchen" oder „Löwen-Apotheke". Im Übrigen unterschreiben sie wie Privatleute. Zu Firmen gehört der zwingend vorgeschriebene Firmenkern und eventuell ein Firmenzusatz.

Firmengrundsätze
Das Firmenrecht verlangt, dass verschiedene Grundsätze beachtet werden.

- **Firmenwahrheit/Firmenklarheit:**
  Die Firma darf die Öffentlichkeit nicht über Art und Umfang des Unternehmens täuschen. Außerdem muss die Firma einen Rechtsformzusatz haben. Bei einem Einzelunternehmen ist dies z. B. die Bezeichnung „e. K." bzw. „e. Kffr.". Die Abkürzungen stehen für „eingetragener Kaufmann" bzw. „eingetragene Kauffrau".

> **Beispiel**
>
> Die Bezeichnung „Meiers Botenservice" verstößt gegen den Grundsatz der Firmenwahrheit/-klarheit, weil der Rechtsformzusatz fehlt. Bei der Bezeichnung „Meiers-Kurier-Markt e. K. liegt ein Verstoß gegen den oben genannten Firmengrundsatz vor, weil der Ausdruck eine irreführende Angabe ist. Sie lässt Außenstehende vermuten, dass es sich um ein Unternehmen mit beträchtlicher Größe und einem großen Leistungsangebot handelt.

- **Firmenausschließlichkeit:**
  Jede neue Firma muss sich von allen anderen an demselben Ort vorhandenen Firmen, die schon im Handelsregister eingetragen sind, unterscheiden.

> **Beispiel**
>
> In Kassel gibt es bereits eine Firma mit der Bezeichnung „Meiers Botendienste e. K.". Der Name kommt daher als Firma nicht infrage.

- **Firmenbeständigkeit:**
  Wenn ein bestehendes Geschäft verkauft oder vererbt wird, darf der neue Inhaber die bisherige Firma fortführen.

- **Firmenöffentlichkeit:**
  Jeder Kaufmann muss seine Firma in das Handelsregister seines Niederlassungsortes eintragen. Die Inhaber von Einzelhandelsgeschäften müs-

sen zusätzlich ihren Namen an der Außenseite des Geschäftes deutlich sichtbar anbringen.

Welche Firmenarten sind zu unterscheiden?

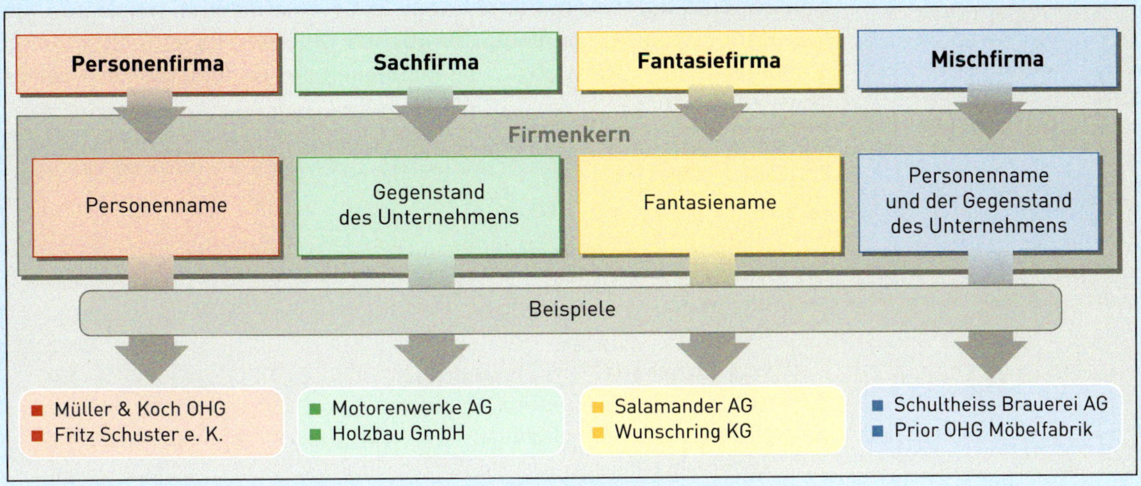

Arbeitsvorschläge

1. Horst Meier überlegt sich, für seinen Betrieb einen größeren Lagerraum anzumieten. Als Firma würde er gern die Bezeichnung „Kasseler Kurierservice e. K." wählen. Beurteilen Sie, ob dies zulässig ist.
2. Begründen Sie, warum es für Horst Meier so wichtig ist, sich an den Grundsatz der Firmenausschließlichkeit zu halten.
3. Unterscheiden Sie zwischen einer Personen-, Sach- und Mischfirma.

11.3 Das Handelsregister

Das Handelsregister ist ein vom Amtsgericht geführtes Verzeichnis aller Kaufleute des Amtsgerichtsbezirks. Es dient der Rechtssicherheit im Geschäftsverkehr und hat die Aufgabe, die Öffentlichkeit über die rechtlichen Tatbestände der eingetragenen Firmen zu unterrichten. Es werden alle Eintragungen in das Handelsregister vor allem in elektronischer Form veröffentlicht. Zusätzlich sind Veröffentlichungen in Zeitungen möglich. Eingestellt werden die Daten in den elektronischen Bundesanzeiger. Der Betreiber des Bundesanzeigers übermittelt die Daten an das Unternehmensregister, welches unter www.unternehmensregister.de einsehbar ist. Über das Register hat man Zugriff auf die Eintragungen in das elektronische Handels-, Genossenschafts- und Partnerschaftsregister. Handelsregistereintragungen sind unter www.handelsregister.de einzusehen. Dokumente wie z. B. Firmenverträge, Gesellschafterliste oder Jahresabschlüsse, die vor dem 01.01.2007 dem Handelsregister eingereicht wurden, sind nicht im Internet, sondern finden sich in speziellen Dokumentbänden bei dem zuständigen Handelsregister. Die jeweils aktuellen Bekanntmachungen zum Handelsregister sind unter www.handelsregisterbekanntmachungen.de zu finden. Das Handelsregister genießt öffentlichen Glauben. Es schützt jeden gutgläubigen Dritten, der sich auf die Richtigkeit des Handelsregisters verlässt.

Beispiel

Handelsregister Amtsgericht Kassel

NEUEINTRAGUNGEN

HRA – 28. März 20..
Vogt & Co. OHG, PC-Handel, Kassel, Erzweg 47. Gegenstand des Unternehmens: Handel mit Computern einschließlich Software. Beginn: 28. März 20.., Gesellschafter: Uta Vogt, Sven Groß. Das Alleinvertretungsrecht nach außen ist auf die Gesellschafterin Uta Vogt beschränkt.

VERÄNDERUNGEN

HRB – 3. Febr. 20..
Kurz GmbH, Kassel, Fritz Schäffer ist nicht mehr Geschäftsführer. Industriekauffrau Claudia Neuhaus, Homberg, ist zur neuen Geschäftsführerin bestellt worden.

LÖSCHUNGEN

HRB – 4. Mai 20..
ART-Galerie GmbH, Kassel. Die Gesellschaft ist aufgrund § 2 des Gesetzes über die Auflösung und Löschung von Gesellschaften von Amts wegen gelöscht.

Das Handelsregister

Es wird beim Amtsgericht in elektronischer Form geführt.
Die Eintragungen haben entweder eine rechtsbegründende oder eine rechtsbekundende Wirkung.

rechtsbegründend

Bedeutung: Die Eintragung ist notwendig, damit eine bestimmte Rechtslage entsteht.

Beispiele:
- Eintragung eines Kannkaufmanns
- Löschung der Prokura

rechtsbekundend

Bedeutung: Die Rechtslage ist schon ohne die Eintragung entstanden. Sie wird durch die Eintragung nur bestätigt.

Beispiele:
- Eintragung eines Istkaufmanns
- Erteilung der Prokura

Anmeldung und Eintragung

Die Anmeldung zum Handelsregister ist Aufgabe des betreffenden Kaufmanns. Sie kann durch eine Ordnungsstrafe erzwungen werden. Anmeldungen zur Eintragung in das Handelsregister sind elektronisch in öffentlich beglaubigter Form einzureichen. Gegenüber der früheren Form der schriftlichen Vorlage ist der elektronische Prozess einerseits einfacher und schneller, andererseits müssen aber auch hier bestimmte Regeln eingehalten werden. Ist z. B. eine Urschrift oder eine einfache Abschrift einzureichen oder ist für das Dokument die Schriftform bestimmt, genügt die Übermittlung einer elektronischen Aufzeichnung. Ist hingegen ein notariell beurkundetes Dokument oder eine öffentlich beglaubigte Abschrift einzureichen, so ist ein mit einem einfachen elektronischen Zeugnis versehenes Dokument zu übermitteln.Die rechtlichen Tatbestände werden entweder in Abteilung A (für Einzelkaufleute und Personengesellschaften) oder Abteilung B (für Kapitalgesellschaften) eingetragen. Für Genossenschaften wird ein spezielles Genossenschaftsregister geführt. Eintragungspflichtig sind z. B. Firma, Name des Geschäftsinhabers bzw. der Gesellschafter, Niederlassungsort und Art des Geschäftes.

Arbeitsvorschläge

1. Horst Meir will seinen Plänen nun Taten folgen lassen und sein neugegründetes Einzelunternehmen beim Handelsregister in Kassel am 1. Jan. 20.. anmelden.
   a) Erklären sie, was man unter dem Handelsregister versteht.
   b) Wo in Kassel findet Horst Meier das Handelsregister?
   c) Welcher Abteilung ist für das Einzelunternehmen zuständig?
   d) Das Handelsregister wurde seit 2007 auf elektronische Form umgestellt. Welche Bedeutung hat diese technische Neuerung für Horst Meier?
2. Was bedeutet die Aussage: Das Handelsregister kann eine rechtsbegründende oder eine rechtsbekundende Wirkung haben?
3. Welche rechtliche Folge hat es für einen Kaufmann, der sich weigert, sich in das Handelsregister eintragen zu lassen?

12 Die Rechtsstellung der Mitarbeiter

Moment mal!

12.1 Die Handlungsvollmacht

Letzten Monat gingen allen Geschäftspartnern der Toll GmbH der folgende Brief der Geschäftsleitung zu:

Erteilung einer Handlungsvollmacht

Sehr geehrte Damen und Herren,

ich habe einer langjährigen Mitarbeiterin von mir, Frau Kerstin Schulz, Handlungsvollmacht laut § 54,1 HGB mit Wirkung vom ..-04-01 erteilt. Frau Schulz hat sich in der Vergangenheit immer als tüchtige und fachkundige Mitarbeiterin erwiesen.

Ich bin davon überzeugt, dass sie auch in ihrem neuen Aufgabenbereich die an sie gestellten Erwartungen zu unser aller Zufriedenheit erfüllen wird. Ich hoffe auch in Zukunft auf eine vertrauensvolle und gute Zusammenarbeit.

Mit freundlichen Grüßen

Toll GmbH
Dr. Möller

Kerstin Schulz hat sich inzwischen in ihrem neuen Aufgabenbereich eingearbeitet. Heute gab es in der Toll GmbH zum wiederholten Male Ärger mit dem Lagerarbeiter, Herrn Petzold. Der Grund diesmal: Eine falsche Eingabe von Bestandsdaten in die Artikeldatei hatte zur Folge, dass die zugesagte Lieferung von 500 Getränkekästen an einen Supermarkt schon zum zweiten Male nicht termingerecht erfolgte. Der langjährige Kunde kündigte daraufhin den Vertrag und will im Übrigen die Geschäftsbeziehung ganz abbauen.
In Abwesenheit ihres Chefs wird Frau Schulz daraufhin aktiv. In einem Gespräch mit Herrn Petzold teilt sie diesem schließlich die Kündigung mit. Petzold ist sehr verärgert. Sein Kommentar: „Das steht Ihnen überhaupt nicht zu. Der Möller soll mir das selbst sagen."

- Was versteht man unter Handlungsvollmacht und wie unterscheidet sie sich von der Prokura?

?

Die Handlungsvollmacht berechtigt, in einem bestimmten Handelsgewerbe alle Geschäfte und Rechtshandlungen vorzunehmen, die dieses Handelsgewerbe gewöhnlich mit sich bringt (HGB § 54,1).

Die gesetzliche Beschränkung der Handlungsvollmacht auf gewöhnliche Geschäfte und Rechtshandlungen engt den Umfang der Handlungsvollmacht ein. Als gewöhnlich sind solche Geschäfte anzusehen, die typisch für die jeweilige Art des Unternehmens sind. HGB § 54,2 nennt einen Katalog von Geschäften, zu denen der Handlungsbevollmächtigte in jedem Fall einer besonderen Ermächtigung bedarf. Zu dieser Gruppe gehören:

- Veräußerung und Belastung von Grundstücken,
- Eingehen von Wechselverbindlichkeiten,
- Aufnahme eines Darlehens,
- Prozessführung.

Beschränkungen der Vollmacht sind lt. HGB § 54,3 gegenüber einem Dritten nur dann wirksam, wenn dieser sie kannte oder ausdrücklich darüber informiert wurde.

Vollmachtarten

Nach dem Umfang lassen sich folgende Arten der Handlungsvollmacht unterscheiden:

- **Allgemeine Handlungsvollmacht:**
  Sie berechtigt nur zur Vornahme solcher Geschäfte und Rechtshandlungen, die der Handelszweig eines Geschäfts mit sich bringt. Neben artfremden Geschäften (Bsp.: Darlehensaufnahme) gehören auch solche mit außergewöhnlichem Umfang (Entlassung der halben Belegschaft) nicht zum Kompetenzbereich eines Handlungsbevollmächtigten. Allgemeine Handlungsvollmacht haben z. B. häufig Filialleiter, Abteilungsleiter oder Geschäftsführer.

- **Artvollmacht (Teilvollmacht):**
  Sie berechtigt zur ständigen Vornahme einer bestimmten Gattung von Rechtsgeschäften (z. B.: Verkauf von Waren). Über eine Artvollmacht verfügen z. B. Kassierer, Ein- und Verkäufer, Buchhalter.

- **Einzelvollmacht (Spezialvollmacht):**
  Sie wird jeweils für ein einzelnes Rechtsgeschäft erteilt, so z. B. für die Einziehung eines Rechnungsbetrages oder den Verkauf eines Grundstücks.

Erteilung

Die Allgemeine Handlungsvollmacht kann erteilt werden von:

- Kaufleuten,
- Prokuristen,
- besonders ermächtigten Personenkreisen (z. B. Nachlassverwalter).

Die Bevollmächtigten können im Rahmen ihrer Vollmacht Untervollmachten erteilen:

Erteilung von Untervollmachten

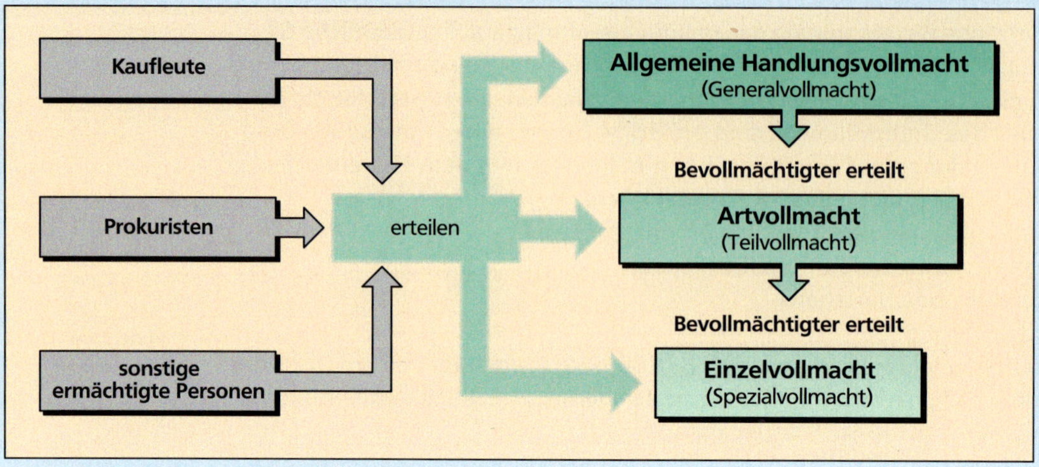

Die Erteilung der Handlungsvollmacht muss nicht ausdrücklich vorgenommen werden. Sie kann auch stillschweigend erfolgen, indem der Arbeitgeber z. B. bestimmte Handlungen seines Angestellten ohne Widerspruch duldet. In das Handelsregister wird die Handlungsvollmacht nicht eingetragen.

Unterschrift

Bevollmächtigte unterschreiben mit einem Zusatz, der die Vollmacht ausdrückt (HGB § 57). Die Unterschrift wird dabei unter den Namen der Firma gesetzt. Der Gesamtbevollmächtigte wählt in der Regel als Zusatz „i. V." (in Vollmacht). Bei der Art- und Einzelvollmacht ist dagegen der Zusatz „i. A." (im Auftrag) üblich.

Erlöschen der Vollmacht

Die Vollmacht erlischt

- durch Widerruf der Person, welche die Vollmacht erteilt hat.
- durch Kündigung des Dienstverhältnisses.
- durch Geschäftsauflösung (z. B. infolge eines Konkurses).
- in der Regel bei Veräußerung des Geschäftes.
- nach Durchführung eines Auftrages (bei Einzelvollmachten).

12.2 Prokura

Beispiel

Frau Kerstin Schulz, Handlungsbevollmächtigte der Toll GmbH, hat sich in ihrem Aufgabenbereich seit einigen Jahren bewährt. Herr Dr. Möller, geschäftsführender Gesellschafter der Nautik GmbH, entschließt sich daher zu einem bedeutenden Schritt. Frau Schulz geht folgende Ernennungsurkunde zu (Auszug):

Frau
Kerstin Schulz
im Hause

Ihr Zeichen, Ihre Nachricht vom	Unser Zeichen, unsere Nachricht von	Telefon, Name	Datum
	mo-vu		..-04-15

Prokuraerteilung

Sehr geehrte Frau Schulz,

in der Vergangenheit haben Sie für unseren Betrieb sehr viel Positives bewirkt und sich unser aller Vertrauen verdient.
Als Inhaber der Nautik GmbH erteile ich Ihnen ab ..-06-01 Einzelprokura.

Ich weise ausdrücklich auf die gesetzliche Vollmachtsbeschränkung des HGB hin. Die Eintragung der Prokura in das Handelsregister wurde von mir beantragt.

Mit freundlichen Grüßen

Toll GmbH

Dr. Möller

Dr. Möller ist auf einer längeren Urlaubsreise und zurzeit nicht erreichbar. In dieser Zeit erfährt Frau Schulz, dass das angrenzende Nachbargrundstück verkauft werden soll. Da einerseits der Eigentümer nicht mit dem Verkauf warten möchte und andererseits das Grundstück zum Bau einer neuen Lagerhalle für die Toll GmbH dringend benötigt wird, entschließt sich Frau Schulz, das Grundstück für 280.000,00 € zu erwerben.
Als sie Dr. Möller davon berichtet, ist er verärgert, da er den Preis für völlig überhöht hält. Sein Kommentar: „Sie haben sich wie eine Anfängerin über den Tisch ziehen lassen und Ihre Befugnisse überschritten. Ich werde dafür sorgen, dass der Vertrag rückgängig gemacht wird."

Die Prokura ermächtigt zu allen Arten von gerichtlichen und außergerichtlichen Geschäften und Rechtshandlungen, die der Betrieb eines Handelsgewerbes mit sich bringt (HGB § 49,1).
Im Gegensatz zur Handlungsvollmacht berechtigt die Prokura auch zu Rechtshandlungen, die über den Rahmen des Handelszweiges hinausgehen. Die Vollmacht geht sogar so weit, dass der Prokurist den Geschäftszweig ändern kann.

Für die Prokura gibt es gesetzliche Einschränkungen. So darf ein Prokurist
- keine Bilanzen und Steuererklärungen unterschreiben,
- keine Geschäfte auflösen oder verkaufen,
- keine Eintragungen ins Handelsregister anmelden,
- keine Prokura erteilen,
- keine weiteren Gesellschafter aufnehmen,
- keine Grundstücke veräußern oder belasten, es sei denn, er ist ausdrücklich dazu berechtigt.

Eine Beschränkung der Prokura ist nur im Innenverhältnis (zwischen Unternehmer und Prokurist) möglich. Bei Verletzung dieser Vereinbarung haftet der Prokurist für den angerichteten Schaden. Gegenüber Dritten (Außenverhältnis) ist eine Einschränkung unwirksam.

Beschränkung der Prokura

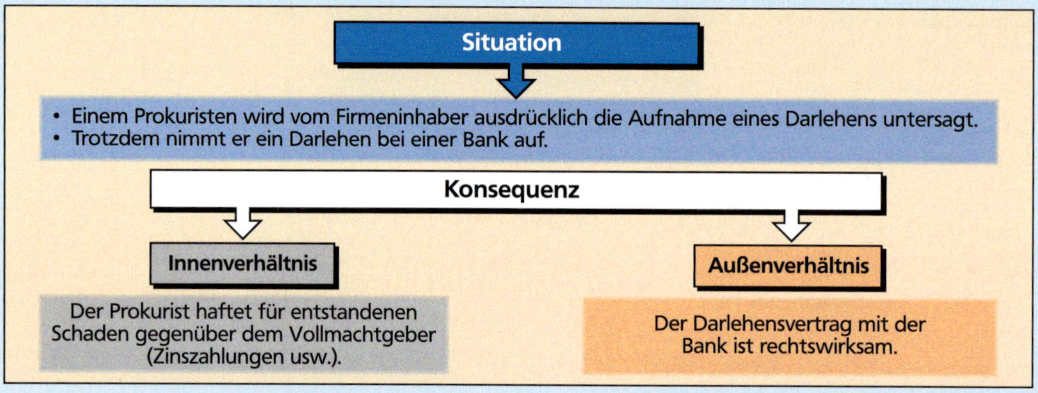

Arten der Prokura

Nach dem Umfang lassen sich folgende Prokuraarten unterscheiden:
- **Gesamtprokura:**
  Sie liegt vor, wenn mehreren Personen gemeinschaftlich Prokura erteilt worden ist. Diese müssen ihre Handlungen absprechen, gemeinsam entscheiden und auch gemeinsam ihre Unterschriften leisten.
- **Einzelprokura:**
  Nur eine einzelne Person ist hierbei bevollmächtigt. Nur sie allein übt die gesamte Vertretungsmacht aus.
- **Filialprokura:**
  Die Vollmacht als Prokurist ist auf die Filiale einer Unternehmung beschränkt (HGB § 50,3).

Erteilung

Im Gegensatz zur Handlungsvollmacht kann die Prokura nur von dem Inhaber eines Handelsgeschäftes oder seinem gesetzlichen Vertreter erteilt werden. Die Prokuraerteilung kann nur durch eine ausdrückliche Erklärung (schriftlich oder mündlich) erfolgen (HGB § 48,1).

Die Erteilung der Prokura ist vom Geschäftsinhaber zur Eintragung in das Handelsregister anzumelden (HGB § 53,1). Die Eintragung hat nur rechtsbekundende (deklaratorische) Wirkung. Im Innenverhältnis ist die Prokura bereits mit der Erteilung wirksam. Im Außenverhältnis dagegen erst, wenn sie Dritten gegenüber bekannt war oder die Prokura bereits im Handelsregister eingetragen wurde.

Arten der Prokura

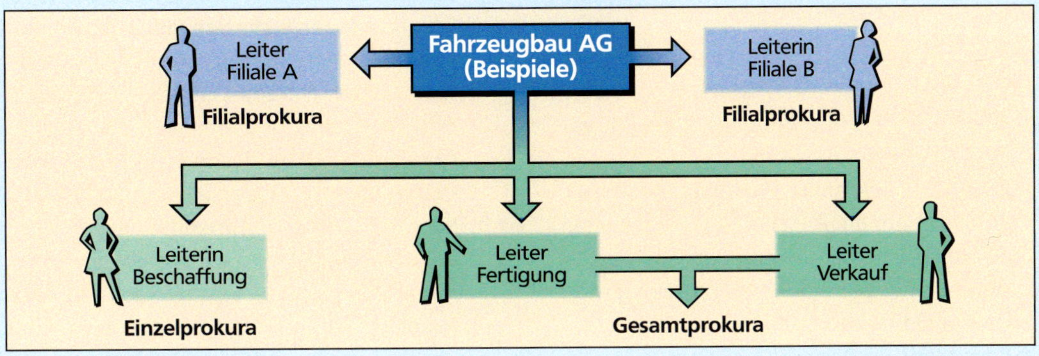

Unterschrift

Prokuristen unterschreiben, indem sie ihre Namen, versehen mit dem Zusatz „pp." oder „ppa." („per procura"), unter den Namen der Firma setzen.

Einzelprokura

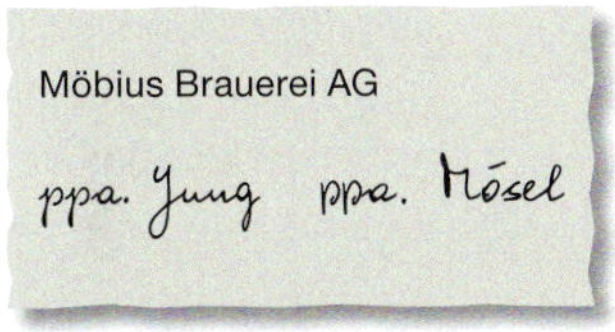

Gesamtprokura

Erlöschen der Prokura

Die Prokura erlischt im Innenverhältnis

- durch Widerruf,
- durch Beendigung des Arbeitsverhältnisses,
- durch Auflösung der Unternehmung,
- durch Tod des Prokuristen.

Die Prokura erlischt nicht mit dem Tod des Firmeninhabers. Im Außenverhältnis besteht die Prokura so lange, bis sie im Handelsregister gelöscht und diese Tatsache bekannt gemacht worden ist.

Arbeitsvorschläge

1. Was versteht man unter Prokura?
2. Beurteilen Sie die Handlungsweisen von Frau Kerstin Schulz
   a) in ihrer Funktion als Handlungsbevollmächtigte.
   b) in ihrer späteren Funktion als Prokuristin der Firma Toll GmbH.
3. Frau Budig wurde am 15. April zur Prokuristin der Holzbau GmbH ernannt. Die Prokura wurde am 1. Juni in das örtliche Handelsregister eingetragen.
   a) Ab wann beginnt die Wirksamkeit der Prokura im Innenverhältnis und wann im Außenverhältnis?

Arbeitsvorschläge

b) Begründen Sie, ob Frau Budig bereits am 20. April trotz fehlender Handelsregistereintragung einen größeren Kredit aufnehmen darf.

4 Um welche Art von Handlungsvollmacht handelt es sich in folgenden Fällen:
a) Herr Kurz wird bevollmächtigt, eine neue Filiale in Berlin zu leiten.
b) Statt einer erkrankten Kollegin soll Frau Wolf sich um die Beschaffung einer neuen Telefonanlage kümmern.
c) Wegen einer personellen Überkapazität wird ein Mitarbeiter durch Frau Siebert entlassen.
d) Um die Sekretärin zu entlasten, soll die Auszubildende Karin Müller diesmal die Briefmarken besorgen.

5 Frau Dr. Meise, Inhaberin der Technik AG, hat wegen Überanstrengung einen Schwächeanfall und muss sofort für längere Zeit ins Krankenhaus. Zwischen „Tür und Angel" überrascht sie den Ausbildungsleiter mit der Bemerkung: „Übrigens, Herr Wollmann, ab sofort sind Sie Prokurist bei uns."
Beurteilen Sie, ob diese Art der Prokuraerteilung rechtmäßig ist.

6 Welche Arten von Rechtshandlungen darf ein Handlungsbevollmächtigter nicht vornehmen?
a) Geschäftszweig des Unternehmens ändern
b) Grundstücke kaufen
c) Zahlungsgeschäfte erledigen
d) ein Darlehen aufnehmen
e) Mitarbeiter einstellen
f) Wechsel unterschreiben

7 Was bedeutet die Aussage: „Die Eintragung der Prokura in das Handelsregister hat rechtsbekundende Wirkung."

8 Herr Karsten Schmidt, der Prokurist einer Möbelhandlung, kauft ohne Rücksprache mit dem Inhaber einen größeren Posten moderner Kunst auf, die er als Randsortiment in Zukunft mit vertreiben will. Beurteilen Sie, ob dies zulässig ist.

9 Bei der Geschäftsleitungssitzung der Spedition Marbach OHG wird bekannt, dass der bisherige Prokurist die Firma verlassen wird. Als Ersatz soll der bisherige Leiter der Einkaufsabteilung, Herr Olaf Hummel, Prokura erhalten. Da Herr Hummel erst seit 2 Jahren im Betrieb tätig ist und ihm noch nicht die Erfahrung zugetraut wird, soll Herr Hummel zunächst einmal Gesamtprokura verliehen bekommen. Nur zusammen mit der Prokuristin und Leiterin der Verkaufsabteilung, Frau Renate Solv, soll er seine Vertretungsmacht ausüben. Weiterhin ist geplant, den Umfang der Prokura bei der Aufnahme von Krediten auf ein maximales Volumen von 250.000,00 € einzuschränken.
a) Bereiten Sie als Mitarbeiter der Personalabteilung den Prokuravertrag (Ernennungsurkunde) von Herrn Hummel vor.
b) Um sicherzugehen, dass die Einschränkung der Prokura auch gegenüber Außenstehenden wirksam ist, verlangt Herr Marbach eine entsprechende Eintragung in das Handelsregister. Was halten Sie von seiner Absicht?
c) Nach einem Bewährungszeitraum von einem Jahr erhält Herr Hummel Einzelprokura. Erklären Sie, was hiermit gemeint ist?
d) Entgegen der Vereinbarungen des Prokuravertrages nimmt Herr Hummel einen Kredit von 310.000,00 €. Herr Marbach verlangt die Stornierung des Vertrages und des Weiteren Schadenersatz von Herrn Hummel. Beurteilen Sie seine Ansprüche.
e) Mit den Leistungen von Herrn Hummel ist der Gesellschafter Marbach inzwischen sehr unzufrieden. Er lässt daher Hummel den Widerruf der Prokura schriftlich zugehen. Der Prokurist räumt daraufhin seinen Schreibtisch, weil er den Widerruf als fristlose Kündigung auffasst. Beurteilen Sie sein Verhalten.

13 Rechtsformen für Unternehmen

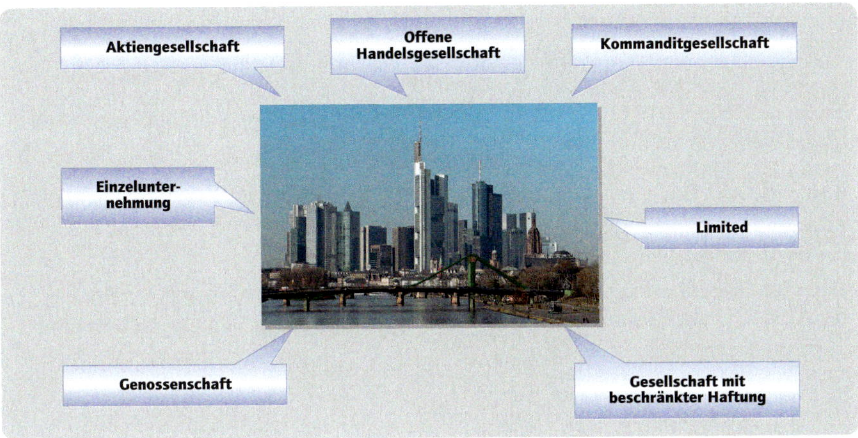

Moment mal!

Ein Gang durch die Geschäftsviertel einer Stadt zeigt eine Vielzahl von Unternehmen mit unterschiedlichen Rechtsformen. Einzelunternehmen begegnen einem überall. Aktiengesellschaften sind dagegen nur wenige vertreten. Es sind meist große Unternehmen, die auch viele Arbeitskräfte beschäftigen. Aber es gibt auch eine Reihe weiterer Rechtsformen, die ich auf den ersten Blick nicht erschließen. Welche Rechtsform z. B. ein kleiner Speditions- und Logistikbetrieb gewählt hat, hängt von vielen Faktoren ab.

- Welche Unterschiede bestehen zwischen den Rechtsformen?
- Welche Merkmale weisen die Rechtsformen auf?

?

13.1 Merkmale und Übersicht

Rechtsformen und ihre Zuordnung

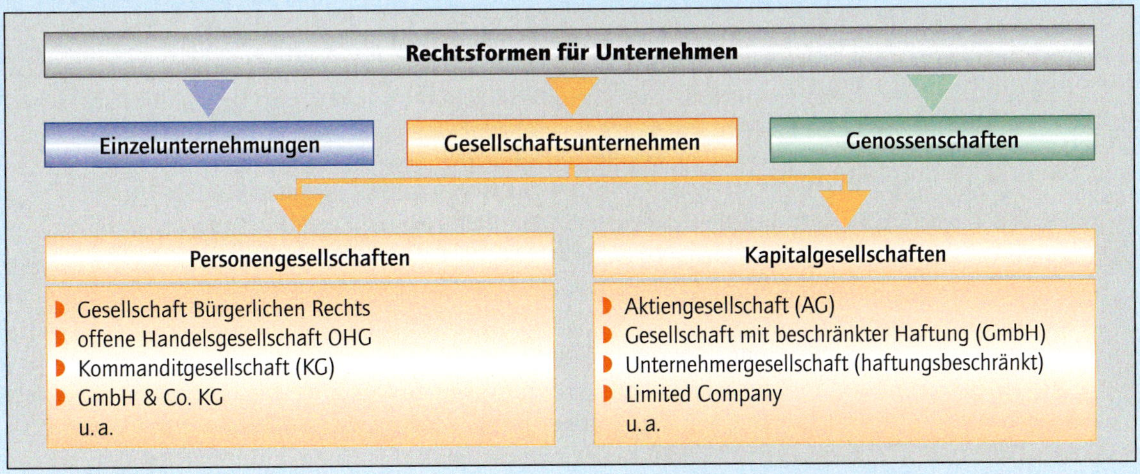

Unterscheidungsmerkmale bei Rechtsformen	
Merkmal	**Erklärung**
Haftung der Teilhaber	Manche Teilhaber haften mit ihrem gesamten Vermögen, andere dagegen nur mit ihrer Kapitaleinlage.
Zahl der Teilhaber	Einige Unternehmen haben nur einen oder wenige, andere dagegen eine große Zahl von Teilhabern.
Art der Kapitalaufbringung	Große Unternehmen können z. B. Aktien ausgeben, um Kapital zu bekommen, für kleinere scheidet diese Möglichkeit aus.
Leitungsbefugnis der Teilhaber	Nicht immer dürfen die Teilhaber einer Unternehmung auch die Unternehmung leiten. Manchmal stellen sie auch nur Kapital zur Verfügung und sind am Gewinn beteiligt.
Firmenname	Wenn alle Menschen den gleichen Namen hätten, würde über kurz oder lang ein Chaos entstehen. Das gilt auch für Unternehmen. Was bei Menschen der Name ist, ist bei Unternehmen die Firma.

13.2 Die Einzelunternehmung

Beispiel

Mark Rohde ist dabei, sich seinen Traum zu erfüllen. Ein eigenes Transportunternehmen will er gründen. Hilfe bekommt er von Herrn Dr. Koch, dem Unternehmensberater bei der IHK. Viele Fragen waren bisher zu beantworten. Die Ergebnisse sind in einem Businessplan eingeflossen. Seinem Wesen nach ist er ein Check up der Gründungsidee. So z. B. war zu klären,

- Welcher Kundenkreis soll angesprochen werden?
- Wie sieht die voraussichtliche Marktentwicklung aus? Woher soll das benötigte Kapital kommen?
- Hat Mark überhaupt die notwendigen persönlichen Eigenschaften um sich selbständig zu machen?

Bei dem heutigen Treffen geht es um die Wahl einer passenden Rechtsform.
Mark: „Also die Einzelunternehmung, das wär's doch. Kein Partner redet mir rein. Der ganze Gewinn fließt in meine Tasche und Vorschriften über die Höhe meines Startkapitals gibt es auch nicht".
Dr. Koch: „Lieber Herr Rohde, es freut mich ja, dass die Einzelunternehmung Ihnen so zusagt. Aber bedenken Sie: Jedes Ding hat zwei Seiten. Im Moment sehen Sie nur Vorteile. Aber nachteile gibt es natürlich auch".

Wesen der Einzelunternehmung
Die Rechtsform der Einzelunternehmung ist für kleine und mittlere Unternehmen geeignet. Zahlreiche Existenzgründer wählen diese Rechtsform in der Anfangsphase ihres Unternehmens. Viele von ihnen fangen erst mal klein an. Ihre Umsätze und ihr Geschäftsverkehr erfordern dann zunächst

keine kaufmännische Organisation. Rechtlich gesehen gelten sie als Kleingewerbebetriebe, denen es freisteht, sich ins Handelsregister eintragen zu lassen. Wer sich dazu entschließt, hat dann alle Rechte und Pflichten eines Kaufmanns. So muss er z. B. eine doppelte Buchführung machen, was aber nur für große Einzelunternehmen gilt. Eine spätere Umwandlung in eine andere Unternehmensform ist jederzeit möglich. Rechtlich gesehen bedeutet das die Auflösung der Einzelunternehmung. Mark als Einzelunternehmer ist es weitgehend freigestellt, welchen Geschäftsnamen er wählt. Er könnte für seine Firma einen Personennamen (Rohde e. K.), einen Sachgegenstand (Cargo Logistik e. K.), eine Kombination aus beiden (Rohdes Logistik e. K.) oder eine Fantasiebezeichnung (Transnet Package e. K.) wählen.

Vor- und Nachteile der Einzelunternehmung am Beispiel von Mark Rohde

Vorteile	Nachteile
• Ich kann allein über meinen Gewinn verfügen und brauche ihn mit keinem Partner zu teilen. • Ich brauche auf die Meinungen anderer keine Rücksicht zu nehmen. Ich bin mein eigener Herr. • Ich kann rasch Entscheidungen treffen. • Mein benötigtes Startkapital ist relativ gering. Größere Kapitalsummen brauche ich erst mal nicht. • Ein bestimmtes Mindestkapital brauche ich nicht vorzuweisen.	• Das gesamte Geschäftsrisiko trage ich allein. • Nur ich hafte mit meinem gesamten Vermögen. Und wenn mein Geschäft nicht läuft, habe ich schlechte Karten. • Brauche ich zusätzliches Kapital, machen die Banken vielleicht Schwierigkeiten, weil sie sich bei der Rückzahlung nur an mich halten können. • Eventuell kann es später Probleme geben, wenn ich mal einen geeigneten Nachfolger suche. • Später mal zu expandieren und vielleicht Filialen in anderen Städten zu gründen, ist für mich wegen Kapitalmangels sehr schwierig.

13.3 Die Gesellschaft des bürgerlichen Rechts (BGB-Gesellschaft)

Beispiel

„Ohne ihn wäre ich ziemlich aufgeschmissen" war der Gedanke von Mark Rohde, als er wieder einmal das Fachwissen von Dr. Koch „anzapfen" musste.
Mark: „Meinem Schwager Karsten habe ich neulich erzählt, was ich vorhabe. Der war ganz begeistert von meiner Idee der Betriebsgründung. Eventuell würde er mit mir gemeinsam die Sache in Angriff nehmen. Da er gelernter Kaufmann für Spedition- und Logistikdienstleistungen ist, würden wir uns gut ergänzen. Aber auf die ganzen Formalitäten bei der Gründung hat er überhaupt keine Lust. Hätten sie eine Idee, wie wir die umgehen könnten?"
Dr. Koch: „Wenn es ihr Schwager bei der Gründung sehr unkompliziert mag und nur eine einfache Partnerschaft möchte, dann lautet meine Empfehlung: Gründen Sie gemeinsam eine Gesellschaft des bürgerlichen Rechts. Ich erkläre Ihnen das einmal genauer. Sie werden sehen, da läuft wirklich vieles etwas einfacher ab ..."

Wesen und Beispiele

Bei der BGB-Gesellschaft handelt es sich um einen recht lockeren Personenzusammenschluss von mindestens zwei Gesellschaftern. Die Unternehmensform ist benannt nach dem Bürgerlichen Gesetzbuch (BGB), wo man in den Paragrafen 705 bis 740 die entsprechenden Vorschriften zu dieser Art von Gesellschaft findet.

Beispiele

- Verschiedene Unternehmen des Straßenbaus bilden eine Arbeitsgemeinschaft (ARGE), um gemeinsam einen Autobahnabschnitt oder ein großes Geschäftshaus fertigzustellen.
- Arbeitskollegen oder auch Schüler vereinbaren eine Fahrgemeinschaft.
- In einem Freundeskreis werden gemeinsame Lotteriespiele (Tippgemeinschaften o. Ä.) organisiert.

BGB-Gesellschaften werden auch des Öfteren dann gegründet, wenn die Zusammenarbeit der beteiligten Personen oder Unternehmen nur für eine gewisse Zeit geplant ist. Dies ist z. B. der Fall bei der oben bereits genannten ARGE. Haben die beteiligten Straßenbaufirmen den Autobahnabschnitt fertiggestellt, so löst sich die Gemeinschaft auf. Die Zusammenarbeit der Unternehmen ist beendet.
Eine BGB-Gesellschaft gilt auch als geeigneter rechtlicher Rahmen für Personen, die gemeinsam ein Kleingewerbe betreiben wollen, wie dies bei Mark Rohde und seinem Schwager der Fall ist.

Gründung

Die BGB-Gesellschaft entsteht durch eine vertragliche Vereinbarung. Eine bestimmte Rechtsform ist für den Vertrag nicht vorgeschrieben. Sogar eine mündliche Vereinbarung reicht aus. Ein schriftlicher Vertrag ist aber empfehlenswert, da er für jeden der Partner ein größeres Maß an Rechtssicherheit bedeutet. Für die Gründung ist kein Mindestkapital vorgeschrieben. Die BGB-Gesellschaft hat keine Firma. Sie wird nicht in das Handelsregister eingetragen und damit auch nicht veröffentlicht. Als Geschäftsname können die Vor- und Zunamen der Gesellschafter mit dem Zusatz GbR gewählt werden.

Rechte und Pflichten der Gesellschafter

BGB-Gesellschafter haben das Recht ...	BGB-Gesellschafter haben die Pflicht ...
• an der Geschäftsführung mitzuwirken. • die Gesellschaft gegenüber Dritten (z. B. Banken) zu vertreten. • am Gewinn gleichmäßig beteiligt zu werden, wenn nichts anderes vereinbart wurde. • das Gesellschaftsverhältnis jederzeit zu kündigen. • sich über die Angelegenheiten der Gesellschaft persönlich zu unterrichten, indem sie z. B. die geschäftlichen Unterlagen einsehen.	• die vereinbarten Beiträge zu leisten. Wurde nichts anderes vereinbart, so sind gleiche Beiträge einzubringen. • sich an der Geschäftsführung zu beteiligen. • einen Verlust zu gleichen Teilen zu tragen. • für die eingegangenen Verpflichtungen unbeschränkt zu haften.

Arbeitsvorschläge

1. Beurteilen Sie die Meinung von Mark Rohde zum Einzelunternehmen. Übernehmen Sie dazu das folgende Schema in Ihre Unterlagen. Wenn seine Meinung richtig ist, machen Sie ein Kreuz, wenn sie falsch ist, tragen Sie die richtige Antwort in die rechte Spalte ein.
2. Welche Unternehmungsformen gehören
   a) zu Personengesellschaften?
   b) zu Kapitalgesellschaften?
3. Nennen Sie drei Beispiele von BGB-Gesellschaften.
4. Welche Bestimmungen sind bei der BGB-Gesellschaft hinsichtlich folgender Punkte zu beachten:
   a) Gewinn- und Verlustverteilung
   b) Haftung
   c) Geschäftsführung

Die Meinung von Mark Rohde zum Einzelunternehmen	Meinung ist richtig	Meinung ist falsch und die richtige Antwort lautet:
a) Einzelunternehmen gibt es relativ selten.		
b) Da Einzelunternehmen immer Kleingewerbetreibende sind, brauchen sie sich nicht im Handelsregister eintragen zu lassen.		
c) Wenn ich ein Einzelunternehmen gründe, verlangt man von mir kein Mindestkapital.		
d) Als Einzelunternehmer habe ich den Vorteil, dass Banken bei der Kreditvergabe großzügig sind. Auf Einzelunternehmer ist nämlich Verlass.		
e) Mein Freund Mike Hohmann will einen Blumenladen in der Rechtsform eines Einzelunternehmens gründen. Ich denke „Mikes Flower-Shop" ist ein guter Name dafür.		
f) Wenn ich tatsächlich als Einzelunternehmer Kaufmann werde, habe ich nicht nur mehr Rechte, sondern auch einige lästige Pflichten zu erfüllen.		
g) Auf die doppelte Buchführung angesprochen, habe ich Mike erklärt, dass er sich das aussuchen könne, egal ob er Kaufmann würde oder nicht.		
h) Ein großer Vorteil des Einzelunternehmens liegt für mich auch darin, dass das lästige Hinund-her-diskutieren bei zu treffenden Entscheidungen einfach wegfällt.		

13.4 Die Gesellschaft mit beschränkter Haftung (GmbH)

Beispiel

Mark Rohde hat noch Fragen an Herrn Dr. Koch.
Mark: „Also Herr Dr. Koch, ich habe da ein Problem. Das geht mir nicht aus dem Kopf. Sie haben mir erklärt, dass ich bei der Einzelunternehmung und auch bei der GbR unbeschränkt haften muss. Wenn die Schulden mir wirklich mal über den Kopf wachsen sollten, dann stehe ich ja sowohl mit meinem Geschäfts- als auch Privatvermögen dafür ein. Selbst meinen heißgeliebten Sportwagen müsste ich dann hergeben. Und zum Leben würde mir dann auch kaum etwas bleiben."
Dr. Koch: „Stimmt. Das ist das große Risiko für Existenzgründer, was viele von ihrem Plan abhält. Es gibt aber eine Möglichkeit, dieses Risiko klein zu halten: Sie gründen eine Gesellschaft mit beschränkter Haftung."

Wesen und finanzielle Ausstattung

Die GmbH gehört zu der Gruppe der Kapitalgesellschaften. Rechtsgrundlage ist das GmbH-Gesetz. Die GmbH ist die am häufigsten gewählte Gesellschaftsform. Der Grund ist, dass die Gesellschafter nur bis zur Höhe des Stammkapitals haften. Vom Stammkapital ist die Stammeinlage zu unterscheiden.

Unterscheidung: Stammkapital – Stammeinlage	
Stammkapital	Es ist das Eigenkapital der GmbH und beträgt mindestens 25.000,00 €.
Stammeinlage	Sie ist der von einem Gesellschafter übernommene Anteil am Stammkapital. Die Stammeinlage muss dabei mindestens 100,00 € betragen.

Gründung

Die GmbH wird durch einen notariell zu beurkundenden Gesellschaftsvertrag errichtet. Bei einer Bargründung sind von jeder Stammeinlage mindestens 25 % einzuzahlen. Die Mindesteinzahlung muss aber die Hälfte des Mindeststammkapitals ausmachen. Das bedeutet also, dass die Mindesteinzahlung auf das Stammkapital 12.500,00 Euro (50 % von 25.000,00 Euro) betragen muss. Handelt es sich um eine Sachgründung (statt Geld wird ein Vermögensgegenstand, wie z. B. ein Gebäude, in die Gesellschaft eingebracht), muss die Stammeinlage vollständig geleistet werden. Bei der Gründung darf kein Gesellschafter mehrere Stammeinlagen übernehmen. Möglich ist aber, dass die übernommenen Stammeinlagen unterschiedlich hoch sind.

Rechte und Pflichten der Gesellschafter

GmbH-Gesellschafter haben das Recht, ...	GmbH-Gesellschafter haben die Pflicht, ...
• einen Teil des Reingewinns zu beanspruchen. Wenn nichts anderes vereinbart wurde, erfolgt die Verteilung des Gewinns nach den Geschäftsanteilen. • Auskunft über die Angelegenheiten der Gesellschaft zu erhalten und Einsicht in die Geschäftsunterlagen zu nehmen. • Verwaltungsaufgaben in der Unternehmung wahrzunehmen.	• vor der Eintragung in das Handelsregister eine Anzahlung auf die Stammeinlage zu leisten. • über den Betrag der Stammeinlage hinaus weitere Einzahlungen zu leisten, wenn diese vertraglich vereinbart wurden (Nachschusspflicht). • gegenüber den Gläubigern nur mit ihrem Anteil am Stammkapital zu haften.Das gilt aber nicht für Schulden gegenüber Banken. Hier haften die Gesellschafter, wenn sie sich z. B. Geld geliehen haben, auch mit privaten Sicherheiten.

Organe der GmbH

Die GmbH kennt drei Organe: die Geschäftsführung, die Gesellschafterversammlung und eventuell den Aufsichtsrat.

Die GmbH und ihre Organe

Geschäfts-führung	Ein oder mehrere Geschäftsführer führen die Gesellschaft und vertreten sie nach außen (z. B. gegenüber Lieferanten). Geschäftsführer können Gesellschafter oder aber dritte Personen sein.
Gesellschafts-versammlung	Sie ist das beschließende Organ, in dem die Gesellschafter ihre Rechte wahrnehmen. Werden Beschlüsse gefasst, so entscheidet die Mehrheit der abgegebenen Stimmen.
Aufsichtsrat	Im GmbH-Gesetz ist die Bildung eines Aufsichtsrats in Gesellschaften mit bis zu 500 Arbeitnehmern nicht vorgeschrieben. Die Hauptaufgabe des Vorstands besteht darin, die Geschäftsführung zu überwachen und den Jahresabschluss zu überprüfen.

Welche Gesellschaftsorgane wären zu bilden, wenn Mark Rohde und Karsten Neumann eine GmbH gründen würden? Da die Unternehmung relativ klein und ihre finanziellen Mittel knapp wären, würde die Geschäftsführung von den beiden Gesellschaftern selbst ausgeübt. Dritte Personen würden nicht mit der Geschäftsführung beauftragt. Auch einen Aufsichtsrat benötigte die GmbH aufgrund ihrer geringen Größe nicht.

GESELLSCHAFTSVERTRAG ÜBER DIE GRÜNDUNG EINER GMBH

§ 1 Firma und Sitz der Gesellschaft
Die Firma der Gesellschaft lautet: Marks Logistik GmbH. Der Sitz der Gesellschaft befindet sich in 20253 Hamburg.

§ 2 Gegenstand des Unternehmens
Gegenstand des Unternehmens ist der Transport von Gütern innerhalb des deutschen Staatsgebietes. Des Weiteren verfolgt das Unternehmen als Ziel, sich auf den logistischen Teilmarkt Handelslogistik zu spezialisieren.

§ 3 Gesellschafter
Die Gründung der Gesellschaft erfolgt durch die beiden Gesellschafter Mark Rohde, Lange Str. 4, 20259 Hamburg und Karsten Neumann, Neue Fahrt 17, 25712 Quickborn.

§ 4 Stammkapital und Stammeinlage
Das vereinbarte Stammkapital der Gesellschaft hat eine Höhe von 30.000,00 €. Von dem Stammkapital übernimmt der Gesellschafter Mark Rohde eine Stammeinlage von 10.000,00 € und der Gesellschafter Karsten Neumann eine von 20.000,00 €. Stammeinlagen sind in Geld- und nicht in Sachwerten zu erbringen.

§ 5 Einzahlungen auf Stammeinlage
Die Gesellschafter verpflichten sich, die vereinbarten Einzahlungen auf das Stammkapital sofort zu leisten. Für Gesellschafter Rohde beläuft sich dieser Betrag auf 4.500,00 € und für Gesellschafter Neumann auf 9.000,00 €.

§ 6 Geschäftsführung und Vertretung
Die Geschäftsführung und Vertretung wird durch die beiden Gesellschafter Mark Rohde und Karsten Neumann wahrgenommen. Sie besitzen das Recht zur Einzelvertretung.

§ 7 Gewinn- und Verlustbeteiligung
Die Verteilung des Gewinns und des Verlustes erfolgen im Verhältnis der Geschäftseinlage.

§ 8 Nachschusspflicht
Einzahlungen über den Betrag der Stammeinlage hinaus werden grundsätzlich nicht ausgeschlossen, wenn es die wirtschaftliche Situation der Unternehmung erfordert. Der Beschluss hierzu muss einstimmig gefasst werden. Die Einzahlung der Nachschüsse hat nach dem Verhältnis der Geschäftsanteile zu erfolgen.

§ 9 Auflösung
Eine freiwillige Auflösung der GmbH erfordert den Beschluss aller Gesellschafter.

Hamburg, 10. Juli 20..

Mark Rohde *Karsten Neumann*

Die Ein-Personen-GmbH

Mark Rohde könnte auch allein eine GmbH gründen. Der Gründungsvorgang weist keine Unterschiede gegenüber der Mehr-Personen-GmbH auf. Auch hier gibt es ein Mindeststammkapital von 25.000,00 Euro. Das eingebrachte Bar- oder Sachvermögen muss auch bei der Ein-Personen-GmbH mindestens 12.500,00 Euro betragen.

Die Mini-GmbH

Der Schritt in die Selbstständigkeit wird leichter. Hierzu wurde das GmbH-Gesetz reformiert. Die offizielle Bezeichnung dieser Mini-GmbH ist: Unternehmergesellschaft (haftungsbeschränkt) oder UG (haftungsbeschränkt). Mit dieser Unternehmungsform soll der Trend, dass sich immer mehr Unternehmer für eine Limited Gesellschaft nach britischem Vorbild entscheiden, gestoppt werden. Was die Ltd-Gesellschaft für Gründer so attraktiv macht, ist die Tatsache, dass sie ohne Mindeststammkapital gegründet werden kann.

Bei der Mini-GmbH handelt es sich um keine eigenständige Rechtsform, sondern um eine Variante der bisherigen GmbH. Die klassische GmbH mit einem Stammkapital von 25.000,00 € bleibt weiter bestehen. Die Mini-GmbH bietet genau wie die klassische Form dem Unternehmen die Möglichkeit einer beschränkten Haftung. Sie ist gedacht für Existenzgründer und Kleinunternehmer, die nur einen geringen Kapitalbedarf haben. Ihre Gründung kann bereits mit einer symbolischen Einlage von 1 € erfolgen. Der Unternehmer ist aber im Gegenzug verpflichtet, jedes Jahr 25 % des Gewinns in eine gesetzliche Rücklage einfließen zu lassen. Das hat solange zu erfolgen, bis das Mindeststammkapital von 25.000,00 € angesammelt wurde.

Arbeitsvorschläge

1 Mark Rohde und Karsten Neumann überlegen, ob sie eine BGB-Gesellschaft oder doch besser eine GmbH gründen sollten. Helfen Sie ihnen bei dieser Entscheidung, indem Sie eine Übersicht nach folgendem Muster erstellen und dann ausfüllen.

	BGB-Gesellschaft	GmbH
Vorteile	?	?
Nachteile	?	?

2 Mark Rohde und Karsten Neumann haben Zweifel, ob das geplante Stammkapital von 30.000,00 € zur GmbH-Gründung wirklich ausreicht, um ihre Absicht zu verwirklichen. „Besser, wir packen noch 6.000,00 € drauf“, ist schließlich ihre einhellige Meinung.

a) Unterscheiden Sie zwischen den Begriffen Stammkapital, Stammeinlage und Geschäftsanteil.

b) Mark Rohde will aufgrund der Absprache jetzt eine Stammeinlage von 13.000,00 € und Karsten Neumann von 23.000,00 € einbringen. Welchen Betrag müsste jeder Gesellschafter sofort aufbringen, um die gesetzlich vorgeschriebene Mindesteinzahlung tätigen zu können?

c) Die Gesellschaft erwirtschaftet im ersten Geschäftsjahr einen Verlust von 8.300,00 €. Wie ist der zu verteilen?

d) Im zweiten Geschäftsjahr stellen sich erste Erfolge ein, und es wird ein Gewinn von 12.850,00 € erzielt. Wie ist der zu verteilen?

13.5 Offene Handelsgesellschaft und die Kommanditgesellschaft als weitere Personengesellschaften

Die OHG und die KG gehören zu der Gruppe der Personengesellschaften. Diese Gesellschaftsformen werden im Handelsgesetzbuch (HGB) geregelt.

Vergleich von OHG und KG

	Offene Handelsgesellschaft	**Kommanditgesellschaft**
Wesen	Die OHG ist eine vertragliche Vereinigung von mindestens zwei Personen zum Betrieb eines Handelsgewerbes, bei der die Gesellschafter unbeschränkt haften.	Die KG ist eine vertragliche Vereinigung von mindestens zwei Personen zum Betrieb eines Handelsgewerbes, wobei die Haftung mindestens eines Gesellschafters gegenüber den Gesellschaftsgläubigern beschränkt ist (Kommanditist) und mindestens ein Gesellschafter unbeschränkt haftet (Komplementär).
Firma	Bei einer OHG ist die Zusatzbezeichnung „offene Handelsgesellschaft" oder eine allgemein verständliche Abkürzung zu wählen. **Beispiele:** • Rhode & Neumann OHG • Rhode offene Handelsgesellschaft	Bei einer KG ist die Zusatzbezeichnung „Kommanditgesellschaft" oder eine allgemein verständliche Abkürzung zu wählen. **Beispiele:** • Rhode & Partner KG • Rhode Kommanditgesellschaft
Haftungsfragen	Jeder Gesellschafter haftet: • **voll bzw. unbeschränkt**, d. h. mit dem Firmen- und Privatvermögen; • **unmittelbar bzw. direkt**, d. h., jeder Gläubiger kann jeden Gesellschafter in Regress nehmen; • **gesamtschuldnerisch**, solidarisch, d. h., er haftet nicht nur für seine Schulden, sondern auch für die der anderen Gesellschafter.	Für die Vollhafter (Komplementäre) gelten die gleichen Haftungsbedingungen wie in der offenen Handelsgesellschaft. Die Teilhafter (Kommanditisten) haften nur mit ihrer Einlage, d. h. nicht mit ihrem Privatvermögen.
Gewinnverteilung	Vom Gewinn erhalten die Gesellschafter zunächst 4 % ihrer Einlagen. Der restliche Gewinn wird gleichmäßig verteilt.	Vom Gewinn erhalten die Gesellschafter zunächst 4 % ihrer Einlage. Der Rest wird in einem angemessenen Verhältnis verteilt. Vollhafter können zusätzlich einen Grundbetrag erhalten.

Gewinnannahme 12.000,00 €		
	Gesellschafter Rohde	Gesellschafter Neumann
Einlage	50.000,00 €	20.000,00 €
4 %	2.000,00 €	800,00 €
Rest	4.600,00 €	4.600,00 €
Gesamtgewinn	6.600,00 €	5.400,00 €

	Vollhafter Rohde	Teilhafter Neumann
Einlage	50.000,00 €	20.000,00 €
4 %	2.000,00 €	800,00 €
Grundbetrag	5.000,00 €	–
Rest z. B.	2.100,00 €	2.100,00 €
Gesamtgewinn	9.100,00 €	2.900,00 €

Leitung	Alle Teilhaber sind zur Geschäftsführung verpflichtet und können im Innenbereich (innerbetriebliche Entscheidungen) bei allen gewöhnlichen Geschäftsvorfällen allein, bei außergewöhnlichen Dingen nur zusammen entscheiden.	Nur Komplementäre sind zur Geschäftsführung berechtigt und verpflichtet. Den Kommanditisten steht nur ein Kontrollrecht am Jahresende zu.
Verlustverteilung	Ein Verlust wird nach Köpfen verteilt.	Ein Verlust wird im angemessenen Verhältnis verteilt, Vollhafter tragen höhere Verluste.

GmbH & Co. KG

Sie ist eine besondere Form der Kommanditgesellschaft. Der einzige Vollhafter der KG ist die GmbH. Im Gegensatz zu den anderen Personengesellschaften bietet die GmbH & Co. KG den Vorteil der Haftungsbeschränkung, da die GmbH als Alleiniger Vollhafter in Höhe des Geschäftsvermögens haftet.

Haftung in der GmbH & Co. KG

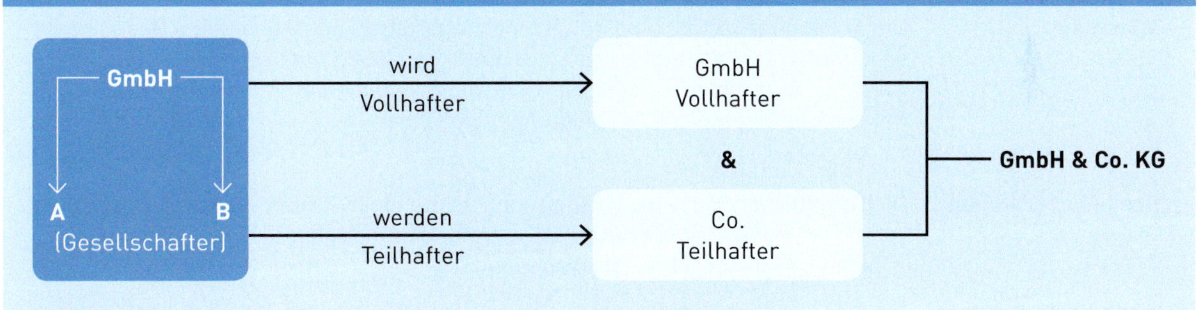

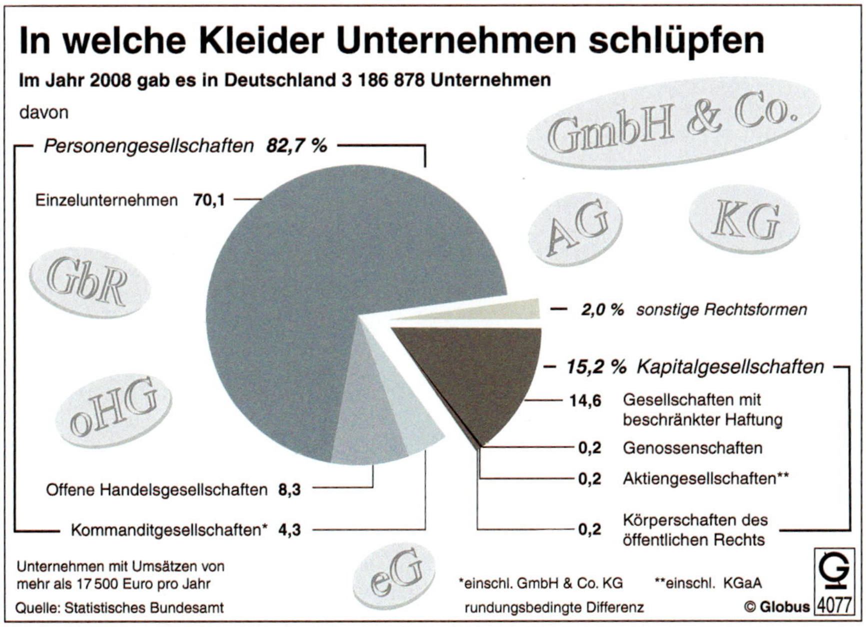

13.6 Aktiengesellschaft (AG) als weitere Kapitalgesellschaft

Große Unternehmen, die viel Kapital benötigen, haben meistens die Rechtsform AG. Diese Gesellschaftsform ist im Aktiengesetz (AktG) geregelt.

Merkmale einer AG	
Wesen	Die Aktiengesellschaft ist eine Kapitalgesellschaft mit einem in Aktien zerlegten Grundkapital. Nur das Gesellschaftsvermögen haftet den Gläubigern gegenüber.
Handelsregister	Die Eintragung in das Handelsregister ist notwendig. Die Haftungsbegrenzung der Gesellschafter gilt erst dann, wenn die Eintragung erfolgt ist.
Beteiligung	Der Mindestnennbetrag des Grundkapitals beträgt 50.000,00 €. Das Grundkapital der AG wird in verbriefte Anteilscheine in Form von Aktien zerlegt. Der Kurs der Aktie bildet sich an der Börse durch Angebot und Nachfrage.
Gründung	Die Aktiengesellschaft wird durch einen notariell zu beurkundenden Gesellschaftsvertrag (Satzung) errichtet. Die AG kann durch eine oder mehrere Personen gegründet werden. Üblich ist die Gründung durch mehrere Personen mit der Übernahme der Aktien durch die Gründer.
Firmenbezeichnung	Die Gesellschaft muss die Bezeichnung „Aktiengesellschaft" oder eine allgemein verständliche Abkürzung dieser Bezeichnung enthalten, z. B. „AG". **Beispiele:** • Technik Aktiengesellschaft, Metallbau AG
Haftung	Die Haftung der Aktionäre ist auf die Kapitaleinlage begrenzt. Eine persönliche Haftung für die Verbindlichkeiten der Gesellschaft besteht nicht.
Rechte der Aktionäre	• Recht auf Teilnahme an der Hauptversammlung mit Stimmrecht • Recht auf Anteil am Bilanzgewinn (Dividende) bzw. Liquidationserlös • Recht auf Bezug von Aktien bei einer Kapitalerhöhung
Organe	Das **Leitungsorgan** der AG ist der **Vorstand**. Er hat folgende Aufgaben: • Bestimmung der Geschäftspolitik, Geschäftsführung und -vertretung • Vorlage des Jahresabschlusses, Vorschlag über Gewinnverteilung • Einberufung der Hauptversammlung Das **Kontrollorgan** der AG ist der **Aufsichtsrat**. Er hat folgende Aufgaben: • Berichterstattung gegenüber der Gesellschaft • Bestellung und Überwachung des Vorstandes • Prüfung des Jahresabschlusses und der Gewinnverteilung Das **Beschlussfassungsorgan** der AG ist die **Hauptversammlung**. Sie hat folgende Aufgaben: • Feststellung des Jahresabschlusses und Beschluss über Gewinnverwendung • Beschluss über Satzungsänderung, Beschluss über Kapitalerhöhung • Bestellung der Abschlussprüfer • Bestellung, Abberufung und Entlastung des Vorstandes und des Aufsichtsrats

13.7 Ausländische Kapitalgesellschaften

Wer in Deutschland eine Kapitalgesellschaft gründen will, muss sich seit einigen Jahren nicht mehr entscheiden zwischen der AG und der GmbH. Vielmehr hat ein Unternehmensgründer das Recht, zwischen Kapitalgesellschaften aller Mitgliedsstaaten der EU frei auszuwählen.

Merkmale der britischen Limited	
Wesen	Die britische Rechtsform der „private company by shares", kurz „Limited" genannt, ist die von deutschen Unternehmensgründern am häufigsten gewählte Unternehmungsform. Allerdings sieht das britische Gesellschaftsrecht vor, dass die Limited ihren Jahresbericht und die Bilanz in englischer Sprache und nach britischem Recht beim britischen Handelsregister in Cardiff (Companies Register) hinterlegt. Wenn dieser Pflicht nicht nachgekommen wird, drohen empfindliche Strafen. Die Limited Company ist eine Gesellschaftsform, die mit der deutschen GmbH und der AG vergleichbar ist. Der wesentliche Unterschied gegenüber diesen deutschen Kapitalgesellschaften besteht darin, dass bei der Gründung einer Limited Company ein großer Gestaltungsspielraum hinsichtlich der Kapitalausstattung besteht. Im Allgemeinen beträgt das Startkapital 1.000 GBP (englische Pfund). Aber auch schon 1 GBP oder 1 Euro reichen im Extremfall als Kapitalausstattung aus. Weitere Vorteile der Limited sind die kurze Gründungsdauer und die niedrigen Gründungskosten.
Arten der Limited Company	Die Hauptarten der Limited Company sind: • Private limited Company by shares (Ltd). Sie ist für kleine und mittelständische Unternehmen die gängige Unternehmensform. • Public limited Company (PLC). Sie ist die übliche Rechtsform für große Unternehmen, die an der Börsenotiert sind. • Private limited Company by guarantee. Anders als bei den üblichen Formen der Aktiengesellschaft wird hier kein Stammkapital gebildet. Die Aktionäre müssen vielmehr eine Garantie abgeben, dass sie im Insolvenzfall für die Schulden der Gesellschaft bis zu einer bestimmten Summe haften.
Firma und Gründung	Die Firma muss einen Zusatz enthalten, der Auskunft über die jeweilige Rechtsform gibt. Üblich sind die Abkürzungen Ltd. bei kleinen und mittelständischen Unternehmungen und PLC bei Publikumsgesellschaften. Die Gründung einer Limited kann bereits mit einem Aktionär erfolgen. Eine Limited ist zunächst in das englische Handelsregister einzutragen. Die in Deutschland tätigen Gesellschaften gelten rechtlich gesehen als selbständige Zweigniederlassungen der englischen Gesellschaft und sind in das deutsche Handelsregister einzutragen.
Zu besetzende Positionen bei der Limited	• Aktionär (Shareholder): Er zeichnet bei der Gründung die vorgesehene Anzahl der Aktie, die er übernehmen will. Selbst die Zeichnung nur einer Aktie ist möglich. Die Aktionäre haften nur für die Einzahlung des Nennwertes ihrer gezeichneten Aktien. • Geschäftsführer (Director): Er ist der gesetzliche Vertreter der Firma und hat deren gemeinsame Interessen zu vertreten und nicht die der einzelnen Aktionäre. Für die geschäftlichen Tätigkeiten ist er verantwortlich. • Gesellschaftssekretär (Company Secretary): Jede Limited muss in Großbritannien einen company secretary haben (und bezahlen). Er ist zuständig für die Verwaltungsarbeit und organisiert z. B. das jährliche Aktionärstreffen.

13.8 Genossenschaften als Selbsthilfeorganisationen

Merkmale einer Genossenschaft

Gesetzliche Regelung: Die Bestimmungen sind im Genossenschaftsgesetz.

Wesen: Die Genossenschaften sind Selbsthilfeorganisationen von schwächeren Gewerbetreibenden und Verbrauchern, die Vorteile von Großbetrieben (z. B. Großeinkauf) nutzen.

Gründung und Firma: Zur Gründung sind mind. drei Personen notwendig, die gemeinsam eine Satzung aufstellen. Die Genossenschaft entsteht durch Eintragung in das Genossenschaftsregister. Sie muss die Bezeichnung „eingetragene Genossenschaft" bzw. „eG" enthalten. Der Gegenstand der Genossenschaft braucht nicht Firmenbestandteil zu sein. Möglich ist auch, hier eine Personen- oder Fantasiefirma zu wählen. Beispiele: Auer Molkerei eingetragene Genossenschaft, Walter eG.

Mitgliedschaft: Der Eintritt in eine bestehende Genossenschaft erfolgt durch eine schriftliche Beitrittserklärung. Wirksam wird die Mitgliedschaft erst dann, wenn sie beim Amtsgericht in die Liste der Genossen eingetragen wird.

Organe der Genossenschaft

Vorstand: Er entspricht dem einer AG und besteht mindestens aus einer Person, wenn die Genossenschaft nicht mehr als 20 Mitglieder hat. Seine Mitglieder müssen Genossen sein.

Aufsichtsrat: Er hat ähnlich wie bei der AG die Geschäftsführung des Vorstands zu überwachen. Bei bis zu 20 Mitgliedern müssen Genossenschaften keinen Aufsichtsrat wählen. Bei mehr als 20 Mitgliedern besteht der Aufsichtsrat aus mindestens 3 Genossen.

Generalversammlung: Sie ist die Versammlung aller Genossen und wählt nicht nur den Aussichtsrat, sondern auch den Vorstand. Die Generalversammlung entspricht weitgehend der Hauptversammlung der AG.

Unterscheidung der Genossenschaften

Haftung

Arten
- Genossenschaft mit beschränkter Haftpflicht
- Genossenschaft mit unbeschränkter Haftpflicht

Bedeutung
- Genossen haften bis zu einer festgelegten Haftsumme
- Genossen haften mit gesamtem Vermögen

Wirtschaftlicher Zielsetzung

Arten
- Verbrauchergenossenschaft
- Einkaufsgenossenschaft
- Kreditgenossenschaft
- Verkehrsgenossenschaft

Beispiel
- Konsumgenossenschaft
- Volks- und Raiffeisenbanken
- Winzergenossenschaft
- Binnenschifffahrtsgenossenschaft

Arbeitsvorschläge

1. Karsten, Olga und Claudia wollen eine OHG gründen. Geplant ist, dass Karsten ein Drittel und Olga ein Viertel der Kapitaleinlage leistet. Der Rest in Form eines PKW mit einem Schätzwert von 14.000,00 € wird von Claudia zur Verfügung gestellt.
   Wie hoch sind die einzelnen Kapitalanteile und wie hoch ist das Gesamtkapital?
2. Die Spedition Meier OHG hatte beim Jahresabschluss einen Reingewinn von 62.680,00 €. A ist mit 22.800,00 €, B mit 37.500,00 € und C mit 60.400,00 € beteiligt. Der Reingewinn ist wie folgt zu verteilen:
   a) nach Kapitalanteilen,
   b) nach den Bestimmungen des HGB,
3. Der Expressdienst EXP KG hat im zurückliegenden Jahr einen Gewinn von 150.000,00 € erwirtschaftet. Wie wird der Gewinn nach den gesetzlichen Regelungen unter folgenden Bedingungen verteilt?
   a) Einlagen:
      Vollhafter Kurt M. 60.000,00 €
      Teilhafter Bernd H. 30.000,00 €
      Teilhafter Alexander L. 10.000,00 €
   b) Vollhafter Kurt M. soll vorab für seine Tätigkeit vom Gewinn 2.500,00 € erhalten
   c) Als angemessen gilt folgende Gewinnverteilung: Vollhafter 2 Teile, Teilhaber 1 Teil
4. Melanie Meister und Frank Gutermuth wollen sich selbständig machen. Mit einer Preisagentur wollen sie im Kundenauftrag die preisgünstigsten Anbieter herausfinden, egal ob es ein Auto, eine Pauschalreise oder sonst irgendetwas ist. Bei der Rechtsform ihres geplanten Unternehmens wollen sie sich zwischen einer OHG und einer KG entscheiden. Diskutieren Sie Vor- und Nachteile und tragen Sie die Ergebnisse in eine Übersicht nach folgendem Muster ein.

	OHG	KG
Vorteile	?	?
Nachteile	?	?

5. Der Vorstand der Spedition der Trans-Europa-AG hat seine Aktionäre zur diesjährigen Hauptversammlung eingeladen. Hauptpunkt des Einladungsschreibens ist die Tagesordnung. Machen Sie einen Vorschlag zur Programmgestaltung der Tagesordnung.
6. Welche Aufgabe hat der Vorstand und welche der Aufsichtsrat in einer AG?
7. Als Fußballfan möchten Sie Aktionär werden beim Fußballverein Borussia Dortmund.

   Beschaffen Sie sich Informationen (z. B. aus dem Internet www.borussia-aktie.de) zu folgenden Fragen:
   a) Wer ist im Vorstand bzw. in der Geschäftsführung und wer im Aufsichtsrat von Borussia Dortmund?
   b) Wie heißt die genaue Bezeichnung der Gesellschaftsform?
   c) Wie viele Aktionäre hat die Gesellschaft etwa?
   d) Wie erfolgreich ist das letzte Geschäftsjahr verlaufen?
   e) Wie hoch ist der gegenwärtige Aktienkurs und wie hoch war der Ausgabekurs?
   f) Welche Faktoren wirken sich auf den Kurs der BVB-Aktie aus?
8. Welche Besonderheit besteht bei der GmbH & Co. KG hinsichtlich den Haftungsverhältnissen gegenüber anderen Personengesellschaften?
9. Unterscheiden Sie die Genossenschaften nach ihrer Zielsetzung und nach der Haftung.
10. Was bedeutet die Aussage: „Genossenschaften sind Selbsthilfeorganisationen"?
11. Worin besteht der Vorteil der Limited Company bei der Kapitalbeschaffung?

14 Organisation

Moment mal!

Herr Maibaum, Geschäftsführer der Spedition Roloff GmbH, konnte seinen Ärger bei der letzten Sitzung der Abteilungsleiter nicht zurückhalten, als er zu dem Tagesordnungspunkt „Organisationsdefizite“ kam. Zu beklagen waren:

- Der Abstimmungsbedarf zwischen den Abteilungen Nah- und Fernverkehr ließen zu wünschen übrig. Einige Male war es so zu massiven Kundenbeschwerden aufgrund der zeitlichen Verzögerung bei der Abwicklung gekommen.
- Mitarbeiter im Bereich Verpackung und Kommissionierung hatten schon wiederholt unterschiedliche und widersprüchliche Anweisungen von verschiedenen Vorgesetzten erhalten. Als Folge haben sich Fehler bei der Beladung der Fahrzeuge ergeben.
- Organisation und Zuständigkeiten der einzelnen Abteilungen waren für Außenstehende nicht transparent genug. Des öftern hatten Kunden Probleme, sofort den richtigen Ansprechpartner für ihr Anliegen zu finden.

- ▸ Welche Aufgabe hat die Aufbau- und welche die Ablauforganisation?
- ▸ Welche Leistungssysteme sind zu unterscheiden?
- ▸ Wie sieht der Instanzenaufbau einer Unternehmung aus?

?

14.1 Grundlagen der Organisation verstehen

Wesen

Betriebe benötigen eine Organisation um ihre Aufgaben zu erfüllen. Die Organisation ist dabei ein Hilfsmittel, welche die Wege zur Erfüllung der Aufgabe festlegt und dabei Regeln ausstellt und Maßnahmen beschließt.

Eine Bedingung für die Organisation sind regelmäßig wiederkehrende Aufgaben, die es zu lösen gilt. Beispiel: Lohn- und Gehaltszahlung. Eine weitere Bedingung ist die Möglichkeit Aufgaben zu teilen und sie durch unterschiedliche Personen oder Personengruppen erledigen zu lassen. Beispiel: Für den Sammelgutverkehr in einer Spedition sind im Allgemeinen andere Personen zuständig als für die Gefahrguttransporte.

Organisation, Improvisation und Disposition
Organisation ist von der Improvisation und der Disposition zu unterscheiden.

Unterschiede zwischen Organisation, Improvisation und Disposition	
Organisation	Dauerhaft gültige Regelung für Vorgänge, die sich wiederholen. **Beispiel:** Regelung für die Terminüberwachung von fälligen Forderungen
Improvisation	Vorläufige Regelung, die nur für eine befristete Zeit gültig ist. **Beispiel:** Befristete Kooperation mit einem Konkurrenten zur Erledigung eines Großauftrags.
Disposition	Regelung, die nur für einen Einzelfall gültig ist. **Beispiel:** Kaufentscheidung eines LKWs außerhalb des Investitionsprogramms.

Aufbau- und Ablauforganisation
Zwei grundsätzlich verschiedene Aufgabenfelder sind bei der Organisation zu unterscheiden: die Aufbau- und die Ablauforganisation.
Aufbauorganisation: Sie gliedert das Unternehmen in organisatorische Einheiten. Diese können sein Stellen, Abteilungen oder Unterabteilungen. Durch die Aufbauorganisation wird die Grundstruktur eines Betriebes festgelegt.
Ablauforganisation: Sie bestimmt den Ablauf des betrieblichen Geschehens. Im Mittelpunkt steht hierbei die Arbeit, aber auch die Ausstattung mit notwendigen Informationen und Sachmitteln.

14.2 Die Aufbauorganisation

14.2.1 Gliederung der Gesamtaufgabe
Die Aufbauorganisation gliedert die Gesamtaufgaben eines Betriebes in Haupt-, Teil- und Elementaraufgaben, um sie dann bestimmten Zuständigkeitsbereichen (Stellen, Abteilungen) zur Bearbeitung zu übertragen. Mit der Ableitung aufteilungsfähiger Elementraufgaben ist diese Aufgabenanalyse beendet.

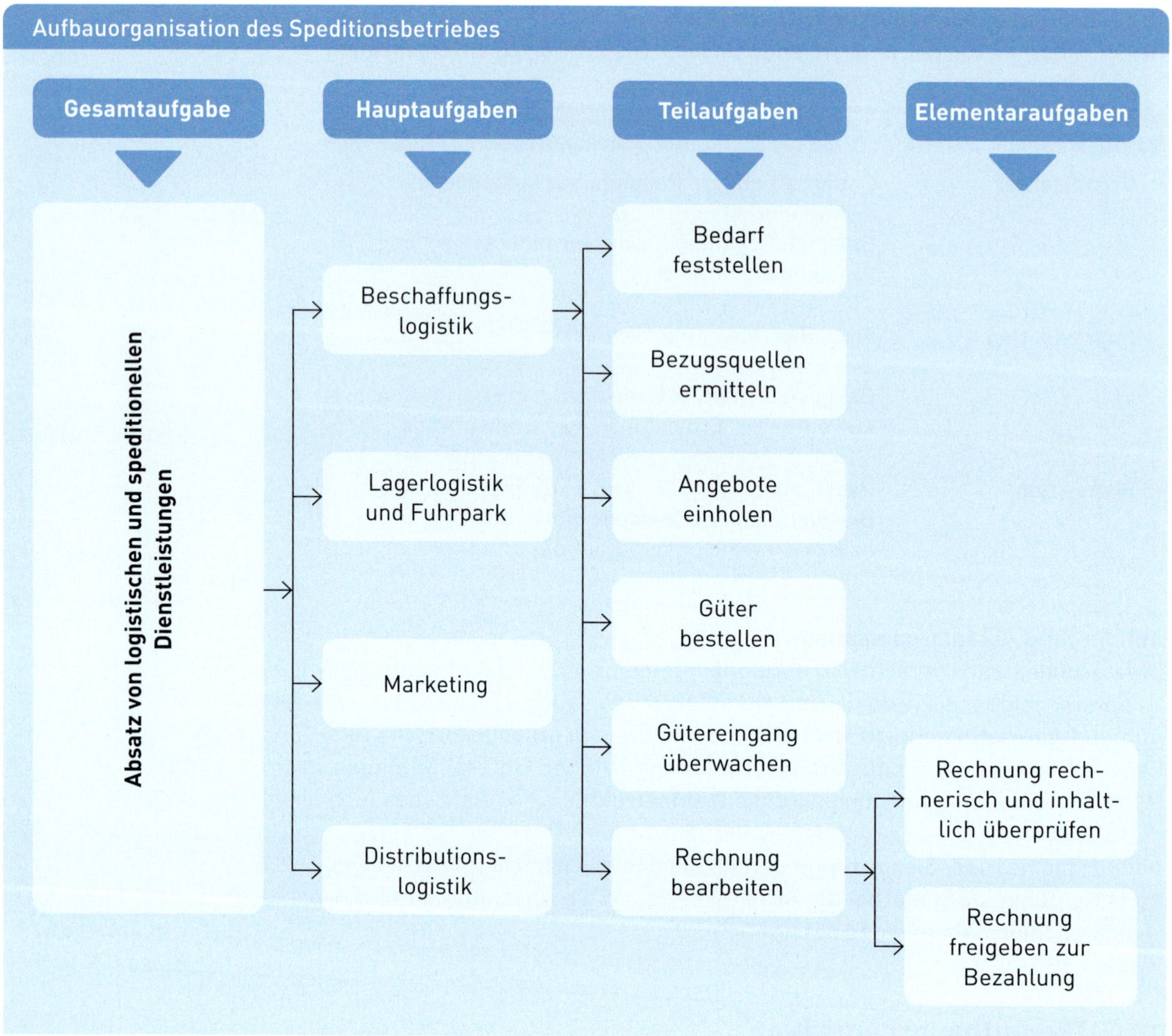

Stellen bilden die kleinste organisatorische Einheit in einem Unternehmen. Ein bestimmter Aufgabenbereich (z. B. Buchung der angefallenen Belege) wird einer oder mehreren Personen dabei dauerhaft übertragen.

Verschiedene Stellenarten sind zu unterscheiden:

- Ausführungsstellen: Es sind Stellen, die keine Weisungsbefugnis gegenüber anderen Stellen haben. Ihre Befugnisse beschränken sich allein auf die Durchführung einer betrieblichen Teilaufgabe.
- Leitungsstellen: Sie entstehen, in dem mehrere Stellen zu einer Abteilung zusammengefasst werden. Sie werden einer gemeinsamen Stelle, der Leitungsstelle, unterstellt. Diese hat Anordnungsbefugnisse gegenüber den Ausführungsstellen. Die Leitungsstelle auf der oberen Leitungsebene ist je nach den rechtlichen Gegebenheiten der Inhaber, die Geschäftsführung oder der Vorstand.
- Stabstellen: Sie werden nicht leitend tätig, sondern entlasten und unterstützen Leitungsstellen. Häufig sind es Spezialisten, die der jeweiligen Leitungsstelle zuarbeiten.

14.2.2 Organigramm und Leitungssysteme

Das Leitungssystem einer Unternehmung reicht von der oberen Leitungsebene über die mittleren und unteren Leitungsstellen bis hin zu der reinen Durchführungsebene. Leitungsaufgaben werden auf dieser Ebene nicht mehr wahrgenommen. Die stufenweise Anordnung der Ebenen mit den dazugehörenden Stellen führt zu dem bekannten Bild einer Pyramide. Dieser hierarchische Aufbau wird häufig in einem Organisationsschaubild, dem Organigramm, grafisch dargestellt.

Je nach Aufbau der Organisationsstruktur werden verschiedene Leitungsebenen unterschieden:

Einliniensystem (mit Stabstelle)

Das nachstehend abgebildete Organigramm eines Speditionsbetriebes ist ein Einliniensystem, dass durch zwei Stabstellen ergänzt wurde. Auffallend ist der klare und übersichtliche Instanzenweg. Jeder der Mitarbeiter hat nur einen Vorgesetzten. Die Stellen und Abteilungen auf der gleichen Stufe sind untereinander unabhängig. Durch die Einrichtung der Stabstelle (Leitungshilfsstelle) wird die Gliederung des Einliniensystems beibehalten.

Vor- und Nachteile des Einliniensystems

Vorteile	Nachteile
• klare Regelung der Verantwortlichkeit • gute Kontrollmöglichkeiten • gut überschaubar	• umständliche und lange Informationswege • großer Koordinierungsbedarf innerhalb einer Unternehmung • große Abhängigkeit zwischen vorgesetzten und nachgeordneten Stellen

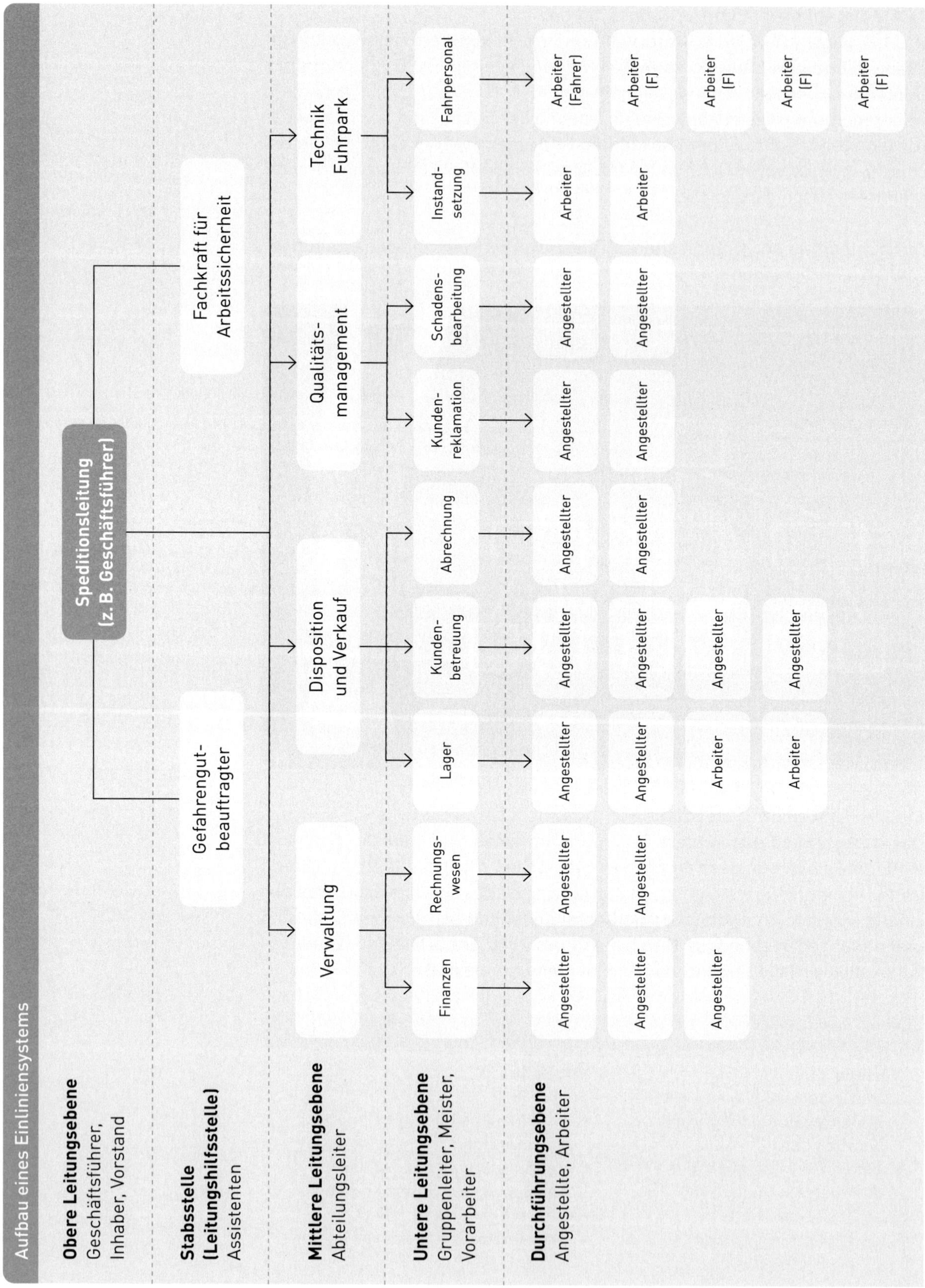
Aufbau eines Einliniensystems
Obere Leitungsebene
Geschäftsführer, Inhaber, Vorstand
Stabsstelle (Leitungshilfsstelle)
Assistenten
Mittlere Leitungsebene
Abteilungsleiter
Untere Leitungsebene
Gruppenleiter, Meister, Vorarbeiter
Durchführungsebene
Angestellte, Arbeiter
Speditionsleitung (z. B. Geschäftsführer)
Gefahrengut-beauftragter
Fachkraft für Arbeitssicherheit
Verwaltung
Disposition und Verkauf
Qualitäts-management
Technik Fuhrpark
Finanzen
Rechnungs-wesen
Lager
Kunden-betreuung
Abrechnung
Kunden-reklamation
Schadens-bearbeitung
Instand-setzung
Fahrpersonal
Angestellter
Arbeiter
Arbeiter (Fahrer)
Arbeiter (F)

Mehrliniensystem
Mehrere Leitungsstellen erteilen einer untergeordneten Stelle Weisungen. Bei der Anwendung dieses Systems kommt es also zu Mehrfachunterstellungen.

Vor- und Nachteile des Mehrliniensystems

Vorteile	Nachteile
• Spezialisierung durch Aufteilung der Funktionen • direkte und schnelle Kommunikation • Fachautorität der Leitungsstelle wird betont	• Probleme bei Abgrenzung von Zuständigkeit und Verantwortung • großer Abstimmungsbedarf zwischen den Stellen • Gefahr von widersprüchlichen Weisungen

Aufbau eines Mehrliniensystems

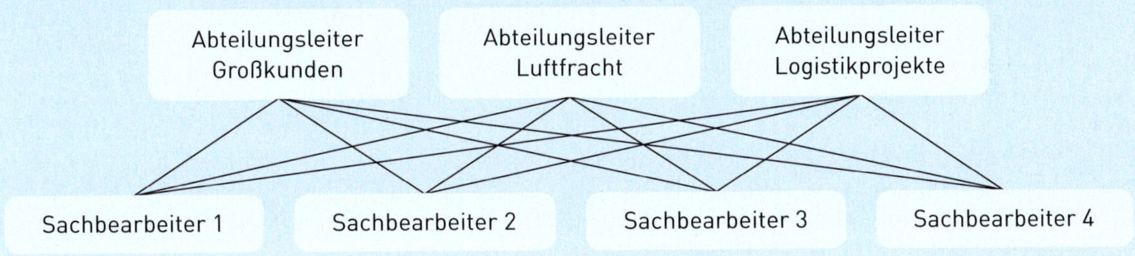

Matrixsystem
Es handelt sich hier um ein spezielles Mehrliniensystem. Die Leitungsfunktionen werden von jeweils zwei Matrixstellen ausgeführt. Eine untergeordnete Stelle (Fachabteilung) erhält also Anweisungen von zwei Vorgesetzten. Eine Leitungsebene ist dabei nach Funktion (z. B. Beschaffung, Produktion, Vertrieb) organisiert, die anderen nach Objekten (z. B. nach Regionen, Kundengruppen, Erzeugnissen). Beispiel: Die Produktmanager für die Erzeugnisse A, B und C sind jeweils verantwortlich für Bestellung, Fertigung und Absatz „ihres" Produkts. Außerdem existieren aber zentrale Abteilungen. So ist z. B. die zentrale Abteilung Einkauf für die Beschaffung aller Materialien zuständig, die für die Erzeugnisse A, B und C benötigt werden.

Vor- und Nachteile des Matrixsystems

Vorteile	Nachteile
• Austausch von Informationen wird gefördert • Teamarbeit wird gefördert • bessere Ausnutzung von Spezialwissen	• besteht kein einheitliches Leitungssystem • großer Abstimmungsbedarf • hohes Maß an Kooperationsfähigkeit ist notwendig • Gefahr der Überorganisation

Aufbau eines Matrixsystems

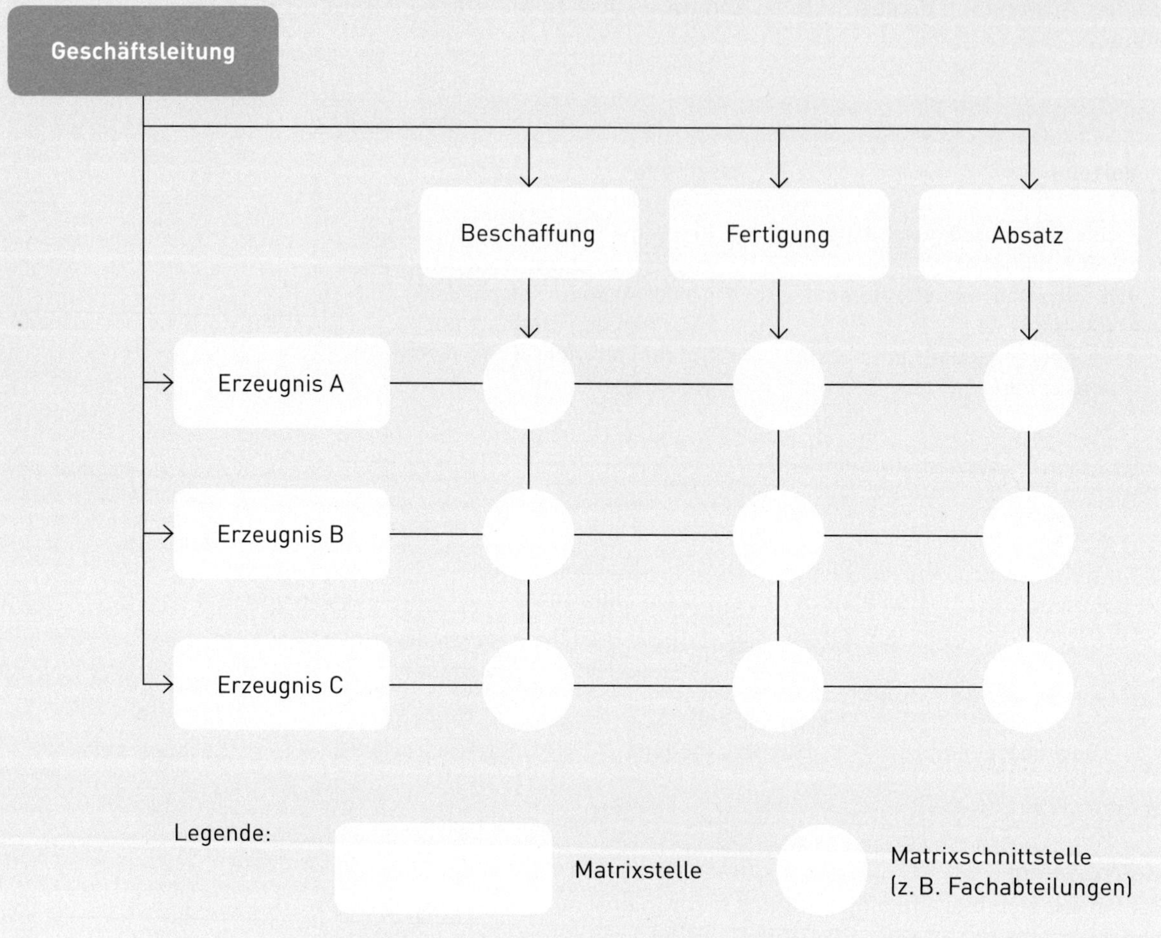

Spartenorganisation (Divisonalisierung)

Sparten sind weitestgehend selbständige Teilbereiche eines Unternehmens. Entscheidungsbefugnisse und die Verantwortung für den jeweiligen Teilbereich werden vor allem den Spartenleitern übertragen. Diese handeln innerhalb eines vorgegebenen Handlungsspielraums, der von der Unternehmensleitung vorgegeben ist. Als gewinnverantwortliche Unternehmenseinheiten sind die Sparten ihrem Wesen nach eigenständige Profitcenter.

Vor- und Nachteile des Matrixsystems

Vorteile	Nachteile
• Konzentration auf bestimmte Geschäftsfelder • durch Eigenverantwortlichkeit große Motivation • sehr gute Kenntnisse der Kunden und ihrer Wünsche	• mehrfach zu besetzende Funktionen • unerwünschtes Konkurrenzdenken zwischen den Sparten • Verlust von Größenvorteilen

Aufbau einer Spartenorganisation

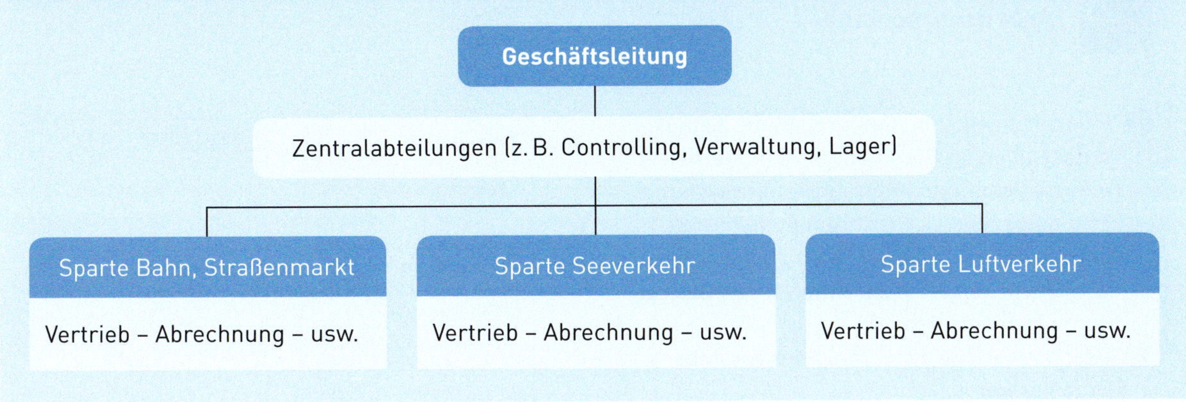

14.3 Die Ablauforganisation

Bei der Ablauforganisation geht es um die Gestaltung des betrieblichen Geschehens. Im Unterschied zu den statischen Beziehungen der Aufbauorganisation geht es bei der Ablauforganisation um dynamische Zusammenhänge. Mit anderen Worten: Es wird der Betrieb in Aktion betrachtet. Im Mittelpunkt stehen die Arbeitsvorgänge, wie sie durch die jeweiligen Beschäftigten auszuführen sind.

Ziele der Ablauforganisation:
- Maximierung der Kapazitätsauslastung von Stellen und Sachmitteln
- Minimierung der Durchlaufzeit von betrieblichen Aufträgen

Der Arbeitsablauf eines Kommissionierers lässt sich durch folgende Bestimmungsmerkmale beschreiben:

Ablauforganisation in einer Spedition	
Was ist zu tun? **Art der Tätigkeit**	• Entnahme der Ware aus Sammellager • Einlegen der Ware in Sammelbehälter • Quittieren des Entnahmevorgangs • Ausfertigen der Lieferscheine • Transport der Sammelbehälter zum Sammlungspunkt
Woran ist etwas zu tun? **Gegenstand der Tätigkeit**	• Warensortiment gemäß Kundenauftrag
Womit ist die Arbeit zu erledigen? **Hilfsmittel für Tätigkeit**	• Gabelstapler • Gitterboxen • Regaleinrichtungen
Wann ist die Arbeit zu erledigen? **Zeitraum bzw. Zeitpunkt der Ausführung**	• Jeweils nach innerbetrieblicher Auftragserteilung des Disponenten
Wo ist die Arbeit zu erledigen? **Ort der Ausführung**	• Kommissionslager • Übergabeplatz

Arbeitsvorschläge

1. Einen wesentlichen Einfluss auf die Ablauforganisation im Büro haben die modernen Informations- und Kommunikationssysteme. Erkundigen Sie sich in Ihrem Ausbildungsbetrieb nach Beispielen, wie sich die Arbeitsabläufe im Vergleich zu früheren Jahren hierdurch geändert haben.
2. Beschreiben Sie den Aufbau der vorstehenden Organigramme.
3. Fertigen Sie ein Organigramm Ihres Ausbildungsbetriebes an.
4. Welche Besonderheit weisen Stabstellen auf?
5. Welche Gründe können dafür sprechen zu improvisieren statt zu organisieren?
6. Erklären Sie den Prozess der Aufgabengliederung im Rahmen der Aufbauorganisation.
7. Beschreiben Sie den Ablauf Ihrer jetzigen Tätigkeit mit Hilfe der Fragewörter: Was, Woran, Womit, Wann, Wo?
8. Erläutern Sie die Aussage: Sparten sind ihrem Wesen nach eigenständige Profitcenter.
9. Entscheiden Sie welche der folgenden Aussagen richtig und welche falsch sind. Korrigieren Sie die falschen Aussagen.

Frage	richtig	falsch	Korrektur
a) Bei dem Einliniensystem besteht die Gefahr von widersprüchlichen Weisungen.			
b) Ein typisches Beispiel für eine Stabstelle ist die Abteilung Finanzen.			
c) Die Ablauforganisation hat das Ziel, die Kapazitäten eines Betriebes möglichst gut auszulasten.			
d) Im Rahmen der Disposition werden Regelungen nur für einen Einzelfall getroffen.			
e) Das Matrixsystem ist ein spezielles Mehrliniensystem.			
f) Gruppenleiter und Meister sind Positionen auf der mittleren Leitungsebene.			
g) Das Einliniensystem hat den Vorteil, dass die Verantwortlichkeiten klar geregelt sind.			
h) Der hierarchische Aufbau einer Unternehmung lässt sich als Pils darstellen.			
i) Die Aufbauorganisation gliedert die Gesamtaufgabe eines Betriebes in Haupt- Teil- und Zentralaufgaben.			
j) Das Marketing ist eine Elementaraufgabe in einem Betrieb.			
k) Zu der oberen Leitungsebene gehören Geschäftsführer und Betriebsinhaber.			
l) Die Durchlaufzeiten von betrieblichen Aufgaben zu minimieren ist ein Ziel der Aufbauorganisation.			

Lernfeld 8:

Betriebliche Beschaffungsvorgänge planen, steuern und kontrollieren

1 Bedarfsermittlung und Beschaffungsprinzipien

Moment mal!

Stress in der Beschaffungsabteilung der Logistik KG.
Frau Meier meldet, dass das Druckerpapier bald verbraucht ist, „wir müssten unbedingt nachbestellen." „Herr Schmidt, die Treibstoffpreise sollen sinken, überprüfen sie, wie viel wir lagern können und holen sie schnellstens Angebote ein." „Haben sie eigentlich schon die Angebote für den neuen Kleintransporter verglichen?" „Kümmern sie sich bitte frühzeitig um Kalender und andere Geschenke für unsere Kunden." „Die neuen Winterreifen sind eingetroffen, bitte setzen sie sich mit der Werkstatt in Verbindung."
„Das hält man ja kaum noch aus", stöhnt Herr Schmidt, „15 neue Bürostühle und fünf PCs sollen noch Ende des Jahres aus steuerlichen Gründen bestellt werden. Lieferer müssen ermittelt, Angebote eingeholt und verglichen werden, Bestellungen verschickt und außerdem der Beschaffungsvorgang überwacht werden – mit einem Ziel: Kosten sparen, Kosten sparen, Kosten sparen. Das war früher einfacher und stressfreier."

- Welche Überlegungen fallen in der Beschaffungsabteilung an?
- Was muss beschafft werden?
- Mit welchen Möglichkeiten kann diese erfolgen?

?

Alle Unternehmen müssen sich regelmäßig mit allen Produktionsfaktoren (Personal, Anlagen, Maschinen, Roh-, Hilfs- und Betriebsstoffen, Handelswaren) versorgen, um die betrieblichen Abläufe aufrechtzuerhalten. Dieser Aufgabenbereich, die Beschaffung, besteht aus der Beschaffungsplanung, -durchführung und -überwachung. Betriebliches Ziel ist es einerseits dabei, die richtigen Produkte in der richtigen Qualität zu bestellen, damit sie immer am richtigen Ort bereitstehen und der betriebliche Ablauf nicht gestört wird. Andererseits sollen die Kosten reduziert werden, durch günstige Einkaufspreise und/oder möglichst niedrige Lagerzeiten.
In der Beschaffungsplanung sollen folgende Fragen geklärt werden:

- welche Produkte sollen beschafft werden? (Art der Beschaffungsgüter),
- wo (in welcher Beschaffungsregion) soll eingekauft werden?
- bei wem soll bestellt werden? (Auswahl der Lieferanten),
- in welchen Mengen soll eingekauft werden?

- wann und in welchen Zeitabständen wird bestellt?
- auf welche Art und Weise (Kauf, Miete, ...) werden die Sachen geordert?
- unter Austausch welcher Informationen und zu welchen Kosten soll bestellt werden?
- Wer soll die Beschaffung übernehmen und überwachen (innerbetriebliche Zuständigkeit für die Beschaffung)?

Früher wurde die Beschaffung fast immer durch das Unternehmen selbst geplant, durchgeführt und kontrolliert. Heute werden diese Aufgaben immer öfter von Logistikdienstleistern übernommen. Dabei werden öfter ganze Funktionen des Beschaffungsbereichs an Logistikdienstleister ausgelagert (Outsourcing). Das bedeutet, dass diese sich mit Aspekten der Beschaffung vertraut machen müssen, die über die traditionelle TUL-Logistik hinausgehen.

Wege der Materialwirtschaft

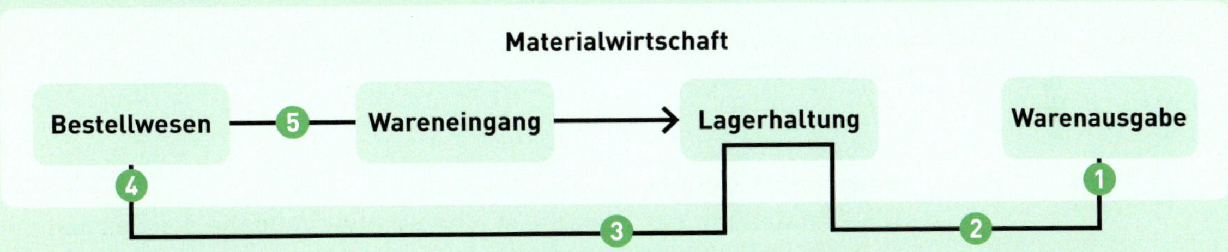

1. Mit der Ausgabe von Produkten aus dem Bereich des Lagers verringern sich die Lagerbestände.
2. Die entsprechende Meldung der Warenausgabe erfolgt in der Regel automatisch in elektronischer Form (Vernetzung).
3. Sinkt der Lagerbestand unter eine bestimmte Grenze, löst dies eine Meldung an das Bestellwesen aus.
4. Die nötigen Beschaffungsvorgänge werden eingeleitet.
5. Nach dem Wareneingang werden die Lagerbestände aufgefüllt.

Was wird beschafft?

Neben Gütern, die in diesem Kapitel Hauptgegenstand der Betrachtung sind, können auch finanzielle Mittel, Arbeitskräfte und auch mal Patente und Rechte beschafft werden. Für eine effiziente Beschaffungsplanung müssen die verschiedenen Arten der Produkte berücksichtigt werden:

Beschaffungsgüter nach ihrer Verwendung:

- Gebrauchsgüter werden längerfristig verwendet (z. B. LKW, Maschinen, Geräte) und daher selten bestellt
- Verbrauchsgüter werden bei ihrer Nutzung verbraucht oder abgenutzt (z. B. Treibstoff, Büromaterial) und daher meist laufend nachbestellt

Beschaffungsgüter nach ihrer Zielgruppe:

- Produktionsgüter werden von Unternehmungen zur Erstellung ihrer Leistungen benutzt (z. B. LKW oder Heizöl für die Büros)
- Konsumgüter werden von Verbrauchern (Konsumenten) zur Befriedigung ihrer Bedürfnisse gekauft (z. B. PKW, Heizöl, Waschmaschine)

Beschaffung nach ihrer Funktion im Produktionsprozess

Werkstoffe	→ **Rohstoffe** sind alle Stoffe, die als Hauptbestandteile in das zu fertigende Produkt eingehen (z. B. Blech beim Auto, Leimholz bei Möbeln). → **Hilfsstoffe** sind alle Stoffe, die mit einem mengen- und wertmäßig deutlich geringeren Anteil in das Produkt eingehen (z. B. Schrauben, Nieten, Klebstoffe). → **Betriebsstoffe** sind selbst kein Bestandteil des Endproduktes. Sie ermöglichen als Energie- oder Schmierstoff bzw. als Büromaterial den Produktionsprozess allgemein.
Zulieferer-teile	Produkte, die **von externen Zulieferern** bezogen werden. Sie gehen ohne weitere Bearbeitung in das Endprodukt ein (z. B. Getriebe bei Pkws, Motoren für Elektrogeräte).
Eigen-erzeugnisse	**Unfertige oder fertige Erzeugnisse**, die im eigenen Unternehmen hergestellt oder von konzerneigenen Zweigbetrieben hinzugekauft werden.
Verschleiß-werkzeuge	**Werkzeuge**, die für einzelne Aufträge beschafft werden müssen, (z. B. bestimmter Bohrer) oder Werkzeuge, die allgemein eingesetzt und durch Verbrauch ersetzt werden müssen. Dazu gehören auch **Ersatzteile** für Maschinen und Anlagen.
Handels-waren	**Fremdbezogene Fertigteile**, die zur Ergänzung des eigenen Absatzprogrammes dienen (z. B. Autoradios).

Bedarfsfeststellung

Die Feststellung des Bedarfs ist eine wichtige Aufgabe der Beschaffungsplanung. Die kann man generell mit zwei Verfahren erzielen, der programmorientierten oder der verbrauchsorientierten Bedarfsermittlung.

Die programmorientierte Bedarfsermittlung ist besonders für Industriebetriebe geeignet, die verschiedene Vorprodukte in den Produktionsprozess einbauen. Der Bedarf wird aus dem Produktionsprogramm, d. h. der Gesamtheit der produzierten Güter, und den einzelnen Erzeugnissen selbst bestimmt. Das Produktionsprogramm selbst wird von den Kunden, über die Absatz- bzw. Auftragsstruktur bestimmt.
Grundsätzlich wird in Industriebetrieben entweder für den anonymen Markt gefertigt, bei dem auf Lager produziert wird, um von dort fallweise zu verteilen. Oder man fertigt im Kundenauftrag, meist nach speziellen Kundenwünschen und mit festen Liefertermin und Lieferort.
Je Erzeugnisart wird eine Stückliste mit den für das Produkt benötigten Bestandteilen erstellt, die dann in Verbindung mit der Produktionsplanung und -durchführung zur Grundlage der Beschaffungsplanung wird.

Die verbrauchsorientierte Bedarfsermittlung wird oftmals in Dienstleistungsbereichen (z.B. Spedition) angewendet, da hier die Produkte nicht direkt in die Leistungserstellung (abgesehen von z. B. Diesel) als vielmehr nur unterstützende Funktion haben. Hier stützt man sich auf in der Vergangenheit verbrauchte Mengen und rechnet diese auf die zukünftige Leistung hoch. So wird z. B. für die Abfertigung von Sammelladungen im Luftfrachtbereich eine bestimmte Menge von Haus-Luftfrachtbriefen benötigt. Bei der Mengenplanung orientiert man sich an den in vergangenen Perioden benötigten Mengen und den für die bevorstehende Periode erwarteten Aufträgen.

Beschaffungsprinzipien

Angepasst an die jeweilige Situation kann sich eine Unternehmung für verschiedene Beschaffungsprinzipien entscheiden:

- Fallweise oder Einzelbeschaffung
  Beschaffung der Güter zum Zeitpunkt des Bedarfs. Vorteil: Lagerhaltung kann minimiert werden.
- Vorratsbeschaffung
  Die benötigten Güter werden vor dem Verwendungszeitpunkt beschafft und gelagert und so vor störenden Einflüssen bei der Beschaffung geschützt.
- Fertigungssynchrone Beschaffung
  Beschaffungsimpulse kommen aus der laufenden Produktion. Langfristige Verträge sichern die zuverlässige Zulieferung ab. Vorteil: Das Lagerrisiko trägt der Lieferant, der Produktionsbetrieb hat ein kleines Lager.
- Absatzsynchrone Beschaffung
  Waren werden möglichst zeitnah vor der Verwendung angeliefert. Diese Beschaffung wird auch als lagerlose Sofortverwendung bezeichnet. Vorteil: Minimale Lagerkosten.
- Kanbansystem (jap.: Karte, Schild)
  Dieses Vorgehen orientiert sich am tatsächlichen Verbrauch von Materialien am Verbrauchsort. Das Kanban-System zeichnet aus: Die Teile lagern in Materialbehältern, an welchen Bedarfsmeldekarten (Kanban) angebracht sind. Die Teile werden aus den Materialbehältern verbraucht. Bei Erreichen des Mindestbestandes wird die Karte entnommen und an die erzeugende Stelle weitergereicht, von der die Teile bereitgestellt werden müssen. Vorteil: Reduzierung der Bestände, geringe Lagerkosten
- Just-in-time-Produktion
  Bei diesem Vorgehen werden die Zulieferer und der Produktionsprozess direkt miteinander verbunden. Die Produkte werden in den laufenden Produktionsprozess geliefert. Vorausschauende Produktplanung und -durchführung sowie eine fließende Zulieferung sind notwendig. Die verstärkte Variante ist das System just in sequence (JIS): hier müssen die Teile geliefert werden in der Reihenfolge ihres Einbaus. Beide Vorgehensweisen sind sehr störanfällig, so kann z. B. ein nicht rechtzeitig geliefertes Teil infolge eines Verkehrsstaus z. B. erhebliche negative Folgen auf den Produktionsprozess haben. Die großen Vorteile dieser Verfahren liegen in der Minimierung der Lagerkosten, da diese beim Zulieferer anfallen und die Teile sofort verbaut werden.

Arbeitsvorschläge

1. Ordnen Sie den im Kapiteleinstieg genannten Gütern jeweils zwei Merkmale zu.
2. Welche Produkte werden in Ihrem Ausbildungsbetrieb beschafft
3. Unterscheiden Sie zwischen fertigungs- und absatzsynchroner Beschaffung.
4. Unterscheiden Sie zwischen just-in-time- und just-in-sequence-Beschaffung.

2 Lieferantensuche und -auswahl

Moment mal!

Die Sachbearbeiterin Gisela Blüm erklärt der Auszubildenden Tanja: „Bei uns hier in der Einkaufsabteilung gehen die Bedarfsmeldungen für die verschiedenen Roh-, Betriebs- und Hilfsstoffe aus der Lagerhaltung ein. Aber auch fehlende Büromaterialien, Geräte usw. von den anderen Abteilungen werden uns gemeldet. Sie wissen vielleicht, dass in allen Abteilungen laufend versucht werden muss, Kosten einzusparen, damit unsere Leistungen nicht zu teuer werden. Sonst würden sie nicht in genügender Menge gekauft und die Gewinne würden sinken. Nach der alten Kaufmannsregel „Im Einkauf liegt der halbe Gewinn" ist es nun unsere Aufgabe, die benötigten Produkte möglichst günstig zu beschaffen."

Frau Blüm nimmt ein Blatt und skizziert ihre weiteren Erklärungen in einem Ablaufdiagramm. Dabei fährt sie fort: „Erstens müssen wir die günstigsten Bezugsquellen ermitteln. Dafür werden mögliche Lieferanten ausgesucht. An die schicken wir dann Anfragen. Meist senden uns daraufhin die Lieferer ihr Angebot. Die müssen wir dann vergleichen und die jeweiligen Lieferanten bewerten, denn nicht immer ist der preisgünstigste auch der beste. Erst dann wird die Ware bestellt.

Doch das können wir ja einmal durchspielen. Hier ist eine Bedarfsmeldung von der Lagerhaltung über 100 Lasertonerkartuschen. Für Büromaterial haben wir meist unsere Stammlieferanten, die wir in der Lieferantendatei, der Bezugsquellen- und der Konditionendatei gespeichert haben. Tanja, machen Sie doch einmal Beschaffungsmarktforschung und suchen Sie zusätzliche Lieferanten. Vergleichen Sie diese dann mit unseren Stammlieferern. Vielleicht können wir ja im Einkauf sparen ..."

- Wo findet man Zulieferer und nach welchen Kriterien werden sie ausgesucht?
- Welche Rolle spielt der Preis in der Beschaffung?

?

Die Beschaffungspolitik hat in den letzten Jahren ständig an Bedeutung gewonnen. Mit dem Begriff Beschaffungsmarketing verbindet sich das Ziel, auch den Beschaffungsmarkt zu gestalten oder zumindest aktiv auf das Angebot der Zulieferer einzuwirken.

Lieferantensuche
Bei der Suche nach geeigneten Lieferanten kann man sich auf inner- und außerbetriebliche Informationsquellen stützen.

Innerbetriebliche Informationsquellen

- Lieferantenkartei (oder -datei): Sie kann enthalten: Name und Anschrift des Lieferanten, Bezugsperson (Sachbearbeiter am Telefon, Reisender oder Vertreter), die Produkte im Sortiment, Preise, Zahlungsbedingungen (Rabatte, Skonti, Boni), Lieferungsbedingungen, aber auch weitere Merkmale wie Zuverlässigkeit, Leistungsfähigkeit, Lieferung, Termintreue usw.
  Beispiel einer Lieferantenkartei/-datei:

Lieferer mit Anschrift:		
Sachbearbeiter:	Sortiment	Zahlungbedingungen:
Vertreter:		Skonto:
Umsatz:	Lieferant seit:	Fracht:
20..		Verpackung:
20..		Lieferzeit:
20..		Zuverlässigkeit:
		Service:

- Bezugsquellenkartei (oder -datei): Sie ist nach Artikeln geordnet und enthält Informationen über die Produkte, den jährlichen Umschlag, Lieferanten mit Preisen, Lieferungs- und Zahlungsbedingungen usw.
- Konditionenkartei/-datei: Sie enthält Produktpreise, Zahlungs- und Lieferungsbedingungen, Jahresbedarf usw.
- Einkaufs- und Lagerstatistiken
- Verbrauchs- und Preisstatistiken
- Produktions- und Absatzpläne
- Umsatzaufstellungen
- Berichte von Mitarbeitern aus dem Vertrieb
- Gespräche mit Reisenden oder Vertretern

Außerbetriebliche Informationsquellen

- Branchenadressbücher
- Fachzeitschriften
- Kataloge, Prospekte
- Fachbücher
- Angebote
- Messebesuche
- Branchenverzeichnisse der Telefonbücher
- Statistisches Bundesamt
- Markt- und Börsenberichte
- Wirtschaftsteil der Tageszeitungen
- Statistiken von Forschungsinstituten, von Kammern und Verbänden
- Internet (z. B.: www.wlw.de [Wer liefert was?], Suchmaschinen, Kammern usw.)

Kriterien zur Lieferantenauswahl

- Preis
  Für die Beschaffung sind die Preise der Lieferer natürlich ein wichtiges Kriterium. Entscheidend ist aber nicht der Listenpreis, der im Prospekt, Katalog oder im Angebot steht, sondern der Einstandspreis. Das ist der Preis, den das Produkt abzüglich aller Abzüge kostet, wenn die Produkte zum Kunden geliefert werden.
  Daneben gibt es aber noch weitere Kriterien, die von Bedeutung sind. Nachfolgend werden die wichtigsten genannt.
- Qualität der Produkte
  Die Einkaufsabteilung muss darauf achten, dass die geforderten Qualitätsstandards auch tatsächlich geliefert werden. Werden diese unterschritten, dann kann es zu Problemen bei der Leistungserstellung kommen.
- Bestellmenge
  Folgende Fragen können bedeutsam sein: Werden z. B. Mindest- oder Höchstabnahmemengen vorgeschrieben? Werden Mindermengenzuschläge berechnet? Kann der Lieferant auf Abruf liefern? Liefert er auch kleinere Mengen sofort?
- Beschaffungswege
  Es ist zu klären, ob die Produkte direkt vom Hersteller beschafft werden können oder über einen Groß- oder Einzelhändler oder Importeur bezogen werden müssen. Bei zu langen Beschaffungswegen können die Lieferzeiten zu lang und die Transportrisiken und -kosten zu hoch sein.
- Service
  Welchen Service bieten die Lieferer an? Leisten sie den technischen Service (z. B. Ersatzteil-, Montage-, Reparaturdienste) und den kaufmännischen Kundendienst (z. B. Einarbeitung in Programme, kaufmännische Analysen, Hilfe bei Kreditbeschaffung, Leasing usw.)?
- Lieferzeit
  Lieferanten mit kurzen Lieferzeiten bringen dem beschaffenden Unternehmen Kostenvorteile, weil es genau planen kann und nur kleine Lagervorräte halten muss. Manche Lieferanten liefern sogar Teilmengen auf Abruf oder halten beim (Groß-)Kunden Lager bzw. bringen Eilbestellungen sofort.
- Termintreue
  Sehr wichtig ist auch die Einhaltung von Lieferterminen, denn dadurch können
  - Kosten, die bei Terminverschiebungen entstehen, vermieden,
  - eigene Produktions- und Liefertermine eingehalten und
  - die Lagerkosten gesenkt werden.
- Kulanz
  Zeigen die Lieferanten Entgegenkommen bei einem eventuellen Annahmeverzug? Berücksichtigen sie Sonderwünsche?

ABC-Analyse von Lieferanten und Beschaffungsgütern

Nach herkömmlicher Auffassung spielt der Preisvergleich für die Lieferantenauswahl die entscheidende Rolle. Dies ist für einen großen Teil der Güter nach wie vor unstrittig, wenngleich sich insbesondere durch die modernen

Methoden der Logistik im Zusammenhang mit der Lagerbestandsminimierung auch eine Wandlung vollzogen hat.

Danach ist die Lieferantenauswahl und -beurteilung komplexer, weil der Einstandspreis lediglich einer neben einer Reihe anderer Auswahlkriterien ist.

Nur der geringste Teil aller Beurteilungskriterien ist konkret messbar. In den meisten Fällen stehen persönliche Einschätzungen oder Erfahrungen hinter den Entscheidungen für oder gegen einen möglichen Zulieferer. Nicht selten werden Informationen auch über Geschäftskontakte eingeholt.

Tatsache ist, dass nicht alle Kriterien für die Auswahlentscheidung das gleiche Gewicht haben. Häufig ist es nicht so sehr der Preis, sondern es sind andere Merkmale und Sachverhalte, die den Ausschlag geben.

In einer Zeit des gesteigerten ökologischen Bewusstseins sowie strengerer gesetzgeberischer Maßnahmen auf der einen und dem Streben nach einer minimalen Lagerhaltung auf der anderen Seite ist der preisgünstigste nicht unbedingt auch der beste Anbieter.

In jedem Falle muss der Einkauf die unterschiedlichen Kriterien gewichten, um zu einer bestmöglichen Entscheidung für einen Zulieferer zu kommen. Mit der ABC-Analyse wird versucht, eine Reihenfolge der Bewertungskriterien aufzustellen. Dabei können aus den Einzelkriterien auch Bewertungsgruppen gebildet werden. Alle Kriterien, die in der A-Gruppe sind, haben den höchsten, die in der B-Gruppe einen mittleren und die Kriterien der C-Gruppe den geringsten Stellenwert.

Die ABC-Analyse kann in ähnlicher Form auch für die Frage verwandt werden, welche Beschaffungsmühen im Einzelfall gerechtfertigt sind.

Inwieweit sich Beschaffungsmühe und -aufwand „lohnen", hängt nicht zuletzt vom möglichen Erfolg ab. Grundsätzlich ist festzustellen, dass nicht allen Beschaffungsgütern die gleiche Aufmerksamkeit gewidmet werden kann. Besondere Aufmerksamkeit gilt im Wareneinkauf den Gütern, die den Hauptteil des gesamten Einkaufswertes ausmachen. Bei diesen A-Gütern (z. B. Hauptrohstoffe) ist ein hoher Beschaffungsaufwand (z. B. durch intensiven Angebotsvergleich) durch die Höhe der zu erzielenden Einsparungen gerechtfertigt.

Hingegen ist bei den sogenannten C-Gütern, die insgesamt nur geringfügig am gesamten Einkaufsvolumen beteiligt sind, auch der Beschaffungsaufwand zu minimieren. Hier erfolgt nicht selten ein Einkauf auch ohne vorausgegangenen Angebotsvergleich.

Beispiel

Die Logistik KG beschafft und bevorratet ca. 1500 verschiedene Güter. Der Gesamtwert der Einkäufe liegt bei ca. 3,5 Millionen €. Die Einzelauflistung der Materialien ergibt folgendes Bild:

Wertgruppe	Anzahl der Artikel	Prozentanteil an der Gesamtmenge	Jahresumsatzwert (in €)	Prozentanteil am Gesamtwert
A	270	18	2.625.000,00	75
B	600	40	700.000,00	20
C	630	42	175.000,00	5
Gesamt	1.500	100	3.500.000,00	100

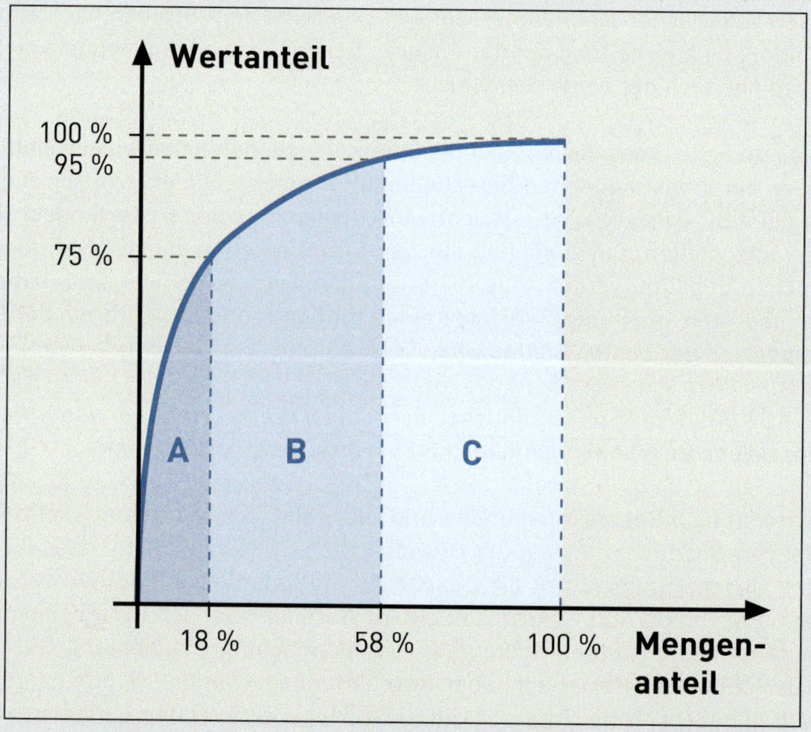

Die Tabelle und die Kurve zeigen, dass eine relativ geringe Anzahl von Waren (18 %) einen großen Teil des Gesamtwertes ausmacht und eine relativ große Menge der Materialien B und C (82 %) nur zu 25 % am Gesamtwert beteiligt ist. Daraus wird deutlich, dass der Beschaffung von A-Gütern erhöhte Aufmerksamkeit geschenkt werden muss.

B-Güter, die mit 20 % am Gesamtwert und 40 % an der Menge beteiligt sind, sollten normal behandelt werden.

Bei C-Gütern, die nur 5 % vom Wert ausmachen, sollte darauf geachtet werden, dass der Aufwand so gering wie möglich gehalten wird.

Checkliste zur Lieferantenbeurteilung

Checkliste zur Lieferantenbeurteilung	Punktewertung					
	1	2	3	4	5	6
Alter, Ruf, Bonität	•					
Zuverlässigkeit				•		
Lieferfristen			•			
Termintreue				•		
Preisniveau, Zahlungsbedingungen					•	
Kulanz, Flexibilität						•
Kundendienst, Service					•	
Vertragstreue				•		
Erfüllung von Umweltauflagen			•			
Verpackungsrücknahme					•	
Umwelthaftung				•		
Produktqualität			•			

Arbeitsvorschläge

1. Welche Möglichkeiten gibt es, im Internet nach möglichen Lieferanten zu suchen?
2. Erkundigen Sie sich in Ihrem Ausbildungsbetrieb, wie dort die Lieferantensuche und die Lieferantenauswahl getätigt werden.
3. Beschreiben Sie in eigenen Worten die ABC-Analyse und ihren Zweck.
4. Erstellen Sie eine ABC-Analyse für folgende Rohstoffe, welche die Logistik KG in einem Monat kauft:

Produkt	Menge	Preis je Einheit
Planen	2.360 m²	1,26 €
Motoröl	14.800 l	0,56 €
Schmieröl	10.900 kg	2,86 €

Stellen Sie diese ABC-Analyse prozentual und grafisch dar.

5. Helfen Sie Tanja (siehe Einstiegssituation „Moment mal") und untersuchen Sie in zwei Gruppen je eine der folgenden Seiten als Bezugsquellenermittler: www.branchenbuch.de und www.mercateo.com. Geben Sie den Suchbegriff „Bürobedarf" ein und untersuchen Sie a) bundesweit und b) für die Region Ihres Schulortes, wie viel Einträge Sie erhalten. Prüfen Sie für verschiedene Produkte, wie groß die Preisunterschiede zwischen den Anbietern sind.

3 Kosten sparen mit e-Procurement

Moment mal!

Meeting in der Logistik KG

„Wir müssen Kosten senken“, sagt Geschäftsführer Schulze zu seinen Abteilungsleitern. Er fährt fort: „Der Auslastungsgrad unserer Flotte ist gut, dennoch haben wir im Vergleich zum Branchendurchschnitt eine viel zu geringe Kapitalrentabilität. Daher kommen wir um weitere Einsparungen nicht herum, sonst verlieren wir unsere Wettbewerbsfähigkeit, da wir nicht mehr so kostengünstig anbieten können. Da das heutzutage sehr schnell gehen kann, möchte ich, dass jede Abteilung nochmals mindestens 10 % an Kosten einspart. Ich erwarte in spätestens drei Wochen erste konkrete Vorschläge.“

Frau Meier, die Leiterin der Beschaffungsabteilung, meldet sich zu Wort. Ihre Idee: „Immer mehr Kunden, für die wir tätig sind, wechseln zu E-procurement. Wir sollten prüfen, ob das auch für uns Einsparpotenziale beinhaltet.“

- Was bedeutet E-procurement?
- Für welche Beschaffungsgüter ist es eine Alternative?
- Was bringt E-procurement?

?

Der betriebliche Einkauf von Waren über das Internet wird als elektronische Beschaffung bezeichnet – englisch „electronic procurement“ oder „e-procurement“.

Dabei soll die herkömmliche, aufwändige und papierbasierte Beschaffung durch eine komplett elektronische Beschaffung im Internet ersetzt werden. Der Einkaufsprozess wird dadurch beschleunigt und Kosten werden gesenkt. Ein weiterer Vorteil des e-procurement ist, dass Betriebe neue und günstige Beschaffungsmärkte erschließen können. Über das Internet lassen sich neue Lieferanten leicht finden und auch einfach zahlreiche Angebote vergleichen. Dabei zielt e-procurement vor allem auf die sogenannten C-Güter. Jeder Betrieb teilt die zu beschaffenden Waren in A-, B- und C-Güter ein. Wobei A-Güter die höherwertigen und meist auch anspruchsvolleren und erklärungsbedürftigeren Produkte und C die geringwertigen und weniger erklärungsbedürftigeren Produkte sind. Bei ersteren finden in der Regel individuelle Kaufvertragsverhandlungen statt, dies gilt auch für B-Güter. Für C-Güter ist der Aufwand für Lieferantensuche, -vergleich und -auswahl sowie sich dann anschließende Kaufvertragsverhandlungen zu aufwändig, da die Kosten hierfür in Verhältnis zu den Ersparnissen zu hoch sind. Für diese Güter ist e-procurement die optimale Lösung, weil durch die Rationalisierung Kosten und Arbeitszeit gespart werden. Die gesparte Zeit spart weitere Kosten ein. Zusätzlich können in der eingesparten Zeit die Mitarbeiter besser anderweitig eingesetzt werden.

Die Vorteile von e-procurement auf einen Blick:
- Bessere Vergleichbarkeit von Lieferanten und Preisen
- Einfache Erschließung neuer Beschaffungsquellen
- Reduzierung des Arbeitsaufwands, besonders bei der Beschaffung von C-Gütern
- Mehr Zeit für strategische Tätigkeiten wie z.B. der Lieferantenauswahl
- Verringerung der Prozesskosten durch schnelle Abwicklung von Bestellungen
- Dadurch verkürzte Lieferzeiten (wichtig für Just-in-time)
- Die jeweiligen Sachbearbeiter können selbst problemlos bestellen und verkürzen so die internen Abläufe
- Die jeweiligen Mitarbeiter können direkt mit den Lieferanten kommunizieren
- Der Einkauf konzentriert sich auf das Lieferantenmanagement und kann so günstigere Beschaffungspreise erzielen

Die Varianten des e-Procurement

Webseiten der Anbieter

mit Informationen über den Lieferanten, dessen Produkte und Leistungen sowie Shops zur direkten Bestellung im Internet.

Portale

In ihnen haben mehrere Anbieter ihre Werbeauftritte gebündelt. Dadurch sind Portale bei der Suche nach neuen oder preiswerteren Lieferanten eine Vereinfachung. Sie führen dann wieder zu den Webseiten der ausgewählten Anbieter (siehe unten).

Online-Shops von Lieferanten

Für die Online-Bestellung bei Lieferanten wird keine besondere Hard- oder Software benötigt, sondern nur einen Internetzugang. Die Daten werden auch nicht automatisch in ein Warenwirtschaftssystem übertragen. Daher sind sie besonders für Angebote geeignet, die sich an Endverbraucher richten.

Eigene Multi-Lieferantenkataloge

Ein so genanntes Desktop-Purchasing-System fasst die elektronischen Kataloge mehrerer Lieferanten zusammen. Die einheitliche Bestelloberfläche und die Verknüpfung mit einem ERP-System sind sehr praktisch, können aber kostspielig sein. Ein ERP-System (Enterprise Resource Planning-System) unterstützt sämtliche in einem Unternehmen ablaufenden Geschäftsprozesse. Es enthält Module für die Bereiche Beschaffung, Produktion, Vertrieb, Anlagenwirtschaft, Personalwesen, Finanz- und Rechnungswesen usw., die über eine gemeinsame Datenbasis miteinander verbunden sind. Dadurch ist eine Unterstützung der Planung über sämtliche Unternehmensebenen von der Konzernebene über verschiedene Werke, Sparten und Abteilungen bis hin zu einzelnen Lagerorten möglich.

Elektronische Marktplätze
Diese können branchenorientiert (vertikale Marktplätze) oder branchenübergreifend (horizontale Marktplätze) von verschiedenen Lieferanten und Anbietern aufgebaut werden. Produkteigenschaften, Preise, Boni, Skonti, Mengenrabatte, Zahlungsziele usw. werden zusammen ausgehandelt. Dadurch kann sich der Besteller nicht nur auf eine garantierte Qualität der Produkte verlassen sondern er braucht keine Verhandlungen um Zahlungsbedingungen, Lieferzeiten usw. zu führen. Diese Marktplätze sind meist geschlossen, das heißt, es stehen sich eine feste Anzahl von Kunden und Lieferanten gegenüber. Wenn sich letztere nicht an die ausgehandelten Bedingungen halten würde, scheiden sie aus dem Marktplatz aus. Automatisch sind die elektronische Rechnungsstellung durch Lieferanten, die elektronische Auftragsübermittlung zum Lieferanten, die Auftragsverfolgung und der Status im Intranet oder Internet sowie Ausschreibungen über das Internet in das Programm integriert. Elektronische Marktplätze gibt es für Internet Business to Business (B2B, d. h. Betrieb zu Betrieb) Netzwerke.
Durch die unmittelbare Verbindung zweier interner Netze ergeben sich für beide Seiten meistens erhebliche Prozesskosteneinsparungen. Ohne e-Procurement werden Bestellungen normalerweise im Kundensystem auf Papier ausgedruckt, in irgendeiner Weise (Fax, E-Mail oder Postversand) dem Lieferanten übermittelt und dort wieder in das Lieferantensystem eingegeben. Mit den Marktplätzen sparen die Teilnehmer Kosten für die Papierbearbeitung und -übermittlung als auch Zeit. Zusätzlich werden Übertragungsfehler vermieden, die beim Wiedereinlesen des Papiers ansonsten auftreten können.

Arbeitsvorschläge

1. Beschreiben Sie die Vorteile, die mit e-procurement sowohl für den Lieferer als auch für den Kunden entstehen können.
2. Was ist das Besondere an Elektronischen Marktplätzen und für wen gibt es diese?
3. Recherchieren Sie im Internet:
   a) Welche Logistik Portale gibt es und welche Aufgaben haben Portale generell?
   b) Suchen Sie Marktplätze für den Logistik-, Transportbereich und beschreiben Sie deren Funktionen.

4 Von der Anfrage zum Angebotsvergleich

Moment mal!

Die Jung-Logistik GmbH will das gesamte Betriebsgelände mit Infrarotkameras überwachen lassen. Dazu hatte die Beschaffungsabteilung verschiedene mögliche Gerätesysteme und Lieferanten ermittelt. An diese sollen Anfragen geschickt werden, in denen die Qualität der Produkte, der Service, die Lieferzeit und natürlich auch der Angebotspreis ermittelt werden sollen. Die eingehenden Angebote werden dann verglichen.

- Welche Ziele werden mit Anfragen verfolgt?
- Welche Inhalte sollen Angebote haben und wie werden sie verglichen?

?

4.1 Anfrage

Es sind generell zwei Arten von Anfragen möglich:

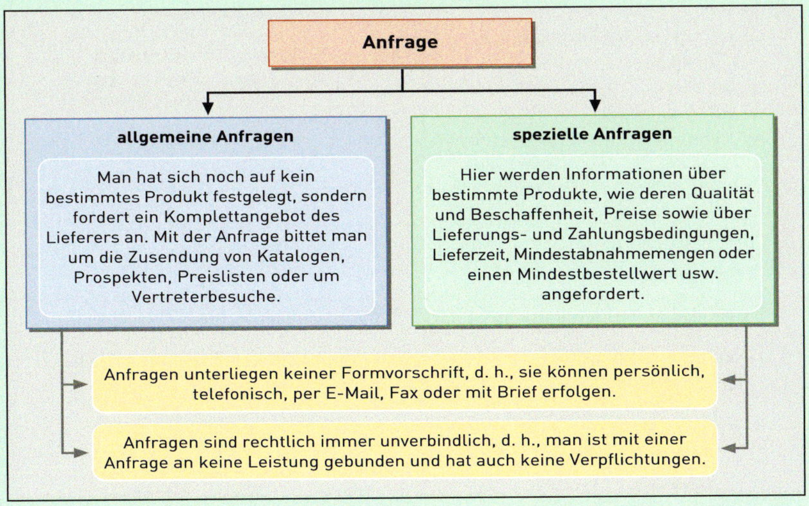

Mit einer Anfrage erkundigt sich ein Kunde bei einem oder mehreren möglichen Lieferanten, ob die gewünschten Artikel in einer bestimmten Zeit geliefert werden können und wenn ja, zu welchen Preisen und zu welchen Lieferungs- und Zahlungsbedingungen dies möglich ist.

Beispiel

Allgemeine Anfrage per **E-Mail**

Von: irene.schroeder@jung-logistik.de

An: info@verpackungen-wvd.com

Datum: ..-06-14

Betreff: **Anfrage**

Sehr geehrte Damen und Herren,

wir bitten um einen Katalog mit Preisliste oder Prospekte über digitale Videoüberwachung mit Infrarotkameras.
Weitere Informationen unter Tel.: 05657 9191234, Frau Schröder.

Mit freundlichem Gruß

Irene Schröder
Jung-Logistik GmbH
Abt. Einkauf
Postfach 12 34
34566 Marburg

Spezielle Anfrage per **Brief**

Jung-Logistik GmbH

Jung-Logistik · Postfach 12 34 · 34566 Marburg

dvs – Digitale-Videoüberwachung-Systeme
Herr Müller
Am Ried 7
34599 Neuental

Postfach 12 34
34566 Marburg
Telefon: 05657 9191230
Telefax: 05657 91912310
E-Mail: info@jung-logistik.de
Internet: www. jung-logistik.de

Ihr Zeichen, Ihre Nachricht vom	Unser Zeichen, unsere Nachricht vom	Name	Datum
			..-06-02

Anfrage

Sehr geehrter Herr Müller,

wir planen unseren Betriebshof mit digitaler Videoüberwachung auszustatten.

Ich bitte um Angebote mit verschiedenen Möglichkeiten mit Rabattangaben, Ihren Lieferungs- und Zahlungsbedingungen sowie der genauen Lieferzeit.

Mit freundlichen Grüßen

4.2 Angebotsarten

Aufgrund der Anfragen gehen nach einigen Tagen auch drei Angebote ein. Es gibt generell folgende verschiedene Angebotsarten:

Angebot an die Allgemeinheit
Ein Angebot ist nur dann rechtsverbindlich, wenn es an eine bestimmte Person gerichtet ist. Angebote in Katalogen, Homepages, Anzeigen, Prospekten, Massendrucksachen, Plakaten, Werbespots und Schaufensterauslagen richten sich an die Allgemeinheit und sind nicht verbindlich. Diese sind ihrem Wesen nach eine Anpreisung mit der Aufforderung an die Allgemeinheit, selbst einen Antrag zum Kauf an den Verkäufer zu richten.

Persönliche Angebote
Mit einer solchen Willenserklärung verpflichtet sich der Anbieter zum Verkauf. Man unterscheidet hier nochmals zwischen folgenden Angebotsarten:

1. Unverbindliches Angebot: Mit sogenannten Freizeichnungsklauseln kann ein Anbieter die Bindung an das Angebot ganz oder teilweise ausschließen.

Unverbindliches Angebot	
Beispiele:	**Bedeutung:**
„Solange der Vorrat reicht"	Die Menge ist unverbindlich, wenn z. B. der Preis für einen Jogurt herabgesetzt wurde, kann ein Käufer nicht auf einen Kauf bestehen, wenn die Ware ausverkauft ist.
„Preise freibleibend"	Die angegebenen Preise können sich ändern.
„Angebot unverbindlich" oder „freibleibend"	Das Angebot ist völlig unverbindlich, d. h. es kann geändert oder zurückgenommen werden

2. Verbindliches Angebot: Hier unterscheidet man zwischen dem befristeten und dem unbefristeten Angebot:

Verbindliches Angebot	
Beispiele:	**Bedeutung:**
befristetes Angebot	Steht z. B. im Angebot an Frau Schröder „gültig bis Ende dieses Jahres", dann ist der Anbieter auch nur bis zum 31. Dez. des Jahres an sein Angebot gebunden.
unbefristetes Angebot	Das heißt, es wird keine Frist gesetzt. Auch dieses Angebot ist nicht, wie man annehmen könnte, zeitlich unbefristet gültig. Man muss es auf dem gleichen Weg annehmen, wie es versendet wurde. Ein telefonisches Angebot muss sofort, eines per Fax oder E-Mail am gleichen Tag und ein Angebot per Brief innerhalb höchstens einer Woche angenommen werden, sonst ist es erloschen.

Persönliche Angebote sind ungültig, wenn
- eine genannte Frist überschritten wurde,
- die Antwort auf ein unbefristetes Angebot auf einem zeitlich längeren Weg als die Abgabe erfolgte,
- sie der Empfänger ablehnt oder abändert oder
- der Absender sofort widerruft, sodass der Widerruf spätestens mit dem Angebot eingeht.

4.3 Inhalte des Angebotes

Was beinhalten Angebote? Obwohl es keine generellen Vorschriften gibt, sollten Angebote über folgende Fakten informieren:

Inhalte des Angebots

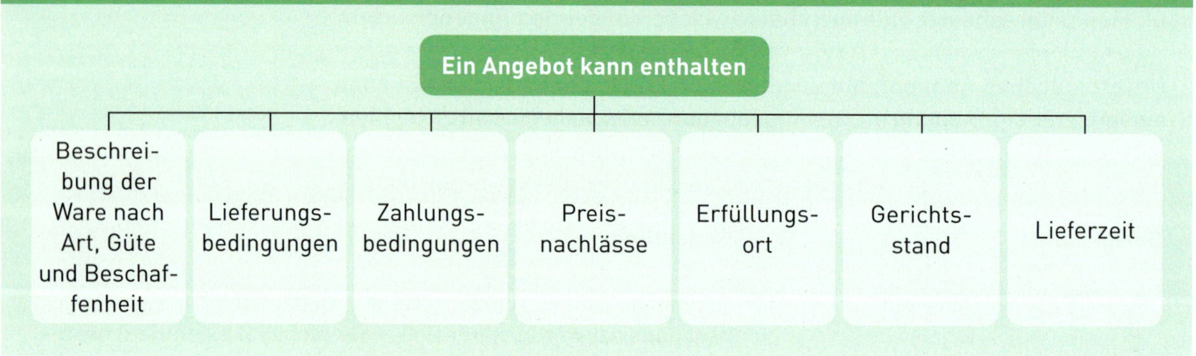

Beschreibung der Ware
Eine genaue Warenbeschreibung ist Grundlage eines Angebotes. Dabei helfen Markenzeichen (Produktname) und Gütezeichen, die eine bestimmte Qualität garantieren.

Lieferungsbedingungen
Wenn keine besonderen Lieferungsbedingungen im Angebot oder in den Allgemeinen Geschäftsbedingungen stehen, dann gilt die gesetzliche Regelung. Danach sind Warenschulden Holschulden, d. h. der Käufer müsste die Ware eigentlich beim Verkäufer abholen. Lässt er sich die Ware aber durch Bahn, Post, private Paketdienste, Speditionen usw. zuschicken, muss der Käufer alle anfallenden Versand- und Verpackungskosten sowie eine eventuelle Transportversicherung bezahlen.
Es ist aber auch möglich, die Versandkosten zu vereinbaren. Oftmals sind Lieferungen ab einem bestimmten Bestellwert portofrei, darunter trägt der Käufer die Kosten. Individuelle Regelungen erfolgen oft mit festen Klauseln. So bedeuten im Inland z. B.:

Lieferungsbedingungen	
ab Werk	Der Käufer trägt alle Transportkosten
frei Haus (oder Lager usw.)	Der Verkäufer trägt alle Transportkosten

Da im Außenhandel für jedes Land andere Gesetze oder Handelsbräuche gültig sein können, kommen zur Vereinfachung des internationalen Handels hier die sogenannten Incoterms zur Anwendung. So bedeuten z. B.:

Incoterms	
FOB (free on bord)	Der Verkäufer trägt alle Kosten einschließlich der Verladung auf ein Schiff (oder in ein Flugzeug). Die Fracht und das Entladen sowie den Transport vom (Flug-)Hafen zum Empfänger übernimmt der Käufer.
CIF (cost, insurance, freight)	Der Verkäufer übernimmt die Kosten bis an Bord, zusätzlich die Fracht bis zum Bestimmungshafen und die Transportversicherung.

Weitere Incoterms siehe LF 10 Exportaufträge bearbeiten.

Der Begriff „Frachtbasis" gibt an, von welchem Ort aus die Fracht berechnet wird. Gibt z. B. ein Lieferant „Frachtbasis Braunschweig" an, so wird die Fracht immer ab Braunschweig berechnet, egal, ob er die Ware aus der Filiale in Augsburg oder aus der Filiale in Schwerin verschickt.

Zahlungsbedingungen
Wenn kein Zahlungstermin genannt ist, schreibt das Gesetz eine sofortige Zahlung bei der Warenübergabe vor („Zug-um-Zug-Geschäft").
In der kaufmännischen Praxis wird oftmals im Angebot eine Zahlungsbedingung genannt. Es gibt generell drei Möglichkeiten:

Zahlungsbedingungen		
Möglichkeit der Zahlung	**Begriff**	**Klauseln im Angebot (Beispiele)**
Zahlung vor Lieferung	Anzahlung, Vorauskasse	„1/3 Anzahlung, der Rest bei Lieferung." Dies gilt häufig für Spezialanfertigungen oder bei Neukunden.
Zahlung bei Lieferung	Barkauf	„Zahlung innerhalb von 14 Tagen, abzüglich 2 % Skonto." Hier gilt die kurze Frist ebenfalls noch als Barzahlung. Der Skonto ist ein Anreiz zur baldigen Bezahlung. „Lieferung per Nachnahme" gehört ebenfalls zur Barzahlung.
Zahlung nach Lieferung	Ziel- oder Kreditkauf	„Zahlung innerhalb 30 Tagen netto Kasse" bedeutet z. B. ein Zahlungsziel von 30 Tagen ohne Zinsberechnung. Es können auch längere Zahlungsziele eingeräumt werden. „Zahlung in mehreren Raten"

Preisnachlässe

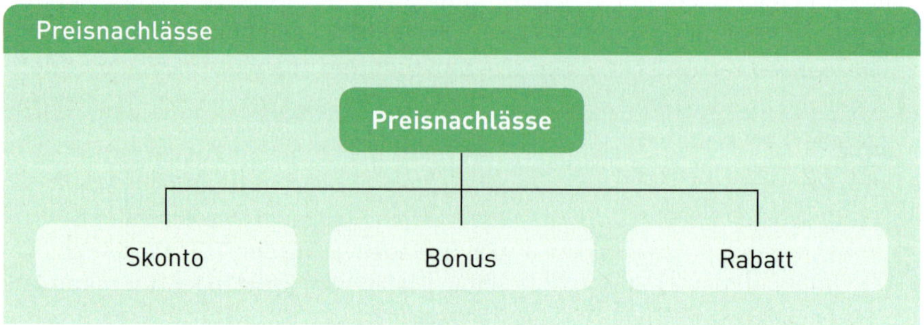

- Skonto: Nachlass für vorzeitige Zahlung, d. h. ein eingeräumtes Zahlungsziel wird nicht voll in Anspruch genommen (siehe „Zahlung bei Lieferung").
- Bonus: Nachträglich gewährter Rabatt – meist am Jahresende – für das Erreichen bestimmter Umsätze.

Daneben können noch weitere Rabatte gewährt werden, z. B.:

Rabattarten und -gründe

Rabattart	**Rabattgrund**
Mengenrabatt	beim Kauf größerer Mengen zu einem Zeitpunkt
Treuerabatt	für Stammkunden, die laufend vom gleichen Lieferer beziehen
Sonderrabatt	bei Firmenjubiläum, Räumungsverkauf, anderen Anlässen
Saisonrabatt	zum Ausgleich saisonaler Schwankungen, z. B. Sommerpreis für Wintersportartikel u. a.
Einführungsrabatt	bei neuen Produkten, Geschäftseröffnung oder zur Gewinnung neuer Kunden
Personalrabatt	Rabatte an Mitarbeiter

Erfüllungsort

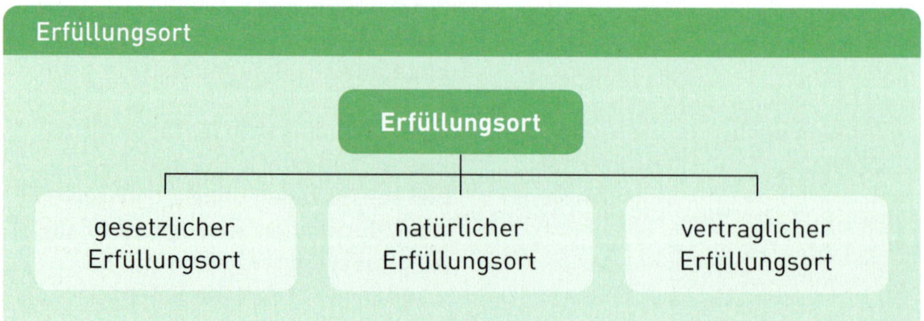

Erfüllungsort ist der Ort, an dem Käufer und Verkäufer ihre Pflichten, die sie mit dem Abschluss eines Kaufvertrages eingegangen sind, erfüllen müssen.

- Gesetzlicher Erfüllungsort: Nach dem Gesetz gibt es zwei Erfüllungsorte. Der Verkäufer muss die Ware rechtzeitig und mangelfrei an den Käufer übergeben. Da Warenschulden Holschulden sind, geschieht dies am Sitz des Verkäufers.
  Für die Bezahlung liegt der gesetzliche Erfüllungsort beim Käufer. Es genügt also, spätestens am Fälligkeitstag der Rechnung, den Betrag am Wohnsitz des Käufers (Erfüllungsort) zu überweisen. Da aber gleichzeitig Geldschulden „Bringschulden" sind, trägt der Käufer die Überweisungskosten und das Überweisungsrisiko. Er muss also evtl. mit einem Nachforschungsantrag seiner Bank beweisen, dass der Betrag auf dem Konto des Verkäufers eingegangen ist.
- Vertraglicher Erfüllungsort: Oftmals schreibt der Verkäufer aber den Erfüllungsort für beide Vertragspartner an seinem Geschäftssitz fest. Dies ist im Rahmen der Vertragsfreiheit nur bei zweiseitigem Handelskauf möglich.
- Natürlicher Erfüllungsort: Wenn eine Leistung nur an einem bestimmten Ort erbracht werden kann, so ist dieser auch der Erfüllungsort (z. B. ein Elektroinstallateur verlegt in einer Praxis neue Stromkabel).

Gerichtsstand

Wenn einer der beiden Kaufvertragspartner seine Leistung nicht erbringt, wird der Schuldner an dem für seinen Wohnort zuständigen Gericht verklagt. Bei Verträgen unter zwei Kaufleuten kann vertraglich der Gerichtsstand geändert werden. Er ist dann „für beide Teile am Sitz des Verkäufers". Dies ist für Verkäufe an Privatpersonen nicht möglich. Will der Verkäufer den Käufer auf Abnahme oder Bezahlung der Ware verklagen, muss er dies bei dem zuständigen Gericht des Käufers tun.

Lieferzeit

Wenn nichts vereinbart ist, muss sofort geliefert werden. Es können aber auch anders lautende Vereinbarungen getroffen werden:

- Sofort nach Bestellung. Die Lieferung hat ohne zeitliche Verzögerung zu erfolgen.
- Innerhalb einer bestimmten Frist. Die Auslieferung muss innerhalb einer bestimmten Zeitspanne erfolgen („bis zum 1. April", „Mitte Juni", „innerhalb von zwei Monaten" u. Ä.).
- Fixkauf. Der Zeitpunkt der Lieferung ist exakt festgelegt (fix). Es kann beispielsweise heißen „7. August 20.., 16:00 Uhr, fix Domgasse 19, Frankfurt/Main" oder „19. Juli" bzw. „am ersten Samstag im Monat April 20..".
- Kauf auf Abruf. Der Kunde kauft eine größere Warenmenge und behält sich vor, diese in einzelnen Teilmengen nach Bedarf abzurufen.

Angebote vergleichen

Nachdem die Firmen angeschrieben und alle Informationen eingeholt wurden, stellt man fest, dass die Angebote an ganz unterschiedlichen Punkten Vor- und Nachteile aufweisen. Daher wird folgende Übersicht erarbeitet:

Angebote für je eine Wärmebildkamera (siehe Kapiteleinstieg):

Zusammenstellung eines Angebotsvergleichs

Lieferer	ADI Security	DVS	Security KG
Listenpreis (zuzüglich 19 % MWSt)	1.950,24 €	1.999,00 €	2.290,00 €
Lieferzeit	10 Tage	sofort	14 Tage
Lieferbedingungen	Fracht: 20,00 €, Verpackung: 10,00 €, Transportversicherung: 10,00 €	Transportkostenanteil: 25,00 €	frei Haus
Zahlungsbedingungen	bei Zahlung innerhalb 10 Tagen abzügl. 2 % Skonto, Zahlung innerhalb 30 Tagen netto Kasse	Zahlung innerhalb 30 Tagen netto Kasse	bei Zahlung innerhalb 10 Tagen abzügl. 3 % Skonto, Zahlung innerhalb 30 Tagen netto Kasse
Rabatt		ab 1.000,00 € = 3 %	10 % Rabatt auf alle Geräte, auf Verbrauchsmaterial 3 % Rabatt

„Das Angebot der Firma ADI scheint das günstigste zu sein“, schätzt Herr Lange von der Einkaufsabteilung. „Dennoch sollten wir einmal die Bezugspreise vergleichen.“
Wenn die Angebote bezüglich der Eigenschaften der zu beschaffenden Produkte, der Gewährleistung, der Lieferzeit und dem Service vergleichbar sind, dann entscheidet nur noch der Bezugspreis über den günstigsten Anbieter. Der Bezugspreis ist der Preis abzüglich aller möglichen Abzüge und zuzüglich aller eventuellen Nebenkosten (z. B. Fracht). Er errechnet sich nach folgendem Schema:

  Listeneinkaufspreis (Katalogpreis) (ohne MWSt)
– Rabatt

= Zieleinkaufspreis
– Skonto

= Bareinkaufspreis
– Bezugskosten (Fracht, Porto, Verpackung, Transportversicherung) (ohne MWSt)

= Bezugspreis (ohne MWSt)

Der Bezugspreis ist aber nicht das alleinige Kriterium zur Auswahl eines Lieferanten. So ist z. B. bei dringend benötigten Materialien die Schnelligkeit der Lieferung das wichtigste Kriterium. Auch die Zuverlässigkeit oder bestehende Geschäftsbeziehungen oder der Kundendienst bzw. die Beziehungen zum Außendienstmitarbeiter können ausschlaggebend sein.

4.4 Kaufmännische Verhandlungsstrategien

Es kann in Verhandlungen versucht werden, den Preis zu drücken. Vor allem in laufenden Geschäftsbeziehungen werden immer wieder solche Verhandlungen geführt, dies gilt zunehmend auch für Neukunden. Dabei gibt es verschiedene kaufmännische Verhandlungsstrategien: Wenn der Lieferer nicht dazu bereit ist, den Listenpreis zu senken, dann können höhere Rabatte oder mehr Skonto ausgehandelt werden. Der Bezugspreis wird auch gesenkt, wenn die Bezugskosten beispielsweise durch eine Änderung der Lieferungsbedingungen, z. B. in „frei Haus", entfallen oder gemindert werden. Auch längere Zahlungsziele und niedrigere Zinsen für Lieferantenkredite mindern letztendlich die Bezugskosten. Meist werden diese Verhandlungen in einem persönlichen Gespräch oder per Telefon geführt.

Arbeitsvorschläge

1. Beurteilen Sie, ob folgende Angebote verbindlich sind, und begründen Sie Ihre Antwort:
   a) Ein fehlerhaftes Angebot wird per Brief verschickt, am Absendetag abends aber per E-Mail widerrufen.
   b) Angebote in einem Katalog
   c) Ein Angebot an Ihren Praktikumsbetrieb hat folgenden Zusatz: „Gültigkeitsdauer 4 Wochen ab Absendetag".
   d) Sonderangebot per Brief an Ihren Praktikumsbetrieb geschickt mit dem Zusatz: „Solange Vorrat reicht".
2. In welcher Zeit müssen Sie ein unbefristetes Angebot annehmen, das per Brief an Ihren Praktikumsbetrieb geschickt wurde?
3. Berechnen und vergleichen Sie die drei Angebote für die Wärmebildkamera auf der vorherigen Seite.
4. Wie viel Prozent ist das günstigste Angebot preiswerter als die jeweiligen anderen?
5. Ermitteln Sie für die Jung-Logistik GmbH die jeweiligen Bruttopreise einer Bestellung von jeweils 50 Stück der folgenden Elektroartikel (unter Ausnutzung des höchstmöglichen Skontos):

Angebot A:

Produkt – Best.-Nr.	Preis pro Stück/netto	Angebot
Strahler. – 96156	17,65 €	ab 5 Stück: 15,65 €/Stück
Sicherheitsschalter – 86754	17,65 €	ab 5 Stück: 15,65 €/Stück
CAT-Steckverbinder schmal – 65743	5,78 €	ab 12 Stück: 4,90 €/Stück
Alle Preise zzgl. MWSt. Lieferungs- und Zahlungsbedingungen: Lieferung bis 590,00 €: 10,00 € Porto- und Verpackungsanteil; ab einem Netto-Bestellwert von 591,00 €: frei Haus. Rabatt: bei Bestellwert über 200,00 € = 2 %; über 500,00 € = 3 %; über 1.000,00 € = 5 %; bei Zahlung innerhalb von 10 Tagen abzügl. 2 % Skonto, innerhalb 30 Tagen netto Kasse.		

Angebot B:

Produkt – Best.-Nr.	Preis pro Stück/netto	Angebot
Strahler – 96156	16,95 €	ab 10 Stück: 15,20 €/Stück
Sicherheitsschalter – 86754	16,95 €	ab 10 Stück: 15,20 €/Stück
CAT-Steckverbinder schmal – 65743	5,15 €	ab 10 Stück: 4,80 €/Stück
Alle Preise zzgl. MWSt. Lieferungs- und Zahlungsbedingungen: Lieferung frei Haus ab einem Netto-Bestellwert von 200,00 €; bis 200,00 €: 12,00 € Porto- u. Verpackungsanteil. Rabatt: bei Bestellwert über 200,00 € = 2,5 %; über 500,00 € = 4 %; über 1.000,00 € 5 %; bei Zahlung innerhalb von 10 Tagen abzügl. 2 % Skonto, innerhalb 30 Tagen netto Kasse, bei Bankeinzugsermächtigung 3 % Skonto.		

5 Abschluss von Kaufverträgen und Rechtsgeschäften

Moment mal!

Die Bezugspreise der drei Angebote für die Wärmebildkameras (siehe LF 8 Kap 4) weichen nicht weit voneinander ab. Telefonisch klärt Frau Schröder von der Einkaufsabteilung mit allen drei Anbietern noch weitere Fragen. Besonderen Wert legt die Jung-Logistik GmbH dabei auf den späteren Kundendienst (laufende Wartung der Anlagen). Hier hinterlässt die DVS den besten Eindruck. Nachdem Frau Schröder die DVS auch noch telefonisch dazu bewegen konnte, den Transportkostenanteil zu streichen, entscheidet sie sich für DVS. Sie sendet bereits am selben Tag eine schriftliche Bestellung. In dieser fügt sie zusätzlich zum Angebot noch die Zahlungsbedingung „3 % Skonto bei Zahlung innerhalb von zehn Tagen" ein, da die Jung-Logistik GmbH bei Barzahlungen grundsätzlich 3 % Skonto abzieht.

- Wie kommen Kaufverträge oder andere Verträge zustande?
- Welche Formen und Inhalte haben die Verträge?
- Welche Rechte und Pflichten entstehen?
- Welche Strategien werden in Vertragsverhandlungen angewendet?

?

Kaufverträge

Kaufverträge sind zweiseitige Verträge, die durch die beiden in allen Vertragsbedingungen übereinstimmenden Willenserklärungen von Verkäufer und Käufer zustande kommen. Stimmen die Bedingungen in einer Sache nicht überein, kommt kein Kaufvertrag zustande.
Generell gibt es zwei Wege zum Abschluss eines Kaufvertrages:

Weg 1: Angebot und Annahme

Verkäufer — Verkäufer macht ein verbindliches Angebot → Käufer

Verkäufer ← Käufer nimmt das Angebot an — Käufer

Nur wenn das Angebot des Verkäufers (erste Willenserklärung) und die Angebotsannahme des Käufers (zweite Willenserklärung) inhaltlich in allen Bedingungen übereinstimmen, ist ein Kaufvertrag zustande gekommen.
Sollte aber der Käufer eine Bedingung ändern, dann gilt dies als ein erneuter Antrag zum Kauf. Erst wenn der Verkäufer diesen neuen Antrag annimmt (z. B. durch eine Auftragsbestätigung), ist der Kaufvertrag zustande gekommen. Unterlässt dies der Verkäufer, dann ist kein Kaufvertrag zustande gekommen.

Weg 2: Bestellung und Bestellungsannahme

Verkäufer —— Käufer macht eine Bestellung ——→ Käufer

Verkäufer ←—— Verkäufer nimmt die Bestellung an —— Käufer

Stammkunden verzichten bei Wiederholungskäufen häufig auf Anfragen und die Einholung von Angeboten von ihren Stammlieferanten. Wenn eine Ware nachbestellt werden muss, wird eine Bestellung an den Lieferer geschickt. Damit macht der Käufer einen Antrag zum Kauf. Nur wenn der Verkäufer diesen in allen Bedingungen annimmt, kommt der Kaufvertrag zustande. Ändert der Verkäufer dagegen auch nur eine Bedingung, dann kommt ein Kaufvertrag nur zustande, wenn der Käufer diesen neuen (abgeänderten) Antrag zum Verkauf annimmt.
Dies wäre auch der Fall, wenn

- ein Käufer auf ein unverbindliches Angebot oder aufgrund eines Angebotes an die Allgemeinheit bestellt. Erst durch eine Bestellungsannahme des Verkäufers (z. B. eine Auftragsbestätigung) kommt in diesem Fall ein Kaufvertrag zustande.
- ein Auftrag nach Ablauf einer zeitlichen Befristung des Angebotes eingeht. Auch dann gilt er wiederum als ein neuer Antrag, den der Lieferer erst annehmen muss, damit der Kaufvertrag zustande kommt.

Bestellung von Dienstleistungen

Neben Produkten kauft oder bestellt die Jung-Logistik GmbH auch die verschiedensten Dienstleistungen. Für sie gelten nicht immer die Vertragsbedingungen aus dem Kaufvertragsrecht, daher gibt es neben dem Kaufvertrag auch andere Vertragsarten. Eine Besonderheit sind einseitige Verträge, wie z.B. die Bürgschaft oder die Schenkung. Hier wird von den Vertragspartnern jeweils eine Willenserklärung abgegeben, aber nur einer hat eine Pflicht zu erfüllen. Die überwiegende Mehrheit der Verträge sind aber zwei- oder mehrseitig. Sie kommen nur durch zwei in allen Belangen übereinstimmende Willenserklärungen zustande – wie beim Kaufvertrag durch die Willenserklärungen des Verkäufers und des Käufers. Die wichtigsten zweiseitigen Vertragsarten:

Einzelheiten zur Vertragsgestaltung weiterer Verträge

Vertragsart	**Vertragspartner und -pflichten**	**§**
Darlehensvertrag	Der Darlehensgeber verpflichtet sich, dem Darlehensnehmer einen Geldbetrag zur Verfügung zu stellen. Letzterer muss das Darlehen und Zinsen – wie vereinbart – zurückzahlen.	488 BGB
Mietvertrag	Der Vermieter stellt dem Mieter eine Wohnung vertragsgemäß zur Verfügung und muss diese auch erhalten. Der Mieter muss die vereinbarte Miete zahlen und die Wohnung in vertragsgemäßem Zustand halten. Er darf die Wohnung nicht gewerbsmäßig nutzen (z. B. untervermieten oder ein Geschäft darin betreiben).	535 BGB
Pachtvertrag	Der Verpächter gewährt dem Pächter während der Pachtzeit die Nutzung des verpachteten Gegenstandes. Der Pächter hat das Recht, Gewinn aus dem verpachteten Gegenstand zu erwirtschaften. Er muss lediglich die vereinbarte Pacht entrichten und den Gegenstand unverändert zurückgeben.	581 BGB
Leihe	Der Verleiher gestattet dem Entleiher die unentgeltliche Nutzung einer Sache. Der Entleiher muss den Gegenstand unverändert zurückgeben.	598 BGB
Dienstvertrag	Bei Dienstverträgen, z. B. über Steuererklärung, Rechtsberatung, Unterricht (z. B. Weiterbildungskurse), medizinische Leistungen, Finanzberatungen, Unternehmensberatungen usw., kann kein Erfolg gewährleistet werden. Auch erfolglose Leistungen (z. B. erfolglose ärztliche Behandlung oder Durchfallen bei Prüfung) müssen bezahlt werden.	611 BGB
Werkvertrag	Eine bestimmte Leistung wird erbracht und damit ein Erfolg geschuldet (z. B. Autoreparatur). Werden Teile vom Auftragnehmer geliefert, dann gelten für diese die Bestimmungen des Kaufvertrages.	631 BGB

Kaufmännische Verhandlungsstrategien

Nicht immer stimmen die beiden Willenserklärungen sofort in allen Einzelheiten überein. Das ist verständlich, denn die Interessen von Verkäufer und Käufer sind gegensätzlich. Der Verkäufer möchte einen möglichst hohen Preis erzielen und möglichst alle Nebenkosten (Bezugskosten, Zinsen usw.) auf den Käufer abwälzen. Der Käufer dagegen handelt nach dem Grundsatz: „Im Einkauf liegt der halbe Gewinn." Er will die Preise und alle Kosten minimieren. Bei gesättigten Märkten und zunehmendem Wettbewerb haben die Käufer heute oftmals die bessere Verhandlungsbasis.

Neben den Preisen können günstigere Lieferungs- und Zahlungsbedingungen die Wahl eines Lieferers beeinflussen. Dieser wird zudem versuchen, seine Verhandlungsbasis durch andere Faktoren zu verbessern. Diese können sein:

- Termintreue: Verlässlichkeit bei der Einhaltung der Liefertermine
- Kulanz bei Kundenwünschen
- Flexibilität bei der Auftragserfüllung (Erfüllen von Sonderwünschen)
- Zusammenarbeit in der Entwicklung

- möglichst umweltschonende Produktion und Verpackungen
- technischer Kundendienst: Installation, Reparatur und Wartung
- kaufmännischer Kundendienst: Beratungen, Wirtschaftlichkeits- und Betriebsanalysen, Hilfe bei der Finanzierung oder Leasing, Schulungen

Form und Inhalt von Kauf- und anderen Verträgen

In Deutschland besteht Vertragsfreiheit. Das bedeutet, soweit man nicht gegen Gesetze verstößt, kann man in beliebiger Form Verträge schließen mit wem man will und über was man will. Aber auch hierfür gibt es Ausnahmen. So müssen die Vertragspartner geschäftsfähig sein. Manchmal müssen bestimme Formvorschriften eingehalten werden, und für manche Rechtsgeschäfte benötigt man gar keinen Partner.

Eine Einschränkung der Vertragsfreiheit erfolgt unter anderem
- zum Schutz der Geschäftsunfähigen und beschränkt Geschäftsfähigen,
- zum Schutz der Verbraucher,
- zum Schutz von Mietern,
- zum Schutz von Kreditnehmern und
- um bestimmte Formvorschriften einzuhalten

Was sind Rechtsgeschäfte?

Rechtsgeschäfte sind das Ergebnis einer oder mehrerer Willenerklärungen. Man unterscheidet zwischen **ein-** und **zweiseitigen Rechtsgeschäften**.

Rechtsgeschäfte

einseitige Rechtsgeschäfte

Sie gehen nur von einer Person aus. Sie werden verbindlich, ohne dass eine andere Person zustimmen muss.

nicht empfangsbedürftige Willenserklärungen

Sie werden mit ihrer Abgabe wirksam.

Beispiel: Testament

empfangsbedürftige Willenserklärungen

Sie sind an eine bestimmte Person gerichtet. Sie werden mit der Zustellung beim Empfänger rechtswirksam. Die Willenserklärung muss also vom Empfänger zur Kenntnis genommen werden.

Beispiel: Kündigung

zweiseitige Rechtsgeschäfte

Hier sind zwei oder mehrere Partner beteiligt. Zwei in allen Punkten übereinstimmende Willenserklärungen führen zum Vertragsabschluss.

ohne Formvorschriften

Beispiel:
Kaufvertrag (für bestimmte Güter), Leasing-, Leih-, Behandlungs-, Schenkungsvertrag

mit Formvorschriften

Beispiel:
Ausbildungs-, Arbeits-, Kredit-, Miet-, Kaufvertrag für Immobilien

Wie kommen Rechtsgeschäfte zustande?

Einseitige Rechtsgeschäfte kommen durch eine Willenserklärung zustande. In einem Testament steht z. B. der letzte Wille des Verstorbenen. Eine Kündigung ist eine Erklärung, einen Mitarbeiter zu entlassen. Dieser muss die Kündigung aber erhalten.

Zweiseitige Rechtsgeschäfte kommen dagegen nur dann zustande, wenn zwei in allen Punkten übereinstimmende Willenserklärungen vorliegen – z. B. bei einem Kaufvertrag über einen gebrauchten Pkw.

Die Willenserklärungen werden grundsätzlich auf folgende Weise geäußert:

- **ausdrückliche Äußerung:** Die Vertragspartner erklären ihren Willen offen in einer für jeden erkennbaren Form. Dies kann schriftlich, mündlich, telefonisch, per Fax oder E-Mail geschehen.
- **bloßes Handeln:** Ein Vertrag kann durch eine absichtliche Handlung geschlossen werden, z. B. Heben der Hand bei einer Versteigerung oder elektronisch durch Anklicken eines Buttons „Kaufen".
- **Schweigen:** Wenn zwischen zwei Unternehmungen eine dauernde Geschäftsbeziehung besteht, dann kann Schweigen auch als Zustimmung gewertet werden. Wenn z. B. über einen längeren Zeitraum regelmäßige Öllieferungen vereinbart waren, dann gilt ein Schweigen des Käufers auf eine Mail (z. B. „Öllieferung morgen gegen 15:30 Uhr") als Annahme.

!

Die Formvorschriften dienen als Sicherheit und Beweismittel für eventuelle spätere Rechtstreitigkeiten. So müssen z. B. Arbeits-, Ausbildungs-, Kredit- und Mietverträge schriftlich abgeschlossen werden.

Formvorschriften bei Rechtsgeschäften

Für die meisten Willenserklärungen gibt es keine Formvorschriften, d. h. sie können je nach Wahl durch bloßes Handeln, mündlich, telefonisch, schriftlich usw. abgegeben werden. Dennoch gibt es aber auch einige mit vorgeschriebener Form. Wird diese nicht eingehalten, ist der Vertrag nichtig.

Wie müssen Willenserklärungen abgegeben werden?

ohne	mit Formvorschriften		
Formfreiheit	**Schriftform**	**öffentliche Beglaubigung**	**öffentliche Beurkundung**
Natürlich wird man Kaufverträge über den täglichen Einkauf im Supermarkt nicht schriftlich abschließen. Aber es empfiehlt sich, Verträge über höhere Kaufsummen nicht mündlich zu schließen – wegen der Beweisführung im Streitfall.	Folgende Verträge sind nur in Schriftform gültig: ▸ Kündigungen ▸ Kreditverträge ▸ Arbeits- und Ausbildungsverträge ▸ Bürgschaften ▸ Ratenkäufe ▸ Mietverträge über eine Mietdauer von mehr als einem Jahr	Ein Notar oder eine dazu ermächtigte andere Person bestätigt die Echtheit der Unterschriften der Vertragspartner. Dies ist Pflicht für: ▸ Eintragung als Hypothek ▸ Testamentsbeglaubigung	Ein Notar muss die Vertragspartner auf Vor- und Nachteile des Vertrags hinweisen. Danach bestätigt er die Unterschrift und Willenserklärungen für diesen Vertrag.

Nichtige Willenserklärungen

Nicht alle Willenserklärungen sind rechtlich bindend. In manchen Fällen schränkt der Staat die Vertragsfreiheit ein. Dies führt dann unter anderem zu nichtigen oder anfechtbaren Willenserklärungen.
Nichtige Rechtsgeschäfte sind von Anfang an unwirksam. Sie gelten rechtlich so, als wären sie nie geschlossen worden.

Nichtige Willenserklärungen

Willenserklärungen sind nichtig, wenn ...	Beispiele
... sich die beiden Parteien nicht über alle Inhalte einig werden (Einigungsmangel).	Der Käufer verlangt einen Rabatt von 15 % auf den Neuwagenpreis, der Verkäufer will höchstens 8 % gewähren.
... sie von Geschäftsunfähigen geschlossen wurden (sie sind sofort nichtig).	Ein 5-Jähriger kauft sich ein Spielzeug.
... sie von beschränkt Geschäftsfähigen geschlossen wurden (dann sind die Willenserklärungen zuerst schwebend unwirksam und nach Verweigerung der Zustimmung durch die Erziehungsberechtigten nichtig).	Eine 16-Jährige bucht ohne Zustimmung der Eltern eine Ferienreise. Der Preis übersteigt bei weitem ihr Taschengeld.
... sie gegen ein gesetzliches Verbot oder unter Ausnutzung einer Notlage, des Leichtsinns, der Unerfahrenheit gegen die guten Sitten verstoßen.	Eine Privatperson ohne Waffenschein kauft eine waffenscheinpflichtige Pistole. Ein Krankenwagenfahrer nimmt einen Verletzten nur gegen ein Trinkgeld von 200,00 € mit.
... sie offensichtlich nicht ernst gemeint sind oder nur zum Schein abgegeben wurden.	Ein Deutscher heiratet eine Nigerianerin nur, um ihre Ausweisung zu verhindern. Ein Reisebüro bietet Ihnen einen Flug zum Mond an.
... sie nicht in der gesetzlich vorgeschriebenen Form abgegeben wurden (Schriftform, Beglaubigung, Beurkundung).	Der Kauf einer Eigentumswohnung wird nur per Handschlag „besiegelt". Ein Mietvertrag für eine Wohnung wird nur mündlich abgeschlossen.

Anfechtbare Willenserklärungen

Diese Willenserklärungen sind erst einmal gültig. Durch eine Anfechtung können sie aber rückwirkend ungültig gemacht werden, so zum Beispiel, wenn man merkt, dass man sich beim Vertrag geirrt hat, oder man ist getäuscht bzw. erpresst worden.

Anfechtbare Willenserklärungen

Willenserklärungen sind anfechtbar, die ...	Frist für Anfechtung	Beispiele
... durch einen **Irrtum** zustande gekommen sind. a) Inhaltsirrtum: Ein anderer Inhalt wird vorausgesetzt. b) Irrtum in der Erklärung (Übermittlung): Die Äußerung entspricht nicht dem, was der Erklärende wirklich aussagen wollte. c) Irrtum über wesentliche Eigenschaften der Sachen.	Die Anfechtung muss unverzüglich nach Kenntnis des Irrtums erfolgen. Nach 10 Jahren ist die Anfechtung verjährt.	a) Am Telefon bestellt ein Schreiner 10 qm der preiswerten Holzplatte. Er meint, dass es eine Schreinerplatte sei. Tatsächlich ist es eine minderwertigere Spanplatte. b) Wegen technischer oder menschlicher Fehler wird eine Ware für 18,45 € statt 81,45 € angeboten. c) Anstatt Modeschmuck wird echter Schmuck zum selben Preis angeboten.
... durch **arglistige Täuschung** zustande gekommen sind.	innerhalb eines Jahres, nachdem die Täuschung entdeckt wurde	Ein Verkäufer versichert, dass der Unfallwagen unfallfrei sei.
... unter **widerrechtlicher Androhung von Gewalt** zustande gekommen sind.	innerhalb eines Jahres, nachdem die Bedrohung aufgehört hat	Ein Schüler verkauft sein DVD-Gerät für 10,00 €, da ihm sonst Schläge angedroht wurden.

Auch über die Inhalte von Kaufverträgen gibt es keine Mindestbestimmungen. Wenn eine Bestellung aufgrund eines ausführlichen Angebots erfolgt, müssen die dort genannten Angebotsbedingungen nicht noch einmal aufgeführt werden. Es reicht dann aus, die Warenart, Bestellmenge und den Preis der Ware zu nennen. Wenn im Angebot noch keine Inhalte genannt wurden, sollten im Kaufvertrag festgelegt werden: Art, Güte und Beschaffenheit der Ware, Preis, Lieferungs- und Zahlungsbedingungen.

AGB erleichtern die Vertragsverhandlungen

Unternehmen schließen täglich zahlreiche Kaufverträge. Vor allem bei Verträgen mit geringen Auftragssummen wäre es für die Vertragspartner nur mit zu hohem Aufwand möglich, jeden Vertrag individuell auszuhandeln und zu formulieren. Daher haben die Verkäufer ihre Vertragsbedingungen (z. B. die Lieferungs- und Zahlungsbedingungen, Mängelbeseitigung usw.) in ihren „Allgemeinen Geschäftsbedingungen" (AGB) festgelegt. Wenn dann Kaufverträge geschlossen werden, gelten diese AGB. Die gesetzlichen Bestimmungen gelten nur, wenn keine AGB zugrunde lagen (Vertragsfreiheit). Da mit den AGB gerade die rechtliche Unwissenheit vieler Verbraucher ausgenutzt wurde, schützt sie der Staat mit dem „Gesetz zur Regelung des Rechts der Allgemeinen Geschäftsbedingungen" (kurz: „AGB-Gesetz"). Dieser Schutz gilt aber nicht für zweiseitige Handelskäufe.

Rechte und Pflichten aus dem Kaufvertrag
Durch den Abschluss von Kaufverträgen entstehen Schuldverhältnisse, denn beide Vertragsparteien verpflichten sich, bestimmte Leistungen zu erfüllen. Der jeweilige Schuldner ist dabei verpflichtet, seine Leistungen nach Treu und Glauben (übliche Verkaufssitte, § 242 BGB) zu erbringen.
Die Pflichten des einen sind jeweils die Rechte des anderen Vertragspartners. Dem Verpflichtungsgeschäft muss dann die Erfüllung (Erfüllungsgeschäft) folgen.

Rechte und Pflichten aus dem Kaufvertrag

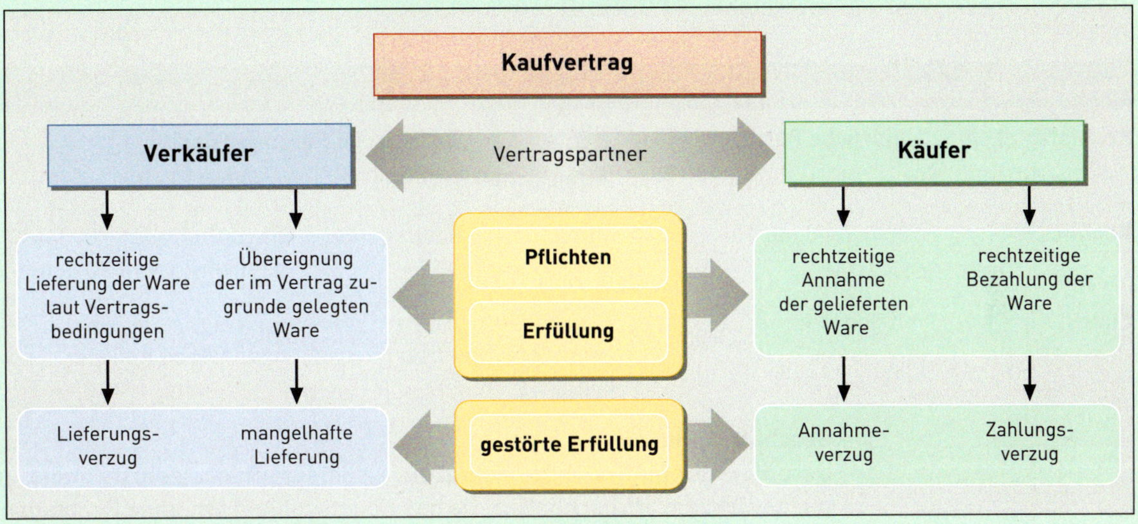

Exkurs: Wer darf Kauf- und andere Verträge abschließen?

Personen des Rechtsverkehrs – Rechtssubjekte

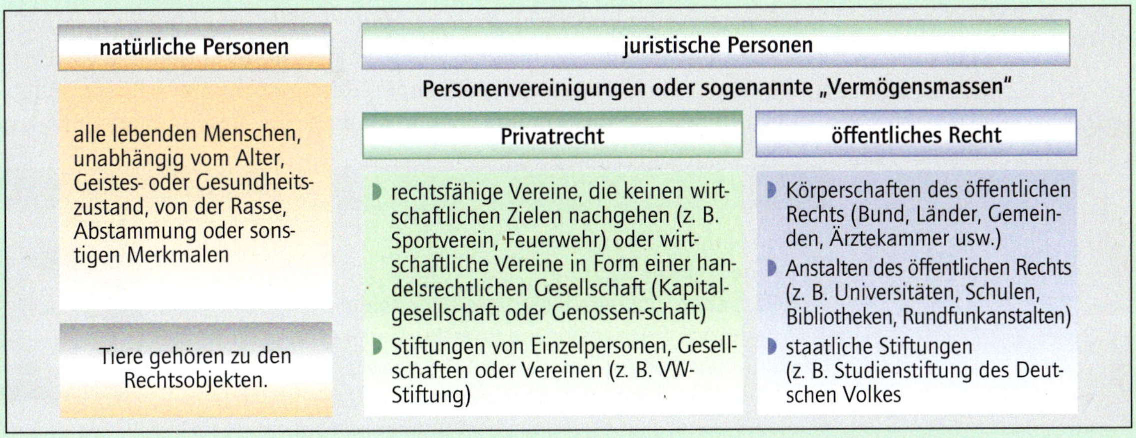

Jede **juristische Person** kann – vertreten durch eine natürliche Person – verklagt werden oder selbst vor Gericht klagen. Sie handelt im Rechtsverkehr durch ihre Organe wie z. B. durch den Geschäftsführer einer GmbH, den Vorstand einer AG, oder den Bürgermeister einer Kommune, den Vorsitzenden eines eingetragenen Vereins usw., die in der Satzung oder einer anderen Rechtsvorschrift festgelegt wurden. Die **„Handlungsfähigkeit"** ist die Fähigkeit, rechtswirksame Willenserklärungen abgeben zu können. Voraussetzungen dafür sind die „Rechtsfähigkeit" und die „Geschäftsfähigkeit".

Rechtsfähigkeit
Generell ist jede Person, die Träger von Rechten und Pflichten sein kann, rechtsfähig (§ 1 BGB).

Personen des Rechts

Rechtsfähigkeit	Natürliche Personen	Juristische Personen des ... öffentlichen Rechts	Juristische Personen des ... privaten Rechts
Beginn	mit Vollendung der Geburt	durch Gesetz oder Verwaltungsakt	durch Eintragung in das Handels-, Vereinsregister
Ende	mit dem Tod	durch Gesetz oder Verwaltungsakt	durch Löschung im zuständigen Register

Geschäftsfähigkeit
Darunter versteht man die Fähigkeit, Rechtsgeschäfte selbstständig und rechtswirksam abzuschließen. Da das Rechtssubjekt für seine Rechtshandlungen auch haften muss und aus den meisten Vertragsabschlüssen nicht nur Rechte, sondern auch Pflichten entstehen, hat der Gesetzgeber zum Schutze der Betroffenen die Geschäftsfähigkeit eingeschränkt.

- Juristische Personen sind über ihre Organe (Vorstand, Geschäftsführung u. a.) immer geschäftsfähig.
- Bei natürlichen Personen hängen Art und Umfang der Geschäftsfähigkeit von verschiedenen Faktoren, insbesondere aber vom Alter und dem Geisteszustand ab. Zum Schutz vor unüberlegten Handlungen und vor Übervorteilung dürfen nur solche Personen Rechtsgeschäfte selbstständig abschließen, die das entsprechende Maß an Geschäftsfähigkeit besitzen:

Stufe 1: Geschäftsunfähigkeit

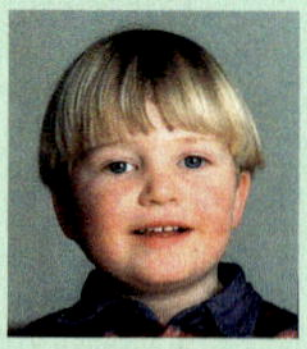

Geschäftsunfähig sind:
- Kinder unter 7 Jahren.
- Personen, bei denen die freie Willensbildung durch eine dauernde Geistesstörung unterbunden ist. Geschäftsunfähige können keinerlei Rechtsgeschäfte gültig abschließen. Von ihnen dennoch abgeschlossene Verträge sind daher nichtig. Auch von dem eigenen Taschengeld sind keine eigenständigen Anschaffungen möglich (§ 104 BGB). Für die Geschäftsunfähigen handeln stellvertretend ihre gesetzlichen Vertreter, die Eltern, oder ein gesetzlich bestellter Betreuer.

Stufe 2: Beschränkte Geschäftsfähigkeit

Beschränkt geschäftsfähig sind:

- Personen ab dem 7. Lebensjahr bis vor Vollendung des 18. Lebensjahres, sofern keine anderen Gründe (dauernde Geistesstörung) für eine Geschäftsunfähigkeit vorliegen (§ 106 BGB).

- Personen, die wegen Trunksucht, Verschwendungssucht oder vorübergehender Geistesschwäche oder einer psychischen Krankheit ihre Geschäfte ganz oder teilweise nicht besorgen können (§ 114 BGB).

- Personen, die unter vorläufige Vormundschaft gestellt wurden (§ 1906 BGB).

Ein Vertrag mit Minderjährigen ist zunächst **„schwebend unwirksam"**. Er gilt erst, wenn der gesetzliche Vertreter diesem Geschäft zustimmt. Diese Zustimmung kann auch **stillschweigend** erfolgen, es sei denn, der Vertragspartner hat den gesetzlichen Vertreter ausdrücklich zu einer Genehmigung aufgefordert. Verweigert der gesetzliche Vertreter die Zustimmung, so ist der Vertrag nachträglich nichtig. Im Zweifelsfall trägt der Verkäufer die Verantwortung und mögliche Kosten für Geschäfte, die aus diesen Gründen nicht ordnungsgemäß zustande gekommen sind. Es gibt aber auch **Ausnahmen**, bei denen beschränkt Geschäftsfähige frei und unabhängig entscheiden können, d. h. ohne Einwilligung des gesetzlichen Vertreters rechtsgültige Geschäfte abschließen können.
Diese Ausnahmen sind:

- Verträge, die ausschließlich einen **rechtlichen Vorteil** mit sich bringen. Hierzu zählen zum Beispiel: Annahme eines Geschenkes ohne Gegenleistung (§ 107 BGB). Dies betrifft oftmals Bargeschenke. Würde aber z. B. einem Minderjährigen ein Haustier geschenkt, so ergäben sich die Pflichten der Pflege, Anschaffung von Futter und evtl. Zahlung von Hundesteuer, dann wäre auch dieses Geschenk genehmigungspflichtig.

- **„Taschengeldparagraf"**: Eigenständige Anschaffungen, die nur mit dem Geld erfüllt werden, welches von den Erziehungsberechtigten zur freien Verfügung überlassen wurde und die bar bezahlt werden. Die Höhe des Preises spielt keine Rolle (§ 110 BGB).

- Verträge, die im Zuge eines **Arbeits- oder Ausbildungsverhältnisses** (welches mit Zustimmung des gesetzlichen Vertreters eingegangen wurde) abgeschlossen werden. So kann ein minderjähriger Auszubildender die Regelung der Arbeitszeit, Lohn- und Gehaltsansprüche, Kündigung ohne die Zustimmung der Erziehungsberechtigten selbst bestimmen (§ 113 BGB).

- Ermächtigt der gesetzliche Vertreter mit Genehmigung des Vormundschaftsgerichts einen Minderjährigen zum selbstständigen Betrieb eines Erwerbsgeschäftes, dann ist der beschränkt Geschäftsfähige für die Rechtsgeschäfte, die im Betrieb anfallen, unbeschränkt geschäftsfähig (§ 112 BGB).

Arbeitsvorschläge

1. In Deutschland herrscht der Grundsatz der Vertragsfreiheit. Was bedeutet dies?
2. Unterscheiden Sie zwischen ein- und zweiseitigen Rechtsgeschäften und nennen Sie Beispiele.
3. Warum empfiehlt es sich, auch wenn keine Formvorschrift besteht, Kaufverträge z. B. über ein Kraftfahrzeug schriftlich abzuschließen?
4. Beurteilen Sie die Rechtslage folgender Fälle:
   a) Eine Oma möchte ihrem Enkel zum 16. Geburtstag ein Mofa schenken. Unwissend kauft sie ein gebrauchtes Mofa im Wert von etwa 300,00 € zum fünffachen Preis.
   b) Durch einen Tippfehler bestellt eine Firma 81.000 anstatt 18.000 Liter Rohöl.
   c) Die fünfjährige Petra kauft sich von ihrem Taschengeld ein Comic-Heft.
   d) Der Fahrer eines Krankenwagens war nur gewillt, einen Schwerkranken ins Krankenhaus zu fahren, als ihm die Frau des Kranken 100,00 € „Trinkgeld" gab.
   e) Eine Hausfrau unterschreibt die Bestellung eines neuen Staubsaugers, nachdem ihr der Vertreter gedroht hatte, er wolle ihrem Mann von ihrem Hausfreund erzählen, wenn sie bei ihm nichts bestelle.
   f) Der einzige Lebensmittelhändler eines Dorfes berechnet einer alten alleinstehenden Frau bei deren täglichen Einkäufen einen Zuschlag von 100 %.
   g) Herr Schäfer kauft einen teuren Rassehund mit Stammbaum. Später stellt er fest, dass der Stammbaum gefälscht ist.
5. Erklären Sie in einem Kurzvortrag – möglichst mithilfe von selbst gewählten Beispielen privat und aus Ihrem Betrieb –, wann und unter welchen Voraussetzungen ein Kaufvertrag zustande kommt.
6. Untersuchen Sie, ob zwischen der Jung-Logistik GmbH und der DVS (siehe „Moment mal ...", Kap 5) ein Kaufvertrag zustande gekommen ist.
7. Prüfen Sie, ob in nachfolgenden Fällen ein Kaufvertrag zustande gekommen ist, und begründen Sie Ihr Ergebnis:
   a) Wir bestellen schriftlich am 7. Mai aufgrund eines Angebotes per Brief vom 4. Mai.
   b) Unsere Bestellung aufgrund eines freibleibenden Angebotes per Fax geht noch am gleichen Tag per Computerfax beim Verkäufer ein.
   c) Wir bestellen aufgrund eines Angebotes noch am gleichen Tag, ändern aber die Lieferungsbedingung in „frei Haus", da wir von diesem Lieferanten bisher immer „frei Haus" beliefert wurden.
8. Ein Käufer bestellt rechtzeitig, ändert aber die Zahlungsbedingung ab. Wie kommt in diesem Fall ein Kaufvertrag zustande?
9. Gehen Sie ins Internet und besorgen Sie sich den Gesetzestext des „AGB-Gesetzes", z. B. bei www.dejure.org, oder Sie geben bei Google den Suchbegriff „AGB-Gesetz" ein. Lesen Sie das Gesetz und halten Sie einen kleinen Fachvortrag darüber, wie die Verbraucher hier geschützt werden.

6 Der Lieferungsverzug

Moment mal!

Aufregung in der Werkstatt der Jung-Logistik GmbH. Die Lieferung der neuen Winterreifen für die LKWs sollte schon vor drei Wochen erfolgt sein. Die Auszubildende Kristin hatte vergessen, die ausbleibende Lieferung anzumahnen. Heute sollten zwei Sattelzüge mit neuen Winterreifen bestückt werden, bevor sie auf Fernfahrt nach St. Petersburg gehen sollten. Doch die neuen Reifen sind nicht geliefert worden. Auf den Anruf beim zuständigen Reifenhandel bekommt Kristin die Antwort, dass die Reifen wegen Lieferengpässen durch den frühen Wintereinbruch erst in ca. 14 Tagen geliefert werden können. „Rufen Sie bei allen umliegenden Reifenhändlern an, ob die benötigten Reifen auf Lager liegen und wir diese sofort abholen könnten“, fährt sie der Meister an. „Die LKWs müssen mit Winterreifen bestückt werden. Heute Nacht müssen die raus.“

- Welche Folgen können Lieferungsverzögerungen haben?
- Was ist im Rahmen der Vertragsüberwachung zu tun?

?

Die Terminüberwachung ist eine der zentralen Aufgaben des Wareneinkaufs. Im Regelfall wird bei Vertragsabschluss der vereinbarte Liefertermin in Karteien, Wiedervorlagemappen oder in Liefer- und Termindateien festgehalten. Bei langfristigen Lieferterminen und bei Investitionsobjekten empfiehlt sich auch zwischendurch die Einholung von Auskünften über den jeweiligen Produktionsstand, damit rechtzeitig in geeigneter Form reagiert werden kann. Mit dem Abschluss eines Kaufvertrages übernimmt der Verkäufer die Pflicht, die Ware „zur vereinbarten Zeit am rechten Ort in der richtigen Art und Weise“ zu liefern bzw. bereitzustellen. Der Käufer hat die Pflicht, die Ware anzunehmen.

Voraussetzungen für den Lieferungsverzug

1. Fälligkeit

Der Verkäufer muss nach Abschluss eines Kaufvertrags die Ware innerhalb der vereinbarten Lieferzeit oder an einem bestimmten Termin liefern. Natürlich kann der Verkäufer vor einem vereinbarten Termin nicht in Lieferungsverzug geraten.

Ist keine Lieferzeit genannt, muss sofort nach Vertragsabschluss geliefert werden.

2. Mahnung und Fristsetzung durch den Käufer

Wenn die Lieferung nicht erfolgt ist, muss der Käufer den Verkäufer mahnen. Zusätzlich muss er diesem eine Frist setzen, in der die Ware nachgeliefert werden kann. Wenn der Verkäufer innerhalb dieser Frist immer noch nicht geliefert hat, kommt er in Lieferungsverzug.

Die Mahnung und Fristsetzung entfällt bei:

- Fixkauf (oder Zweckkauf)
  Fixkauf liegt vor, wenn ein kalendermäßig bestimmter Liefertermin überschritten wurde (z. B. Lieferung am 23.10.11). Ein Zweckkauf wird für einen ganz bestimmten Anlass getätigt. Eine spätere Lieferung ist nicht mehr gewünscht (z. B. kalte Platten nach einem Fest zu liefern, macht keinen Sinn).

- Selbstinverzugsetzung
  Der Lieferer erklärt selbst, dass er die Ware nicht rechtzeitig liefern kann oder will.

3. Verschulden des Lieferers

Ein Verkäufer gerät immer nur dann in Lieferungsverzug, wenn er diesen verschuldet hat.
Kein Verschulden liegt vor bei „höherer Gewalt“ wie Streik, Krieg, Brand, Überschwemmung usw.

Rechte des Käufers bei Lieferungsverzug

Wenn die drei vorgenannten Voraussetzungen erfüllt sind, kann der Käufer zwischen folgenden Rechten wählen:

Rechte des Käufers

Er setzt dem Verkäufer keine Nachfrist und ...

- **verlangt die Lieferung, wenn**
  - der Käufer die Ware nur von diesem Lieferer haben möchte;
  - andere Anbieter gar nicht oder nicht so schnell liefern könnten.
- **verlangt die Lieferung und fordert zusätzlich Schadenersatz** (nur wenn ein Schaden entstanden ist).

Er setzt dem Verkäufer eine Nachfrist und, wenn auch diese verstrichen ist, ...

- **lehnt die Lieferung ab, bei**
  - Preissenkung;
  - günstigerem Angebot eines anderen Lieferers.
- **lehnt die Lieferung ab und fordert stattdessen Schadenersatz**
  Er kauft bei einem anderen Lieferer (Deckungskauf) und fordert den Unterschiedsbetrag zum evtl. höheren Preis sowie die Beschaffungskosten.

Arbeitsvorschläge

1. Welche Voraussetzungen müssen erfüllt sein, damit ein Verkäufer in Lieferungsverzug gesetzt werden kann?
2. a) Prüfen Sie, ob der Reifenhändler (Moment mal!) in Lieferungsverzug geraten ist.
   b) Wie hätten Sie in dieser Situation gehandelt?
3. Beurteilen Sie, ob in folgenden Fällen Verschulden als Voraussetzung für den Lieferungsverzug vorliegt. Es wird nicht rechtzeitig geliefert, wegen
   a) eines Streiks,
   b) eines Großauftrags von einem anderen Kunden,
   c) der Vernichtung der gesamten Gattungsware durch einen Großbrand,
   d) einer Überschwemmung,
   e) eines Planungsfehlers in der Produktion,
   f) Beschädigung einer Lagerhalle durch Blitzschlag,
   g) ein Mitarbeiter hat vergessen, den Auftrag zu speichern.

7 Die gelieferte Ware ist mangelhaft

Moment mal!

Der Hermes-Versand bringt eine Lieferung von 50 Paketen – Absender ist die Firma Office Discount. Der Lagerist, Herr Schulze, nimmt die Lieferung an. Als der Fahrer drängt, er solle die Empfangspapiere schnell unterschreiben, winkt Herr Schulze ab. „Immer den gleichen Stress mit euch“, sagt er zum Fahrer, „ihr habt es aber auch nur noch eilig – sind die Zeitvorgaben schon wieder gekürzt worden?“ Und als der Fahrer nickt, fährt Herr Schulze fort: „Ich muss auch meine Wareneingangskontrolle machen, das wissen Sie doch.“ Während er das sagt, zeigt er auf zwei beschädigte Pakete und fragt: „Die sind wohl beim Bremsen runtergefallen?“

Bei der Prüfung auf Transportmängel kontrolliert Herr Schulze alle Pakete auf äußere Mängel. Beim Entladen hatte er zudem die Menge festgestellt und sie mit der im Lieferschein verglichen. Die Menge stimmte, doch zwei Kartons waren beschädigt. Diese Mängel an der Verpackung lässt sich Herr Schulze von dem Fahrer noch quittieren, bevor der das Werk verlässt.

Beim späteren Einlagern wird die Ware ausgepackt und nochmals auf äußere Mängel kontrolliert. Versteckte Mängel lassen sich häufig nur erkennen, wenn die Innenverpackung geöffnet wird. Das geschieht aber nur bei Stichproben. Mit dem Lieferer hatte sich die Jung-Logistik GmbH auf eine fünfprozentige Stichprobe geeinigt. Weist diese zu viele Mängel auf, wird die gesamte Sendung zurückgeschickt.

- Welche Tätigkeiten fallen bei der Überwachung des Wareneingangs und der Abwicklung der Warenannahme an?
- Wann liegt eine mangelhafte Lieferung vor?
- Welche Möglichkeiten hat der Kunde bei mangelhafter Lieferung?

?

Täglich werden in den Betrieben von der Post, privaten Paketdiensten, Speditionen oder von Fahrzeugen der Lieferanten die verschiedensten Waren angeliefert. Von der Abteilung Wareneingang müssen dabei folgende Tätigkeiten verrichtet werden:

7.1 Kontrolle der Fracht

Bevor der Frachtführer mit der Annahmebestätigung entlassen wird, muss eine sofortige Überprüfung der Ware auf Transportschäden erfolgen, da hierfür der Frachtführer bzw. dessen Versicherung haftet. Diese erfolgt gewöhnlich in folgenden Schritten:

Kontrolle der Fracht		
Schritt	**Beschreibung**	**Erklärung**
1	Kontrolle der Anschrift	Liegt vielleicht ein Irrläufer vor?
2	Vergleich des Lieferscheins mit der Bestellmeldung	Die Bestellungen und Liefertermine werden von der Beschaffungsabteilung an die Warenannahme weitergeleitet. So kann Letztere erkennen, ob nicht bestellte Waren oder Waren zu spät geliefert werden sollen. Notfalls kann die Annahme verweigert werden (siehe auch Kap „Lieferungsverzug").
3	Abgleich der Packungen nach Menge und Art mit dem Lieferschein	Es wird geklärt, ob die Anzahl oder das Gewicht der gelieferten Ware mit den Versandpapieren übereinstimmt.
4	Überprüfen der Verpackungen bzw. der unverpackten Ware auf äußere Mängel	Äußere Mängel müssen dem Fahrer sofort angezeigt werden, um den Transportschaden zu beweisen und auszuschließen, dass die Schäden nicht später, bei der Einlagerung, entstanden sind.
5	Bestätigen der äußeren Mängel oder Fehlmengen	Äußere Mängel und Mindermengen gegenüber dem Frachtbrief gehen durch den Anlieferer zulasten des Frachtführers, daher muss der Fahrer diese bestätigen.
6	Empfangsbestätigung	Erst jetzt erhält der Fahrer die Empfangsbestätigung.

7.2 Kontrolle des Lieferanten

Sind die Verpackung und die gelieferte Menge in Ordnung, dann kommt für weitere mögliche Mängel nur der Lieferer infrage. Mit einer solchen Prüfung kann man offene (sie sind von außen zu erkennen) oder versteckte Mängel finden. Letztere sind erst bei der Benutzung festzustellen. Daher macht man hier oftmals Stichproben. Überschreitet die Zahl der Mängel bestimmte, im Kaufvertrag festgelegte Grenzen, wird häufig die gesamte Lieferung zurückgeschickt. Eine solche Prüfung muss nicht sofort, aber unverzüglich erfolgen. Das bedeutet, dass die Überprüfung der Ware ohne wichtige Gründe nicht verzögert werden darf. Im zweiseitigen Handelskauf müssen offene Mängel sofort und versteckte sofort nach Entdecken gerügt werden.

Weitere Schritte sind dann:

Weitere Schritte zur Warenkontrolle

Schritt	Beschreibung	Erklärung
7	Auspacken und Überprüfen der Ware	Vergleich mit der Bestellung, ob die richtige (bestellte) Ware geliefert wurde.
8	Vergleich mit der Bestellung	Vergleich mit Bestelldatum, ob pünktlich geliefert wurde (siehe Kap „Lieferungsverzug").
9	Quantitätsprüfung	Prüfen, ob die richtige Menge geliefert wurde.
10	Prüfung, ob die gelieferte Ware den Vereinbarungen im Kaufvertrag entspricht	Prüfen, ob die gelieferte Ware die zugesicherten Eigenschaften und die im Kaufvertrag vereinbarte Güte hat.
11	Qualitätsprüfung	Untersuchen auf äußere Mängel.
12	Stichproben	Untersuchen einer Warenstichprobe auf versteckte Mängel.
13	Einlagerung	Die richtige Ware wird eingelagert, die mangelhafte aufbewahrt.
14	Meldung	Benachrichtigen der Beschaffungsabteilung und der Buchhaltung über den Eingang und eventuelle Fehler.

Der Verkäufer übernimmt mit dem Abschluss eines Kaufvertrages die Pflicht, eine Ware in der Beschaffenheit und Güte zu liefern, die vertraglich festgelegt wurde. Dies bedeutet:

- Er muss die richtige Menge und Größe der im Vertrag genannten Art der Ware liefern.
- Die Ware darf keine Fehler haben.
- Eine vom Verkäufer zugesicherte Eigenschaft darf der Ware nicht fehlen.

7.3 Mängelarten

Mängel nach deren Erkennbarkeit

Erkennbarkeit		
	offener Mangel	sofort erkennbar (z. B. läuft eine Dose aus)
	versteckter Mangel	erst bei Gebrauch erkennbar (z. B. ist der Inhalt einer Konservendose verschimmelt)
	arglistig verschwiegener Mangel	vom Verkäufer absichtlich verschwiegener Mangel (z. B. wurde das Verfallsdatum der abgelaufenen Waffeln verlängert)

Sachmängel

Falschlieferung	Mangel in der Art[1]	Lieferung einwandfrei, aber falsche Waren (z. B. Erd- statt Haselnüsse)
	Mangel in der Menge[1]	Mehr oder weniger Waren wurden geliefert (z. B. drei Pakete Druckerpatronen statt der bestellten vier).
Qualitätsmangel	Mangel in der Güte	Fehlen einer bestimmten Eigenschaft (z. B. nicht wasserdichte Uhr)
	Mangel in der Beschaffenheit	fehlerhafte, beschädigte oder verdorbene Ware (z. B. Kratzer im Lack eines Elektrogerätes)
	Wareneigenschaft entspricht nicht der Werbeaussage	Eigenschaften, die in der Werbung, Katalogen, Prospekten usw. über das Produkt angepriesen wurden, fehlen (z. B. verliert ein garantiert farbechtes Shirt beim Waschen Farbe).
Montagemangel	Fremdmontage	Fehler in der Montage, unsachgemäße oder andere als vereinbarte Montage (bei Montage durch den Verkäufer oder dessen Erfüllungsgehilfen)
	mangelhafte Montageanleitung für Selbstmontage	Auch: „IKEA-Klausel" genannt. Ein Fehler entstand an einer Ware durch eine falsche Montageanleitung (z. B. wegen falscher Montageanleitung musste ein Schrank nochmals ab- und aufgebaut werden. Dadurch halten die Schrauben nicht mehr.).

Rechtsmängel

Unerlaubter Verkauf	Eigentumsmangel	Der Verkäufer ist nicht Eigentümer und darf die Sache daher nicht verkaufen.
	Verpfändungsmangel	Die verkaufte Sache ist pfandrechtlich gesichert.

7.4 Pflichten des Käufers bei einer mangelhaften Lieferung

Prüfungspflicht

Jede Lieferung muss vom Käufer auf eventuelle Transportmängel geprüft werden. Diese müssen dem Transportunternehmen sofort angezeigt werden. Wird eine Lieferung nicht geprüft und werden dadurch offene Mängel nicht bemerkt, liegt grobe Fahrlässigkeit vor und eine Gewährleistung entfällt.

Anschließend muss der Käufer die Ware auspacken und prüfen und die Mängel dem Verkäufer anzeigen. Eine Mängelrüge kann formlos erteilt werden. Obwohl sie mündlich, telefonisch oder per Mail abgegeben werden kann, wird im kaufmännischen Geschäftsgebrauch die schriftliche Form vorgezogen (Beweismittel).

Rügepflicht

Der Käufer muss eine mangelhafte Ware rügen und dabei bestimmte Rügefristen einhalten, die beim einseitigen und zweiseitigen Handelskauf unterschiedlich sind.

Prüfpflicht und Rügepflicht

Art des Kaufs (Vertragspartner) / **Erteilung der Mängelanzeige**	**zweiseitiger Handelskauf:** Käufer und Verkäufer sind Kaufleute (für beide Seiten ist das Geschäft ein Handelsgeschäft).	**einseitiger Handelskauf:** (bei beweglichen Gütern: Verbrauchsgüterkauf): Käufer handelt als Privatperson und Verkäufer als Unternehmer (nur für eine Seite ist das Geschäft ein Handelsgeschäft).
offene Mängel	**unverzüglich** (ohne schuldhaftes Verzögern) nach Erhalt und Entdeckung Schadens bei der Eingangsprüfung (§ 377 Abs. 1 HGB)	Keine unverzügliche Prüfung der gelieferten Ware nötig; bei **neuen** Sachen innerhalb von **zwei Jahren** nach Ablieferung (gesetzliche Gewährleistungsfrist); bei **gebrauchten** Sachen haftet der Verkäufer innerhalb der Frist für Sachmängelhaftung **von einem Jahr** (§ 475 BGB).
versteckte (verdeckte) Mängel	**Unverzüglich nach Entdeckung,** jedoch spätestens innerhalb der Frist für Sachmängelhaftung (gem. BGB 2 Jahre); eine Frist für Sachmängelhaftung kann generell ausgeschlossen werden (§ 377 Abs. 2 und 3 HGB).	
arglistig verschwiegene Mängel	innerhalb von 3 Jahren, beginnend am 1. Januar des Jahres nach der Entdeckung (§ 195 BGB)	

Aufbewahrungspflicht

Wenn Mängel festgestellt wurden, muss beim einseitigen Handelskauf oder bürgerlichen Kauf die Ware zum Beweis, zur Prüfung, Mängelbeseitigung oder Abholung aufbewahrt werden. Beim zweiseitigen Handelskauf gilt:

Bei einem Platzkauf (Käufer und Verkäufer sind am gleichen Ort) kann der Käufer die Annahme der Ware mit offenem Mangel verweigern und diese sofort zurückgeben.
Bei einem Distanzkauf (Käufer und Verkäufer sind an verschiedenen Orten) muss die beanstandete Ware zunächst ordnungsgemäß im eigenen oder fremden Lager eingelagert und zur Abholung oder Veränderung bereitgestellt werden.

7.5 Verjährungsfristen für Mängelrügen

Dadurch, dass der Käufer die Mängel erst erkannt haben muss, könnte quasi eine endlose Verjährungsfrist erfolgen. Dies wird jedoch durch nachfolgende Höchstfristen verhindert:

Verjährungsfristen	
1 Jahr	für Sachen, die gebraucht gekauft wurden. Beginn: mit Übergabe der Ware bzw. Abnahme der Leistung.
2 Jahre	regelmäßige Frist bei Kauf- und Werkverträgen. Beginn: mit Übergabe der Ware bzw. Abnahme der Leistung.
3 Jahre	bei arglistig verschwiegenen Mängeln aus Kauf- und Werkverträgen (Ausnahme: wenn der Mangel aus grober Fahrlässigkeit nicht erkannt wurde). Beginn: am Schluss des Jahres, in dem der Mangel erkannt wurde.
5 Jahre	bei Mängeln an Bauwerken oder Sachen, die üblicherweise in Bauwerken verarbeitet werden. Beginn: mit dem Tag der Abnahme des Werkes durch den Käufer.
10 Jahre	bei Mängeln an verkauften Grundstücken. Beginn: mit Fälligkeit des Anspruchs.
30 Jahre	Bei • Herausgabeansprüchen aus Eigentum, • familien- und erbrechtlichen Ansprüchen, • Ansprüchen, die aus Insolvenzverfahren vollstreckbar wurden, und • anderen vollstreckbaren Titeln. Beginn: mit Fälligkeit des Anspruchs.

7.6 Rechte bei mangelhafter Lieferung

Wenn eine mit Mängeln behaftete Sache geliefert wird, kann der Käufer mehrere Rechte geltend machen. Vorrangige Rechte müssen zuerst in Anspruch genommen werden.

Rechte bei mangelhafter Lieferung

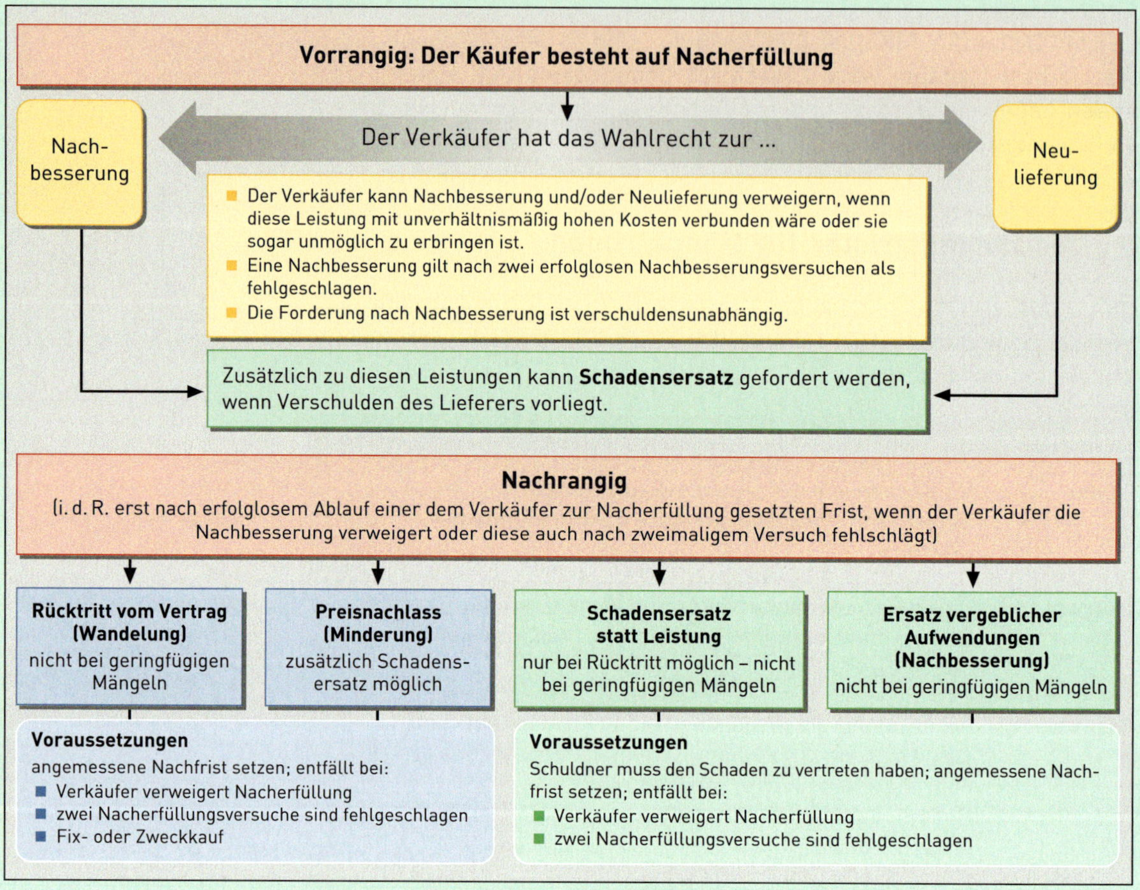

Rücktritt vom Vertrag (Wandelung):
Wenn eine Nachbesserung wiederholt scheitert oder aus der Sicht des Käufers keine Verbesserung bringt, kann der Vertrag auch rückgängig gemacht werden. Das Recht auf Minderung und Rücktritt ist im Gegensatz zu früheren Regelungen an eine nicht erfolgreiche oder ausgebliebene Nacherfüllung gekoppelt. Dieses Recht verjährt daher, sobald der Nacherfüllungsanspruch verjährt ist.

Preisnachlass (Minderung):
Anstelle einer Nachbesserung kann der Käufer auch einen Preisnachlass verlangen. Dabei kann der Verkaufspreis in dem Verhältnis herabgesetzt (gemindert) werden, in dem der Wert der Sache in mangelfreiem Zustand zu dem tatsächlichen Wert steht. Gibt es hierüber keine Einigung zwischen den beiden Vertragspartnern, dann kann die Minderung durch eine Schätzung ermittelt werden.

Schadensersatz statt Leistung:
Unabhängig von den vorausgehenden Rechten kann der Käufer zusätzlich auch einen Ersatz des ihm durch die mangelhafte Lieferung entstandenen

Schadens verlangen. Voraussetzung ist aber, dass ein Schaden entstanden ist, der auch durch die Nachbesserung, Minderung oder den Rücktritt nicht abgedeckt ist.

Ersatz vergeblicher Aufwendungen (Nachbesserung):
Der Verkäufer hat bei einer Nachbesserung alle dazu erforderlichen Aufwendungen einschließlich der Transport-, Wege-, Arbeits- und Materialkosten zu tragen. Dafür ist dem Verkäufer eine angemessene Frist zu setzen.

7.7 Ausschluss von Rechten

Die Rechte des Käufers wegen eines Mangels sind ausgeschlossen, wenn er den Mangel bei Vertragsschluss kannte. Sind sie ihm infolge grober Fahrlässigkeit unbekannt geblieben, können Rechte nur geltend gemacht werden, wenn der Mangel arglistig verschwiegen worden ist oder eine Garantie für die Beschaffenheit der Sache übernommen wurde. Eine Vereinbarung, die die Rechte des Käufers wegen eines Mangels ausschließt (z. B. „gekauft wie gesehen"), ist nichtig, wenn ein Mangel arglistig verschwiegen wurde oder der Verkäufer eine Garantie für die Beschaffenheit der Sache übernommen hat.

7.8 Besondere Regelungen beim Verbrauchsgüterkauf

Juristisch liegt ein Verbrauchsgüterkauf immer dann vor, wenn Verbraucher etwas von Geschäftsleuten kaufen.

Beweislastumkehr:
Beim Verbrauchsgüterkauf muss der Verkäufer (Geschäftsmann) in den ersten sechs Monaten nach Kauf beweisen, dass er die Ware ohne Fehler an den Kunden übergeben hat. Danach muss der Käufer (Verbraucher) den Beweis eines Fehlers erbringen.

Rückgriffsrecht:
Der Verbraucher hat immer gegenüber seinem jeweiligen Verkäufer den Anspruch auf seine Rechte. Wird eine Ware von einem Konsumenten z. B. bei einem Handels- oder Handwerksbetrieb gekauft, dann muss er seine Rechte nicht bei dem Hersteller der Ware (Industriebetrieb), sondern kann sie bei dem Verkäufer geltend machen. Der Handels- oder Handwerksbetrieb kann die Forderung dann an seinen eigenen Lieferer weitergeben. So verliert der Verbraucher keine Zeit und hat einen eindeutigen Ansprechpartner.

Für Verbraucher (Verbrauchsgüterkauf) können die Rechte aus mangelhafter Lieferung weder durch die AGB noch durch besondere Vertragsabsprachen eingeschränkt werden.

Verjährung:
Eine Verkürzung oder ein Ausschluss der Verjährung durch den Verkäufer ist nicht möglich.

Arbeitsvorschläge

1. Welche Kontrollen müssen erst durchgeführt werden, bevor die Empfangsbestätigung unterschrieben wird?
2. Warum müssen Transportmängel im Beisein des Frachtführers festgestellt werden?
3. Wie werden offene, wie versteckte Mängel gefunden?
4. Warum müssen die Buchhaltung und die Beschaffungsabteilung über den Wareneingang und eventuelle Fehler informiert werden?
5. Erkunden Sie, wie die Warenannahme in Ihrem Ausbildungsbetrieb geregelt ist, und erklären Sie dies in der nächsten Unterrichtsstunde.
6. Prüfen Sie, ob in nachfolgenden Fällen der Tatbestand der mangelhaften Lieferung gegeben ist. Wenn „Ja", prüfen Sie, um welche Mängelart es sich handelt.
   a) Die Farbe des gelieferten Teppichbodens ist anders als im Muster.
   b) An einem neuen Fernsehgerät ist ein kleiner Kratzer an der Rückseite.
   c) Statt der bestellten Hose Größe 48 wurde eine in der Größe 50 geliefert.
   d) In einer Montageanleitung für ein Regal sind die verschieden langen Schrauben nicht beschrieben. Daher hatte Klaus zuerst die längeren Schrauben benutzt. Zum Schluss bemerkte er den Fehler. Als er die kleineren Schrauben verwendete, stellte er fest, dass nun die Löcher zu groß waren. Jetzt wackelt das Regal.
   e) Die neue Spülmaschine drückt beim Ablaufen Wasser in das Spülbecken. Der Käufer behauptet, es handele sich um einen Montagemangel. Die Monteure verweisen auf das vorhandene falsch angebrachte Ablaufrohr des Spülbeckens.
   f) „Wasserdicht bis 25 Meter" wurde in der Werbung verkündet. Beim ersten Schwimmbadaufenthalt dringt Wasser in die Uhr.
7. Warum muss Herr Schulze (siehe Einstiegssituation in diesem Kapitel) die Transportverpackung im Beisein des Lkw-Fahrers prüfen?
8. Um welche Mängelart handelt es sich in dem von Herrn Schulze entdeckten Fall? Prüfen Sie, ob es sich um einen ein- oder zweiseitigen Handelskauf handelt und welche Rügefristen Herr Schulze einhalten muss.
9. Unterscheiden Sie die verschiedenen Mängelarten möglichst anhand von Beispielen aus Ihrem Praktikumsbetrieb.
10. Welche der beiden Vertragsparteien ist im Falle einer mangelhaften Lieferung im Rahmen der Gewährleistungsfrist beweispflichtig?
11. Welche Rechte hat ein Käufer bei mangelhafter Lieferung und wann wird er diese in Anspruch nehmen?
12. Verfassen Sie (möglichst mit Word) eine unterschriftsreife Mängelrüge für folgende mangelhafte Lieferung: Eine Espressomaschine ist am Gehäuse verkratzt. Sie schicken die mangelhafte Ware anbei mit Postpaket unfrei zurück und verlangen sofortige Ersatzlieferung. Adresse: Kleinschmidt GmbH, Postfach 11 22, 35398 Gießen.
13. Entwickeln Sie eine Mindmap, in der alle Mängelarten, Rügefristen und Rechte des Käufers enthalten sind.

8 Annahmeverzug

Moment mal!

Aufregung in der Warenannahme der Jung-Logistik GmbH. Draußen steht ein Tankwagen Treibstoff. Doch der Wagen kann nicht entladen werden, da wegen Umbauarbeiten die Tanks noch nicht befüllt werden können. Die Lagerverwaltung hätte dies der Einkaufsabteilung mitteilen müssen, dann hätte man die Bestellung noch rechtzeitig stornieren können. Da das nicht geschah, macht der Fahrer „Stress", denn er steht unter Zeitdruck und verlangt eine sofortige Entladung. Die Jung-Logistik GmbH hat für diese Menge auch kein anderes Lager. Daher muss der Tankwagen zum Lieferanten zurückgeschickt werden.

- Wann gerät ein Käufer in Annahmeverzug?
- Welche Folgen können sich daraus ergeben?

?

Mit dem Abschluss eines Kaufvertrages haben sich beide Vertragspartner verpflichtet, ihre Leistungen zu erbringen. Der Verkäufer kann seine Pflicht, die Ware ordnungsgemäß zu übergeben und das Eigentum zu übertragen, aber nicht erfüllen, wenn der Käufer diese Leistungen nicht annimmt. Damit gerät der Käufer in Verzug. Dabei ist es egal, aus welchen Gründen der die

Voraussetzungen des Annahmeverzugs

Die Leistung muss fällig sein.
Wenn ein fester Liefertermin (Fixkauf) vereinbart wurde, gerät der Käufer dann in Annahmeverzug, wenn er die Ware zu diesem Zeitpunkt nicht annimmt.

Der Lieferant liefert ordnungsgemäß.
Der Lieferant liefert mängelfrei die richtige Ware zum richtigen Zeitpunkt an den richtigen Ort. Bei Lieferung vor der vereinbarten Zeit muss der Käufer damit einverstanden sein.

Der Käufer verweigert die Annahme dieser Leistung.
- Ist ein Zug-um-Zug-Geschäft vereinbart, kommt der Käufer auch dann in Annahmeverzug, wenn er zwar die Ware annehmen, diese aber nicht sofort bezahlen will (z. B. bei einer Nachnahmesendung).
- Wurde nicht vereinbart, dass der Verkäufer die Ware zusendet, dann kommt der Käufer in Annahmeverzug, wenn er die rechtzeitig bereitgestellte Ware nicht beim Verkäufer abholt.

Annahme verweigert. Er kommt auch in Verzug, wenn er die Ware unverschuldet nicht annimmt (z. B. das Lager ist wegen eines Betriebsausflugs geschlossen oder wenn der Kunde im Krankenhaus liegt).

Rechtsfolgen des Annahmeverzugs

- Der Verkäufer erhält eine Haftungserleichterung, d. h. er haftet nur noch bei grober Fahrlässigkeit oder Vorsatz für Schäden an der nicht angenommenen Ware (Wenn die Ware z. B. auf dem Rücktransport durch einen Unfall beschädigt wird, haftet der Verkäufer nur, wenn der Fahrer Alkohol getrunken hatte.).
- Die Gefahr und die anfallenden Kosten gehen auf den Käufer über.
- Der Käufer schuldet dem Verkäufer Ersatz für alle Mehraufwendungen, die durch die Nichtannahme entstehen.

Rechte des Verkäufers bei Annahmeverzug

Der Verkäufer hat im Falle eines Annahmeverzugs die folgenden Rechte:

Verkäuferrechte

Rechte des Verkäufers bei Annahmeverzug

Lagerung der Ware im eigenen Lager oder im **öffentlichen Lagerhaus** (Kosten gehen zulasten des Käufers) und **Klage vor Gericht auf Abnahme**

Notverkauf
Wenn der Ware eine Qualitätsminderung z. B. durch Verderb droht, dann kann der Verkauf ohne Androhung und Fristsetzung sofort vom Verkäufer selbst durchgeführt werden.

Freihandverkauf
Hat die Ware einen festen Börsen- oder Marktpreis, dann kann nach Androhung der Verkauf durch einen Makler erfolgen und muss nicht versteigert werden.

Rücktritt vom Vertrag und anderweitiger Verkauf der Ware bei ...

- **guter Absatzlage**
  (Er kann die Ware problemlos anderweitig oder sogar teurer verkaufen.)
- **langjährigen Kunden oder aus Kulanz**
  (Bestehen gute Geschäftsbeziehungen, dann kann aus Kulanzgründen auf rechtliche Maßnahmen verzichtet werden.)
- **geringen Rechnungsbeträgen**
  (Hier lohnen sich weitere Bemühungen oftmals nicht.)

Selbsthilfeverkauf
Die Ware wird öffentlich versteigert. Oftmals wird dieser Weg einer Klage vorgezogen. Erstens erhält der Verkäufer schneller und sicherer das Geld und zweitens werden dem Käufer Gerichts- und Anwaltskosten erspart. Zur Durchführung eines Selbsthilfeverkaufes muss der Verkäufer aber bestimmte Pflichten zum Schutz des Käufers erfüllen.

- Er muss dem Käufer die Hinterlegung der Ware mitteilen, eine **Frist zur Abnahme setzen** und den Selbsthilfeverkauf androhen.
- Nimmt der Käufer die Ware dennoch nicht ab, wird die Versteigerung angesetzt. Dem Käufer müssen rechtzeitig **Ort und Zeitpunkt des Selbsthilfeverkaufes** angekündigt werden. Damit kann der Käufer selbst an der Versteigerung teilnehmen und die Ware bei zu niedrigem Preis selbst ersteigern.
- Der Verkäufer muss dem Käufer das Ergebnis der Versteigerung mitteilen und einen evtl. Mehrerlös an den Käufer abführen.

Der Käufer muss die Kosten des Selbsthilfeverkaufes übernehmen und einen evtl. verbleibenden Restbetrag zwischen vereinbartem Kaufpreis und Versteigerungserlös übernehmen.

Der Verkäufer kann natürlich vom in Annahmeverzug geratenen Käufer alle Aufwendungen verlangen, die ihm entstanden sind durch:

- das erfolglose Angebot (Transportkosten zum Käufer und zurück in das Lager),
- die Aufbewahrung (Lagerkosten),
- die Pflege (z. B. Kühlung der Ware usw.).

Kaufmännische Verhandlungsstrategie: Bitte um Kulanz
„Einen neuen Kunden zu gewinnen ist fünf Mal teurer, als einen alten zu behalten." Das ist ein kaufmännischer Grundsatz, den sich ein Kunde zunutze machen kann. Er weiß, dass sein Lieferer ihn als Kunden möglichst behalten will. Diese Erkenntnis sollte er unbedingt als Verhandlungsposition einsetzen. Kann ein Kunde die bestellte Ware aus nachvollziehbaren betrieblichen oder anderen Gründen nicht annehmen, dann sollte er – bevor er in Annahmeverzug gesetzt wird – den Lieferanten um Kulanz bitten. Wenn die Lieferung nur aufgeschoben werden muss, wird diese Bitte auch reelle Chancen haben.

Arbeitsvorschläge

1. Wann gerät ein Käufer in Annahmeverzug und welche Möglichkeiten hat der Verkäufer dann?
2. Welche Rechte würden Sie als Lieferer bei Annahmeverzug in Anspruch nehmen?
   a) Seit Abschluss des Kaufvertrages sind die Preise gestiegen.
   b) Ein Käufer verweigert die Annahme einer größeren Lieferung Bananen.
   c) Eine Einbauküche wurde genau nach Maß gefertigt.
   d) Ein guter Kunde kann die Lieferung aus betrieblichen Gründen nicht annehmen.
3. In welchen Schritten muss der Verkäufer einen Selbsthilfeverkauf abwickeln?
4. Was unterscheidet einen normalen Selbsthilfe- von einem Notverkauf?
5. Auf dem Transport vom Käufer zum Lagerhaus verursacht der Lkw-Fahrer des Verkäufers einen Unfall, bei dem ein Teil der Ware beschädigt wird. Wer kommt für diesen Schaden auf?
6. Formulieren Sie als Mitarbeiter der Jung-Logistik GmbH zum Kapiteleinstieg eine E-Mail an den Lieferer, die Esso AG, Adresse: info@esso-hamburg.com. Schildern Sie darin Ihren Engpass in der Lagerhaltung und bitten Sie als guter Kunde um Kulanz und Zurücknahme der Rohschokolade.
7. Welche weiteren Gründe könnten Sie in der Bitte um eine kulante Regelung in Aufgabe 6 aufführen?

9 Zahlungsverzug

Moment mal!

Sarah ist Auszubildende bei der Firma Schröter Schwerlasttransporte GmbH. Sie arbeitet zur Zeit in der Debitoren- und Mahnabteilung. Dort herrscht Aufregung. Es geht das Gerücht um, dass ein guter Kunde, die Windkraft AG kurz vor der Insolvenz stehe. Frau Müller hat in der Buchhaltung bei diesem Kunden noch offene Forderungen von über 200.000 € stehen. In einem kurzfristig anberaumten Meeting verständigt man sich, dass über die noch ausstehenden Rechnungen sofort erste Mahnungen mit Fristsetzung verschickt werden sollen. „Vielleicht können wir ja noch was retten ...“

- Wann gerät ein Schuldner in Zahlungsverzug?
- Welche Folgen kann dies haben?

?

9.1 Wann gerät man in Zahlungsverzug?

Kommt ein Käufer seiner Zahlungsverpflichtung nicht nach, dann gerät er in Zahlungsverzug, wenn die Fälligkeitsfrist überschritten wurde.

Zweiseitiger Handelskauf (Verkäufer und Käufer sind Kaufleute):
Wenn ein fester Zahlungstermin vereinbart wurde, gerät der Schuldner mit Überschreitung des Termins in Zahlungsverzug. Oftmals findet man folgenden Zusatz in Rechnungen: „Zahlbar innerhalb von 10 Tagen abzüglich 2 % Skonto oder innerhalb 30 Tagen netto Kasse.“ Hier würde der Käufer am 31. Tag automatisch in Zahlungsverzug geraten.

Verbrauchsgüterkauf (der Käufer ist ein Verbraucher) oder **Privatkauf** (beide Vertragspartner sind Privatleute):
Hier gerät der säumige Käufer nur dann automatisch nach 30 Tagen in Zahlungsverzug, wenn im Kaufvertrag besonders auf diese Bestimmung hingewiesen wurde. Wurde dies unterlassen, dann gerät er erst nach Ablauf einer Frist, die ihm in einer Mahnung gesetzt wurde in Zahlungsverzug.

Rechte des Verkäufers bei Zahlungsverzug:
Es gibt verschiedene Gründe, warum ein Schuldner nicht zahlt.

- Er kann die Zahlung vergessen haben.
- Er hat Zahlungsschwierigkeiten, weil er sein Kreditlimit bei seiner Bank überzogen hat.
- Er zahlt absichtlich später, weil er Zinsen sparen will.
- Er will nicht zahlen, weil die Ware beschädigt war.

Rechte des Gläubigers bei Zahlungsverzug
Tritt ein Zahlungsverzug ein, dann hat der Gläubiger sogenannte „vorrangige" und „nachrangige" Rechte.

Vorrangige Rechte stehen ihm ohne eine Fristsetzung zu:

Bestehen auf verspäteter Erfüllung
Oftmals wird der Verkäufer den Käufer zuerst an die Zahlung erinnern, falls er diese vergessen hat. Mit dieser Zahlungserinnerung will er auch den zahlungsunwilligen Käufer dazu bewegen, sofort zu bezahlen. Hat dieses außergerichtliche Mahnverfahren (siehe unten) keinen Erfolg, dann kann der Gläubiger versuchen, seine Ansprüche gerichtlich durchzusetzen (gerichtliches Mahnverfahren).

Ersatz des Verzugsschadens
Neben dem Bestehen auf verspäteter Erfüllung kann der Gläubiger auch auf Ersatz des Verzugsschadens bestehen. Dieser besteht aus einem eventuellen Schadensersatz (z. B. Erstattung des Verwaltungsaufwandes und der Kosten für ein Inkassobüro, einen Anwalt, Gerichtskosten, Kosten für Mahnbescheid, Porto usw.).
Zusätzlich können ab dem Fälligkeitsdatum Verzugszinsen berechnet werden: Die liegen beim zweiseitigen Handelskauf bis zu 8 % über dem Basiszinssatz der Europäischen Zentralbank (EZB) und im einseitigen Handelskauf bis zu 5 % über dem EZB-Basiszinssatz. Nur beim zweiseitigen Handelskauf können im Kaufvertrag höhere Verzugszinsen oder eine Konventionalstrafe für Zahlungsverzug ausgehandelt werden.

Nachrangige Rechte (mit Setzung einer Frist für den säumigen Zahler):

Wandlung
Wenn der Käufer nicht in der Lage ist zu zahlen, kann der Verkäufer vom Kaufvertrag zurücktreten und die Ware zurückverlangen. Wenn im Kaufvertrag eine Lieferung unter Eigentumsvorbehalt vereinbart wurde, bleibt die Ware bis zur endgültigen Bezahlung Eigentum des Verkäufers. Diese Möglichkeit wird gewährt, wenn der Schuldner zahlungsunfähig ist oder die Ware problemlos an einen anderen Kunden verkauft werden kann.
Zusätzlich kann noch Schadensersatz (siehe oben) verlangt werden.

9.2 Das außergerichtliche Mahnverfahren

Festgestellten Terminüberschreitungen beim Ausgleich von Forderungen sollte sofort nachgegangen werden. Die Gründe hierfür können Vergesslich-

keit, Nachlässigkeit, Organisationsprobleme, absichtliche Verzögerungen (z. B. wegen mangelnder kurzfristiger Liquidität) oder gar Zahlungsunfähigkeit der Kunden sein.
So sollte ein Kunde zuerst einmal höflich an die Verbindlichkeit erinnert werden, denn sie kann ja tatsächlich vergessen worden sein. Dies muss recht sensibel geschehen, denn man will ja keine Kunden verärgern.
Kunden, mit denen man täglich persönlich spricht oder telefoniert, können auch auf diesem Wege erinnert werden. Denn ein persönliches Wort bewirkt oft mehr als das beste Mahnverfahren. Dies kann auch durch den Außendienst geschehen.
Verläuft die erste Erinnerung fruchtlos, können Vergesslichkeit und Nachlässigkeit als Gründe für die säumige Zahlung ausgeschlossen werden.

Ein Gläubiger muss Maßnahmen ergreifen

- zur Sicherung der eigenen Liquidität, damit er nicht selbst Kredite aufnehmen oder sein Kreditlimit überziehen muss und evtl. selbst nicht mehr zahlungsfähig ist,
- um selbst weiterhin Liefererskonto ausnutzen zu können,
- um vor Verlusten durch Insolvenz geschützt zu sein (Oftmals werden durch Forderungsausfall bei Insolvenzen die Gläubiger selbst in Konkurs gestürzt.),
- um sich vor Verjährung von Forderungen zu schützen.

Mögliche außergerichtliche Mahnstufen

Hierfür gibt es keine verbindliche Regelung. Es bleibt den Betrieben überlassen, wie sie vorgehen. Rein rechtlich ist eine Mahnung nicht mehr notwendig, da der Schuldner nach 30 Tagen automatisch in Verzug gerät. Dennoch versucht man mit mehreren Mahnungen, die Kunden vorsichtig auf ihr Versäumnis hinzuweisen, um sie nicht sofort mit gerichtlichen Schritten zu verärgern.

In zahlreichen Betrieben helfen hier die „Offene-Posten-Datei“, die „Debitoren-Datei“ oder eine „Mahndatei“. So wird sichergestellt, dass keine Termine vergessen werden und dadurch eventuell Forderungen ausfallen.
Im Folgenden ein Vorschlag in vier Stufen:

1. Stufe: Höflich verfasster Erinnerungsbrief

2. Stufe: Höfliche erste Mahnung

3. Stufe: Zweite dringlichere Mahnung mit Hinweis auf fruchtlose erste Mahnung

4. Stufe: Das gerichtliche Mahnverfahren wird eingeleitet.

Kaufmännische Verhandlungsstrategie: Bitte um Kulanz

Auch im Mahnwesen kann man die Tatsache, dass man als Kunde gehalten werden soll, in seine Verhandlungsstrategie einbauen. Man kann um einen kurzfristigen Aufschub der Forderungen (= Moratorium) bitten. Als Gründe für einen vorübergehenden Liquiditätsengpass können z. B. genannt werden:

- ausstehende Forderungen, die in einer bestimmten Zeit erwartet werden,
- saisonal bedingte Absatzschwäche,
- eine außergewöhnliche Belastung.

Es wäre aber auch möglich, dass man darum bittet, die Einmalzahlung in eine Ratenzahlung zu wandeln, oder aber eine Anzahlung und die Restzahlungen in Raten oder später in einer Summe (= Ballonfinanzierung) vorschlägt.

9.3 Gerichtliches Mahnverfahren

Das gerichtliche Mahnverfahren wird eingeleitet, wenn alle bisherigen Versuche, den Schuldner zur Zahlung zu bewegen, zu keinem Erfolg geführt haben.

Antrag auf Erlass eines Mahnbescheides
Der erste Schritt ist der Antrag auf Erlass eines Mahnbescheides. Der Antrag muss in einer maschinell lesbaren Form oder online dem zuständigen Mahngericht (von Bundesland zu Bundesland verschieden) übermittelt werden. Gegen Schuldner in Hessen werden alle Mahnbescheide an das Zentrale Mahngericht in Hünfeld geschickt.
Die Vorteile des Mahnbescheides liegen darin, dass er nur geringe Kosten verursacht, weil mit ihm noch keine Gerichtsverhandlung verbunden ist. Der Mahnbescheid kann aber – je nach Reaktion des Schuldners – der erste Schritt dazu sein.

Der Schuldner kann innerhalb einer Frist von zwei Wochen
- den geforderten Betrag zahlen (die Sache ist damit beendet) oder
- Widerspruch einlegen (dann muss das Gericht über diesen entscheiden).

Unternimmt er aber nichts, dann kann der Gläubiger einen Vollstreckungsbescheid beantragen. Dieser führt zur Zwangsvollstreckung.

Ablauf eines Mahnbescheides

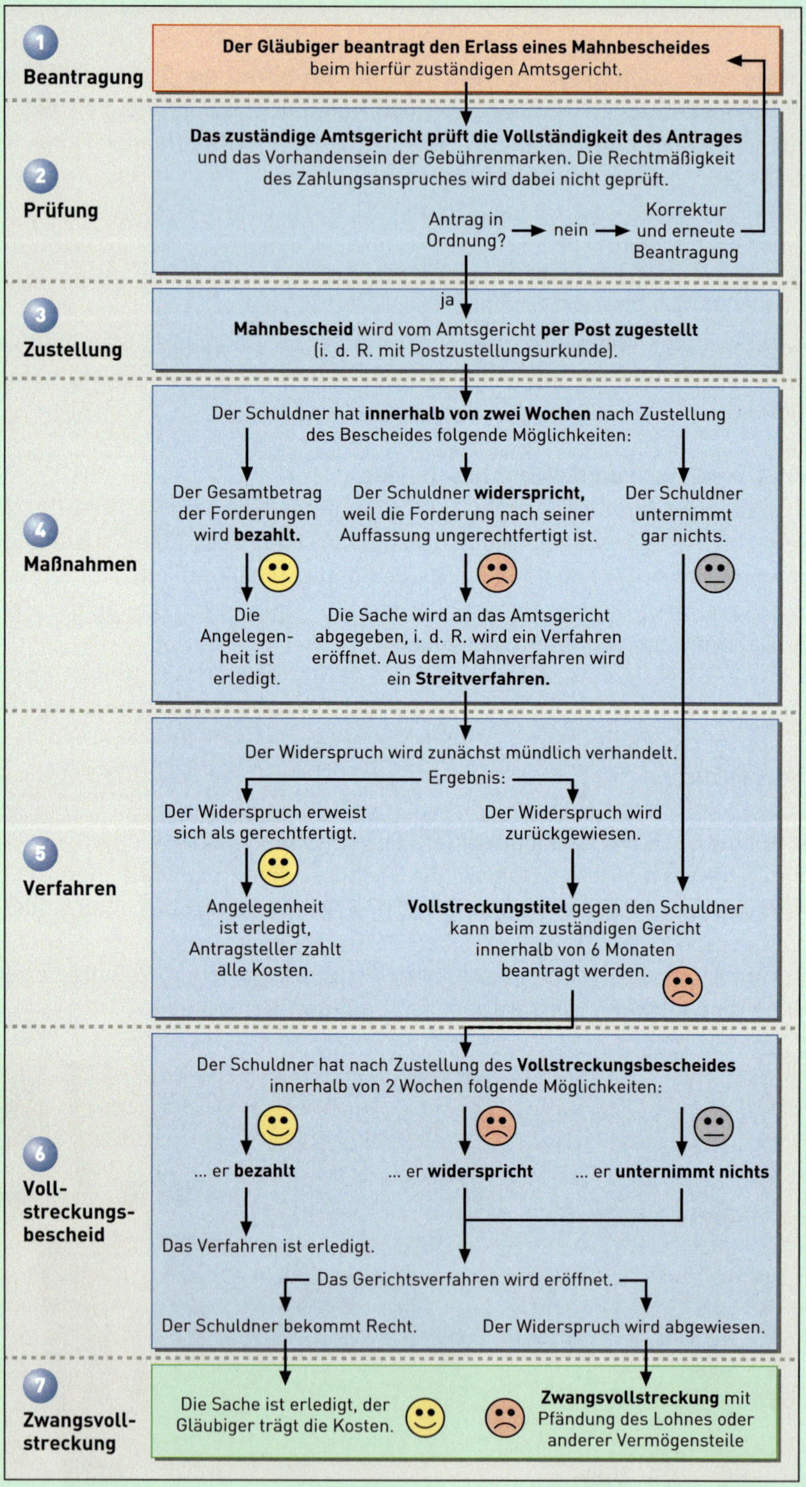

9.4 Klageverfahren (Zivilprozess)

Wenn der Schuldner seiner Zahlungspflicht trotz eines Mahnbescheides nicht nachkommt oder wenn ein Widerspruch zu erwarten ist, kann der Gläubiger versuchen, seinen Anspruch in einem Klageverfahren durchzusetzen. Zuständiges Gericht ist
- das dem Erfüllungsort zugeordnete Amtsgericht bei einem Klagewert bis zu 5.000,00 € (keine Anwaltspflicht) oder
- bei einem höheren Klagewert das dem Erfüllungsort zugeordnete Landgericht (Anwaltspflicht).

Die Klage wird durch eine Klageschrift oder mündlich – durch ein Protokoll bei Gericht – eingeleitet. Sie muss folgende Angaben enthalten:
- eine genaue Bezeichnung der Parteien (Kläger, Beklagter) und des Gerichts,
- den Klageantrag (z. B. Bezahlung des Rechnungsbetrags einschließlich Kosten und Zinsen),
- die eigenhändige Unterschrift des Klägers bzw. des zugelassenen Anwalts.

Das Gericht prüft den Antrag, verlangt vom Kläger einen Gerichtskostenvorschuss, stellt dem Beklagten die Klageschrift zu und legt einen Termin zur mündlichen Verhandlung fest, zu dem beide Parteien eingeladen werden. Der Zeitraum zwischen der Zustellung der Klage und mündlicher Verhandlung beträgt mindestens zwei Wochen. Während dieser sogenannten Einlassungsfrist kann der Beklagte Gegenbeweise sammeln und Stellung nehmen. Die mündliche Verhandlung soll den Streit der beiden Parteien klären. Sie stellen ihre Anträge und versuchen, ihren Standpunkt darzulegen. Die Verhandlung endet mit einem Urteil, einem Vergleich oder der Zurücknahme der Klage. Gegen das Urteil kann jede der beiden Parteien unter bestimmten Bedingungen Berufung bei dem übergeordneten Gericht einlegen.

9.5 Zwangsvollstreckung

Kommt ein Schuldner seiner Zahlungspflicht trotz eines Gerichtsurteiles nicht nach, kann der Gläubiger eine Zwangsvollstreckung betreiben. Er muss sich hierfür der staatlichen Vollstreckungsorgane bedienen, da er nicht befugt ist, sein Recht selbst zu erzwingen.
Die Zwangsvollstreckung ist ein vom vorhergehenden Rechtsstreit unabhängiges Verfahren. Sie wird nur auf Antrag des Gläubigers eingeleitet. Da ein rascher Zugriff auf das Vermögen des Schuldners erfolgen soll, wird dieser vorher nicht angehört. Bevor eine Zwangsvollstreckung jedoch durchgeführt werden kann, muss dem Schuldner ein Vollstreckungstitel (Urteil oder Vollstreckungsbescheid) zugestellt werden. Bezüglich der zu pfändenden Sachen unterscheidet man:

Zwangsvollstreckung in beweglichen Sachen
Der Gerichtsvollzieher vollstreckt, indem er Gegenstände in Höhe der Schuld pfändet. Dabei nimmt er z. B. Bargeld, Wertpapiere oder Schmuck an sich.

Auf größere Gegenstände klebt er ein Pfandsiegel. Danach darf der Gepfändete nicht mehr über diese Sachen verfügen. Bei Entfernung des Siegels macht er sich strafbar. Lebensnotwendige Sachen oder solche, die zur Berufsausübung des Gepfändeten notwendig sind, dürfen nicht gepfändet werden (z. B. Lebensmittel, Rundfunk-, Fernsehgerät, Tisch, Stühle, notwendige Kleidung). Über die Pfändung muss ein Protokoll geführt werden. Nach frühestens einer Woche, in der die Schuld noch beglichen werden kann, werden die gepfändeten Sachen öffentlich versteigert. Mit dem Erlös werden die Schuld und die Verfahrenskosten beglichen.

Zwangsvollstreckung in unbeweglichen Sachen
Auch Grundstücke und Gebäude können zur Begleichung der Schuld herangezogen werden. Je nach Höhe der einzutreibenden Summe können sie zwangsversteigert oder zwangsverwaltet werden. Im letzten Fall übernimmt das Gericht die Verwaltung des Grundstückes oder Gebäudes und verwendet die Pacht oder Miete, um die Schuld zu begleichen. Grundstücke können aber auch mit einer Hypothek belastet werden.

Zwangsvollstreckung in Forderungen und Rechten
Wenn dem Gläubiger bekannt ist, dass seinem Schuldner eine Forderung gegen einen Dritten zusteht, kann er diese pfänden lassen. Das Gericht erlässt auf Antrag des Gläubigers einen Pfändungs- und Überweisungsbeschluss gegen denjenigen, an den der Schuldner die Forderung hat. Dieser überweist die gepfändete Forderung an den Gläubiger. Neben Forderungen können auch Bankguthaben, Löhne und Gehälter gepfändet werden. Bei Lohn- und Gehaltspfändung bekommt der Schuldner jedoch einen zum Leben notwendigen Betrag ausbezahlt. Der Rest wird gepfändet, bis die Schuld beglichen ist.

Je ungenauer die Kenntnis des Gläubigers über die Vermögenslage des Schuldners ist, desto wahrscheinlicher ist es, dass die Zwangsvollstreckung ganz oder teilweise erfolglos bleibt. Es ist auch möglich, dass der Schuldner pfändbare Vermögensteile dem Zugriff der Pfändung entzieht. Daher kann der Gläubiger im Fall einer fruchtlosen Pfändung die Vorlage eines Verzeichnisses aller Vermögensteile des Schuldners beantragen. Für dessen Richtigkeit muss der Schuldner eine eidesstattliche Versicherung abgeben, die in ein gerichtliches Verzeichnis eingetragen wird. Aus diesem Verzeichnis kann der Gläubiger ersehen, welche Gegenstände und Forderungen pfändbar sind.

Verweigert der Schuldner die Abgabe der eidesstattlichen Versicherung, kann der Gläubiger gegen ihn einen Haftbefehl beim zuständigen Amtsgericht beantragen. Diese Haft wird jedoch nur dann vollzogen, wenn der Gläubiger die dabei entstehenden Kosten monatlich in Voraus bezahlt. Der inhaftierte Schuldner kann die eidesstattliche Versicherung jederzeit abgeben und wird dann aus der Haft entlassen. Diese darf die Dauer von sechs Monaten nicht überschreiten.

Arbeitsvorschläge

1. Wann gerät ein Schuldner in Zahlungsverzug?
2. Welche Rechte entstehen einem Gläubiger aus einem Zahlungsverzug?
3. Warum wird sich ein Unternehmen zuerst für den außergerichtlichen Mahnweg entscheiden?
4. Welche Möglichkeiten hat ein Schuldner, wenn ihm ein Mahnbescheid zugestellt wird?
5. Wann kommt eine Zwangsvollstreckung zustande?
6. Welche Vermögensteile können gepfändet werden und was passiert mit ihnen?

10 Sofort zahlen – finanzieren oder leasen

Moment mal!

Die Logistik AG muss mit dem Ziel der Optimierung und Kostensenkung immer wieder die Arten der Bezahlung der von ihr bezogenen Materialien und Investitionsgüter vergleichen. Da wird ein Angebot der Truck-Leasing mit besonderem Interesse gelesen:

Leasing sichert Freiraum

Für Sie steht die reine Fahrzeugnutzung im Vordergrund? Dann ist unser Nutzfahrzeug-Leasing die richtige Finanzierungsform für Sie. Damit bleiben Sie flexibel, können schnell reagieren und Ihren Nutzfahrzeugbestand kurzfristig an neue Anforderungen anpassen – ganz ohne wertvolles Eigenkapital zu binden. So schonen Sie Ihre Kreditlinie bei Ihrer Hausbank und finanzieren bilanzneutral und kostengünstig. Je nach Bedarf stehen Ihnen verschiedene Vertragsarten zur Verfügung.

Truck-Leasing bietet überzeugende Argumente: Fahrzeuge neuester Technologie, die jederzeit verfügbar sind, ohne als teuer finanziertes Eigentum die Firmenbilanz zu belasten. Das ist modernes Fuhrparkmanagement. So unterstützen wir die Transportunternehmer, auf der Erfolgsstraße zu bleiben.

- Welche Vorteile hat Leasing gegenüber Finanzierung?
- Welche Zahlungsvarianten gibt es?

?

10.1 Zahlungsvarianten

Sind im Kaufvertrag keine Regelungen getroffen, dann kann sofortige Zahlung nach der Lieferung verlangt werden. Abweichend davon können verschiedene Zahlungszeitpunkte und -möglichkeiten gewählt werden:

Zahlungsvarianten

Zahlung vor der Lieferung	Zahlung bei der Lieferung	Zahlung nach der Lieferung
Anzahlung Ein Teilbetrag wird vor dem Erhalt der Ware gezahlt, der Rest später.	**Nachnahme** Der Beförderer der Ware zieht den Betrag sofort ein und übergibt erst dann die Ware.	**Ratenzahlung** Zahlung wird in Teilbeträgen geleistet.
Vorauszahlung Der gesamte Rechnungsbetrag wird vor dem Erhalt der Ware gezahlt.	**Barzahlung** Die Zahlung erfolgt mit der Lieferung oder kurze Zeit später.	**Zielkauf** Zahlungszeitpunkt wird aufgeschoben.
		Kreditzahlung Lieferer oder Bank stellen einen Geldbetrag zur Verfügung, der später zurückgezahlt werden muss.

Anzahlungen werden meist als Sicherheit bei Sonderanfertigungen vereinbart, da die besonders gefertigten Produkte meist nur mit erheblich geringerem Preis an einen anderen als den Besteller verkauft werden können. Wird ein Kunde einer Sonderanfertigung auch noch als wenig kreditwürdig eingestuft, dann kann vor der Auftragsfertigung eventuell sogar der gesamte Betrag als Vorauszahlung gefordert werden.

Kleinere Rechnungsbeträge werden meist als Barzahlung innerhalb von wenigen Tagen bezahlt. Hier wird oftmals Skonto abgezogen. Sie können auch bei der Lieferung als Nachnahme eingezogen werden. Der Transporteur kassiert den Betrag vom Kunden bar und darf die Ware erst nach Bezahlung übergeben. Dann überweist er den Betrag auf das Konto des Lieferers.

Durch die laufenden Zahlungen kann ein betriebliches Girokonto auch überzogen werden. Bei diesem Kontokorrentkredit räumt die Bank ein Kreditlimit ein. Geht das Konto ins Soll, dann werden Sollzinsen berechnet. Wird der zugesagte Kredit nicht in Anspruch genommen, dann wird vom nicht in Anspruch genommenen Kreditbetrag eine Provision berechnet.

10.2 Kreditarten

Der Lieferantenkredit

Die meisten Lieferungs- und Zahlungsbedingungen beinhalten die Bedingung: „ Zahlen Sie innerhalb von 10 Tagen abzüglich 3 % Skonto oder innerhalb 30 Tagen netto Kasse." (siehe auch Barzahlung). Mit diesem Zahlungsaufschub hat der Lieferer seinem Kunden einen kurzen Lieferantenkredit gewährt. Oftmals versucht der Kunde ein längeres Zahlungsziel auszuhandeln.

Andere Kreditarten

Höhere Ausgaben, werden meist auch längerfristig, seltener vom Lieferer und häufiger von Kreditinstituten fremd finanziert. Jede Kreditaufnahme erhöht für den Kreditnehmer die Schulden, die er später meist zusätzlich mit Zinsen zurückzahlen muss. Die Kreditgeber legen besonderen Wert auf die Kreditsicherheit, um für den Fall einer Nichtrückzahlung abgesichert zu sein.

So unterscheidet man zwischen Personal- und Realkrediten.

Bei Personalkrediten liegt die Kreditsicherheit in der Kreditwürdigkeit des Kreditnehmers. Er haftet mit seinem Einkommen oder Vermögen für die Rückzahlung des Kredits. Der Kreditgeber lässt die Kreditwürdigkeit des Kreditnehmers oftmals von der SCHUFA oder anderen Auskunfteien überprüfen, bevor er einen Kredit vergibt. Hat der Kreditnehmer kein geregeltes oder ein zu niedriges Einkommen, dann erhält er keinen Kredit oder er muss einen Bürgen mit haften lassen.

Die Bürgschaft

Voraussetzung für eine Bürgschaft ist das Bestehen einer fremden Schuld (Hauptschuld). Dieser Kredit wird durch das Bürgschaftsversprechen gesichert. Die Bürgschaft ist mit dem Kredit eng verbunden und kann nur in Verbindung mit ihm geltend gemacht werden. Die Bürgschaft bedarf der Schriftform. Nur Vollkaufleute können auch mündlich bürgen. Die Bürgschaft endet mit Ablauf einer vereinbarten Frist. Sie erlischt mit der endgültigen Rückzahlung des Kredits.

Was bei Bürgschaften zu beachten ist:
Die häufigste Personalsicherheit, die bei einer Kreditgewährung von Geldinstituten, aber auch Lieferanten verlangt wird, ist die Bürgschaft. Dabei ist es gleichgültig, ob der Bürge sich für den Kredit eines anderen verbürgt oder ob die Bürgschaft von ihm selbst als Inhaber eines kleinen Unternehmens für einen Bank- oder Lieferantenkredit verlangt wird. Grundsätzlich müssen sich die Bürgen darüber im Klaren sein: Sie haften nicht nur für den Bürgschaftsbetrag, sondern auch für alle aus der Bürgschaftssumme aufgelaufenen Zinsen und Kosten. Das Risiko ist groß: Der Haftungsbetrag kann sich für den Bürgen schnell um 50 und mehr Prozent erhöhen. Dies ist auch dann der Fall, wenn es sich um eine so genannte Höchstbetragsbürgschaft handelt.

Bürgschaftsarten:

- Bei der **selbstschuldnerischen Bürgschaft** ist die Bank berechtigt, den Bürgen in gleicher Weise für die Rückzahlung des Kredits in Anspruch zu nehmen wie den Hauptschuldner. Hiermit entfällt die rechtliche Möglichkeit des Bürgen, die Befriedigung des Gläubigers so lange zu verweigern, bis dieser eine Zwangsvollstreckung gegen den Hauptschuldner ohne Erfolg durchgeführt hat („Einrede der Vorausklage").
- Die so genannte **Höchstbetragsbürgschaft** hat die gleichen Merkmale wie die selbstschuldnerische Bürgschaft. Allerdings ist hier der Höchstbetrag der Haftung von Anfang an festgelegt, für den gebürgt wird.
- Mitunter verbürgen sich mehrere Personen für einen Kredit. Dies nennt man **Gesamtbürgschaft**. Hierbei ist es nicht so, dass im Falle einer Inanspruchnahme alle Bürgen gleichmäßig zur Kasse gebeten werden müssen. Wird die Bürgschaft wider Erwarten fällig, kann die Bank alle Bürgen für Teilbeträge, aber auch einen Bürgen für den Gesamtbetrag in Anspruch nehmen. Nimmt sie nur einen in Anspruch, hat dieser Bürge gegenüber den anderen einen Ausgleichsanspruch. Verbürgen sich mehrere Personen für Teilbeträge, so ist dies eine Teilbürgschaft.
- Wird die Haftung des Bürgen auf den Ausfall beschränkt, den ein Kreditgeber erleidet, so spricht man von einer **Ausfall- oder Schadlosbürgschaft**. Hier kann der Bürge erst dann in Anspruch genommen werden, nachdem der Gläubiger versucht hat, vom Hauptschuldner das Geld zu erhalten und dabei einen Ausfall erlitten hat.

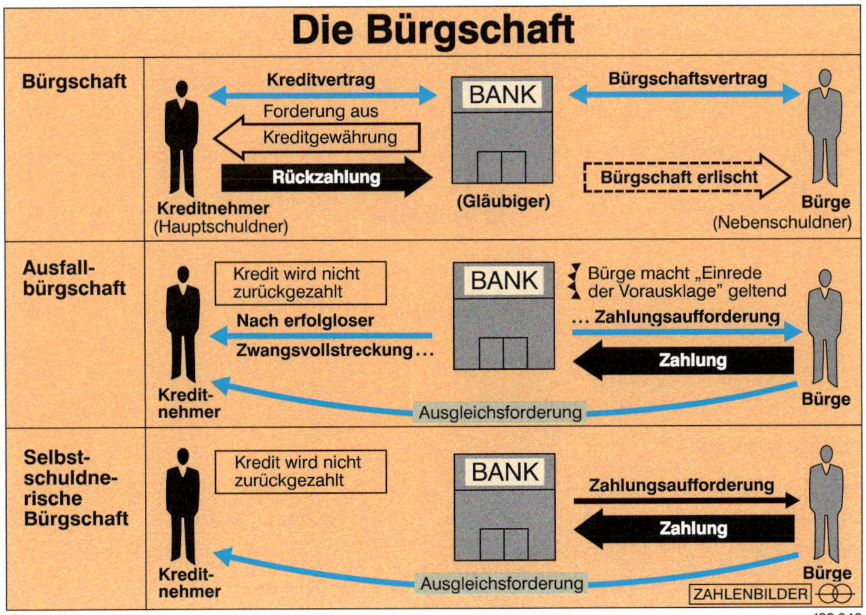

 128 040

Ist als Sicherheit für die fristgemäße Rückzahlung eine bewegliche Sache oder ein Recht vereinbart, handelt es sich um dinglich gesicherte Kredite. Dazu zählen auch die Realkredite, die durch die Grundschuld oder Hypothek gesichert sind.

Die Zession

Die Zession basiert auf der Überlassung (Abtretung) von Forderungen. Es ist für den Kreditnehmer möglich, Forderungen gegenüber einem Dritten auf den Kreditgeber zu übertragen. Der Kreditgeber und der Kreditnehmer schließen einen Abtretungsvertrag (Zession) ab. Der Kreditnehmer wird **Zedent** und der Kreditgeber (Bank) **Zessionar**. Der Zedent legt dem Zessionar eine Abtretungsanzeige vor, die ihm rechtlich die Position des früheren Gläubigers einräumt.
Eine Benachrichtigung des Dritten über die Zession ist rechtlich nicht notwendig, sie kann aber erfolgen. Findet eine Offenlegung (offene Zession) statt, so kann der Dritte seine Verbindlichkeiten nur ausgleichen, wenn er die ausstehenden Zahlungen an die Bank leistet.

Wenn der Drittschuldner nicht benachrichtigt wird, ist der Zedent weiterhin verpflichtet, die Forderungen einzuziehen und die eingehenden Beträge an die Bank weiterzuleiten. Oftmals ist es so, dass diese stille Zession dem Kreditnehmer angenehmer ist, weil so seine Kreditaufnahme nicht bekannt wird, da sich der Kreditgeber nur bei Nichtzahlung an den Drittschuldner wendet. Allerdings kann bei der stillen Zession auch eine Mehrfachabtretung ein und derselben Forderung nicht ganz ausgeschlossen werden.

Die Kreditvergabe

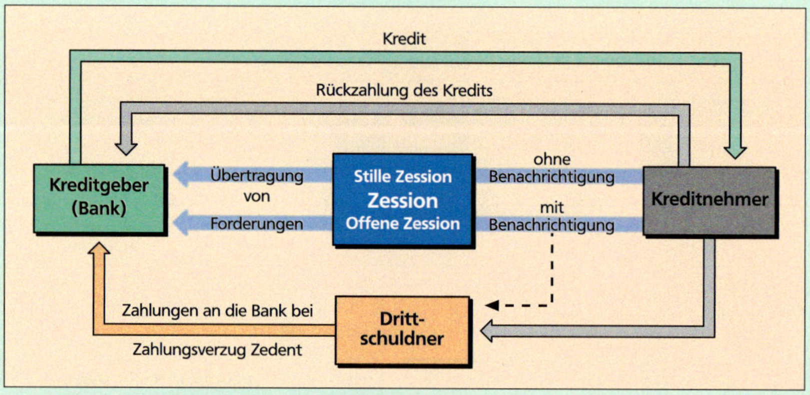

Globalzession

Bei dieser Vereinbarung werden die Forderungen, die gegenüber einer ganzen Gruppe von Kunden bestehen, abgetreten (z. B. Forderungen an die Kunden mit den Anfangsbuchstaben M bis P). Diese Abtretung schließt auch zukünftige Forderungen an diesen Kundenkreis ein.

Mantelzession

Dieser Vereinbarung liegt ein Mantelvertrag zugrunde. In diesem verpflichtet sich der Kreditnehmer, eingegangene Forderungen durch neue zu ersetzen. Aus diesem Grund muss der Kreditnehmer dem Kreditgeber von Fall zu Fall Debitorenlisten oder Rechnungskopien vorlegen.

Sicherungsübereignung und Pfand

Zur Sicherung eines Kredites kann der Kreditnehmer dem Kreditgeber auch andere Sachen verpfänden oder zur Sicherheit übereignen. Bei einem Kredit, der mit einem Pfandrecht gesichert ist, könnte z. B. ein Aktienpaket bei einer Bank hinterlegt werden. Diese gibt das Pfand nach Rückzahlung des Kreditbetrages wieder heraus. Wird der Kredit nicht zurückgezahlt, würden die Aktien verkauft. Würde z. B. ein LKW als Pfand dienen, dann könnte man diesen ja bis zur endgültigen Schuldbegleichung nicht nutzen. Er würde im betrieblichen Ablauf fehlen.

Bei einer Sicherheitsübereignung wird der Kreditgeber lediglich Eigentümer, der Kreditnehmer bleibt Besitzer und kann damit die verpfändete Sache weiter nutzen. So kann z. B. eine Spedition LKWs, Gabelstapler, oder andere Maschinen zur Sicherheit der Bank übereignen. Das hat gegenüber dem Pfand einen erheblichen Vorteil: Die LKW werden von der Spedition ganz normal weiter genutzt, was sie mit einer verpfändeten Sache nicht könnte, da diese ja bis zur vollständigen Rückzahlung des Kredites bei dem Kreditgeber liegen würde. Erst, wenn der Kredit nicht zurückgezahlt werden sollte, würde ein sicherungsübereigneter LKW in den Besitz des Kreditgebers übergehen.

Hypothek und Grundschuld

Zur Sicherheit werden hierbei Immobilien (Grundstücke oder Gebäude) durch Eintragung in das Grundbuch an den Kreditgeber als Sicherheit übertragen. Wird der Kredit zurückgezahlt, wird die Grundschuld oder die Hypothek gelöscht. Wenn nicht, kann die Immobilie versteigert oder zwangsverwaltet (vermietet oder verpachtet) werden. Aus den Erlösen wird versucht, die Forderungen der Gläubiger zu begleichen.

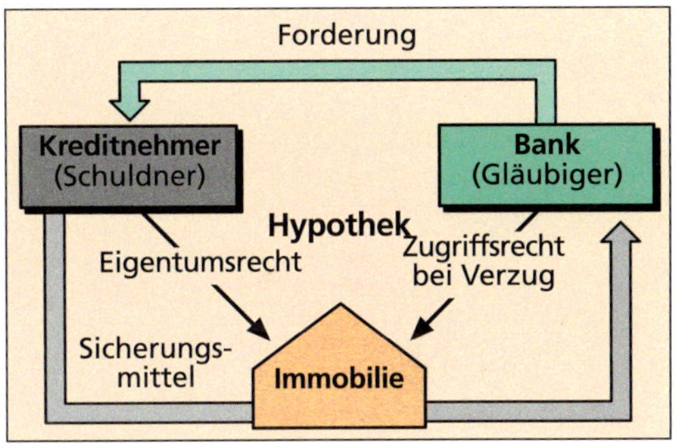

Darlehen

Es sind mittel bis langfristige Kredite, die meist von Kreditinstituten angeboten werden. Nach ihrer Tilgungsform werden folgende verschiedene Darlehnsarten angeboten:

Tilgungsformen

Annuitätendarlehen	Abzahlungsdarlehen	Zinsdarlehen
gleich bleibende Annuiät	gleich bleibender Tilgungsbetrag	gleich bleibender Zinsbetrag

Beispiel für unterschiedliche Tilgungsformen:
Ein Kreditnehmer benötigt einen Kredit von 150.000,00 €. Die Bank verlangt 7 % Zinsen pro Jahr und schlägt drei Alternativen der Rückzahlung vor:

1. **Annuitätendarlehen** mit 7 % Zinsen und 1 % Tilgung

	Kapital €	Zinsen €	Tilgung €	Annuität €
1. Jahr	150.000,00	10.500,00	1.500,00	12.000,00
2. Jahr	148.500,00	10.395,00	1.605,00	12.000,00
3. Jahr	146.895,00	10.282,65	1.717,35	12.000,00
4. Jahr	145.177,65	10.162,44	1.837,56	12.000,00

Eine **Annuität** ist eine gleich bleibende regelmäßige jährliche Zahlung, die sich aus den Zinsen und einer vereinbarten Tilgung zusammensetzt. Bei abnehmendem Schuldbetrag werden die Zinszahlungen geringer, dafür aber die Tilgungszahlungen höher.

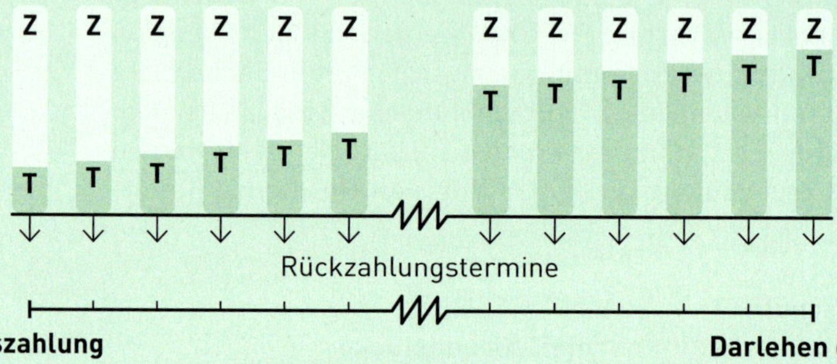

gleich bleibende Raten, bestehend aus Zinsen (Z) und Tilgungsbeträgen (T)

2. **Abzahlungsdarlehen** mit 7 % Zinsen und 4 % Tilgung

	Kapital €	Zinsen €	Tilgung €	Annuität €
1. Jahr	150.000,00	10.500,00	6.000,00	16.500,00
2. Jahr	144.000,00	10.080,00	6.000,00	16.080,00
3. Jahr	138.000,00	9.660,00	6.000,00	15.660,00
4. Jahr	132.000,00	9.240,00	6.000,00	15.240,00

Abzahlungsdarlehen sind gekennzeichnet durch einen jährlich gleich bleibenden Tilgungsbetrag. Die Zinsen nehmen auch hier mit jeder Tilgung ab, sodass die zu zahlende Summe aus Zinsen und Tilgung immer geringer wird.

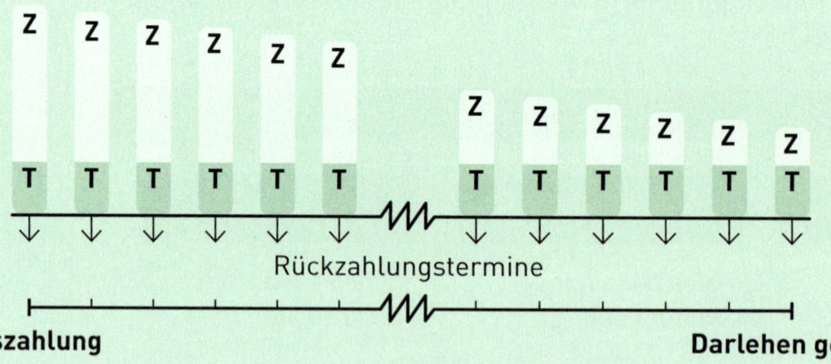

abnehmende Raten, bestehend aus gleich bleibenden Tilgungsraten (T) und abnehmenden Zins (Z)

3. Zinsdarlehen mit 7 % Zinsen und Tilgung am Ende der Laufzeit
Diese Darlehensart weist als charakteristisches Merkmal die Tilgung des gesamten Kreditbetrages am Ende der Laufzeit auf. Während der Kreditlaufzeit sind gleich bleibende Zinsbeträge, aber keine Tilgungsbeträge fällig.

10.3 Leasing – die moderne Variante der Finanzierung

„Für einen vielseitigen Fuhrpark müssen Sie kein Eigenkapital einsetzen – mit einem Lkw Leasing sparen Sie bares Geld, das Sie an anderer Stelle sinnvoll einbringen können. Die Deutsche Leasing bietet Ihnen eine große Auswahl verschiedenster Nutzfahrzeuge, die Sie ganz nach Ihrem aktuellen Bedarf nutzen können. Flexibel, herstellerunabhängig und ohne Risiko."

Leasing ist ein miet- oder pachtähnliches Verhältnis über einen bestimmten Zeitraum hinweg. Der Leasingvertrag wird zwischen einem Leasinggeber und einem Leasingnehmer (Kunde) geschlossen. Leasinggeber können entweder der Hersteller eines Produktes oder eine spezielle Leasingfirma sein; im zweiten Fall entsteht die abgebildete Beziehung:

Ablauf beim Leasing

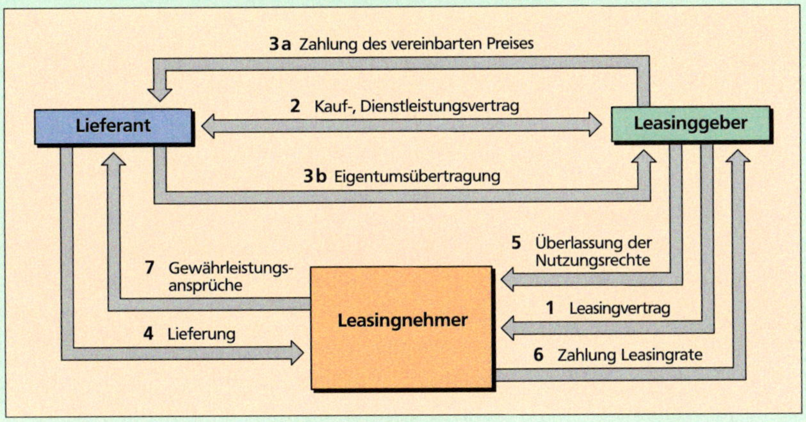

Das Lkw Leasing bietet folgende Vorteile:

- Einerseits vermeidet man die kostenintensive Anschaffung unterschiedlicher Fahrzeuge.
- Das Eigenkapital wird nicht für den Kauf teurer Lkws aufgebraucht und kann anderweitig eingesetzt werden.
- Die Leasing-Raten sind als Betriebsausgaben steuerlich vollständig absetzbar.
- Insbesondere im saisonalen Geschäft ist ein Leasing von Kraftfahrzeugen ein geeigneter Weg, unnötige Kosten aufgrund mangelnder Kapazitätsauslastung einzusparen und gleichzeitig die Wünsche Ihrer Kunden weiterhin zeitnahe zu befriedigen.
- Zudem hat man nach der Vertragslaufzeit die Option, das Fahrzeug an die Leasing-Gesellschaft oder den Hersteller zurückzugeben, es weiter zu leasen oder zu kaufen.
- Kein Vermarktungsrisiko bei Rückgabe des alten LKW und Kauf eines neuen.

Vorteile von Finanzierung

Wenn man ein Fahrzeug nicht leasen will sondern es als Eigentum in die Aktiva der Bilanz einbringen will, dann bietet die sich Finanzierung mit Mietkauf oder Investitionskredit an. Mit Investitionskredit wird ein neues Fahrzeug mit Fremdmitteln finanziert, beim Mietkauf erwirbt man es mit Ratenzahlungen. Der Unterschied zum Leasing: In beiden Fällen wird das Fahrzeug in der Bilanz aktiviert – und schafft zusätzliche Substanz, die das wirtschaftliche Ansehen Ihres Unternehmens stärkt und die Kreditwürdigkeit bei den Banken erhöht. Die Finanzierungslaufzeit ist länger als die AfA-Zeiten.

Arbeitsvorschläge

1. Welcher Unterschied besteht zwischen einer Anzahlung und einer Vorauszahlung?
2. Beschreiben Sie den Ablauf einer Zahlung per Nachnahme.
3. Was ist ein Kontokorrentkredit?
4. Erklären Sie den Lieferantenkredit und warum es für einen Kunden sinnvoll ist, ein möglichst langes Zahlungsziel auszuhandeln.
5. Erklären Sie die Bürgschaft.
6. a) Aus welchem Grund wird eine Zession vereinbart?
   b) Wie läuft diese ab und welche Arten gibt es?
7. Welchen Vorteil hat eine Sicherungsübereignung gegenüber einer Kreditabsicherung mit einem Pfand?
8. Unterscheiden Sie zwischen den drei möglichen Darlehensarten.
9. Welche Vorteile hat
   a) Leasing
   b) Finanzierung?
10. Beim Geschäfts-Leasing kann man sich zwischen Restwert-, Vollamortisations-, Kilometer- und Laufzeit-Optionsverträgen entscheiden. Wählen Sie sich in Ihrer Gruppe eine Variante davon aus, informieren Sie sich darüber im Internet und vergleichen Sie anschließend ihre mit den anderen Möglichkeiten.

11 Exkurs: Verbraucherschutz

Obwohl folgende Lerninhalte nicht direkt in dem Lernfeld „Betriebliche Beschaffungsvorgänge planen, steuern und kontrollieren" erwähnt werden, sind sie aus dem Gebiet Recht/Kaufverträge für Sie als Verbraucher sehr interessant und hilfreich.

Gesetze schützen die Verbraucher

Handy-Abzocke bei Klingeltönen, Logos und Sounds: Jugendliche im Visier der Telefonbetrüger

„Ruf mich an, ich habe eine Überraschung für dich!" Mit solchen und ähnlichen SMS melden sich Telefonbetrüger auf den Handys von Jugendlichen. Drückt man den Rückrufknopf, landet man auf einer teuren 0190er-Nummer. Die Abzockmethode: Kostentreiberei beim Runterladen von Klingeltönen, Logos und Sounds. Mit Kurzbotschaften, die neue tolle Klingeltöne, Logos, Sounds oder Bilder fürs Handy versprechen, kassieren die Gauner ab. Wer dort anruft, zahlt meist 1,99 € pro Minute. Der Haken: Durch langatmige Ansagen unter der teuren 0190er-Servicenummer entstehen Kosten zwischen 3,00 und 8,00 € pro Anruf. Besonders fies: Manche Unternehmen bieten die Logos zwar „gratis" an. Aber wem das Bild nach dem Herunterladen nicht gefällt, muss bei einem kostenpflichtigen „Löschlogo" anrufen, um es wieder loszuwerden. Das kostet bis zu 8,00 €. (rlp)

Schutz durch den Staat

In unserer sozialen Marktwirtschaft sollen die sozial und wirtschaftlich Schwächeren geschützt werden. Beim Verbrauchsgüterkauf ist der Käufer oftmals dieser schwächere Partner. Denn er kennt sich häufig nicht so in den Gesetzen aus wie ein Kaufmann. Hieraus können ihm erhebliche Nachteile entstehen. Vor allem dann, wenn dies von skrupellosen Geschäftemachern ausgenutzt wird. Der Staat schützt die schwächeren Vertragspartner, indem er die Vertragsfreiheit hier gesetzlich einschränkt.

Der Staat hilft aber auch, indem er in den **Verbraucherzentralen** berät und unterstützt. Außerdem unterhält er die **Stiftung Warentest**. Diese führt Produkttests durch und hilft so dem Verbraucher aus der großen Fülle von Waren, die besseren auszuwählen.

Auch bei den Unternehmen gibt es sogenannte „schwarze Schafe". Sie versuchen sich Vorteile zu verschaffen, wenn die Verbraucher sich in rechtlichen Dingen nicht so gut auskennen. Einige probieren sogar, mit Betrug an ihren Kunden gute Geschäfte zu machen. Daher schützt der Gesetzgeber den Verbraucher vor diesem Missbrauch besonders. Die wichtigsten Gesetze gegen Missbrauch betreffen Einschränkungen bei

- allgemeinen Geschäftsbedingungen,
- Haustürgeschäften,
- Fernabsatzverträgen,
- Teilzahlungsgeschäften und Kreditverträgen
- und die Produkthaftung.

11.1 Kein Missbrauch mit Allgemeinen Geschäftsbedingungen (AGB)

Beispiel

Mustafa hat sich einen gebrauchten Pkw gekauft. Doch an dem Wagen tritt immer wieder ein Fehler an der Vergaseranlage auf. Dieser konnte auch mit der vierten Reparatur nicht beseitigt werden. Daher will Mustafa das Auto zurückgeben. Dies lehnt der Verkäufer jedoch ab. Er verweist Mustafa auf seine AGB, in denen die Rechte aus mangelhafter Lieferung auf eine Nachbesserung beschränkt sind. Außerdem berechnet er Mustafa die vier Reparaturen mit jeweils einer Arbeitsstunde. Das sind 371,20 € inklusive USt. Mustafa will diesen Betrag nicht bezahlen, immerhin hat er laut Vertrag noch Garantie. Der Verkäufer verweist auf seine AGB, in denen eine halbjährige Garantie nur auf defekte Teile, nicht aber auf den Arbeitslohn gewährt wird. Mustafa entgegnet, dass er nicht auf die AGB hingewiesen worden sei. „Die interessieren euch Jugendliche ja sowieso nicht", ist die Antwort. Da wird es Mustafa zu bunt. Er bittet einen Anwalt um Rat.

Grundsätzliches

Unternehmen schließen täglich viele Kaufverträge ab. Eigentlich müssten der Verkäufer und der Käufer alle Bedingungen für jeden Vertrag aushandeln. Dies wäre natürlich vor allem bei niedrigeren Kaufsummen ein zu großer Aufwand. Daher haben Kaufleute die „Allgemeinen Geschäftsbedingungen" (AGB). Diese Vertragsklauseln gelten dann für alle Kaufverträge, die von ihnen abgeschlossen werden. Da oftmals die Verkäufer versuchten, mit ihren AGB die Rechte des Käufers einzuschränken, schützt der Gesetzgeber diese besonders. Die wichtigsten Bestimmungen sind:
AGB werden nur dann Bestandteil eines Vertrages, wenn

- ausdrücklich auf sie hingewiesen wurde oder
- (wenn dieser Hinweis unverhältnismäßig große Umstände verursachen würde) sie für die Kunden deutlich sichtbar ausgehängt werden;
- wenn der Käufer mit den AGB einverstanden ist.

Generelle Rechte des Verbrauchers:
- Die AGB sind unwirksam, wenn der Vertragspartner (entgegen „Treu und Glauben") unangemessen benachteiligt wird. Dies ist z. B. der Fall, wenn AGB wesentlichen Rechten des bürgerlichen Gesetzbuchs widersprechen.
- Persönliche Absprachen zwischen Käufer und Verkäufer haben immer Vorrang vor den AGB.
- Wenn Bestimmungen in den AGB so ungewöhnlich sind, dass der Käufer mit ihnen nicht rechnen konnte, dann sind sie ungültig.
- Zweifel bei der Auslegung der AGB gehen grundsätzlich zu Lasten des Verkäufers. Wenn also ein Inhalt in den AGB unklar ist oder missverstanden werden kann, hat immer der Käufer Recht.

Daneben gibt es den Unterschied zwischen absolut verbotenen Klauseln und sogenannten gefährlichen Klauseln.

Verbotene Klauseln
Sie sind nichtig und werden kein Bestandteil des Vertrages.
Es geht um:
- Preiserhöhungen innerhalb von vier Monaten nach Vertragsabschluss;
- überraschende Klauseln (z. B., wenn man mit dem Kauf eines technischen Geräts automatisch einen zusätzlichen Wartungsvertrag abgeschlossen hätte);
- Vereinbarung einer festen Vertragsstrafe, die der Käufer zahlen müsste, wenn er in Annahmeverzug geraten würde;
- Ausschluss des Rechts, dass der Käufer bei Lieferungsverzug vom Vertrag zurücktreten kann;
- eine Beschränkung der verschiedenen gesetzlichen Rechte bei mangelhafter Lieferung nur auf Nachbesserung (Rücktritt vom Vertrag z. B. wäre dadurch ausgeschlossen);
- Berechnung von Reparaturkosten innerhalb der Garantiezeit;
- Verkürzung der gesetzlichen Verjährungsfristen.

Gefährliche Klauseln
Diese sind erst einmal rechtswirksam. Jedoch ist in den Einzelfällen zu prüfen, ob eine unangemessene Benachteiligung des Käufers vorliegt. Wäre das der Fall, würden auch diese Klauseln nachträglich ungültig. Man nennt sie daher auch „Klauseln mit Wertungsmöglichkeit".
Es sind:
- unangemessen lange Lieferfristen;
- Rücktrittsvorbehalt, d. h. dass der Verkäufer ohne Grund jederzeit vom Vertrag zurücktreten kann;
- Änderungsvorbehalt, d. h. der Verkäufer kann vertragliche Abmachungen ohne Zustimmung des Käufers einfach ändern;
- der Käufer könnte nur vom Vertrag zurücktreten, wenn er dem Verkäufer eine unangemessen hohe Entschädigung zahlt.

11.2 Achtung vor Haustürgeschäften, Kaffeefahrten, Verkaufspartys und Co.

Beispiel

Bernd spielt in der 1. Seniorenmannschaft des „TuS 1911 Neustadt". Neulich lud der 2. Vorsitzende die gesamte Mannschaft zu einer Verkaufsveranstaltung ein. „Es gibt eine bayrische Brotzeit und zwei Bier je Teilnehmer kostenlos", sagte er. „Außerdem erhält unser Verein vom Veranstalter noch 10,00 € pro Teilnehmer. Das Geschäft sollten wir mitnehmen. Werbt bei Freunden und Bekannten. Je mehr Leute kommen, desto mehr Einnahmen haben wir – und kaufen braucht man ja nichts", schloss er. Bernd und zahlreiche andere Spieler folgten der Einladung.
Eindrucksvoll wurde ihnen erklärt, warum eine Magnetfeldmatratze einen viel gesünderen Schlaf garantiere. Hinzu kam der „einmalige Sonderpreis" von 399,00 €. Und ein Topfset gab es noch gratis dazu. Als die ersten Kameraden kauften, wollte sich auch Bernd dieses Schnäppchen nicht entgehen lassen – und unterschrieb einen Kaufvertrag.
Als Bernd am nächsten Tag in der Firma von seinem „Schnäppchen" erzählte, erklärte ihm Carmen, dass sie eine solche Matratze im Teleshopping für 100,00 € gesehen habe. Ein anderer Kollege meinte: „Und bei ebay im Internet bekommt man sowas bestimmt noch viel billiger ...

Wenn der Staubsaugervertreter an der Haustür klingelt ...
Wenn die Verkäuferin ihre Plastikschüsseln in einer gemütlichen Party in Nachbars Wohnzimmer anpreist ...
Wenn man durch die Fußgängerzone bummelt und plötzlich von dem Werber eines Buchclubs angesprochen wird ...
Wenn man auf einer Verkaufsveranstaltung, auf einer Kaffeefahrt oder im Vereinsheim in guter Stimmung geschickt überredet wird ...
... dann kauft man oftmals Sachen, die man eigentlich gar nicht kaufen wollte.

Man wird überrascht, überredet, getäuscht, manchmal sogar betrogen. Die Verkäufer sind geschult und arbeiten mit allen Tricks. Für alle diese Fälle gelten die Bestimmungen des **Haustürkaufs**, welche die Verbraucher besonders schützen. Die gleichen Bestimmungen gelten auch für sogenannte **Teillieferungsverträge** (z. B. der Kauf eines 20-bändigen Lexikons, das in Einzelbänden geliefert wird).

! Sie sollten ein Widerrufsschreiben unbedingt als entsprechendes Einschreiben mit Rückschein versenden. Dies ist zwar teurer aber sicherer! Zur Fristwahrung genügt die rechtzeitige Absendung.
Achten Sie darauf, dass Verträge nicht so weit rückdatiert werden, dass die Widerspruchsfrist schon bei Vertragsabschluss abgelaufen ist!

Welche Rechte hat der Verbraucher?

Rechte bei Haustür- und ähnlichen Geschäften

Der Käufer hat innerhalb von 14 Tagen ein Recht auf ...

- **Widerruf**, wenn die Ware noch nicht geliefert wurde.
- **Rückgabe**, wenn die Ware geliefert wurde.
  Voraussetzung für ein Rückgaberecht ist aber, dass der Verbraucher die Ware noch nicht genutzt bzw. die Leistung noch nicht in Anspruch genommen hat.

Rechtsfolgen des Widerrufs oder der Rücksendung

- Kosten der Rücksendung trägt bei Widerruf und Rückgabe der Verkäufer. Auch muss er eventuelle Transportschäden übernehmen.
- Bei einer Bestellung von bis zu 40,00 Euro dürfen dem Verbraucher die Kosten der Rücksendung berechnet werden. Dies gilt nicht, wenn die Ware nicht der bestellten entspricht.
- Wenn eine Bestellung widerrufen wird, dann gilt dies auch für einen mit der Bestellung verbundenen Vertrag (z. B. ein Verbraucherdarlehen).

Ein Widerruf ist nicht möglich

- bei verderblicher Ware, deren Verfallsdatum überschritten ist;
- bei Produkten, die speziell auf Kundenwunsch gefertigt wurden;
- bei Zeitungen, Zeitschriften, Illustrierten;
- bei Software, Audio- und Videoaufzeichnungen, die vom Käufer entsiegelt wurden;
- wenn der Verkäufer vom Käufer bestellt wurde.

Arbeitsvorschläge

1. Prüfen Sie, ob die nachfolgenden Auszüge aus AGB rechtens sind oder verbotene beziehungsweise gefährliche Klauseln darstellen.
   a) Mit dem Kauf einer Waschmaschine wird eine automatische halbjährliche Wartung gegen Kalkablagerungen abgeschlossen – auf Kosten des Kunden.
   b) Bei Rücktritt vom Kaufvertrag ist der halbe Kaufpreis als Verwaltungskostenersatz zu zahlen.
   c) Ein Rücktritt wegen verspäteter Lieferung ist nicht möglich.
   d) Der Käufer hat bei mangelhafter Ware nur das Recht, eine Nachbesserung zu verlangen.
   e) Etwaige Preiserhöhungen der Lieferer werden an die Kunden weitergegeben.
2. Erklären Sie, warum die Verbraucher bei Geschäften an der Haustür, auf öffentlichen Plätzen, Verkaufsveranstaltungen und Kaffeefahrten besonders geschützt werden.
3. Prüfen Sie, ob Bernd aus dem Beispiel Seite 246 von dem Kaufvertrag zurücktreten kann. Begründen Sie Ihre Meinung.
4. Unter welchen Bedingungen und innerhalb welcher Frist können „Haustürkäufe" widerrufen werden?
5. Wer trägt die Kosten und das Risiko der Rücksendung von zugeschickten Waren bei einem Vertrag, der rechtskräftig widerrufen wurde?
6. Warum werden Verträge an der Haustür usw. wohl oftmals „aus Versehen" in den Vormonat zurückdatiert?

11.3 Fernabsatzverträge und E-Commerce

Beispiel

Eine „Bikini-Figur" wollte Christine haben. Doch mit dem Abnehmen hatte sie bisher keinen rechten Erfolg. Da kam die „Tele-Shopping-Sendung" gerade richtig. „Abnehmen kinderleicht und ohne Hungern", wurde versprochen. Christine bestellte das „Beauty-Set" für 89,50 €. Nachdem sie die Schlankheitspillen und den „Abnehmroller" zwei Tage genutzt hatte, reagierte sie allergisch auf die Pillen. Christine erinnerte sich an das versprochene Widerrufs- und Rückgaberecht. Doch sie „blitzte" damit beim Lieferer ab. Angebrochene Ware sei vom Rückgaberecht ausgeschlossen. Daher müsse sie die Pillen behalten und natürlich auch den Roller, weil Pillen und Roller als „eine Ware" gelten würden.

„Damit Sie nicht die Katze im Sack kaufen ..."
Auf immer mehr Kanälen werden vor allem vormittags oder am späten Abend Verkaufssendungen ausgestrahlt. Bei Versandhäusern kann man Waren nach Katalog bestellen. Auch in Zeitschriften oder in Werbebriefen werden Waren per Versand angeboten. Ebenso wächst die Anzahl der Käufe im Internet (sogenanntes E-Commerce) ständig. Darum wird der Fernabsatz im BGB besonders geregelt. Die nachfolgend beschriebenen Vorschriften über Fernabsatzverträge gelten aber nicht für den Fernunterricht, Bankgeschäfte, die Lieferung von Lebensmitteln, Getränken oder sonstigen Produkten des täglichen Bedarfs, sofern diese häufiger und regelmäßig erfolgen.

Besonderheiten bei Fernabsatzverträgen
Vor dem Vertragsschluss muss der Käufer vom Verkäufer über folgende Sachverhalte informiert werden:
- komplette Anschrift des Unternehmens,
- geschäftlicher Zweck des Angebotes (z. B. Versandhandel, Versteigerung),
- Angaben über wesentliche Eigenschaften der Produkte,
- Preis einschließlich aller Nebenkosten und Steuern (wichtig bei verschiedenen Umsatzsteuersätzen),
- Zahlungs- und Lieferbedingungen,
- Gültigkeitsdauer des Angebotes,
- Widerrufsrecht des Käufers.

Den Nachweis über diese Informationen muss der Verkäufer führen. Er muss zudem beweisen, dass diese Informationen beim Kunden eingegangen sind. Der **Gerichtsstand** ist im jeweiligen Land des Verbrauchers. Dieses Gericht muss aber bei einem ausländischen Lieferanten das jeweilige Recht aus dessen Herkunftsland anwenden.

E-Commerce
Da der Handel im Internet grenzüberschreitend funktioniert, wurden hierfür einheitliche Regelungen für die gesamte Europäische Union geschaffen. Im Internet handelt es sich in der Regel um Angebote, die sich an die Allgemeinheit richten. Daher kommt ein Vertrag durch folgende Schritte zustande:

Drei Schritte im Handel per Internet

Schritt 1	Verkäufer	richtet ein Angebot an die Allgemeinheit und nutzt dazu das Internet, Fernsehen oder andere Medien.
Schritt 2	Käufer	geht auf das Angebot ein, stellt z. B. einen Warenkorb zusammen. Die Bestellung per E-Mail stellt den Antrag auf einen Kauf dar.
Schritt 3	Verkäufer	entscheidet, ob er den Antrag annimmt oder nicht. Nimmt er ihn an (Bestätigung per E-Mail oder durch Lieferung der Ware), ist der Kaufvertrag zustande gekommen.

Besondere Pflichten im elektronischen Geschäftsverkehr
Der Verkäufer muss dafür sorgen, dass
- Eingabefehler vom Käufer vor Abgabe seiner Bestellung erkannt und berichtigt werden können.
- die Bestellung nochmals extra bestätigt wird.
- der Kunde den Vertragstext und Verhaltensrichtlinien nicht nur am Bildschirm abrufen kann. Es muss ihm zusätzlich die Möglichkeit gegeben werden, diese auch auf seinen PC zu überspielen und auszudrucken.
- jede Bestellung unverzüglich mit elektronischer Post bestätigt wird.

Verstößt der Verkäufer gegen eine dieser Bedingungen, kann der Kunde – anstatt der sonst üblichen 14 Tage – noch innerhalb von **sechs Monaten** vom Vertrag zurücktreten.

Rückgabe oder Widerruf
Genau wie beim Haustürkauf kann der Käufer einen Fernabsatzvertrag auch innerhalb von 14 Tagen widerrufen. Sollte die Ware schon geliefert worden sein, kann er diese innerhalb dieser Frist auch zurückgeben. Er muss hierfür keinen Grund nennen.

11.4 Das Produkthaftungsgesetz

Beispiel

Trauriges Ende einer Hochzeitsfeier
Alarm in Fritzlar. 24 Personen wurden mit einer Salmonellenvergiftung am Wochenende in das Kreiskrankenhaus eingeliefert. Auslöser scheinen kalte Hähnchenschenkel zu sein, die nach Aussagen der Polizei alle 24 Personen von einem Büffet verzehrt hatten. Sollte sich der Anfangsverdacht bestätigen, muss der Partyservice mit teuren Konsequenzen rechnen. Es müssen nicht nur die Leistungen des Krankenhauses bezahlt werden sondern auch die Kosten für Arbeitsausfall und „Schmerzensgeld" übernommen werden. „Das kann richtig teuer werden," sagte Dr. Wischek vom Kreiskrankenhaus, „denn es können ja noch Folgeerkrankungen entstehen."

Die Bestimmungen der mangelhaften Lieferung werden angewendet, wenn die gelieferten Produkte fehlerhaft sind. Das Produkthaftungsgesetz dagegen regelt die Folgeschäden, die aus fehlerhaften Produkten entstanden sind. Es gilt in allen Ländern der Europäischen Union.

Folgeschäden durch fehlerhafte Produkte

Ein Folgeschaden kann bestehen
- an dem Produkt selbst (z. B. Überspannung eines CD-Players),
- in einer Körperverletzung oder Tötung einer Person (z. B. Verbrennungen durch die Überspannung) oder
- in der Beschädigung einer dritten Sache (z. B. Vernichtung der in dem Player liegenden CD).

Produzentenhaftung

Beispiele für Produzentenhaftung finden Sie unter www.stiftung-warentest.de – Suchbegriff: „Produkthaftung".

Unter Produkt- oder Produzentenhaftung versteht man die Haftung des Herstellers, Importeurs oder Händlers für oben genannte Folgeschäden aus dem Gebrauch oder Verbrauch eines Produkts. Allerdings nur, wenn die Folgeschäden durch **folgende Fehler** verursacht wurden:
- Konstruktionsfehler (z. B. Gehäuse des Players steht unter Strom),
- Fabrikationsfehler (z. B. die Fehler lagen am schlechten Löten),
- Instruktionsfehler (z. B. missverständliche Bedienungsanleitung).

Der Hersteller **haftet nicht**, wenn
- das Produkt bei Markteinführung den Rechtsvorschriften entsprach,
- der Fehler bei Markteinführung noch nicht vorhanden war,
- es sich um unverarbeitete Naturprodukte der Landwirtschaft oder Jägerei handelt.

Fristen und Schadenersatz

Folgende Fristen müssen beachtet werden:
- Das fehlerhafte Produkt darf nicht älter als zehn Jahre sein.
- Die Gewährleistungsfrist beträgt zwei Jahre. Treten im ersten Halbjahr Mängel auf, muss der Verkäufer beweisen, dass die Kaufsache bei Übergabe noch in Ordnung war. Gelingt ihm das nicht, muss er für die Fehler geradestehen. Während der restlichen eineinhalb Jahre muss der Kunde beweisen, dass die Kaufsache von Anfang an Fehler hatte.

Für die Höhe des Schadenersatzes gelten folgende Regelungen:

- Einen **Sachschaden unter 500,00 Euro** muss der Verbraucher allein tragen.
- Ab 500,00 Euro haftet der Hersteller ohne Rücksicht auf die Schadenshöhe. Es gibt also bei Sachschäden **keine Obergrenze**, außer:
- Bei **Personenschäden** ist die Haftungs-Höchstgrenze 85 Millionen Euro, bei Arzneimitteln 120 Millionen Euro.

Produkthaftung kann nicht durch die allgemeinen Geschäftsbedingungen ausgeschlossen werden.

11.5 Warenkennzeichnung und Mogelpackungen

Kunstkäse auf der Pizza?

Aromen gaukeln Käsegeschmack nur vor

Mal eben eine Minipizza am Bahnhof gekauft oder einen Käsesnack im Back-Shop um die Ecke. Der Belag sieht aus wie Käse. Dabei ist der Imbiss häufig eine reine Mogelpackung. Statt echtem Käse findet sich auf Fast-Food-Produkten immer häufiger ein Käse-Imitat. Igitt, was ist das denn?

Bei Kunstkäse wird das für echten Käse charakteristische Milchfett durch billiges Pflanzenfett ersetzt. Auch das Milcheiweiß kann teilweise ersetzt werden. Damit die Pampe später auch so schmeckt und aussieht wie Käse, werden einfach Zusatzstoffe wie Farbstoffe und Aromen zum Beispiel mit Gouda-Geschmack unter gemischt. Über die Rezepturen kann sogar bestimmt werden, ob das Käseimitat später eher zäh ist, Fäden zieht oder gut zerläuft. Für den Hersteller ist das vor allem billig. Die künstliche Käsemasse ist schließlich 30 bis 40 Prozent günstiger als echter Käse.

Ihr als Kunden wisst davon natürlich nichts. Die Hersteller jubeln euch das Imitat meistens unbemerkt unter. Beispiel Supermarkt: Hier liegen zwischen den Tüten mit dem geriebenen echten Käse auch schon mal Tüten mit Kunstkäse. Zu sehen ist der Unterschied nicht – nur auf der Packung steht dann so etwas wie „Pizza-Mix“ oder „Lebensmittelzubereitung aus Pflanzenfett“. Manchmal greifen die Hersteller auch zu einem fiesen Trick: Sie packen ganz kleine Mengen echten Käse dazu, nur um in der Zutatenliste auch das Wort Käse benutzen zu dürfen.

Hier wird der Kunde betrogen, sagen Verbraucherschützer und fordern nun, dass die Hersteller diese Kunstprodukte besser kennzeichnen. „Es ist eine Zumutung, dass sich Kunden die Angaben aus der Zutatenliste selbst zusammenreimen müssen“, sagt Isabelle Mühleisen von der Verbraucherzentrale NRW. Ginge es nach ihr, müsste künftig „Käseimitat“ auf der Verpackung stehen.

(Quelle: http://www.checked4you.de/UNIQ132388300630122/doc158438A.html)

Ein Supermarkt führt im Durchschnitt über 30.000 Artikel. Es wird daher immer schwieriger, aus dem riesigen Angebot die richtigen Waren auszuwählen. Der größer werdende Wettbewerb kann die Unternehmen dazu verleiten, mit Mogelpackungen oder falschen Angaben auf den Produkten die Käufer zu täuschen. Daher sollen die Verbraucher mit besseren Informationen unterstützt werden.

Mogelpackungen

Mogelpackungen geben dem Käufer das Gefühl, eine erheblich größere Menge als tatsächlich gekauft zu haben. Die Enttäuschung ist daher beim Öffnen der Produkte oftmals groß.

Beispiele für Mogelpackungen finden Sie unter www.test.de – Suchbegriff: „Mogelpackung".

Eines von zahlreichen Beispielen aus dem Alltag:

> **Mogelpackung – Halbe Portion**
>
> Nach dem Kauf einer Handcreme ärgerte sich Andrea S. aus Bad Salzuflen, dass die 50-Milliliter-Tube (10,50 €) in eine halb so große Faltschachtel gepasst hätte.

Damit so etwas nicht passiert, gibt es in § 7, Absatz 2 des Eichgesetzes folgende Bestimmung: „Fertigpackungen müssen so gestaltet und befüllt sein, dass sie keine größere Füllmenge vortäuschen, als in ihnen enthalten ist".

Preisauszeichnung an der Ware

Ganz wichtig ist natürlich auch ein Preisvergleich der Waren. Um dies den Verbrauchern möglichst einfach zu machen, wurde die Preisangabenverordnung erlassen.

Es gelten folgende Bestimmungen:
- Generell muss jede Ware, die den Kunden im Schaufenster oder im Laden angeboten wird, mit einem Preis ausgezeichnet sein.
- Bei Verbrauchsgütern muss die Umsatzsteuer im Preis enthalten sein.
- Die Preise müssen gut lesbar sein.
- Für Waren, die abgewogen werden, müssen die Preise immer für 1.000 g oder für 100 g angegeben sein.
- Befinden sich in Packungen ungerade Gewichte (z. B. 958 Gramm Fleisch), dann muss zusätzlich zum Endpreis der Packung auch der Vergleichspreis für ein rundes Gewicht (z. B. 100 g oder 1.000 g) angegeben werden.

Die Lebensmittelkennzeichnungsverordnung

Die Lebensmittelverordnung bezieht sich nicht auf lose Lebensmittel. Verpackte Lebensmittel müssen dagegen folgende Angaben enthalten:
- Eine Zutatenliste aller verwendeten Roh- und Zusatzstoffe in der Reihenfolge ihres gewichtsmäßigen Anteils;
- das Mindesthaltbarkeitsdatum (kein Verfalldatum, sondern ein Garantiedatum für die Beibehaltung der spezifischen Eigenschaften des Lebensmittels);
- die Verkehrsbezeichnung des Lebensmittels;
- eine Mengenangabe;
- die Anschrift des Herstellers oder Verpackungsbetriebes.

Neue Lebensmittelvorschriften werden hinzukommen, z. B. Gütesiegel für Wein, Bestrahlungssymbol, Symbol für gentechnische Erzeugnisse.

Textilkennzeichnungsgesetz

Textilien müssen ein eingenähtes Etikett oder Informationen in der Webkante oder ein Schild auf der Verpackung tragen mit einer Liste der verwendeten Rohstoffe je nach Art und Gewichtsanteilen. Oftmals werden freiwillig noch Pflegehinweise gegeben.

Beispiele für Textilkennzeichnungen

gesetzliche Rohstoffkennzeichnung	50 % Baumwolle, 30 % Polyester, 20 % Nylon
freiwillige Pflegehinweise	 MADE IN TAIWAN

Qualitätsklassen

Verschiedene Lebensmittel werden zusätzlich in Handelsklassen eingestuft. Diese geben dem Käufer Auskunft über die verschiedenen Qualitäten. Obst, Gemüse, Nüsse, Eier, Kartoffeln aber auch Schweinehälften sind nur einige Beispiele. So wird Butter z. B. in Marken- und Molkereibutter unterteilt.

Umwelt- und Sicherheitszeichen siehe www.vz-nrw.de Suchbegriff: „Umweltzeichen".

Prüfzeichen

Prüfzeichen erhalten die Waren nur, wenn sie bestimmte Anforderungen erfüllen. So haben z. B. das Ministerium für Umwelt und Verbraucher aber auch die Verbraucherzentralen verschiedene Gütezeichen entworfen. Sie geben an, ob die Produkte z. B. im ökologischen Landbau angebaut wurden. An Teppichböden oder Baustoffe werden sie nur verliehen, wenn diese bestimmte Schadstoffgrenzen nicht überschreiten. Andere Prüfzeichen garantieren einen bestimmten Sicherheitsstandard wie z. B.:

Prüfzeichen für Sicherheit

TÜV GS geprüfte Sicherheit	**GS = geprüfte Sicherheit** Alle technischen Geräte mit diesem Zeichen entsprechen den gesetzlichen Sicherheitsanforderungen.
DVE	**VDE = Verband Deutscher Elektriker** Elektogeräte mit diesem Prüfzeichen wurden auf ihre Funktionsfähigkeit und Sicherheit überprüft.
CE	**CE = Communauté Européen = Europäische Gemeinschaft** Diese Produkte sind in der EU auf den Markt gekommen und müssen den Mindestanforderungen an Sicherheit der EU genügen.

Jeder Bürger hat jetzt ein Recht auf Auskunft bzw. Akteneinsicht bei den Behörden. Dazu einige Beispiele:

- Wenn man im Fernsehen erfährt, dass ein Unternehmen Gammelfleisch als Frischfleisch verkauft hat, kann man erfragen, welche Läden damit beliefert wurden.
- Man kann erfragen, welche genauen Aromastoffe bei der Herstellung eines Produktes verwendet werden.

Freiwillige Gütezeichen und Produktinformationen

Gütezeichen werden von Verbänden der Industrie oder des Handwerks erarbeitet. Alle Produkte, die den festgelegten Anforderungen genügen, können das jeweilige Gütezeichen tragen.

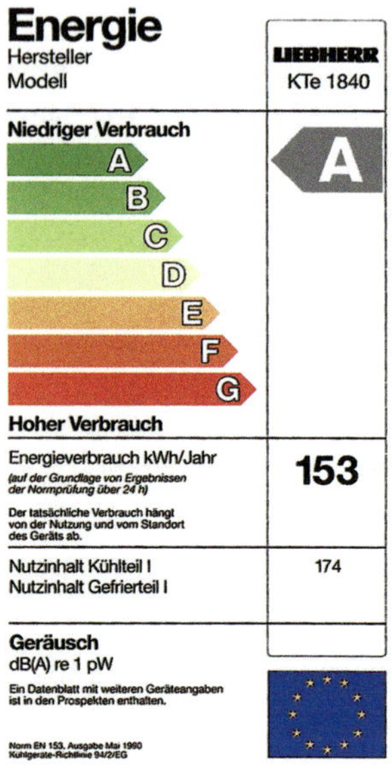

Beispiele für freiwillige Gütezeichen

Immer öfter sieht man auf neuen Haushaltsgeräten solche oder ähnliche Aufkleber mit Produktinformationen. Sie sollen den Käufer z. B. über den Energie- und Wasserverbrauch einer Waschmaschine unterrichten. Bei Kühlschränken wird der Nutzinhalt von Kühl- und Gefrierteil, Energieverbrauch, Geräuschpegel angegeben. Auch hier ist das Ziel wiederum, den Käufer möglichst gut vor dem Kauf zu informieren.

Arbeitsvorschläge

1. Was versteht man unter einem „Fernabsatzvertrag"?
2. Erklären Sie den Abschluss eines Kaufvertrages im Internet.
3. Unter welchen Bedingungen und innerhalb welcher Frist können Fernabsatzverträge widerrufen werden?
4. Welche weiteren Besonderheiten muss der Verkäufer bei einem Fernabsatzvertrag beachten?
5. Was bezeichnet man als Mogelpackungen und warum werden sie Ihrer Meinung nach hergestellt?
6. Nennen Sie Produkte in Mogelpackungen.
7. Beschreiben Sie in eigenen Worten, was die Prüfzeichen aussagen.
8. Welche Auszeichnung muss Bekleidung tragen?
9. Nennen Sie die Aufgabe von Gütezeichen.
10. Warum hat der Gesetzgeber vorgeschrieben, dass auf abgepackter Ware neben dem Kaufpreis auch der Preis einer runden Gewichtseinheit stehen muss?

11.6 Verbraucherberatung

Beispiel

Das ist er – der Verbraucher in der Marktwirtschaft. Leicht wird es ihm nicht gemacht. Denn man will sein Bestes – sein Geld. Er wird umworben, beeinflusst, manipuliert. Werbung, vor allem in den privaten Rundfunk- und Fernsehanstalten, beim Sport, in der Straßenbahn, in Zeitungen und Zeitschriften, auf Autos, an Plakatwänden, im Kino, im Internet – beinahe überall, wo er sich bewegt, prasselt Werbung auf ihn nieder.
„Geiz ist geil" und andere Sprüche zeigen einen immer größeren Konkurrenzkampf mit Sonderangeboten. Dazu ein rascher technischer Fortschritt mit immer mehr neuen und aufwändigeren Produkten.
Aber auch immer mehr Verkaufspsychologie, Verkäufertricks, Kreditangebote manipulieren und verleiten zum Kauf. Es wird zunehmend schwieriger, einen notwendigen Marktüberblick zu bekommen. Und immer mehr Menschen können den Verlockungen der Werbe- und Verkaufsstrategen nicht widerstehen und überschulden sich.

Wer kennt sie nicht, die Werbung mit Testergebnissen der Stiftung Warentest? Hersteller sind nicht nur stolz, wenn ihre Produkte gut beurteilt wurden. Nein: Gute Testergebnisse führen oftmals auch zu hohen Verkaufszahlen, Produkte mit schlechten Testwerten bleiben in den Regalen liegen. Neben Verbraucherinformationen im Fernsehen (z. B. WISO und andere Wirtschaftsmagazine) finden wir in Zeitungen und Zeitschriften aber auch im Internet wertvolle Informationen für Verbraucher. Besonders wichtig sind aber die Verbraucherorganisationen als Vertreter der Verbraucher.

STIFTUNG WARENTEST

GUT (2,4)

Im Test: 19 MP3-Spieler
Qualitätsurteil: 7 gut, 9 befriedigend, 2 ausreichend, 1 mangelhaft

test® **7/2007**

www.test.de

STIFTUNG WARENTEST

GUT (1,7)

Im Test: 32 Riester-Rentenversicherungen
Qualitätsurteil: 2 sehr gut, 8 gut, 19 befriedigend, 3 ausreichend

FINANZtest® **12/2007**

www.finanztest.de

Zum Bundesverband der Verbraucherzentralen kommen Sie unter: www.vzbv.de
Von dort surfen Sie zu der Verbraucherzentrale Ihres Bundeslandes. Hier finden Sie die für Sie nächstgelegenen Filialen.

Verbraucherzentralen

Die **Verbraucherzentrale Bundesverband e.V. (vzbv)** ist der Dachverband aller Verbraucherzentralen und 21 weiterer verbraucherpolitischer Verbände. Die bekanntesten davon sind: die Arbeiter-Wohlfahrt, Deutscher Mieterbund, Fahrgastverband Pro Bahn, Schutzgemeinschaft für Kleinaktionäre, Deutscher Hausfrauen-Bund.

Daneben hat der vzbv noch folgende Aufgaben:
- die Vertretung der Interessen der Verbraucher gegenüber der Politik und der Wirtschaft,
- die Koordination seiner Mitgliedsverbände,
- die Förderung von Verbraucherinformationen.

Der vzbv und seine Mitgliedsorganisationen sind politisch unabhängig.
Es gibt 16 Verbraucherzentralen, in jedem Bundesland eine. Diese unterhalten in größeren Städten Beratungsstellen, in denen die Verbraucher persönlich Rat suchen können. Diese Beratungen sind neutral und in der Regel kostenlos.

Es sind:
- Rechtsberatung: bei Streitigkeiten mit Verkäufern, Vermietern usw.;
- technische Beratung: Beratung vor dem Kauf von Geräten über deren Verbrauch, Umweltschutz, Preise und Testergebnisse;
- Ernährungsberatung: Tipps zur gesunden Ernährung und über Schadstoffe in Lebensmitteln;
- Energieberatung: Tipps zur Einsparung von Energie;
- Schuldnerberatung: Hilfen beim Erstellen von Haushaltsbüchern und die Beratung verschuldeter Menschen, bei Insolvenz oder vor der Aufnahme eines Kredits.

Die Stiftung Warentest

Eine besondere Aufgabe bei der Aufklärung der Verbraucher hat die Stiftung Warentest in Berlin. Als unabhängiges Institut führt sie laufend vergleichende Tests von Produkten oder Dienstleistungen durch. Diese Warentests enthalten wertvolle Informationen, die der Verbraucher sich vor dem Kauf zunutze machen kann.
Viele dieser Tests werden in der Presse veröffentlicht. Monatlich werden die Testergebnisse in der Zeitschrift „test" und jährlich im „test-Jahrbuch" herausgegeben, beide sind im freien Verkauf erhältlich. Produkte mit besseren Testergebnissen haben inzwischen auch erheblich bessere Marktchancen.

Daneben gibt es in der Reihe „test-spezial" Sonderhefte zu wichtigen Themen.

www.stiftungwarentest.de

Ein besonderes Testheft mit Produkten ist die Zeitschrift „ÖKO-TEST". Bei den hier getesteten Produkten steht die Frage gesundheitlicher Risiken im Vordergrund. Der ÖKO-TEST-Verlag in Frankfurt/M. lässt in seinen Heften aber auch Anzeigenwerbung für ökologische Produkte zu.

Beispiele für Testergebnisse

STIFTUNG WARENTEST

MOBILTELEFONE — September 2003

test — www.test.de

	Mittlerer Preis in Euro ca.	Sprachqualität	Funktion bei schwachem Netz	Akkubetrieb	Handhabung	Transport	Haltbarkeit	test-QUALITÄTSURTEIL
Gewichtung		20 %	20 %	20 %	25 %	10 %	5 %	
MOBILTELEFONE								
Samsung T400	330	+	+	+	+	++	+	**GUT (2,0)**
Nokia 6100	400	O	+	+	+	++	+	**GUT (2,1)**
Samsung S300	430	+	+	+	+	++	O	**GUT (2,1)**
Nokia 6800	540	O	+	++	+	O	+	**GUT (2,2)**
N[illegible] 5100	40[illegible]	O	+	[illegible]	+	[illegible]	[illegible]	**GUT (2,3[illegible]**

Für Fragen über Geldanlage, Kredite, Versicherungen gibt die Zeitschrift „Finanztest“ Auskunft. Hier können nicht nur die günstigsten Kfz- und andere Versicherungen ermittel werden. Es werden auch Analysen veröffentlicht, welche Versicherungen z. B. notwendig und welche unnötig sind. Auch Vergleiche von Banken (Kontoführungsgebühren usw.) sind nützlich.

Andere Produkttests

In Autozeitschriften, der ADAC-Zeitschrift oder im Fernsehen werden immer wieder Autotests durchgeführt. Natürlich können auch sie wertvolle Hinweise geben. Doch muss man wissen, dass es sich hier nicht, wie bei der Stiftung Warentest, um völlig unabhängige Tester handelt. Oftmals drängt sich der Verdacht auf, dass die Hersteller die Tests in den Medien beeinflussen können. Das gilt auch für andere Produkttests in Zeitungen und Zeitschriften. Man muss bedenken, dass sich die Massenmedien zum Teil aus den Werbeeinnahmen durch dieselben Hersteller finanzieren.

Arbeitsvorschläge

1. Warum gibt es die Verbraucherberatung?
2. Warum ist es wichtig, dass die Stiftung Warentest unabhängig ist und in ihren Zeitschriften „test“ und „Finanztest“ sowie im Testjahrbuch keine Werbung und kein Sponsoring zu finden sind?
3. Nennen Sie die verschiedenen Informationsangebote der Verbraucherzentralen.
4. Finden Sie heraus, wo die nächste Verbraucherzentrale für Ihren Wohnort ist.
5. Welche Aufgaben hat die Stiftung Warentest?

Lernfeld 15:

Speditionelle und logistische Geschäftsprozesse an wirtschaftlichen Rahmenbedingungen ausrichten

1 Verkehrsinfrastruktur

Moment mal!

Berlin. Wenn das Geld für den Straßenbau vorn und hinten nicht mehr reicht, müssen alternative Finanzmodelle auf den Tisch. Was vor Jahren noch undenkbar war, wurde nun Wirklichkeit. Der Ausbau der A8 zwischen Günzburg und Augsburg-West ist das erste gemeinsame Projekt, das im Rahmen einer öffentlich-privaten Partnerschaft (ÖPP) realisiert werden wird. Auf einer Länge von 61 Kilometern wird die Autobahnstrecke durch den privaten Konzessionsnehmer PANSUEVIA GmbH ausgebaut. Die Baukosten werden auf gut 400 Millionen Euro geschätzt. Der vertraglich vereinbarte Fertigstellungstermin ist der 30.09.2015. Die Refinanzierung der Summe erfolgt über die Lkw-Maut, die dem Vertragspartner für 30 Jahre zufließt. Neben dem Betreiben der Strecke gehört es auch zu den Pflichten des Konzessionsnehmers, die Straße baulich zu erhalten.
Was in anderen europäischen Ländern schon seit Jahren gang und gäbe ist, soll also auch in Deutschland zukünftig praktiziert werden. ÖPP's helfen dem Staat aus seinen finanziellen Engpässen und ermöglichen eine schnelle Realisierung der Ausbauten. (xrl)

- Wie ist das Verkehrssystem aufgebaut?
- Welche Bedeutung hat Mobilität in einer Volkswirtschaft?
- Welche Auswirkungen hat eine verbesserte Verkehrsinfrastruktur?
- Welche Aufgabe hat die Verkehrsinfrastrukturpolitik?

?

1.1 Struktur des Verkehrssystems

Die Verkehrsinfrastruktur eines Landes umfasst die Verkehrswege und technischen Einrichtungen (z. B. Hafenanlagen, Flugplätze) die dazu dienen, die Verkehrsströme zu ermöglichen. Verkehrsströme finden sich auf dem Land, dem Wasser und in der Luft. Wasserwege sind Wege für die Schifffahrt, die im Binnenland durch Kanäle und für das Meer auf Seekarten markierte Abschnitte verlaufen. Auch in der Luft wurden durch nationale und internationale Vereinbarungen spezielle Luftfahrtswege vereinbart. Verkehrsmedien sind zu unterscheiden von den Verkehrsträgern und den Verkehrsmitteln. Den Zusammenhang zeigt die folgende Übersicht.

Strukturen des Verkehrssystems

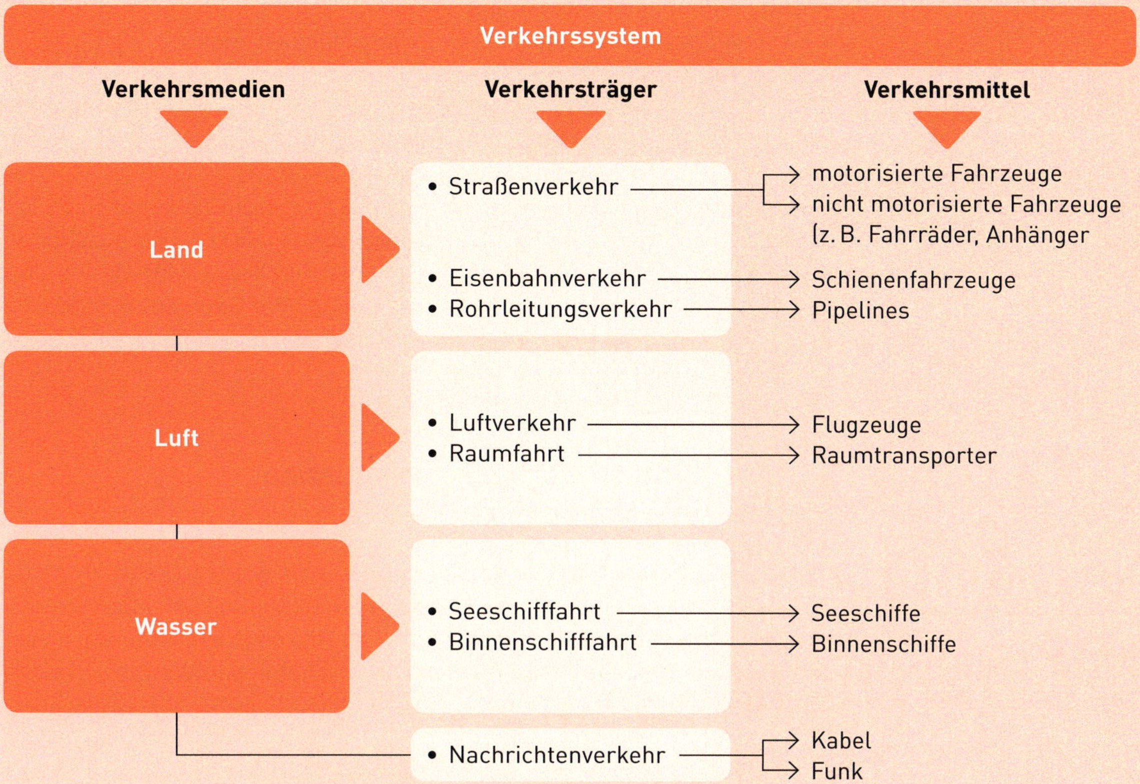

(nach: Kummer, S., Einführung in die Verkehrswirtschaft, Wien 2006, S. 45)

1.2 Mobilität als Aufgabe der Verkehrsinfrastruktur

Mobilität ist der Motor unserer Wirtschaft. Er ist Ausdruck der persönlichen Freiheit. Alle wollen mobil sein und jeder nach seinen eigenen Vorstellungen. Die Menschen sind gewohnt, jederzeit ein breites Sortiment an Waren aus der ganzen Welt in seinem Supermarkt vorzufinden. Ohne Mobilität läuft das nicht.

Eine gute Verkehrsinfrastruktur einer Volkswirtschaft zeigt sich darin, wie weit sie dem Wunsch seiner Bürger nach Mobilität nachkommen kann. Aus dem Wunsch und der Notwendigkeit nach Mobilität ergibt sich die Nachfrage nach Verkehrsangeboten. Mobilität bezieht sich auf Personen und Güter. Der Mobilitätsgrad in einer Volkswirtschaft wird auch häufig als Wohlstandsindikator (neben dem Bruttoinlandsprodukt) mit herangezogen. Mobilität hat immer etwas zu tun mir der Überwindung einer räumlichen Distanz. Die Gründe hierfür sind sehr unterschiedlich. Sie lassen sich z. B. nach ihrem Zweck unterscheiden.

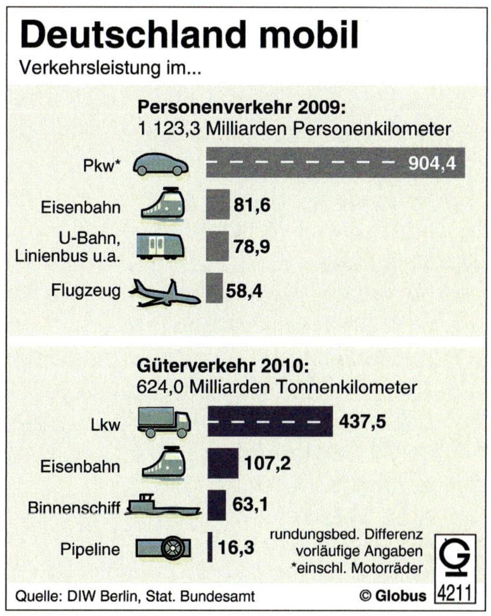

Mobilität zum Zwecke der ...
- Ausübung eines Berufs
- Durchlaufen einer Ausbildung
- Beschaffung und des Absatzes von betrieblichen Gütern
- Versorgung mit Konsumgütern
- Fahrten an den Urlaubsort
- Freizeitgestaltung

Ein Beispiel zur Verbesserung der Mobilität kann die Zulassung von Fernbuslinien sein. Nach dem Personenbeförderungsgesetz sind sie bisher nicht erlaubt, die Liberalisierung des Buslinienfernverkehrs wird aktuell diskutiert. Als Konkurrenzangebot zu den Leistungen der Deutschen Bundesbahn kämen die Fahrgäste so in den Genuss von Fahrpreisen, die erheblich unter den Normalpreisen der Bahn liegen.

1.3 Der Einfluss der Verkehrssituation auf Mensch und Wirtschaft

Bei der unternehmerischen Standortwahl ist eine gute (Verkehrs)Infrastruktur ein zentraler Standortfaktor. Nach der Qualifikation der Mitarbeiter und der politischen Stabilität bringt die gute (Verkehrs)Infrastruktur auch bei der Standortwahl ausländischer Firmen einen erheblichen Wettbewerbsvorteil des deutschen Wirtschaftsraums mit sich.

Dass die Verkehrsinfrastruktur in Deutschland verbesserungswürdig ist, wird kaum jemand bestreiten. Oft gehören Autofahrer zu den Leidtragenden.

Auswirkungen einer verbesserten Verkehrsinfrastruktur (Vor- und Nachteile)		
Auswirkungen auf Arbeitsplätze	**Auswirkungen auf Versorgung mit Gütern und Dienstleistungen**	**Auswirkungen auf Umwelt**
• verbesserte Zugänglichkeit zu überörtlichen Arbeitsplätzen • Anreiz zur Ansiedlung von Firmen und Schaffung von Arbeitsplätzen • Gefährdung örtlicher Arbeitsplätze durch Verlagerung der Nachfrage • höhere Wettbewerbsintensität durch überörtliche Konkurrenz • Möglichkeit von steigendem Lohn durch bessere Mobilität der Arbeitskräfte • geringere Wegzeiten zum Arbeitsplatz • Schaffung von Arbeitsplätzen durch Innovationen	• größerer Aktionsradius der Nachfrager • verminderte Güternachfrage bei örtlichen Unternehmen • qualitativ und quantitativ bessere Versorgung mit Gütern und verbesserte Zugänglichkeit • leichtere Erreichbarkeit von Naherholungsgebieten • Einschränkung des örtlichen Dienstleistungsangebots wegen überörtlicher Konkurrenz	• Lärmbelästigung • Emissionen • Verbrauch von knappen Rohstoffen • Zerschneidung der Landschaft durch Straßenführung • Gefährdung von Tier- und Pflanzenarten • Versiegelung der Landschaft

1.4 Verkehrsinfrastrukturpolitik

Die Bedeutung der Verkehrsinfrastrukturpolitik wird in Zukunft weiter zunehmen. Das wird deutlich wenn man die Prognosen der Europäischen Union für das Jahr 2020 liest. Erwartet wird eine Zunahme des Güterverkehrs um 45 %. Den Schätzungen zufolge wird erwartet, dass 70 Millionen Pkw und 1,5 Millionen Lkw zusätzlich in Europa unterwegs sind. In den Seehäfen soll sich der Containerverkehr noch einmal verdoppeln.

Bei der Bereitstellung der Verkehrsinfrastruktur spielt der Staat eine besondere Rolle. In seinem Auftrag werden die notwendigen Investitionen im Verkehrswesen geplant, realisiert und schließlich auch deren Erhaltung und Instandsetzung organisiert. Die öffentliche Investitionspolitik gilt vor allem für Straßen, Binnen- und Seewasserwege. In der Regel aber auch für die Eisenbahnen. An Flug- und Seehäfen sind häufig private Investoren beteiligt.

Wer Verkehrsinfrastruktur herstellen will benötigt Kapital. Ausgaben für Bundesstraßen werden über en Bundeshaushalt aufgebracht. Die Gelder stammen aus der Mineralöl- und Kraftfahrzeugsteuer. Milliarden fließen aus der LKW-Maut in die Staatskasse. Steuer- und Mauteinnahmen unterliegen aber nicht dem Grundsatz der Zweckbindung. Sie können und werden auch für andere staatliche Ausgaben ausgegeben.

Die Finanzierung der Verkehrsinfrastruktur durch die öffentliche Hand ist in Deutschland immer schwieriger geworden. Realisiert werden inzwischen alternative Finanzierungsmodelle. Öffentlich-private Partnerschaften kommen zum tragen. Autobahnstraßen werden von privaten Vertragspartnern für einige Jahrzehnte baulich erhalten und betrieben. Den Vertragspartnern fließt in dieser Zeit die Lkw-Maut zu.

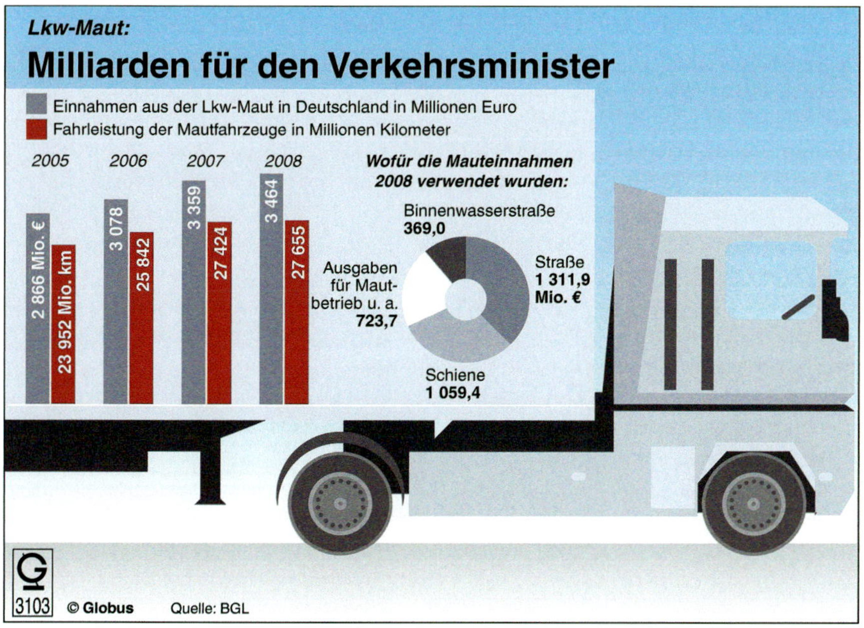

Auch das Leasen von Projekten wird angedacht. Hierbei mietet der Staat ein Verkehrsobjekt und hat das Recht, nach Ablauf der Mietzeit das Objekt zu erwerben. Aussicht auf Realisierung hat der Vorschlag, Maut auch auf Pkws auszudehnen. Das Problem, dass statt Baggern und Straßenarbeitern häufiger Warnschilder auf den Straßen zu finden sind belastet den Verkehrsfluss immer stärker. Asphaltdecken bröckeln und eine Geschwindigkeitsbegrenzung wegen maroder Straßen ist zum Leidwesen der Verkehrsteilnehmer ein Dauerthema geworden. Und wer ohne Stau sein Reiseziel erreicht, gehört inzwischen zu den Glückskindern im Straßenverkehr. Dem Staat fehlen einfach Milliarden, um die Fernstraßen für den zunehmenden Verkehr in Schuss zu halten. Und der Finanzbedarf steigt rasant weiter. In den letzten Jahren wurde zu wenig in den Erhalt der Verkehrsobjekte investiert.

„Bei den 38.700 deutschen Brücken auf Bundesfernstraßen muss etwa ein Viertel der Brückenflächen in den nächsten 10 Jahren instand gesetzt, verstärkt oder erneuert werden. Das kostet rund zehn Milliarden Euro. Wenn wir nichts machen, müssen wir die Tonnage beschränken oder einzelne Brücken sperren. Die Folge ist ein Verkehrschaos.“ (Bundesverkehrsministers Peter Ramsauer)

(Quelle: Spiegel vom 08.08.2011, S. 72)

Vor diesem Hintergrund wird die Pkw-Maut immer wahrscheinlicher. Sie hat aber nicht nur Befürworter. Es gibt Pro- und Kontra-Stimmen.

Pkw-Maut in Deutschland?

Pro: Vignette wäre angebracht

Horst Seidenfaden: Die meisten deutschen Autobahnen sind pickepackevoll. Selbst nachts fahren Endlos-Kolonnen von Lkw und Pkw durchs Land. Der Instandsetzungsbedarf ist riesig, das Material hält diesen immensen Belastungen nicht stand, viele Autobahnen müssten dringend ausgebaut werden. Doch aus welchen Kassen soll das finanzieret werden? Deutschland ist seit mehr als 20 Jahren ein Transitland in Europa – und anders als in anderen Staaten sind die Autobahnen für den Privatmann ein billiges Vergnügen. Bevor so unsinnige Vorschläge beachtet werden, die auf eine Erhöhung der Mineralölsteuer hinauslaufen (deren Erlöse garantiert nicht wieder in Autobahnen investieret werden) sollte man die positiven Erfahrungen mit einer Vignette für kleines Geld nutzen und in Deutschland umsetzen.

Mautgebühren sind zudem ein dauerhaftes Investitionsprogramm. Wahrscheinlich ist es das, was manche Politiker davon abhält: einen Topf zu schaffen, auf den sie keinen Zugriff für ihre Klientelpolitik haben.

Kontra: Unökologisch, unsozial

Jan Schlüter: Eine Idee wird nicht dadurch besser, dass man sie immer wiederholt. Das gilt im Besonderen für die Pkw-Maut.

Der finanzielle Aspekt: Wer die Einführung dieser Maut verlangt, denkt nicht an Pendler, sondern an die Staatskasse. Obwohl in Deutschland noch nie so viel Steuern wie heute gezahlt wurden, sollen die Autofahrer erneut gemolken werden. Kfz-Steuer, Mehrwertsteuer, Mineralölsteuer: Schon heute zahlen Autofahrer mehrfach.

Der ökologische Aspekt: Wenn Autobahnen und große Bundestraßen mautpflichtig werden, weichen Autofahrer verstärkt auf Nebenstrecken aus. Die Folge: Mehr Lärm, mehr Abgase und höhere Unfallgefahr in Dörfern und Städten.

Der soziale Aspekt: Ob Streckenmaut oder Vignette – zahlen müsste sie fast jeder. Das träfe die kleinen Leute härter als die reichen.

Der Neid-Aspekt: Autofahrer aus dem Ausland sollen nicht nur unsere Straßen be- und abnutzen, sondern auch dafür bezahlen. So verprellt man Touristen.

(Quelle: HNA, 10.08.2011)

Träger der Verkehrsstrukturpolitik ist grundsätzlich der Staat. Entscheidungen über Investitionen im Verkehrswesen werden durch eine kritische Öffentlichkeit immer stärker beeinflusst. Bürgerinitiativen oder Naturschutzverbände sind zwei Beispiele für Gruppierungen, welche die Ausführung von Verkehrsprojekten massiv beeinflussen. Auch Berufsverbände machen über ihre Lobbyisten ihren Einfluss bei der Gestaltung der Infrastrukturpolitik geltend. Nicht selten werden alle möglichen Rechtsmittel ausgeschöpft und die Projektdauer verlängert. Ein markantes Beispiel aus jüngster Zeit ist der Neubau des Stuttgarter Bahnhofs (Stuttgart 21).

Arbeitsvorschläge

1. Beschreiben Sie das Verkehrssystem in Deutschland.
2. Zeigen Sie drei positive und drei negative Auswirkungen einer verbesserten Verkehrsinfrastruktur für Arbeitnehmer auf.
3. Nehmen Sie Stellung zu der These: „Wird die Infrastruktur verbessert, hat das für Betriebe immer nur Vorteile."
4. Überprüfen Sie anhand der Grafik („Milliarden für den Verkehrsminister") ob alle Mauteinnahmen auch tatsächlich für den Verkehrssektor verwandt werden.
5. Machen Sie eine Umfrage in Ihrer Klasse zu dem Thema: Brauchen wir eine PKW-Maut? Entscheiden Sie sich für einen der folgenden Vorschläge. Tragen sie die Ergebnisse zusammen. Vertreten Sie Ihre Meinung in einer abschließenden Diskussion.

Aussagen	**Summe der Stimmen**
Kontra Pkw-Maut	
Pro Pkw-Maut	
Pro Pkw-Maut unter der Bedingung Wegfall der Kfz-Steuer	
Pkw-Maut nur bei Touristen	

6. Gegen die erklärte Absicht deutscher Politiker bei einer Einführung der Pkw-Maut die deutschen Autofahrer durch Wegfall der Kfz-Steuer zu entlasten, hat die EU-Kommission Bedenken angemeldet. Begründung: Das Vorhaben verstößt gegen den Grundsatz der Gleichbehandlung aller EU-Bürger. Diskutieren Sie die Meinung der Kommission.
7. Öffentlich-private Partnerschaften gewinnen als Finanzierungsmodell für Verkehrswege eine immer größere Bedeutung. Was halten Sie von dieser Finanzierungsform?

2 Ordnungspolitik

Moment mal!

Jede Volkswirtschaft braucht Regeln, sonst funktioniert sie nicht. Fasst man alle Regeln zusammen, so ergibt sich die Wirtschaftsordnung eines Landes. Länder haben unterschiedliche Wirtschaftsordnungen. Besonders krass war der Unterschied zwischen der Wirtschaftsordnung der ehemaligen DDR und derjenigen der Bundesrepublik Deutschland. Wie hat die sich z. B. ausgewirkt bei der Herstellung und dem Vertrieb von Autos? Vergleichen Sie einmal den VW Golf mit einem Trabbi:

Beispiel: Trabant – ein Auto aus der ehemaligen DDR

- Er ist als hässliches Entlein in die Automobilgeschichte der ehemaligen DDR eingegangen.
- Er war als Zweitakter im Vergleich mit westlichen Modellen technisch seit vielen Jahren veraltet.
- Er hatte nur wenig PS, sehr spärliches Zubehör und war sehr umweltfeindlich.
- Er war zwar nicht auf der Straße, aber bei den Verkaufszahlen ein Renner. Der Grund: Konkurrenz durch andere Marken gab es nicht.
- Es gab Lieferzeiten von einigen Jahren, da der Staat nur geringe Stückzahlen herstellen ließ.
- Nicht die Kundenwünsche, sondern der Staat bestimmte die Farbauswahl.
- Wer Ersatzteile haben wollte, brauchte außer Geld vor allem gute Beziehungen.

Beispiel: VW Golf

?

- Welche Aufgaben hat die Ordnungspolitik?
- Welches sind die Merkmale unserer Wirtschaftsordnung?
- Welche Besonderheiten weist die Marktordung der Verkehrspolitik auf?

?

2.1 Die Ordnungspolitik im Überblick

In der sozialen Marktwirtschaft hat der Staat drei Aufgaben zu erfüllen. Eine der Aufgaben ist die Ordnungspolitik.

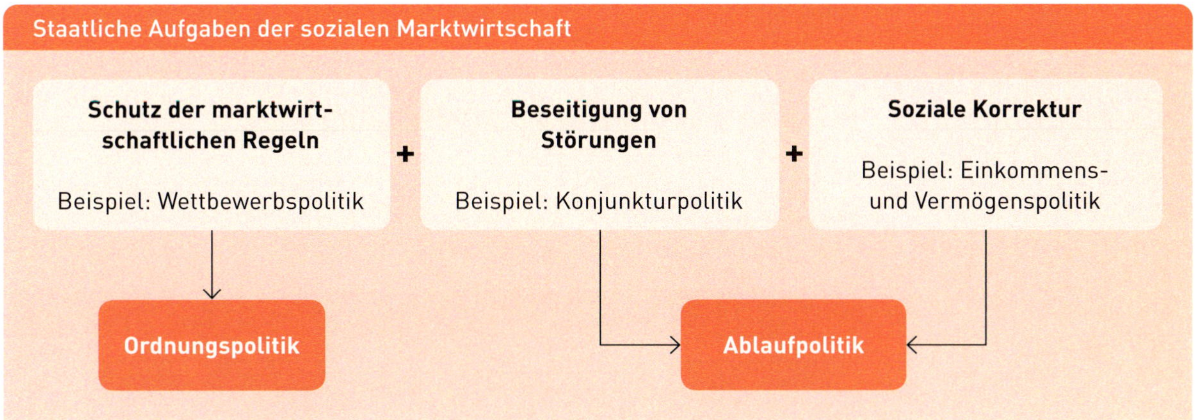

Die Ordnungspolitik legt die Rahmenbedingungen oder Spielregeln fest, innerhalb derer sich das wirtschaftliche Geschehen einer Volkswirtschaft abspielt. Sie gibt die Wirtschaftsordnung vor und auch die Rahmenbedingungen weiterer Politikfelder, wie z. B. die Wettbewerbs-, die Verbraucher- und die Verkehrspolitik.

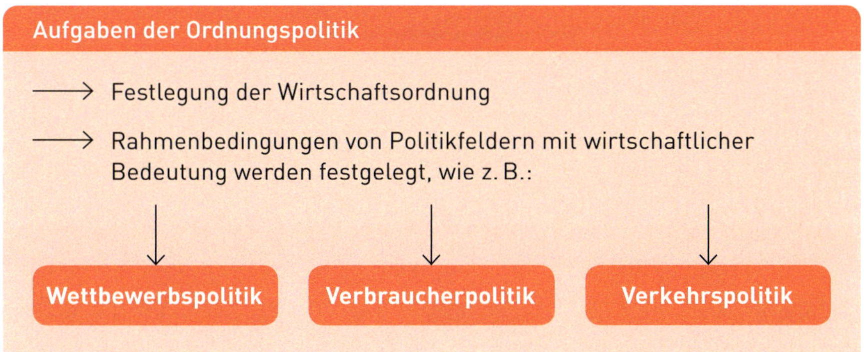

Wettbewerbspolitik: Der Staat überwacht und steuert den Wettbewerb zwischen den Unternehmen. Vereinbaren z. B. Unternehmen die gleichen Verkaufspreise, so wird der Wettbewerb durch diesen Schritt weitgehend ausgeschaltet. Das Nachsehen haben die Konkurrenten, die nicht an der Absprache beteiligt sind. Aber auch die Abnehmer sind benachteiligt, weil sie hohe Preise bezahlen müssen. Werden solche Preisabsprachen festgestellt, wird der Staat aktiv.

Verbraucherpolitik: Der Staat hat sich in diesem Politikfeld die Aufgabe gesetzt, die Marktmacht der Verbraucher gegenüber der Wirtschaft zu stärken. Dies wird z. B. erreicht durch die Beratertätigkeit der Verbraucherzentralen. Einen auf die Verbraucher abgestellten Rechtsschutz schütz sie bei bestimmten Rechtsgeschäften, so z. B. bei Haustürgeschäften.

Verkehrspolitik: Ihr Ziel besteht darin, die Versorgung einer Volkswirtschaft mit Transportleistungen sicherzustellen. Letztlich geht es um eine funktionierende Mobilität von Personen und Sachen. Bedingung ist, dass eine leistungsfähige Infrastruktur vorhanden ist. Gestaltungsträger der Verkehrspolitik ist der Staat, staatliche Unternehmen, aber auch Verbände und Verkehrsunternehmen.

2.2 Was ist eine Wirtschaftsordnung?

Eine Wirtschaftsordnung ist Ausdruck der Regeln, die festlegen, wie das Wirtschaftsgeschehen in einer Volkswirtschaft ablaufen soll. Hierbei stellen sich einige Grundfragen, die zu beantworten sind:

Grundfragen der Wirtschaftsordnung

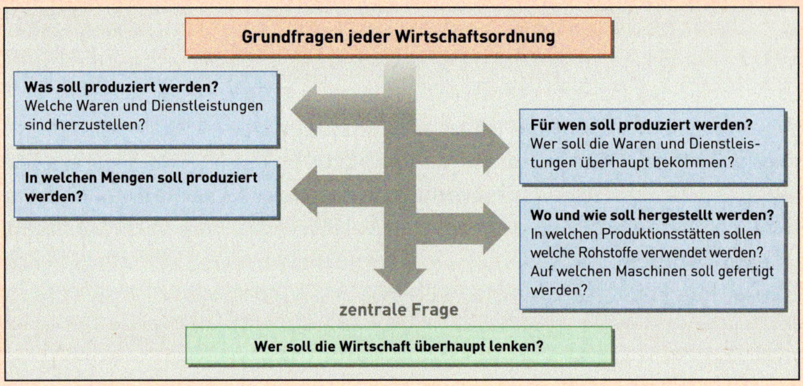

Zwei sehr unterschiedliche Antworten auf die Frage, wer die Wirtschaft lenken soll, stehen sich gegenüber:

Lenkung der Wirtschaft

Wer soll die Wirtschaft lenken?

Die Antwort von Adam Smith:

Der Staat soll auf keinen Fall in das Wirtschaftsgeschehen eingreifen. Die Lenkung der Wirtschaft soll den Unternehmen und den Konsumenten überlassen bleiben.

Adam Smith (1723–1790)

Begründung:
Im freien Wettbewerb untereinander versuchen die Unternehmen, ihre Ware zu möglichst niedrigen Kosten herzustellen, um einen hohen Gewinn zu erzielen. Die Konsumenten bevorzugen die Anbieter, die ihre Ware zu den niedrigsten Preisen anbieten. Der persönliche Eigennutz der Beteiligten wird so zur Quelle des Volkswohlstands.

Die Antwort von Karl Marx:

Karl Marx (1818–1883)

Der Staat soll die Wirtschaft lenken. Die freie Marktwirtschaft sollte daher abgeschafft werden.

Begründung:
Die in der freien Marktwirtschaft gewährte Freiheit wird dazu missbraucht, den Wettbewerb einzuschränken. Die wirtschaftlich Schwächeren (Proletariat) werden ausgebeutet. Die Konkurrenten werden vernichtet. Es kommt zur Arbeitslosigkeit und Verarmung.

Wird der Wirtschaftsprozess über eine Vielzahl von Wirtschaftsplänen gelenkt, so liegt eine freie Marktwirtschaft vor. Unternehmen und die privaten und öffentlichen Haushalte versuchen, ihre persönlichen Wirtschaftspläne zu verwirklichen. Wird der Wirtschaftsprozess aufgrund eines einzigen zentralen Plans gelenkt, so liegt eine Zentralverwaltungswirtschaft (Planwirtschaft) vor. Letztlich ist es der Staat (z. B. in Form einer Staatspartei), der den Wirtschaftsplan aufstellt. Aus ihm leiten sich die Einzelpläne ab.

Die freie Marktwirtschaft und die Zentralverwaltungswirtschaft sind Modelle einer Wirtschaftsordnung. Sie kommen in der Wirklichkeit nicht vor. Aus den Modellen entstanden die realen (tatsächlich vorhandenen) Wirtschaftordnungen. Diese sind jeweils Mischformen aus der freien Marktwirtschaft und der Zentralverwaltungswirtschaft.

Zahlreiche Elemente der Zentralverwaltungswirtschaft sind vor allem in den Wirtschaftsordnungen kommunistischer Staaten vorhanden. Beispiele hierfür sind Kuba und die Wirtschaftsordnungen der ehemaligen DDR. Nachteile dieser Wirtschaftsordnung sind vor allem Fehlplanungen, Versorgungsengpässe der Bevölkerung und Misswirtschaft. Elemente der freien Marktwirtschaft finden sich gehäuft in den Wirtschaftsordnungen demokratischer Staaten. So z. B. in der Bundesrepublik, deren Wirtschaftsordnung als soziale Marktwirtschaft bezeichnet wird.

2.3 Die soziale Marktwirtschaft

Freiheit und soziale Sicherheit

Als Vater der sozialen Marktwirtschaft gelten der frühere Bundeswirtschaftsminister und spätere Bundeskanzler Prof. Dr. Ludwig Erhard und sein Staatssekretär Prof. Dr. Alfred Müller-Armack.

Prof. Dr. Ludwig Erhard

Der Plan von Erhard sah vor, eine Wirtschaftsordnung zu schaffen, die eine Verbindung aus Elementen einer freien (liberalen) Wirtschaft und planwirtschaftlichen Elementen darstellt. Die Nachteile beider Konzepte sollten vermieden und deren Vorteile in eine neuartige Wirtschaftsordnung eingebracht werden.

Vor allem wirtschaftliche Freiheit und soziale Sicherheit für breite Schichten der Bevölkerung sollten kombiniert werden.

Prof. Dr. Alfred Müller-Armack

Das Grundgesetz der Bundesrepublik Deutschland, das 1948 in Kraft trat, enthält keine ausdrückliche Aussage zu einer Wirtschaftsordnung. Die Väter des Grundgesetzes haben die Entscheidung für eine bestimmte Ordnung offengelassen. Die Verfassung steckt lediglich einen Rahmen ab. Weitere Wirtschaftsgesetze (z. B. Gewerbeordnung, Kartellgesetz) ergänzen diese Rahmenvorgaben des Grundgesetzes.

Eine besondere Bedeutung im Grundgesetz hat der „Freiheitsgrundsatz" des Artikels 2 für die Wirtschaftsordnung. Weitere Artikel des Grundgesetzes ergänzen seinen Inhalt.

> (1) Jeder hat das Recht auf die freie Entfaltung seiner Persönlichkeit, soweit er nicht die Rechte anderer verletzt und nicht gegen die verfassungsmäßige Ordnung oder das Sittengesetz verstößt.
>
> (2) Jeder hat das Recht auf Leben und körperliche Unversehrtheit. Die Freiheit der Person ist unverletzlich. In diese Rechte darf nur auf Grund eines Gesetzes eingegriffen werden.

Gemäß bestehenden Gesetzen und Verordnungen werden sieben Freiheiten als Grundlage der Marktwirtschaft angesehen, welche durch staatliche Gesetze und Regelungen beschränkt wurden.

Freiheitsrechte in der sozialen Marktwirtschaft

Freiheitsrechte ... in der sozialen Marktwirtschaft und ihre ...	Einschränkungen
Konsumfreiheit Das Recht, eine beliebige Ware zu erwerben. Wo die Ware gekauft und zu welchem Preis sie erworben wird, bleibt dem Käufer überlassen.	**Einschränkungen der Konsumfreiheit** Nicht alle Konsumgüter sind frei verkäuflich. Solche, die gesundheitsschädlich und gefährlich sind, wie Rauschgifte oder Waffen, unterliegen besonderen Beschränkungen. So darf z. B. Alkohol nicht an Jugendliche verkauft werden und verschreibungspflichtige Medikamente erhält man nur gegen Rezept.
Niederlassungsfreiheit Das Recht, an jedem Ort innerhalb Deutschlands zu wohnen und sich geschäftlich niederzulassen.	**Einschränkung der Niederlassungsfreiheit** Für manche Berufsbilder besteht nur eine bedingte Niederlassungsfreiheit. Das gilt z. B. für Ärzte. Die Kassenärztliche Vereinigung (KV) entscheidet hier über den Antrag eines Arztes, sich an einem bestimmten Ort niederlassen zu wollen. Eine zu große Arztdichte bei einer bestimmten medizinischen Fachrichtung (z. B. Augenärzte) soll hierdurch vermieden werden.
Recht auf Privateigentum Das Recht, Eigentum an Konsumgütern (z. B. Lebensmittel, Motorrad) und Produktionsmitteln (z. B. Maschinen, Werkzeuge) zu erwerben.	**Einschränkung des Privateigentums** Grundsätzlich wird das Privateigentum garantiert. Falls es erforderlich ist, kann es aber zum Wohle der Allgemeinheit eingeschränkt werden. Dies ist z. B. der Fall, wenn ein Grundstück zum Bau einer wichtigen Durchgangsstraße benötigt und deshalb enteignet wird. Weitere Einschränkungen im öffentlichen Interesse bestehen z. B. in Form von Verordnungen, die die Baugestaltung, Grundstücksabstände oder auch den Umweltschutz betreffen.
Gewerbe- und Berufsfreiheit Das Recht, sich wirtschaftlich zu betätigen und einem Gewerbe nachzugehen.	**Einschränkung der Gewerbefreiheit** Eine Fülle von Bestimmungen schränkt die Gewerbefreiheit ein. Erlaubnispflichtig sind z. B. der Handel mit Arzneimitteln, das Betreiben einer Gaststätte und die Beförderung von Personen mit Omnibussen oder Taxen. Aber auch durch Bestimmungen wie das Ladenschlussgesetz wird trotz gelockerter Vorschriften die Gewerbefreiheit eingeschränkt.
Berufsfreiheit Das Recht, den Arbeitsplatz, den Beruf und die Ausbildungsstätte frei zu wählen. Von Ausnahmen abgesehen (z. B. Dienstverpflichtung bei der Bundeswehr) darf niemand gezwungen werden, eine bestimmte Tätigkeit auszuüben.	**Einschränkung der Berufsfreiheit** Viele Berufe wie z. B. Rechtsanwalt, Apotheker oder Arzt können nur über ein Universitätsstudium ausgeübt werden. Manche, die das Studium ergreifen möchten, scheitern wegen der begrenzten Anzahl von Studienplätzen am Numerus clausus. Unser System der Berufsbildung mit den anerkannten Abschlussprüfungen gilt zwar weltweit als vorbildlich. Letztlich wird aber auch hierdurch die Freiheit der Berufswahl eingeschränkt.
Vertragsfreiheit Vertragspartner können den Inhalt ihrer Verträge frei bestimmen. Sie haben auch das Recht, darüber zu entscheiden, ob sie einen Vertrag abschließen möchten oder nicht.	**Einschränkungen der Vertragsfreiheit** Nicht alle Willenserklärungen sind rechtlich bindend. In manchen Fällen schränkt der Staat die Vertragsfreiheit ein. Unwirksam ist z. B. - die Willenserklärung eines Geschäftsunfähigen (z. B. 5-Jähriger kauft sich ein Spielzeug), - eine Willenserklärung, die gegen ein gesetzliches Verbot verstößt (z. B. Kauf einer waffenscheinpflichtigen Pistole), - eine Willenserklärung, die nicht in der vom Gesetzgeber vorgeschriebenen Form abgegeben wird (z. B. Kauf eines Grundstücks per Handschlag). Beim Abschluss von Arbeitsverträgen gibt es eine Vielzahl von Bestimmungen, die verhindern, dass die Vertragsfreiheit missbraucht wird. Dazu zählen z. B. das Mutterschutz-, das Jugendarbeitsschutz- und das Berufsbildungsgesetz.
freier Wettbewerb und freie Preisbildung Unternehmer stehen grundsätzlich in einem freien Wettbewerb. Sie haben das Recht, durch niedrigere Preise oder bessere Produktqualität dem Mitbewerber die Kunden wegzunehmen. Freier Wettbewerb zwischen Konkurrenten führt nicht selten dazu, dass ein Unternehmer ganz vom Markt verschwindet.	**Einschränkung des freien Wettbewerbs und der freien Preisbildung** Ein funktionierender Wettbewerb ist die wichtigste Grundlage der Marktwirtschaft. Führt er dazu, dass Unternehmen so mächtig geworden sind, dass sie ihre Macht missbrauchen, so schreitet der Staat ein. Als missbräuchlich gelten z. B. Liefersperren gegenüber einzelnen Abnehmern oder Absprachen von Unternehmern, von bestimmten Anbietern keine Ware mehr abzunehmen. Auf manchen Teilmärkten greift der Staat selbst in die Preisbildung ein, so z. B. auf dem Agrarmarkt. Aber auch der Staat selbst kann als Anbieter auftreten, z. B. wenn er Wasserwerke oder Schwimmbäder betreibt.

2.4 Die Marktordnung der Verkehrspolitik

Innerhalb moderner Volkswirtschaften nimmt der Verkehr eine Schlüsselposition ein. Bekanntlich erfolgt die Herstellung von Gütern im Allgemeinen nicht an den Orten der Nachfrager. Transportleistungen sind erforderlich, um diese beiden Pole zu verbinden. Diese Kernfunktion hat durch eine immer stärker arbeitsteilig vernetzte Volkswirtschaft enorm an Bedeutung gewonnen. Fallen Transportleistungen einmal aus, kommt es sehr schnell zu Versorgungsengpässen. Nur eine gut funktionierende Verkehrswirtschaft ist in der Lage, die Versorgung der Bevölkerung zu gewährleisten. Wegen dieser Schlüsselstellung der Verkehrswirtschaft hat der Staat die Gestaltung der Verkehrsmarktordnung über viele Jahrzehnte selbst übernommen. Erst seit Anfang der 80er Jahre und unter dem Druck der damaligen EG und spätere EU vollzog sich in Deutschland ein unfassender Wandel hin zu einer liberaleren Ordnungspolitik im Verkehr. Im Jahr 1998 wurde schließlich der entscheidende Schritt hin zu einer gemeinsamen liberalen europäischen Verkehrmarktsordnung getan.

Die frühen Instrumente einer kontrollierten Ordnungspolitik auf den Verkehrsmarkt in Deutschland waren über viele Jahre:

Instrumente einer kontrollierten Ordnungspolitik

Koordinierung der Preispolitik	Beeinflussung der Kapazität
Preise in Form von Tarifen wurden staatlich vorgegeben und kontrolliert	Das Angebot an Laderaum wurde beschränkt. Es wurde nur eine begrenzte Zahl von Güterfernverkehrsgenehmigungen erteilt.

Zahlreiche Liberalisierungsmaßnahmen wurden inzwischen durchgeführt. Einige Beispiele hierzu aus dem Ordnungsrahmen der Verkehrspolitik sind:

- Die freie Preisbildung zwischen allen Mitgliederstaaten der EU im grenzüberschreitenden Verkehr wurde eingeführt.
- Die Unterscheidung zwischen Güterfern-, Güternah- und Umzugsverkehr wurde fallengelassen.
- Die Marktzugangsbeschränkung für den Binnenmarkt anderer Mitgliedsstaaten wurde aufgehoben.
- Durch die Bahnfrachtreform wurden der Bahn große Freiheitsspielräume in ihrer Geschäftspolitik zugestanden. Der Einfluss des Staates wurde reduziert.
- Die zahlenmäßig begrenzten Genehmigungen für die Erlaubnis zur Beförderung wurden durch die nicht mehr zahlenmäßig begrenzte Gemeinschaftslizenz ersetzt.
- Die Anzahl der Kabotagegenehmigungen wird jährlich um einen bestimmten Prozentsatz erhöht. Als Kabotage bezeichnet man in der Fachsprache den Güterverkehr zwischen zwei Orten eines Landes wenn die Transportleistung von einem ausländischen Verkehrsunternehmen erbracht wird.

Das wichtigste Gesetz für die Marktordnung des Verkehrswesens ist das Güterkraftverkehrsgesetz (GükG). Seine vormals 100 Paragraphen wurden im Zuge der Liberalisierung der Verkehrspolitik auf 25 Paragraphen abgespeckt. Im § 3 des GuKG ist zu lesen, dass der Güterkraftverkehr grundsätzlich erlaubnispflichtig ist. Für den Inlandsverkehr besteht außerdem eine besondere Versicherungspflicht. Die Vorschrift ist aber nur anzuwenden auf den geschäftsmäßigen Güterkraftverkehr mit Fahrzeugen über 3,5 t zulässigem Gesamtgewicht. Der Werksverkehr ist erlaubnisfrei. Für ihn besteht auch keine besondere Versicherungspflicht. Eine Reihe von Verordnungen ergänzt das Gesetz. Beispiele:

- Berufszugangsverordnung für den Güterkraftverkehr
- Erlaubnisverordnung für den Güterkraftverkehr

Zentrale Behörde im Aufgabenfeld der Verkehrswirtschaft ist das Bundesamt für Güterverkehr (BAG). Diese Behörde ist sowohl ausführendes als auch kontrollierendes Organ von Beschlüssen der politischen Entscheidungsträger. Bei der Umsetzung der politischen Vorgaben ist das Amt Bindeglied zwischen Politik, Wirtschaft und Verwaltung. Ohne das BAG würden die ordnungspolitischen Vorgaben in der Praxis nicht ankommen. Zahlreiche Aufgaben hat das BAG zu erfüllen.

Aufgaben des Bundesamtes für Güterverkehr

- Führen der Unternehmensdateien für den Güterverkehr
- Klärung rechtlicher Grundsatzfragen beim Güterverkehr
- Begutachtung der Arbeitsbedingungen im Güterverkehr
- Mitwirkung an internationalen Luftverkehrsverhandlungen
- Umsetzung der Vorsorgemaßnahmen bei der zivilen Notfallvorsorge
- Durchführung von Ordnungswidrigkeitsverfahren im Güterverkehr
- Beobachtung des Marktgeschehens im Güterverkehr
- Steuerung des Marktzugangs im Güterverkehr
- Durchführung von Straßenverkehrskontrollen
- Steuerung und Durchführung der Mautkontrollen

Arbeitsvorschläge

1. Was ist eine Wirtschaftsordnung und auf welche Fragen gibt sie eine Antwort?
2. Welcher Unterschied besteht bei Adam Smith und Karl Marx zwischen ihren Gedanken zur Wirtschaftsordnung?
3. Diskutieren Sie über nebenstehende Karikatur:

   a) Welche Wirtschaftsordnung wird durch sie angesprochen?
   b) Auf welchen Nachteil der Wirtschaftsordnung weist die Karikatur hin?
4. Welche Aufgaben hat der Staat in der sozialen Marktwirtschaft?
5. Beschreiben Sie die Aufgabenbereiche innerhalb der Ordnungspolitik.
6. Nennen Sie drei Freiheitsrechte in der sozialen Marktwirtschaft und die jeweiligen Einschränkungen.
7. Welches sind die Instrumente einer kontrollierten Ordnungspolitik auf dem Verkehrsmarkt?
8. Nennen Sie drei Beispiele aus dem Katalog einer liberalisierten Verkehrspolitik.
9. Worin besteht die Leistung von Ludwig Erhard für die soziale Marktwirtschaft?
10. Vergleich von Anspruch und Wirklichkeit der sozialen Marktwirtschaft.

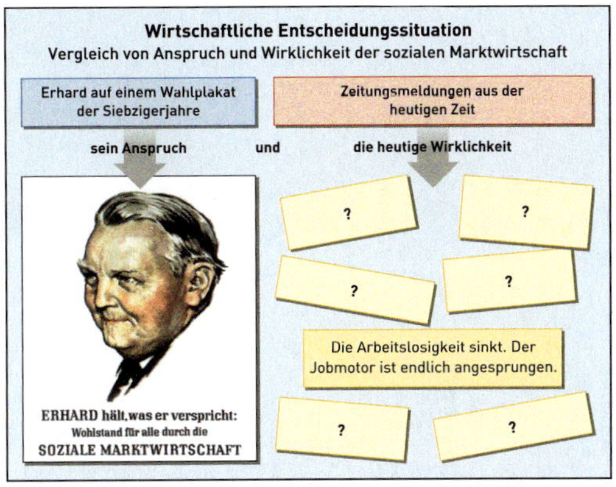

   a) Sammeln Sie im Klassenverband Zeitungsartikel, die über Situationen in der heutigen Wirtschaft berichten.
   b) Wer einen passenden Artikel gefunden hat, schneidet die Überschrift aus und klebt sie auf ein großflächiges Papier (siehe Beispiel).
   c) Reichen die Überschriften nicht aus, so formulieren Sie selbst welche, die zu den jeweiligen wirtschaftlichen Situationen passen.
   d) Ausgehend von der Artikelüberschrift stellt der jeweilige Schüler kurz den Inhalt seine Zeitungsmeldung vor.
   e) Diskutieren Sie darüber, ob der Anspruch von Erhard für die heutige Zeit zutrifft.

3 Die Geldpolitik der Europäischen Zentralbank

Moment mal!

„Die Europäische Zentralbank zieht die Zinsschraube an" – so lauteten die Schlagzeilen im Juli 2011. Mit dem höheren Zins wollte man die Inflationsgefahr im „Euroland" bekämpfen. Nach den amtlichen Statistiken liegt die Preissteigerungsrate bei knapp 2,5 %. Das ist den Währungshütern zu viel. Nach Meinung von Wissenschaftlern ist die Teuerung hauptsächlich auf die steigenden Rohstoff- und Energiekosten zurückzuführen. Die Inflationsrate soll durch die Maßnahmen der EZB unter die Marke von 2 % gedrückt werden. „Geschieht dies nicht, so ist zu befürchten, dass die Verbraucher das Vertrauen in die Stabilität des Euro verlieren", sagte ein Sprecher der EZB und ergänzte: „Eine moderate Erhöhung von 0,25 % auf 1,5 % tut dem Euro gut und ist wirtschaftlich zu verkraften."
„Na, dann wird es mich ja voll erwischen", waren die ersten Gedanken Carsten Wenks, als er von der Ankündigung hörte. „Wenn die EZB die Zinsen erhöht, greift mir die Sparkasse auch tiefer in die Tasche, wenn ich meinen Autokauf über einen Kredit finanziere."

- Welche Aufgaben hat die EZB?
- Welche geldpolitischen Instrumente sind zu unterscheiden?
- Welche Wirkungen haben sie?

?

3.1 Aufgaben und Aufbau des Eurosystems

Die Europäische Zentralbank (EZB) ist eine im Rahmen der Europäischen Wirtschafts- und Währungsunion (WWU) errichtete Währungsbehörde. Die EZB bildet zusammen mit den nationalen Zentralbanken aller EU-Mitgliedstaaten (27 im Jahr 2012) das Europäische System der Zentralbanken. In ihm sind auch die Mitglieder vertreten, die den Euro noch nicht eingeführt haben. Gemäß diesem Sonderstatus dürfen sie in der europäischen Geldpolitik nicht mitbestimmen.

EZB

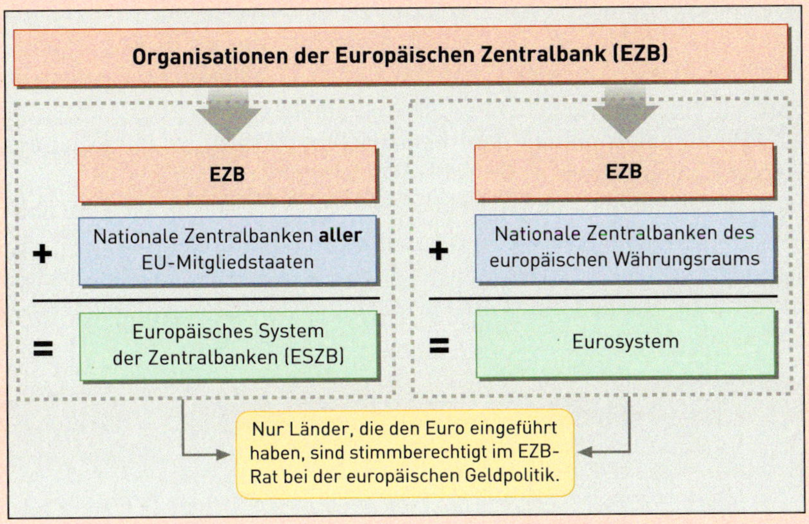

Von der ESZB ist das Eurosystem zu unterscheiden. Es besteht aus der EZB und den Zentralbanken der zurzeit 17 europäischen Länder, die den Euro bereits eingeführt haben. Das oberste Ziel des Eurosystems ist, die Preisstabilität zu gewährleisten. Dabei gilt das Ziel als erreicht, wenn gegenüber dem Vorjahr der Preisniveauanstieg unter 2 % liegt.

Weitere Aufgaben des Eurosystems sind:
- Die Geldpolitik der Gemeinschaft festlegen und ausführen.
- Devisengeschäfte durchführen im Rahmen der Wechselkurspolitik.
- Die offiziellen Währungsreserven der Mitgliedstaaten halten und verwalten.
- Die Aufsicht über die Kreditinstitute wahrnehmen.
- Das reibungslose Funktionieren des Zahlungsverkehrs fördern.
- Die nationalen Behörden bei der Bankenaufsicht beraten.

Um eine erfolgreiche Stabilitätspolitik betreiben zu können, ist die EZB bei der Ausübung ihrer Aufgaben im Rahmen des Eurosystems von nationalen Regierungen unabhängig. Sie kann über den Einsatz ihrer geldpolitischen Instrumente frei entscheiden.
Allgegenwärtig ist die Gefahr, dass es zu Konflikten zwischen ihr und nationalen Regierungen kommt. Steigt z. B. die Arbeitslosigkeit eines Landes aus dem europäischen Währungsraum stark an, so liegt es nahe, dass Politiker dieses Landes versuchen, die EZB zu einem Absenken des Leitzinses zu bewegen. Kredite sollen so verbilligt, die Nachfrage gestärkt und die Arbeitslosigkeit bekämpft werden. Den Wunsch einer geldpolitischen Lockerung muss sich die EZB verweigern, soweit er nicht vereinbar ist mit dem Ziel der Geldwertstabilität.

3.2 Stabilitätspakt/Vertrag von Maastricht

Im Eurosystem hat die EZB die Aufgabe, die Geldversorgung in den Mitgliedstaaten sicherzustellen. Das klingt einfacher, als es in der Praxis ist. Schließlich ist es „nur" eine Union mit zurzeit 17 autonomen Einzelstaaten, die jeweils eigene Probleme und Interessen haben.

Der Stabilitätspakt gemäß dem Maastrichter Vertrag ist die Leitlinie für wirtschaftliches Handeln. Er soll insbesondere gewährleisten, dass die Währung stabil bleibt, denn nur ein stabiler Euro ist ein starker Euro und ein ernst zu nehmendes Gegengewicht zu anderen Währungen.

Im Stabilitätspakt wurde verbindlich festgelegt, was von den Mitgliedstaaten erwartet wird. Danach muss die Finanzpolitik vor allem zwei Bedingungen erfüllen:

Bedingungen der Finanzpolitik

Um das Risiko auszuschließen, dass nationale Notenbanken einen eigenen Weg gehen und evtl. zu viel Geld in Umlauf bringen, damit die Staatshaushalte finanziert werden können, regelt der Maastrichter Vertrag, dass die nationalen Notenbanken erhalten bleiben (also z. B. auch die Deutsche Bundesbank in Frankfurt), aber wesentliche Kompetenzen an die Europäische Zentralbank (Sitz ebenfalls in Frankfurt) abgeben.

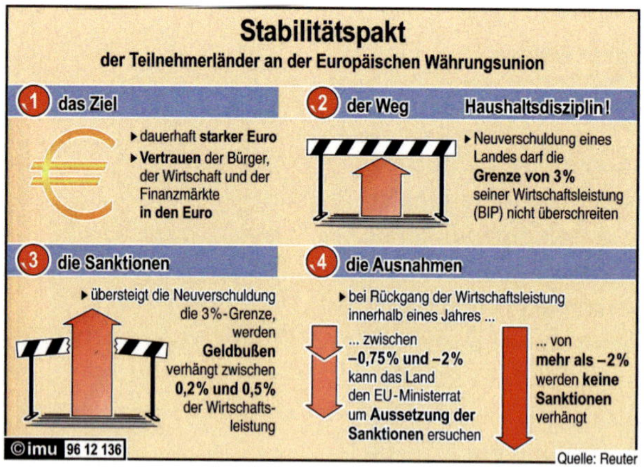

Im Einzelnen sieht der Stabilitätspakt Regeln für die Sicherung der Geldwertstabilität vor. Darin enthalten sind auch Sanktionen, die greifen, wenn ein Mitgliedsland seinen Pflichten nicht nachkommt.

Bisher (Stand 2011) wurden aber keine Strafen verhängt, obwohl viele europäische Staaten – darunter auch Deutschland – in der Vergangenheit die Stabilitätskriterien mehrmals verletzt haben. Einem Sanktionsverfahren musste eine Zwei-Drittel Mehrheit der EU-Länder zustimmen. Aus diplomatischen Gründen und gegenseitiger Rücksichtnahme der Euro-Länder kam es aber nie zu dieser Mehrheit.

Zudem wurde 2005 von Deutschland und Frankreich eine Liste mit Ausnahmen durchgesetzt, um zeitweilige Überschreitung der Defizitgrenzen zu tolerieren.

Über eine Automatisierung und Verschärfung des Stabilitätspaktes im EU-Vertrag wird zurzeit diskutiert (Stand 2011).

3.3 Die geldpolitischen Instrumente im Eurosystem

Zur Erreichung der Ziele stehen dem Eurosystem drei geldpolitische Instrumente zur Verfügung, die der Zins- und Liquiditätssteuerung dienen. Es verlangt, dass die Kreditinstitute Mindestreserven bei der EZB unterhalten, führt Offenmarktgeschäfte durch und bietet ständige Fazilitäten an. Die geldpolitischen Instrumente können so eingesetzt werden, dass mit ihnen eine restriktive Wirkung (z. B. Dämpfung einer konjunkturellen Überhitzung) oder eine expansive Wirkung (z. B. schnellere Überwindung einer konjunkturellen Krise) erzielt werden soll. Eine so angelegte Strategie wird in der Fachsprache als antizyklisch bezeichnet.

Das Instrument der Mindestreservepolitik
Kreditbanken können nicht alle Einlagen der Kunden für Kreditgeschäfte verwenden. Sie müssen damit rechnen, dass diese einen Teil der Einlagen für Konsum- oder sonstige Zwecke benötigen und deshalb abheben. Die Banken sind verpflichtet, einen Teil dieser Einlagen bei der EZB zu hinterlegen. Diese Mindestreserve wird mit dem von der EZB festgesetzten Leitzins verzinst. Der Prozentsatz der Mindestreserve ist variabel.
Je höher die Mindestreserve ist, desto geringer ist die in Umlauf befindliche Geldmenge, die für Konsum- oder Kreditzwecke genutzt werden kann. Damit wird auch die konjunkturelle Entwicklung gebremst. Gleichzeitig wird damit die Inflationsrate nach unten gedrückt. Umgekehrt führt eine niedrige Mindestreserve dazu, dass mehr Geld im Wirtschaftskreislauf zur Verfügung steht. Dies hat zur Folge, dass die Zinsen niedriger werden. Anleger erhalten weniger für ihre Einlagen (also wird der Sparanreiz geringer). Kreditnehmer müssen ebenfalls weniger Zinsen bezahlen. Ein niedrigerer Mindestreservesatz begünstigt also die konjunkturelle Entwicklung.

Das Instrument der Offenmarktpolitik
Neben der Mindestreservepolitik betätigt sich die EZB auch auf dem Wertpapiermarkt, indem sie von den Geschäftsbanken Wertpapiere kauft oder an sie verkauft. Dabei handelt es sich i. d. R. um festverzinsliche Wertpapiere.

Verlauf der Offenmarktpolitik

Maßnahme	**Ankauf von Wertpapieren**	**Verkauf von Wertpapieren**
Folge	Banken geben Wertpapiere ab und erhalten Zentralbankgeld	Banken kaufen Wertpapiere und zahlen dafür Geld an die Zentralbank
Wirkung	• Kreditschöpfungsspielraum wird größer • Kreditzinssatz sinkt • Kredite werden billiger • Habenzinsen sinken • Sparen wird weniger attraktiv • Konsumnachfrage steigt	• Kreditschöpfungsspielraum sinkt • Kreditzinssatz steigt • Kredite werden teurer • Habenzinsen steigen • Sparanreiz steigt • Konsumnachfrage sinkt

Für alle Offenmarktgeschäfte des Eurosystems findet grundsätzlich das **Tenderverfahren** Anwendung. Es handelt sich hierbei um ein Ausschreibungsverfahren, durch das den Banken aufgrund konkurrierender Gebote Geld zugeführt oder aber auch abgeschöpft wird. Das für die Zentralbank günstigste Angebot kommt jeweils zum Zug. Die EZB verwendet für ihre Offenmarktgeschäfte standardisierte Ausschreibungsverfahren (Standardtender), die es in Form von Mengen- und Zinstender gibt.

- **Mengentender:** Die EZB legt hierbei den Zins fest und die Geschäftsbanken nennen in ihren Kaufanträgen lediglich die Beträge, für die sie Liquidität zeichnen möchten. Die Verteilung erfolgt nach dem Verhältnis des gezeichneten und des verfügbaren Kapitals.

- **Zinstender:** Die Kreditinstitute müssen nicht nur Gebote über die gewünschte Menge, sondern auch einen Zinssatz abgeben. Je höher das Gebot ist, desto teurer ist der Kredit, aber desto größer ist auch die Wahrscheinlichkeit, dass die Bank den Zuschlag erhält. Bei längerfristigen Refinanzierungsgeschäften findet vorwiegend der Zinstender Anwendung.

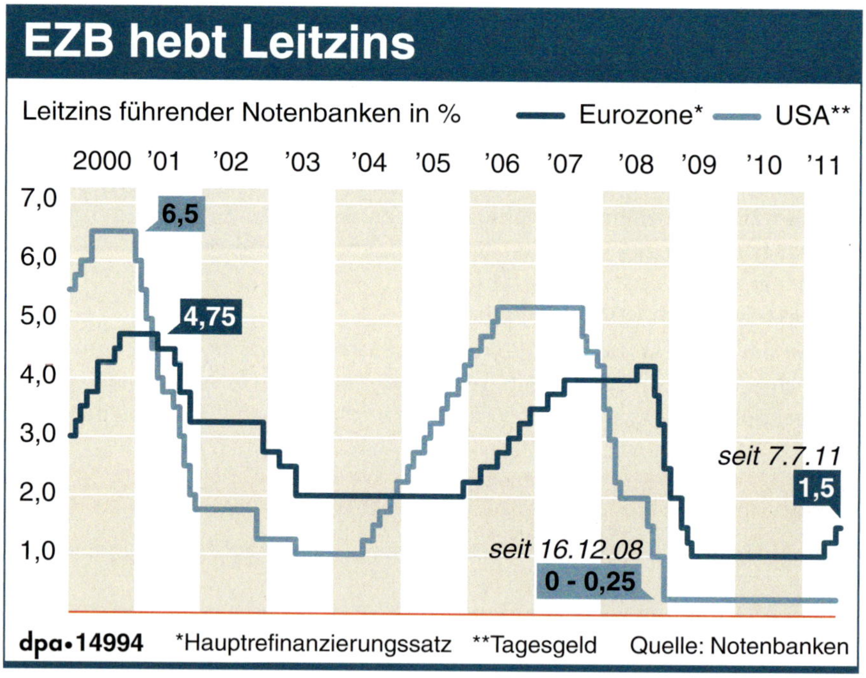

Das Instrument der Ständigen Fazilitäten

Die Ständigen Fazilitäten bieten den Geschäftsbanken die Möglichkeit, ihre täglichen Liquiditätsspitzen auszugleichen. Nur kurzfristig zur Verfügung stehende Gelder können sie bei den nationalen Notenbanken anlegen oder aber kurzfristig benötigte finanzielle Mittel dort aufnehmen. Beide Instrumente haben das Ziel, die Tagesgeldsätze zu beeinflussen.

Fazilität bedeutet so viel wie „Leichtigkeit". Gemeint ist das unproblematische erleichterte Verfahren der Geldtransaktion. Zwei Verfahren werden unterschieden:

Ständige Fazilitäten

Spitzenrefinanzierungsfazilität → Geschäftsbanken beschaffen sich bei ihrer nationalen Notenbank Zentralbankgeld für einen Geschäftstag (Übernachtliquidität) gegen Sicherheiten (z. B. Schuldverschreibungen). Diese sind bei der Zentralbank zu hinterlegen. Die Liquidität im Bankensystem wird vergrößert.
Ziel: Ein Ausbruch des Tagesgeldsatzes nach **oben** soll verhindert werden.

Einlagefazilität → Geschäftsbanken legen ihre Überliquidität für einen Geschäftstag (Übernachteinlage) bei ihrer nationalen Notenbank an. Die Liquidität im Bankensystem wird verkleinert.
Ziel: Ein Absinken des Tagesgeldsatzes nach **unten** soll verhindert werden.

Wirkungskette der geldpolitischen Instrumente

Die Rolle des Leitzinses

Der Zinssatz beim Mengentender bzw. der Mindestzinssatz, der beim Zinstender geboten werden muss, hat die Funktion des Leitzinses. Er signalisiert den Kurs der EZB. Wird der Leitzins gesenkt, dann verbilligen sich die Kredite für die Geschäftsbanken, die ihrerseits diese Senkung an die Kunden in Form niedrigerer Sollzinsen weitergeben können. Die Kreditaufnahme wird erleichtert. Dadurch erhofft man sich, den privaten Verbrauch und die Investitionen anzukurbeln, zumal in der Folge niedrigerer Sollzinsen auch die Habenzinsen sinken, sodass die Anlage- und Sparbereitschaft eher abnimmt.

Leitzins der EZB

Leitzins steigt
Folgen: Kreditzinsen (Sollzinsen) steigen – Sparzinsen (Habenzinsen) steigen
→ Konsum- und Investitionsbereitschaft sinkt
Folgen: Konjunktur wird gedämpft – Inflationsrate sinkt

Leitzins fällt
Folgen: Kreditzinsen (Sollzinsen) fallen – Sparzinsen (Habenzinsen) fallen
→ Konsum- und Investitionsbereitschaft steigt
Folgen: Konjunktur wird angeschoben – Inflationsrate steigt

Als Folge der Veränderung des Leitzinses verändert sich auch die Kreditnachfrage der Wirtschaft. Je höher der Zins, desto teurer werden die Kredite und desto geringer wird die Bereitschaft, Investitionen oder private Anschaffungen über Kredite zu finanzieren. Gleichzeitig wächst der Anreiz zu sparen, wenn die Zinsen hoch sind. Allerdings braucht dieser Übertragungsprozess der Zinspolitik der Zentralbank auf den „normalen" Geldmarkt etwas Zeit.

Die Geld- und Kreditnachfrage wird aber nicht nur von der Höhe der Zinsen, sondern auch von anderen Faktoren beeinflusst. Dazu gehört insbesondere, welche Erwartungen die Unternehmen, aber auch die Verbraucher an die Zukunft haben. Gerade bei Arbeitnehmern spielt dabei die Sicherheit des Arbeitsplatzes eine ganz wesentliche Rolle für das Konsum- oder Kreditverhalten (z. B. Angstsparen).

Die Auswirkungen einer Leitzinssenkung zeigt das folgende Ablaufdiagramm.

Auswirkungen von Zinssenkungen

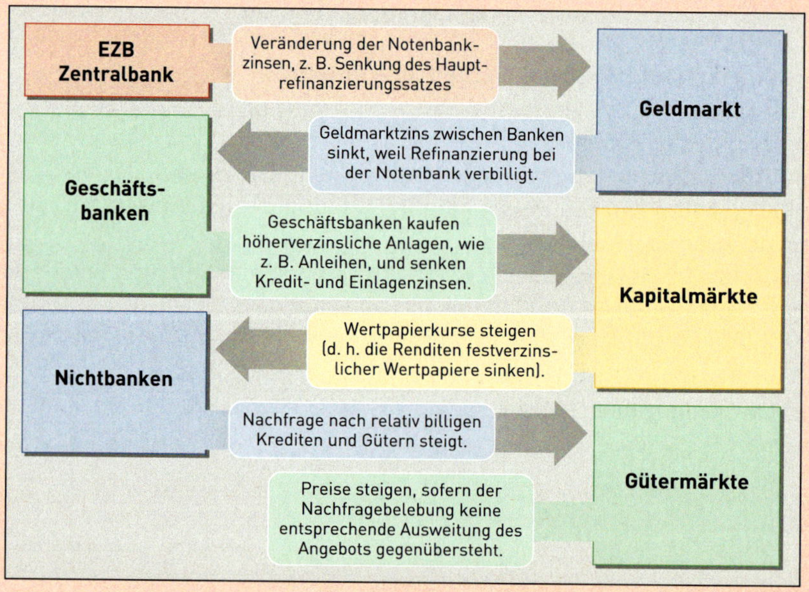

(nach: Deutsche Bundesbank (Hrsg.), Geld & Geldpolitik, Ausgabe 2005/2006, S. 61)

3.4 Geldmengenstrategie im Eurosystem

Ein Problem der dargestellten geldpolitischen Instrumente besteht darin, dass sie in ihrer Reaktion recht träge sind und das Preisniveau nicht direkt steuern können. Wird eine geldpolitische Maßnahme ergriffen (z. B. Anhebung des Mindestreservesatzes), so dauert es relativ lange, bis sich dieser Schritt über steigende Zinsen und eine sinkende Kreditnachfrage positiv auf das Preisniveau auswirkt. Die antizyklische Geldpolitik wird daher im Eurosystem ergänzt durch die Festlegung einer bestimmten Geldmenge, die in der Finanzsprache die Bezeichnung „M3" hat. Eine Geldmengensteuerung zu betreiben ist wichtig, weil die Knappheit des Geldes eine notwendige (aber nicht die einzige) Bedingung für eine dauerhafte Preisstabilität ist. Die der Geldmengensteuerung zugrunde liegende Geldmenge M3 ist genau definiert und besteht z. B. aus dem gesamten Bargeldumlauf aller Sicht-, Termin- und Spareinlagen sowie den Schuldverschreibungen.

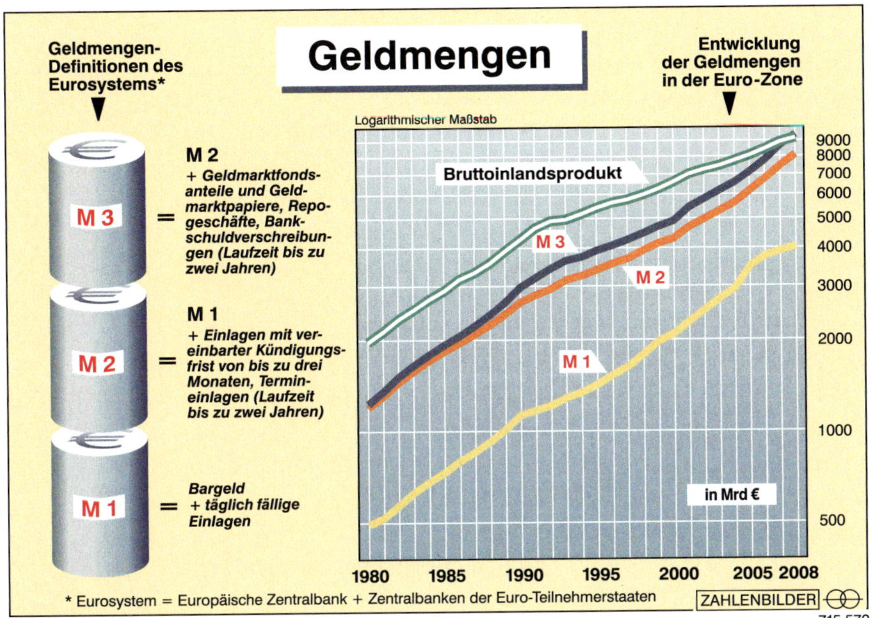

 715 572

Die EZB kündigt jedes Jahr an, welche Geldmenge sie für angemessen hält. Dabei besteht das Ziel darin, dass eine Geldmengenzunahme einerseits die Preisstabilität nicht gefährdet, andererseits aber die Versorgung mit Geld und Krediten sich im Einklang mit dem Wachstum der gesamtwirtschaftlichen Produktionsmöglichkeiten befindet. Der Referenzwert für das Geldmengenwachstum wird vom EZB-Rat jährlich in Form einer Rate bekannt gegeben.

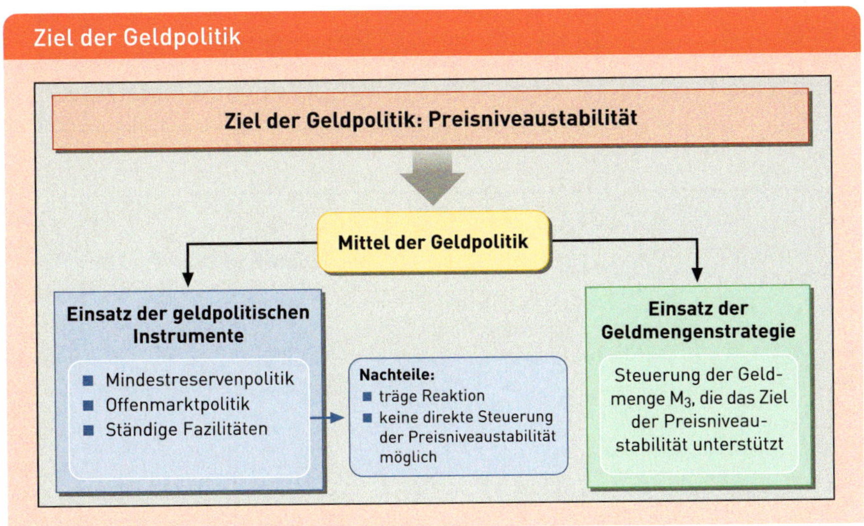

Arbeitsvorschläge

1. Erklären Sie die Prinzipien des Maastricht-Vertrages und erläutern Sie in diesem Zusammenhang, warum es mit der Einführung der Währungsunion keine national eigenständige Politik mehr geben kann.
2. Welche drei Instrumente der Geldmengensteuerung kann die Europäische Zentralbank einsetzen?
3. Was hat Geldpolitik mit Stabilitätspolitik zu tun?
4. Was versteht man unter einem Mengen-, was unter einem Zinstender?
5. Zum Instrumentarium des Eurosystems gehören u. a. die Fazilitäten. Erklären Sie diesen Begriff und die Wirkungsweise dieser Steuerungsmechanismen.
6. Warum kann man mithilfe geldpolitischer Instrumente das Preisniveau nicht direkt steuern?
7. Unterscheiden Sie zwischen dem Eurosystem und dem ESZB.
8. Zeigen Sie mithilfe untenstehender Grafik, wie sich eine Erhöhung des Leitzinses auf die nachgefragte Gütermenge und/oder das Preisniveau auswirken soll. Erklären Sie die eventuellen Nebenbedingungen, die für diese Aussage gelten.
9. Nehmen Sie Stellung zu der These: „Es ist immer positiv zu bewerten, wenn die Notenbank die Wirtschaftspolitik der Regierung unterstützt."
10. Was bedeutet der Ausdruck „antizyklisch" beim Einsatz des geldpolitischen Instrumentariums?
11. Wie ist die für die Geldmengensteuerung so wichtige Geldmenge M3 definiert?

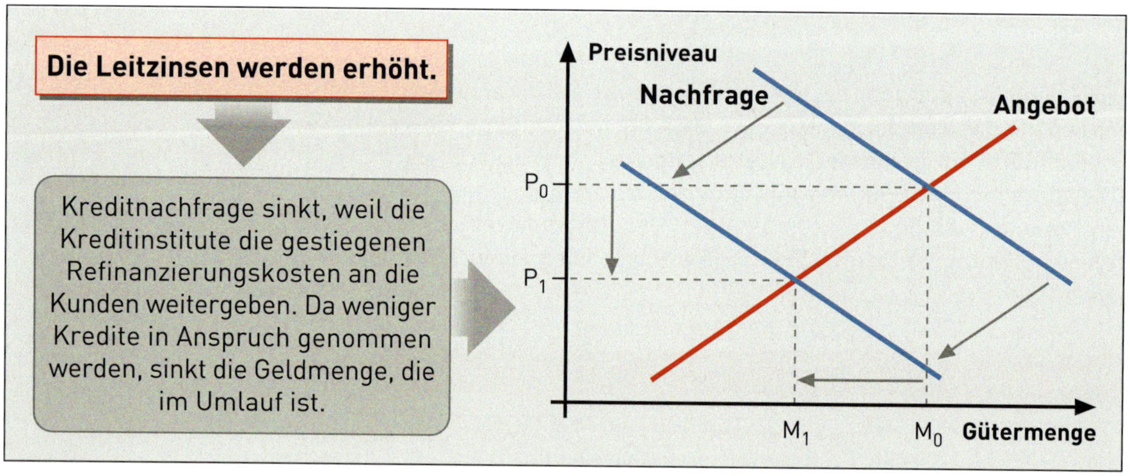

4 Geldpolitik in der Euro-Krise

Moment mal!

Währungsexperte rechnet mit EZB und Politik ab

Frankfurt. Professor Müller, ein namhafter Finanzexperte, hat die Währungshüter und die Politik für ihren Kurs in der gegenwärtigen Euro-Krise scharf kritisiert. Der Vorwurf an die Politik: Konzeptionslosigkeit verbunden mit diffusen Lösungsstrategien. Ruhe an den Finanzmärkten sei unter diesen Bedingungen kaum herstellbar. Der Europäischen Zentralbank hielt Professor Müller vor, mit dem massiven Ankauf von Anleihen einzelner hochverschuldeter Staaten weit über ihr Mandat hinausgegangen zu sein. Er mahnt an, dass dieses Vorgehen nur übergangsweise toleriert werden könne. Bankenvertreter hatten zuvor das Vorgehen der EZB verteidigt. Sie hatten angemerkt, dass in Anbetracht der Gefahr eines finanziellen Flächenbrandes in Europa die EZB eine wichtige Funktion habe. Erst dann, so die Banken, wenn die Hilfsprogramme der Politik richtig greifen, sei ein Strategiewechsel der EZB angebracht. (xrl)

- Was sind die Ursachen der Euro-Krise?
- Welche Maßnahmen wurden zur Beilegung der Krise unternommen?
- Welchen Verlauf hat die Krise in der Zwischenzeit genommen?

?

4.1 Ursachen der Euro-Krise

Es herrscht Alarmstimmung im Euro-Raum. Der Euro ist in der Diskussion. Ausgelöst durch die Finanzkrise in den Jahren 2008 und 2009 wurden viele Staaten finanziell tief erschüttert. Zu den leidtragenden Länder gehörten auch die Mitgliedstaaten der EU. Um einen finanzwirtschaftlichen Flächenbrand zu verhindern, waren die Staaten gezwungen ihre Banken zu retten. Kostspielige Hilfspakete wurden geschnürt, die eine wirtschaftliche Katastrophe verhindern sollten. Der Staatsetat mancher Länder wurde aber durch die Schuldenlast völlig überfordert. Besonders hart traf es die Staaten, die auch vor der Krise schon stark über ihre finanziellen Verhältnisse gelebt hatten. So war Griechenland schon verschuldet als die Euro-Zone gegründet wurde. Die Kriterien des Stabilitätspakts wurden bereits damals nicht erfüllt. Nach einem Regierungswechsel musste Griechenland 2009 eingestehen, dass seine finanzielle Lage dramatisch ist. Das Haushaltsdefizit schwoll bis auf 15,4 % des Bruttoinlandproduktes an. Als Folge spannte die Europäische Union (EU) einen Rettungsschirm auf. Ohne den Euro wären die Schulden Griechenlands ein isoliertes Problem des Landes. Die EU hätte das leicht verkraften können. So einfach war das jetzt nicht mehr. Die Mitglieder der Eurozone sitzen alle in einem Boot. Die Athener Schulden sind das Problem von allen. Aber nicht nur Griechenland, sondern auch andere europäische Staaten haben Schuldenprobleme.

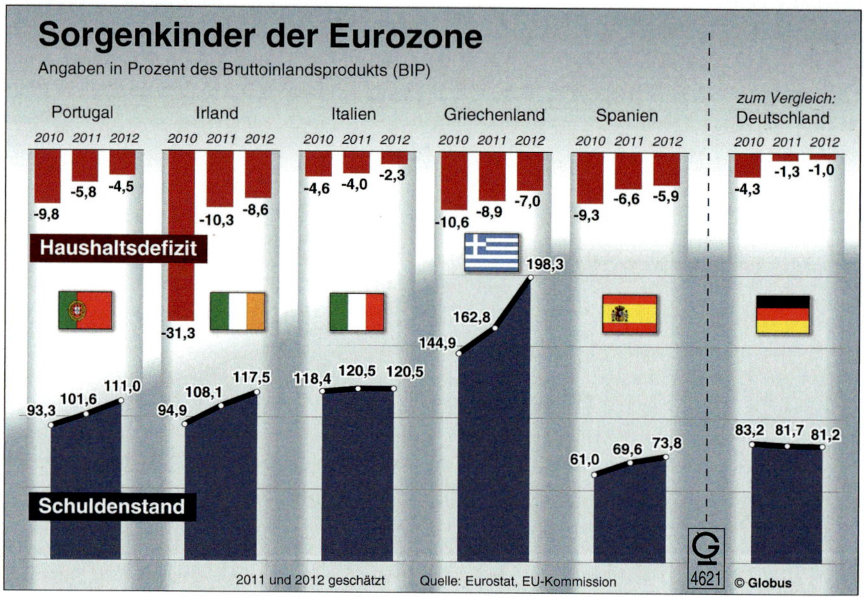

Was ist da schief gelaufen in der Währungsunion? Schon im Vorfeld der Euro-Einführung wurde unter Fachleuten diskutiert, wie man einen funktionierenden Währungsraum schaffen kann, der auch in Krisenzeiten funktionieren würde. Durch den Vertrag von Maastricht sollten die EU-Mitglieder dazu gebracht werden, eine strenge Haushaltsdisziplin zu wahren. Das öffentliche Defizit sollte danach höchstens 3 % und die öffentlichen Schulden höchstens 60 % des Bruttoinlandsprodukts betragen. Die Maastricht-Kriterien wurden in den folgenden Jahren verletzt, ohne dass diese Verstöße nachhaltig geahndet wurden. Wirtschaftsexperten gaben schon damals zu bedenken, dass die unterschiedliche realwirtschaftliche Entwicklung in den einzelnen EU-Ländern die Währungsunion eines Tages sprengen könnte. Gefordert wurde von ihnen eine Gemeinschaft von Staaten, die ihre Finanz-, Haushalts- und Sozialpolitik vereinheitlicht. Also mit anderen Worten: Einen Teil ihrer nationalen Souveränität abgibt. Die Kritiker sollten Recht behalten. Die Währungsunion steht aktuell vor ernsthaften Problemen. Wirtschaftlich ist Europa nicht zusammengewachsen. Die einzelnen Länder haben sich vielmehr auseinanderentwickelt. Dabei zählt z. B. Deutschland zu den Profiteuren und z. B. Griechenland und Portugal zu den leidtragenden Ländern.

4.2 Problemfelder der EZB-Politik

Die Rolle der EZB als Währungshüterin hat es nicht leicht in diesen Währungskrisen, ihre Aufgabe zu erfüllen. Beispielhaft wird dies an drei Problemfeldern verdeutlicht.

Problemfeld I: Zinserhöhung

EZB erhöht den Leitzins weil im Euroraum die Inflationsrate zu hoch ist.

Pro Argument
EZB ist verpflichtet, die Preisstabilität zu wahren. Länder mit normalem Wirtschaftswachstum könnten die Maßnahme schadlos verkraften. Der Preisanstieg würde gebremst.

Kontra Argument
Das schwache Wirtschaftswachstum der Krisenstaaten wird zusätzlich belastet. Die Summe der zu zahlenden Schuldenzinsen erhöht sich. Die Finanzkrise in diesen Ländern verschärft sich. Die EZB verzichtet deshalb auf die Zinserhöhung.

Problemfeld II: Kauf von Staatsanleihen

Die EZB kauft Staatsanleihen hochverschuldeter Länder (z. B. Griechenland, Spanien, Portugal) auf.

Pro Argument
Die EZB greift als „Feuerlöscher“ in die Eurokrise ein. Die Gefahr einer Kettenreaktion unter den EU-Ländern soll so vermindert werden. Spitzt sich die Krise weiter zu, bleibt am Ende nur die EZB, die den Euro retten kann. Als einzige wirklich handlungsfähige Institution verfügt sie über eine enorme finanzielle „Feuerkraft“. Geld kann ihr nie ausgehen. Sie kann einfach neues drucken.

Kontra Argument
Die EZB ist mit diesem Schritt weit über ihre Kernaufgabe hinausgegangen. Sie sanktioniert durch ihre Handlung nachträglich eine verantwortungslose Finanzpolitik der Schuldnerstaaten. Sie gibt durch ihre Aufkaufaktionen das Signal, dass eine laxe Haushaltspolitik fast gefahrlos betrieben werden kann. Staaten und ihre Banken können hier ihre Schrottpapiere abladen. Der Geldentwertung wird Tür und Tor geöffnet.

Problemfeld III: Kredite der EZB an die Geschäftsbanken

Zur Stützung des Finanzsystems gibt die EZB Kredite in fast unbegrenzter Höhe an die Geschäftsbanken zu 1 % Zinsen für einen Zeitraum von 3 Jahren.

Pro Argument

Durch die Geldflut der EZB haben sich die Märkte beruhigt. Das Signal, dass die EZB bereit ist massiv auf die Finanzmärkte einzugreifen wurde von der Finanzwelt positiv aufgenommen Die EZB verhindern durch diese Maßnahme eine Kreditklemme in der Wirtschaft. Banken haben wieder ausreichend finanzielle Mittel um Unternehmen und Konsumenten mit Geldern zu versorgen und auch Staatsanleihen zu kaufen.

Kontra Argument

Die EZB steuert einen sehr riskanten Kurs. Die Geschäftsbanken können sich nicht nur Geld bei der EZB leihen. Sie können auch die dafür nötigen Sicherheiten, die sie bei der EZB hinterlegen müssen, in Form von Bankdarlehen selbst drucken. Die umlaufende Geldmenge vergrößert sich. Die Inflationsgefahr steigt. „Dieser Weg kann sogar zu einer Hyperinflation werden". (Thorsten Pollet, Chefökonom Deutschland der Barclays Capital)

4.3 Bewertung des Euro für Deutschland

Gehört Deutschland, wie so häufig in jüngster Zeit behauptet, wirklich zu den Staaten, die auf der Sonnenseite der EU wohnen? **Einerseits:** Die Bürger wehren sich, dass sich der Staat durch die gewaltigen finanziellen Hilfen für die notleidenden Eurostaaten bis in eine ferne Zukunft hoch verschulden kann. **Andererseits:** Hätte Deutschland noch die damalige Deutsche Mark (DM) als Währung, so wäre es nach Meinung von Experten bei den wirtschaftlichen Gegebenheiten in unserem Land (z. B. niedrige Lohnstückkosten, hohe Produktivität und Wettbewerbsfähigkeit) zu einer starken Aufwertung der DM gekommen. Dies hätte starke Auswirkungen auf den Export gehabt. Der Euro kann deshalb mit Recht beanspruchen, ein starker Motor für den Antrieb des Exports und den hohen Leistungsbilanzüberschüssen gewesen zu sein. Neben der in früheren Jahren vorausgegangenen Arbeitsmarktreform ist es dem Euro mit zu verdanken, dass Deutschland die große Finanz- und Wirtschaftskrise der Jahre 2008 und 2009 relativ schnell überwinden konnte. Deutschland ging sogar gestärkt aus den Krisenjahren hervor. Zeitweise war sogar die Rede vom 2. deutschen Wirtschaftswunder. Der Euro hat Deutschland reich gemacht. Daher ist es auch fair, wenn Deutschland größere Opfer bringt als seine europäischen Nachbarstaaten.

4.4 Wie soll es nun in der Krise weitergehen?

Wie soll die Krise bewältigt werden? Politiker und Ökonomen fordern, dem Euro endlich einen stabilisierenden Unterbau zu geben. Die Finanzpolitik- und Haushaltspolitik, so wird argumentiert, sollte nicht länger nur in nationaler Hand sein. Der Euro benötigt zentrale Vorgaben. Um diese Ziele zu erreichen wurde inzwischen eine gemeinsame Fiskalunion beschlossen. Das Herzstück des neuen Vertrages ist eine Schuldenbremse, wie sie Deutschland für sich bereits ab dem Haushaltsjahr 2016 vorgesehen hat. Alle 17 Euroländer sowie 8 weitere Staaten haben sich verpflichtet, diese Regelung bis 2018 in ihre Verfassungen aufzunehmen. Nur noch 0,5 % des Bruttoinlandprodukts darf das Haushaltsdefizit betragen. Verstoßen Länder gegen diese Vereinbarung, können sie vor dem europäischen Gerichtshof verklagt und hohe Geldstrafen verhängt werden. Außerdem wird das Zinsverbilligungsprogramm EFSF (European-Financial-Stability-Facility) bereits 2012 durch den neuen Krisenmechanismus ESM (European Stability Facility) abgelöst. Es enthält ein Haftungskapital von 700 Milliarden Euro, das im Falle einer finanziellen Notlage zur Unterstützung von hochverschuldeten EU-Ländern dienen kann, z. B. in Form von Notkrediten.

Arbeitsvorschläge

1. Ein Finanzfachmann in einem Interview: „Wenn ein Staat seinen Haushalt nicht sanieren kann, sollte man die Märkte sprechen lassen". Erklären Sie was hiermit gemeint ist.
2. Welche Aufgaben haben Zinsverbilligungsprogramme in der gegenwärtigen Währungskrise?
3. Welche Länder gehören zu den Problemländern in der Währungskrise?
4. Fachleute befürchten, dass es zu einem Art Dominoeffekt kommt, wenn Griechenland aus der gemeinsamen Währungsunion rausfällt. Erklären Sie, was hiermit gemeint sein könnte.
5. Vor der Einführung der gemeinsamen Euro-Währung hatten es die Länder der EU-Zone relativ einfach, durch Abwertung ihrer Landeswährung die Wirtschaft anzukurbeln. Erklären Sie diesen Zusammenhang.
6. Verfolgen Sie den Fortgang der Euro-Krise mit Hilfe der gängigen Medien.
7. Die nebenstehende Karikatur nimmt das griechische Sparprogramm „aufs Korn". Welches Problem soll durch die Karikatur zum Ausdruck kommen?

5 Wechselkurse und ihre Risiken

Moment mal!

Die Firma Kolbe AG, ein großer Hersteller von Abfüllanlagen für Getränke, hat mit dem amerikanischen Getränkehersteller Cornin Corp. einen Vertrag über die Lieferung von 9 Großanlagen zur Abfüllung von Fruchtsaftgetränken im Wert von 600.000 Dollar abgeschlossen. Die Lieferung der Anlagen kann wegen momentaner Kapazitätsengpässen erst in 12 Monaten erfolgen. Zur Absicherung der Zahlung wurde vereinbart, das Geschäft über ein Akkreditiv abzuwickeln. Das Risiko eines Zahlungsausfalls ist so abgesichert. „Aber", so der Chef der Rechnungsabteilung gegenüber einem Mitarbeiter, „wir müssen auch etwas gegen das Währungsrisiko tun. Wer weiß denn schon, wie der US-Dollar in 12 Monaten steht. Pessimismus ist bei dem „Greenback" angebracht. Wenn der jetzt von 0,70 € in 12 Monaten auf 0,65 € gefallen ist, streichen wir 30.000 € ans Bein. Wir müssen uns da was einfallen lassen, Herr Wagner."

- Wie bilden sich Wechselkurse?
- Welche Risiken bestehen bei Wechselkursen?
- Was kann man gegen die Risiken tun?

?

5.1 Bestimmungsgründe für den Wechselkurs

Der Wechselkurs gibt an, wie viel inländische Geldeinheiten man für 100 ausländische Geldeinheiten zahlen muss (Ausnahme: bei Dollar und englischem Pfund bezeiht er sich auf 1 ausländische Geldeinheit.).

Beispiel:	entweder	1 €	= 1,3137 US-$	
	Oder	1 US-$	= 0,7612 €	(Stand 20.04.2012)

Das Verhältnis einer Währung zu einer anderen Währung nennt man Währungsparität. Bei dem Handel mit ausländischen Geldeinheiten unterscheidet man Devisen und Sorten. Devisen sind Ansprüche auf Zahlung in ausländischer Währung. Ausländisches Bargeld (Bankmittel und Münzen) nennt man Sorten. Die Kurse für Währungen folgen vor allem dem Gesetz von Angebot und Nachfrage. Eine steigende Nachfrage z. B. nach US-Dollars wirkt sich kurssteigend aus, eine fallende Nachfrage kurssenkend. Der Preis des Dollars bildet sich im Schnittpunkt der Angebots- und Nachfragekurse.

Was beeinflusst die Nachfrage und das Angebot von Devisen?

Nachfrage nach Devisen wird beeinflusst durch:

- Nachfrage von Inländern nach ausländischen Waren und Dienstleistungen
- Aufnahme von Krediten im Ausland
- Kauf ausländischer Wertpapiere
- Kauf ausländischer Unternehmen durch Inländer

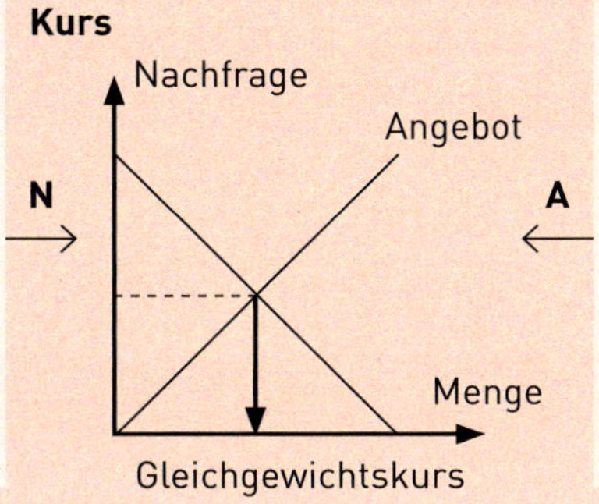

Angebot an Devisen wird beeinflusst durch:

- Nachfrage von Ausländern nach inländische Waren und Dienstleistungen
- Aufnahme von Krediten im Inland
- Kauf inländischer Wertpapiere
- Kauf inländischer Firmen durch Ausländer

5.2 Das System der Wechselkurse

Der Wert des Euro zu den Nichteuroländern kann auf verschiedene Arten geregelt werden.

Feste Wechselkurse: Von der europäischen Zentralbank wird ein sogenannter Leitkurs festgelegt. Da sich die an der Börse angebotenen und nachgefragten Devisenmengen selten bei diesem Mittelkurs einpendeln, lässt man geringe Abweichungen nach oben und unten innerhalb einer vorgegebenen Bandbreite zu. Streng genommen sind die Wechselkurse also nicht starr, sondern innerhalb der vorgegebenen Grenzen frei.

Durch den Europäischen Wechselkursmechanismus (EWS II) wird die Wechselkursbeziehung zwischen dem Euro und den Währungen der europäischen Staaten geregelt, die zurzeit noch nicht dem Euro-Währungsgebiet angehören. Dies ist z. B. bei Dänemark der Fall. Vereinbart wurde hier ein Leitkurs von 7,46 dänischen Kronen (dkr) und eine Bandbreite für mögliche Kursschwankungen gegenüber dem Euro von ± 2,25 %.

System der Wechselkurse

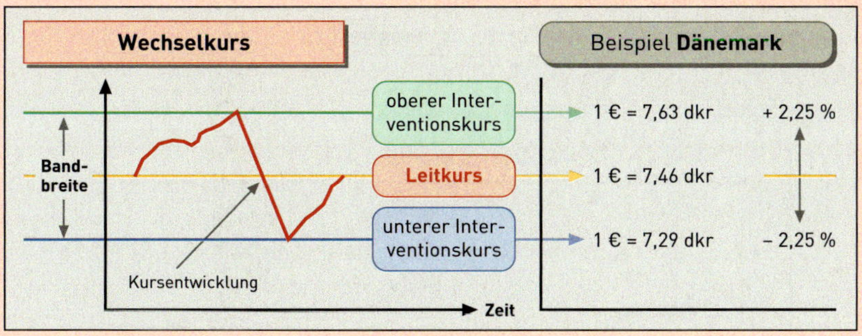

Droht der Kurs den Bereich der Bandbreite zu verlassen, so sind die Dänische Nationalbank und die Europäische Zentralbank verpflichtet, durch Käufe bzw. Verkäufe von dänischen Kronen den Kurs zu beeinflussen (zu „intervenieren").

Freie (flexible) Wechselkurse: Sie bilden sich an der Devisenbörse durch Angebot und Nachfrage. Die Notenbanken greifen in das Marktgeschehen nicht ein. Man bezeichnet diesen Vorgang als „Floating" (to float = schwimmen, treiben).

Das ist z. B. beim US-Dollar der Fall. Wenn sich die Nachfrage nach Dollar erhöht, das Angebot aber gleich bleibt, steigt der Kurs. Geht die Nachfrage bei gleichbleibendem Dollarangebot aber zurück, so fällt der Kurs.

Der Devisenmarkt

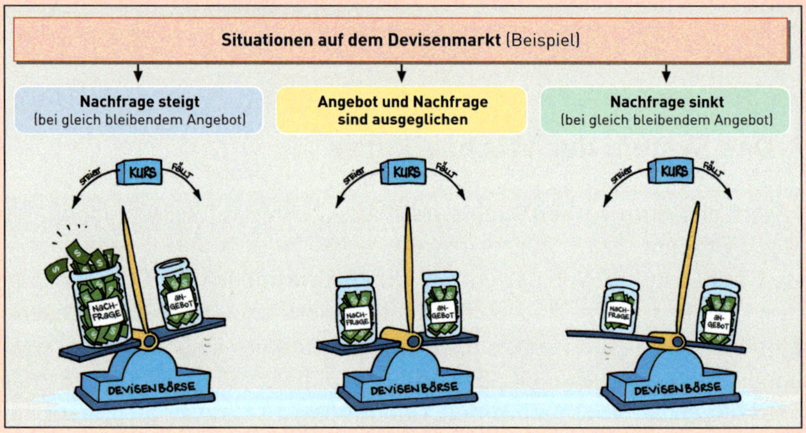

Währungen mit flexiblen Wechselkursen sind häufig starken Kursschwankungen ausgesetzt. Daher ist es für Im- und Exporteure sehr riskant, langfristige Geschäfte abzuschließen, die in ausländischer Währung abgerechnet werden.

Die Folgen für einheimische Exporteure bei einem hohen Eurokurs gegenüber dem Dollar sind schwerwiegend.

Seit seiner Einführung war der Euro-Wechselkurs ausgedrückt in US-Dollar starken Schwankungen ausgesetzt. Die europäische Gemeinschaftswährung hat sich allen Unkenrufen ihrer zahlreichen Gegner zum Trotz hervorragend behauptet. Der Euro wurde inzwischen zu einem ernsthaften Rivalen des Dollars.

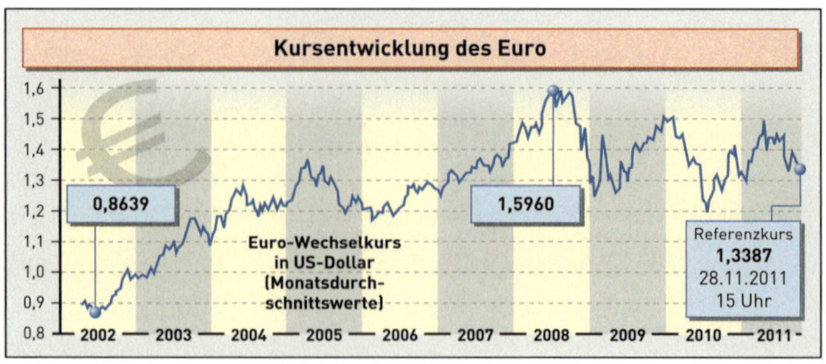

Auf- und Abwertung von Währungen

Die Abwertung ist eine Senkung, die Aufwertung eine Erhöhung des Außenwertes einer Währung. Im System der flexiblen Wechselkurse kommt es durch die von Angebot und Nachfrage gesteuerte Kursentwicklung zu einer automatischen Auf- und Abwertung. Diese vollzieht sich ständig und in kleinen Schritten. Anders ist die Situation bei festen Wechselkursen. Eine Auf- oder Abwertung erfolgt hier durch eine von den Notenbanken beschlossene Änderung der Parität. Wird der Paritätskurs gesenkt, so erhöht sich damit der Außenwert der Währung. Sie wird aufgewertet. Eine Abwertung ergibt sich, wenn der Paritätskurs angehoben wird.

Eine Übersicht über die möglichen Wirkungen von sich ändernden Wechselkursen gibt die folgende Darstellung:

Auswirkungen von Wechselkursänderungen

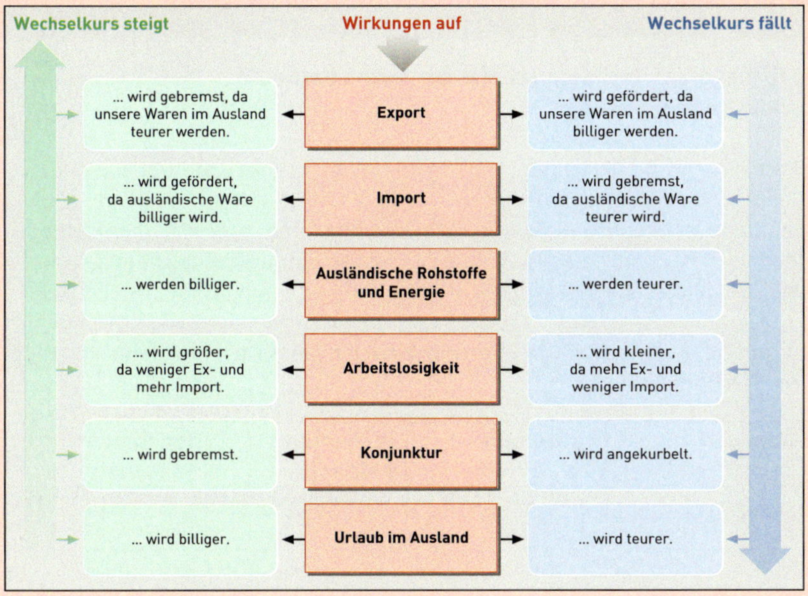

Der Big-Mac-Index

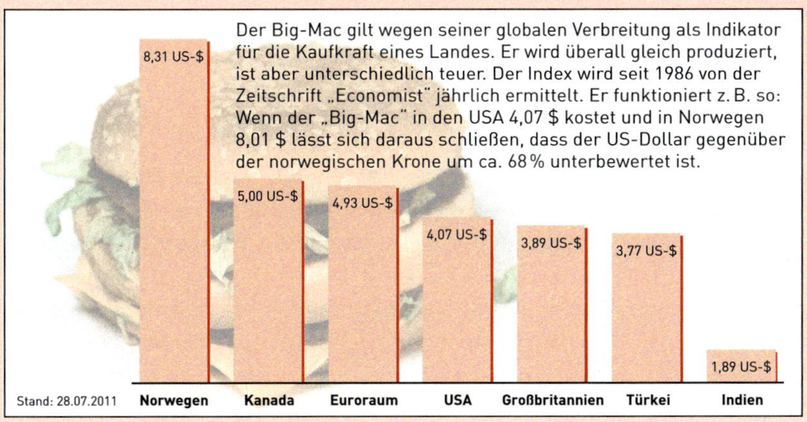

5.3 Devisengeschäfte

Devisenkassageschäft: Hierbei geht es um einen Kauf oder Verkauf von Devisen, bei dem die Devisen sofort abgenommen bzw. geliefert werden. Der betreffende Devisenkurs ist der Kassakurs.
Devisentermingeschäft: Die Erfüllung des Geschäfts erfolgt zu einem fest vereinbarten Zeitpunkt in der Zukunft. Erst nach Ablauf einer bestimmten Frist wird die Ware geliefert und der Preis auch bezahlt. Der Kauf oder Verkaufskurs wird aber bereits bei Vertragsabschluss zwischen Kunde und Bank vereinbart. Der Markt für diese Geschäfte ist der Devisenterminmarkt. Die sich ergebenden Preise sind die Devisenterminkurse. Sie werden standardisiert für Laufzeiten zwischen einem und zwölf Monaten in den wichtigsten Währungen angeboten. Andere Termine zu vereinbaren ist möglich.

Beispiel

Beispiel eines Termingeschäfts der Firma Kolbe AG (siehe Kapiteleinstieg)

Die Firma Kolbe AG bekommt 600.000 Dollar für ihre Abfüllmaschinen. Der Rechnungsbetrag ist aber erst in 12 Monaten fällig. Was kann sie gegen das Wechselkursrisiko tun? Sie vereinbart mit ihrer Hausbank einen Terminverkauf. Für einen jetzt bereits festgelegten Kurs verpflichtet sich die Bank die Dollars der Firma abzukaufen.

Annahme: Folgende Kursnotierungen liegen beim Abschluss des Vertrags mit der Bank vor:

Währung	Kassakurs	Terminkurs 3 Monate	Terminkurs 12 Monate
US-Dollar	1,35	1,38	1,31

Das Beispiel zeigt: Bei einer Laufzeit von 12 Monaten würden 600.000 $ zu einem Kurs von 1,31 (Geldkurs) verkauft. Die Bank verlangt für ihre Dienste eine Prämie. Sie übernimmt dafür auch das Risiko fallender Kurse. Sollte der Kurs in 12 Monaten allerdings höher sein, hat die Bank einen zusätzlichen Ertrag erzielt.

Kassa- und Termingeschäfte weichen voneinander ab. Zwei Situationen sind möglich:
- Ist der Terminkurs niedriger als der Kassakurs, liegt ein **Deport** vor.
- Ist der Terminkurs höher als der Kassakurs, liegt ein **Report** vor.

Reports und Deport werden in der Fachsprache als **Swapsätze** bezeichnet.

Um das Risiko von Wechselkursschwankungen zu mindern können Banken ihrerseits mit der EZB ein Devisentermingeschäft abschließen.

Warum weichen Kassa- und Terminkurse eigentlich voneinander ab?
Der Grund ist darin zu sehen, dass in die Terminkurse die zukünftigen Erwartungen der Marktteilnehmer über die Entwicklung der Kassakurse eingehen,. Faktoren welche die Kursentwicklung beeinflussen sind:

- Zinsdifferenzen zwischen den Währungen
- unterschiedliches Ansehen der Währung
- politische Verhältnisse in einem Land
- negative bzw. positive Handels- oder Leistungsbilanz
- Spekulation

In Zukunft könnte der Euro verfallen, wenn die Schuldenlast in Europa nicht gebremst wird. Im Verhältnis zum schweizerischen Franken und der norwegischen Krone ist diese Situation schon eingetreten. Gegenüber dem Dollar ist der Euro aber relativ hoch bewertet. Experten erwarten, dass diese Situation auch zunächst so bleibt. Der Grund ist, dass das Vertrauen in den Dollar sehr nachgelassen hat.

Arbeitsvorschläge

1. Versuchen Sie zu begründen, warum in der vorstehenden Tabelle der Terminkurs für 3 Monate höher und für 12 Monate niedriger ist als der Kassakurs.
2. Von welchem Faktor werden die Devisenterminkurse beeinflusst?
3. Bei Devisentermingeschäften spielt der Swapsatz eine Rolle. Erklären Sie dessen Bedeutung.
4. Wenn die Autokonjunktur brummt, bringen Speditionsbetriebe massenhaft Autos nach Bremerhaven, wo sie dann in Schiffe verladen werden.
5. Wie hoch ist der Wechselkurs des US-Dollars wenn er 1,443 € kostet?
6. Erklären Sie das System der freien und der flexiblen Wechselkurse.
7. Wie verändert sich bei gleichbleibender Nachfrage der Kurs des US-Dollars wenn
   a) das Angebot an US-Dollars steigt,
   b) das Angebot an US-Dollars fällt?

PKW-Verladung in Bremerhaven für den Export, z. B. in die USA

Frage: Welche Folge hat es für die deutsche Automobilindustrie bei hohem Eurokurs gegenüber dem Dollar?

____

____

____

____

____

____

6 Arbeitsmarktpolitik

Moment mal!

Viel Geld für wenig Erfolg
Teile der Arbeitsmarktpolitik mit mageren Ergebnissen

Nürnberg. Etwa 5 Milliarden Euro gibt der Staat jährlich dafür aus, um Arbeitslosengeld II-Empfänger wieder in den normalen Arbeitsmarkt einzugliedern. Erfolge haben sich bei diesen Maßnahmen bisher nur in geringem Maße eingestellt. Die gutgemeinte Absicht war eigentlich ein Flop. Während die Arbeitslosenquote in Deutschland deutlich gesunken ist, hat sich trotz einer Erhöhung der Ausgaben für die Wiedereingliederung der Arbeitslosengeld II-Empfängern wenig getan. Ausgesprochen enttäuschend sind die Zahlen bei den 1-Euro-Jobbern. Weniger als neun Prozent haben sechs Monate nach dem Auslaufen der Maßnahme eine ungeförderte sozialversicherungspflichtige Beschäftigung gefunden. Etwas besser sehen die Zahlen bei den Teilnehmern aus, die an einer beruflichen Weiterbildung teilgenommen haben. Zwanzig Prozent von ihnen hat die Maßnahme einen Arbeitsplatz gebracht. Bedenkt man die Steuermittel, die hier eingeflossen sind, besteht auch für diese Maßnahme kein Grund zum Jubeln. (xrl)

- Welches Ziel hat die Arbeitsmarktpolitik?
- Was wurde getan gegen den Fachkräftemangel?
- Was sind aktive und was passive Maßnahmen der Arbeitsmarktpolitik?

?

6.1 Zielsetzung und Träger der Arbeitsmarktpolitik

Durch die Arbeitsmarktpolitik soll durch geeignete Maßnahmen ein hoher Beschäftigungsstand erreicht werden. Neben diesem quantitativen wird auch ein qualitatives Ziel verfolgt. Bestimmte Bevölkerungsgruppen wie z. B. ältere Arbeitnehmer, Langzeitarbeitslose oder auch Migranten sollen durch staatliche Maßnahmen den Erfordernissen des Arbeitsmarktes angepasst werden. Auch die berufliche Qualifizierung der Beschäftigten durch Weiterbildung und Umschulung gehört zu dem Aufgabenbereich der Arbeitsmarktpolitik. Wird ein Teil des Arbeitsvermögens einer Volkswirtschaft nicht genutzt, entstehen nicht nur für den einzelnen Arbeitslosen finanzielle und soziale Belastungen. Auch gesamtwirtschaftliche Kosten werden durch Unterbeschäftigung verursacht. Arbeitslosengeld und Arbeitslosengeld II sind zu zahlen. Außerdem kommt es zu Steuer- und Beitragausfällen bei der Sozialversicherung.

Träger der Arbeitsmarktpolitik sind vor allem staatliche Stellen und hier vor allem die Arbeitsagenturen. Aber auch Tarifparteien, Verbände Kammern und Betriebe leisten Beiträge im Bereich der Arbeitsmarktpolitik. Zusätzlich hat die EU auch beschäftigungspolitische Programme auf den Weg gebracht. So soll z. B. der Sozialfond helfen Problemgruppen (z. B. Langzeitarbeitslose) in den Arbeitsprozess wieder einzugliedern.

6.2 Der Fachkräftemangel als Herausforderung der Arbeitsmarktpolitik

Eine große Herausforderung für die Arbeitsmarktpolitik ist der steigende Bedarf nach Fachkräften. Vier von sechs Firmen haben schon jetzt Probleme, qualifiziertes Personal zu finden. Und auch beim Fachkräftenachwuchs wird es immer schwieriger. Etwa 80.000 Arbeitsplätze blieben im Jahr 2011 unbesetzt. Die Zahl wird weiter steigen, da die Gruppe der Schulabgänger auch zukünftig weiter schrumpft.

Wie kann man dem Problem begegnen? Einige Beispiele zeigen Anhaltspunkte:

Beispiel

Nachwuchswerbung in der Speditions- und Logistikbranche

Der Deutsche Speditions- und Logistikverband e.V. macht in seinem Jahresbericht hierzu einige Vorschläge:
Betriebsbesichtigungen, Praktika, Informationstage, die Mitwirkung auf regionalen und überregionalen Berufs- und Ausbildungsmessen, das Eingehen von Schulpartnerschaften und die direkte Ansprache der Kinder von Kunden und Mitarbeitern. Last but not least kann man Jugendliche dort abholen, wo sie sich informieren und nach Ausbildungsplätzen suchen: in den neuen Medien. Mit Azubi-Blogs, Videos auf den Karriere-Seiten und sozialen Netzwerken wie Facebook sind neue Kommunikationskanäle entstanden.

(nach: DSLV - Deutscher Speditions- und Logistikverband (Hrsg.), Jahresbericht 2010, S. 27)

Wie erfolgreich Arbeitsmarktpolitik sein kann zeigt das staatliche Programm zur Förderung der Aus- und Weiterbildung in Speditions- und Transportbetrieben am Beispiel des Berufsbildes des Berufskaftfahrers. Wer LKW-Fahrer ausbildet, erhält vom Bundesamt für Güterverkehr (BAG) pro Ausbildungsverhältnis Fördermittel bis zu 35.000 €. Die Anzahl der Ausbildungsabsolventen hat durch diese Maßnahme stark zugenommen.

Beispiel

Qualifizierung in der Speditions- und Logistikbranche

Auch in diesem Wirtschaftszweig ergeben sich ständig neue Aufgabenfelder. Die Ursache liegt vor allem darin, dass Spediteure und Logistikdienstleister neben der eigentlichen Transportleistung immer mehr zusätzliche Dienstleistungen erbringen. Das einmal erlernte Wissen ist in kurzer Zeit veraltet. Anspruchsvolle Qualifizierungsnagebote für die Beschäftigten sind notwendig, damit sie als Fachleute weiterhin den vielschichtigen Arbeitsanforderungen gewachsen bleiben. Arbeitsagenturen, Kammern und Fachverbände bieten zahlreiche Möglichkeiten zur Weiterbildung, aber auch zur Umschulung an.

Eine kleine Auswahl von Qualifizierungslehrgängen aus der Speditions- und Logistikbranche:

- Marketing, internationales Marketing
- Informationsmanagement
- Betriebliche Organisation
- Material und Warenkunde
- EDV-Anwendung
- Lagerwirtschaft, Lagerhaltung, Versand
- Finanz- und Rechnungswesen
- Verkauf von Dienstleistungen

Der Qualifizierungsbedarf in der Speditions- und Logistikbranche geht häufig über ein Lehrgangsniveau hinaus. Der Bedarf von Fachleuten steigt, die über eine breit angelegte Qualifizierung verfügen. Nicht nur die Betriebe profitieren von anspruchsvollen Abschlüssen, sondern auch die Beschäftigten tun etwas für ihre Karriere. Außerdem sinkt die Gefahr, arbeitslos zu werden.

Auch hier eine Auswahl von karrierefördernden Abschlüssen:

- geprüfter Fachkaufmann für Einkauf und Logistik
- geprüfter Fachkaufmann für Außenwirtschaft
- Betriebswirt (Fachschule) für Logistik
- Betriebswirt (Fachschule) für Verkehr
- Betriebswirt (Hochschule) für allgemeine Betriebswirtschaft

Beispiel

Nationaler Pakt für Ausbildung und Facharbeiternachwuchs

- Partner dieses Pakts sind Bundesländer, Wirtschaft, die Bundesregierung und die Bundesagentur für Arbeit. Ziele, die durch diese Zusammenarbeit verfolgt werden, sind:
- Ausbildungsreife sichern durch gezielte Qualifizierungsinitiative. Der Anteil der Schulabgänger ohne Abschluss und die hohe Quote der Schulabbrecher mit Migrationshintergrund soll durch geeignete Maßnahmen gesenkt werden.
- Die Berufsorientierung ausbauen und weiter entwickeln. Die Paktpartner wollen an allen allgemeinbildenden Schulen die berufliche Orientierung verbessern. Erwartet wird durch diesen Schritt die Ausbildungsabbrüche zu vermeiden und die Suche nach passenden Ausbildungsstellen zu erleichtern.
- Alle Potenziale an Arbeitsplatzsuchenden ausschöpfen. Nicht alle Gruppen der Jugendlichen, die für den Arbeitsmarkt erschlossen werden können, werden angemessen gefördert.
- Dies betrifft vor allem Jugendlichen aus dem Kreis der Ausländer, lernbehinderte und sozial benachteiligte Jugendliche, aber auch leistungsstarke Jugendliche.
- Neue Ausbildungsplätze und Ausbildungsstellen bereitstellen. Zur Sicherung des Bedarfs an Fachkräften sollte ein ausreichendes Angebot an Ausbildungsplätzen und -stellen vorhanden sein. Hierbei will die Wirtschaft ihren Einfluss geltend machen. Erstmalig wird die Wirtschaft auch spezielle Unterstützungsangebote für förderungsbedürftige Jugendliche bereitstellen.

Beispiel

„Strategie Europa 2020"

Mit diesen Strategien will die EU-Kommission die Arbeitsmarktchancen von Jugendlichen verbessern. Was ist der Grund für dieses Projekt? In der EU leben 100 Millionen Menschen, die jünger als 30 Jahre alt sind. Die Arbeitsmarktchancen von Jugendlichen sind in vielen Ländern besonders schlecht. In Spanien sind z. B. 45 % der unter 25 jährigen arbeitslos. In Griechenland sind es fast 39 %. Strategie Europa 2020 hat die Absicht:

- Die Beschäftigungsquote der 20–64 jährigen bis 2020 auf 75 % zu heben
- Die Schulabbrecherquote auf unter 10 % zu senken
- Die Anzahl der Hochschulabsolventen der 30–34 jährigen in der EU-Bevölkerung auf mindestens 40 % zu steigern

Die EU hat für ihr Vorhaben sieben Leitinitiativen beschlossen. Eine von ihnen trägt den Namen „Jugend in Bewegung". Sie hat das Ziel, die Möglichkeiten der Jugend zu verbessern in den europäischen Ländern zu studieren, eine Ausbildung oder ein Praktikum zu machen.

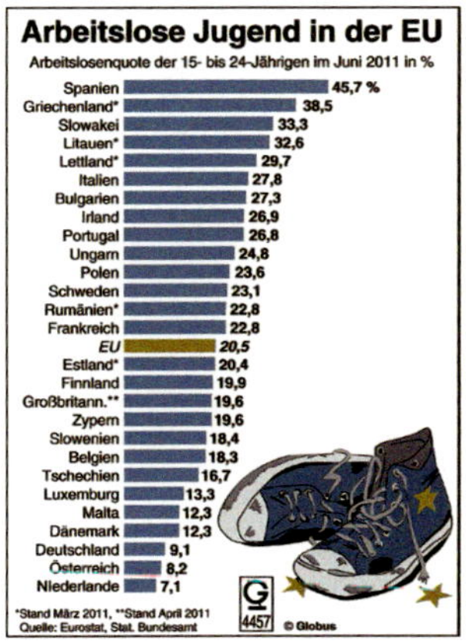

6.3 Maßnahmen der Arbeitsmarktpolitik im Überblick

Arbeitsmarktpolitik besteht nicht nur aus einer isolierten Anzahl von Maßnahmen. Zu ihrer Umsetzung bedarf es auch sozialverträgliche Bedingungen, die einzuhalten sind und von dem Gesetzgeber überwacht werden. So verlangt das Jugendarbeitsschutzgesetz z. B. von den Betrieben, Jugendliche unter 18 Jahren höchstens für 8 Stunden zu beschäftigen.

Arbeitsmärkte funktionieren nicht so, dass alle Arbeitsuchende auch tatsächlich eine Beschäftigung finden. Ein kleiner Teil von ihnen ist auch immer ohne ein Beschäftigungsverhältnis. Häufig ist diese Situation unverschuldet. Um die finanziellen Einbußen bei Arbeitslosigkeit zu mildern, sieht die Arbeitsmarktpolitik im Rahmen ihrer passiven Maßnahmen Unterstützungszahlen vor.

Aktive Maßnahmen der Arbeitsmarktpolitik

Auf den Arbeitsmarkt gerichtete Maßnahmen

- Arbeitsvermittlung
- Arbeitsbeschaffungsmaßnahme
- Berufsberatung
- Fördergelder
- Berufsausbildung
- Berufliche Weiterbildung
- Aufstiegsweiterbildung
- Teilnahme Behinderter an Rehabilitationsmaßnahmen
- Migration ausländischer Fachkräfte
- Beschäftigung von älteren Mitarbeitern

Auf die Arbeitsbedingungen gerichtete Maßnahmen

- Jugendarbeitschutz
- Mutterschutz
- Kündigungsschutz
- Arbeitszeitregelung
- Technischer Arbeitschutz, z. B.
  - Gefahrstoffverordnung
  - Arbeitsstättenverordnung
  - Bildschirmarbeitsverordnung

Passive Maßnahmen der Arbeitsmarktpolitik

Auf das Einkommen gerichtete Maßnahmen

- Arbeitslosengeld
- Arbeitslosengeld II
- Teilarbeitslosengeld

- Kurzarbeitergeld
- Insolvenzgeld
- Zuschuss Wintergeld

Arbeitsvorschläge

1. Welche Ziele verfolgt die Arbeitsmarktpolitik?
2. Nennen Sie vier Maßnahmen die helfen können, den Fachkräftemangel in Deutschland zu lindern.
3. Arbeitsmarktpolitik wird stark von der konjunkturellen Entwicklung in einem Land beeinflusst. Erklären Sie diesen Zusammenhang.
4. Im Rahmen der Arbeitsmarktpolitik hört man häufig die These: „fördern und fordern". Was soll hiermit ausgedrückt werden?
5. Ivana Kulitsch arbeitete als Tourismuskauffrau in einem Reisebüro. Als ein weiteres Büro in der Nähe öffnete, blieben immer mehr Kunden weg. Sie wurde schließlich entlassen. Aus einem Zeitungsinserat erfährt sie, dass eine Spedition eine neue Mitarbeiterin sucht. Bei einem persönlichen Gespräch bietet ihr der Geschäftsführer an, sie einzustellen, wenn sie sich zur Kauffrau für Spedition und Logistikleistung umschulen lassen würde.
   a) Prüfen Sie anhand des nachstehenden Auszugs aus dem Sozialgesetzbuch (SGB III), ob er mit einer finanziellen Förderung durch die Arbeitsagentur rechnen kann.
   b) Welche Bedingungen stellt die Arbeitsagentur an eine Übernahme der Weiterbildungskosten?

§ 77 Grundsatz
(1) Arbeitnehmer können bei beruflicher Weiterbildung durch Übernahme der Weiterbildungskosten gefördert werden, wenn
1. die Weiterbildung notwendig ist, um sie bei Arbeitslosigkeit beruflich einzugliedern, eine ihnen drohende Arbeitslosigkeit abzuwenden oder weil bei ihnen wegen fehlendem Berufsabschluss die Notwendigkeit der Weiterbildung anerkannt ist.
2. vor Beginn der Teilnahme eine Beratung durch die Agentur für Arbeit erfolgt ist und
3. die Maßnahme und der Träger der Maßnahme für die Förderung zugelassen sind.

6. Wie soll es beruflich für Sie am Arbeitsmarkt weitergehen? Checken Sie Ihre Möglichkeiten. Greifen Sie auf Informationsangebote zurück, welche im Rahmen der Arbeitsmarktpolitik bereitgestellt werden.

Lernen durch Handeln:
Beruflich am Ball zu bleiben, ist wichtiger denn je. Wer sich rechtzeitig darüber informiert, welche Möglichkeiten der Weiterbildung es für seinen Beruf gibt, hat die Nase vorn.
1. Besorgen Sie sich Informationen über Möglichkeiten der Weiterbildung nach dem Abschluss Ihrer Berufsbildung.
2. Informieren Sie sich darüber, welche Zusatzqualifikationen Sie eventuell schon während Ihrer Berufsausbildung erwerben können. Klären Sie, ob auch Ihr Ausbildungsbetrieb daran Interesse hätte und Sie unterstützen würde.

Hinweis: Um an Informationen zu kommen, gibt es viele Möglichkeiten. Zum Beispiel geben die Kammern jährlich ein umfangreiches Verzeichnis ihrer regionalen Weiterbildungsangebote heraus.
Eine gute Informationsquelle ist auch eine spezielle Datenbank mit der Bezeichnung „Kurs" (http://kursnet-finden.arbeitsagentur.de/kurs/). Kurs ist das zentrale Informationssystem für Aus- und Weiterbildung der Bundesagentur für Arbeit. Es dokumentiert alle berufsbezogenen Bildungsmöglichkeiten in Deutschland. Auch Angebote über Zusatzqualifikationen sind hier zu finden.
Über Zusatzqualifikationen speziell für Auszubildende informiert die Datenbank „AusbildungPlus" (www.ausbildungplus.de). Es handelt sich hier um ein Projekt des Instituts der Deutschen Wirtschaft. Auch diese Infos sind kostenlos.

7 Fiskalpolitik

Moment mal!

„REPARIEREN, WASCHEN UND VOLLTANKEN!"

Eine Zeitungsmeldung aus 2008

500.000.000.000 Euro schweres Rettungspaket für die Banken gebilligt

500 Milliarden Euro, also eine halbe Billion, lassen sich Staat und Bundesländer die Rettung der angeschlagenen Banken kosten. Da nach Aussage von Bundeskanzlerin Angela Merkel auch Verluste in Milliardenhöhe einkalkuliert sind, wird man sich von dem noch vor der Wirtschafts- und Finanzkrise angestrebten ausgeglichenen Haushalt auf lange Zeit verabschieden müssen.

- Welche Aufgabe hat die Fiskalpolitik?
- Welche Maßnahmen stehen zur Verfügung?
- Wie verlief die Fiskalpolitik am Beispiel der großen Finanz- und Wirtschaftskrise des Jahres 2008?

?

7.1 Aufgabe und Instrumente der Fiskalpolitik

Der Konjunkturverlauf einer Volkswirtschaft weist ständige Schwankungen auf. Zu starke Schwankungen sind aber unerwünscht, da sie große Nachteile für die am Wirtschaftsleben Beteiligten mit sich bringen. Haushalte, Unternehmer und auch der Staat haben kein Interesse an extremen Konjunkturausschlägen. Gewünscht wird vielmehr ein gleichmäßiger Konjunkturverlauf. Was kann getan werden, um diesem Ziel näher zu kommen? Oder kann man nur abwarten und hoffen, dass sich z. B. ein Wirtschaftsaufschwung von selbst wieder einstellen möge. Ganz so hoffnungslos sieht die Situation nicht aus. Es kann etwas getan werden: vom Staat und auch von der Europäischen Zentralbank.

Die wirtschaftspolitischen Instrumente des Staates (Fiskalpolitik)
Alle Instrumente, die der Staat einsetzt, haben das Ziel, den extremen Konjunkturausschlägen entgegenzuwirken. Droht die Wirtschaft sich zu „überhitzen", sind Maßnahmen zu ergreifen, die eine dämpfende Wirkung auf das

Wirtschaftsgeschehen haben. Ziel dabei ist eine Senkung der Nachfrage. Befindet sich die Wirtschaft dagegen in einer Abschwungphase, so sollte der Staat wirtschaftspolitisch „Gas geben“. Hierdurch soll bewirkt werden, dass die Nachfrage wieder angekurbelt wird.

Auch der Staat selbst kann als Nachfrager auftreten. So z. B. als Bauherr für Autobahnen oder öffentliche Gebäude, wie dies bei dem gegenwärtigen Konjunkturprogramm der Fall ist. Die Strategie des Staates durch geeignete Maßnahmen einer Konjunkturphase immer entgegenzuwirken hat einen Namen: Man bezeichnet sie als **antizyklische Fiskalpolitik**. Wie sie funktioniert, zeigen die beiden folgenden Beispiele.

Beispiel 1: Der Staat fördert die konjunkturelle Entwicklung

Die Wirtschaft befindet sich in einem konjunkturellen Tief. Der Absatz der Betriebe ist gering, viele Menschen sind arbeitslos. Das Einkommen ist gesunken. Es besteht nur noch geringes Wirtschaftswachstum.

AKTION → Der Staat versucht den Konjunkturzug anzuschieben, damit es schneller wieder aufwärts geht.

Erhöhung der Nachfrage

Ziel

Maßnahmen des Staates zur Konjunkturbelebung:
- öffentliche Ausgaben werden erhöht
- Steuern werden gesenkt oder ganz abgeschafft
- Sparprämien werden gesenkt
- Abschreibungssätze werden erhöht
- Subventionszahlungen werden erhöht

Beispiel 2: Der Staat bremst die konjunkturelle Entwicklung

Es besteht die Gefahr, dass die Wirtschaft sich konjunkturell überhitzt. Preise und Löhne steigen. Es besteht Überbeschäftigung.

AKTION → Der Staat versucht den Konjunkturzug abzubremsen.

Maßnahmen des Staates zur Konjunkturdämpfung:
- öffentliche Ausgaben (z. B. Autobahnbau oder Bundeswehr) werden gesenkt
- Steuern (z. B. Lohnsteuer oder Umsatzsteuer) werden erhöht oder neu eingeführt
- Sparprämien (z. B. Bausparprämien) werden erhöht
- Abschreibungsvergünstigungen werden abgebaut
- Subventionszahlungen (z. B. für Bergbau oder Werftindustrie) werden gesenkt

Ziel

Senkung der Nachfrage

7.2 Die Fiskalpolitik am Beispiel der großen Finanz- und Wirtschaftskrise von 2008

Ein Jahr in dem die Fiskalpolitik des Staates im besonderen Maße gefordert wurde war das Jahr 2008.

Was war geschehen?
Im Rahmen einer höchst risikoreichen und verantwortungslosen Geschäftspolitik hatten amerikanische Banken Millionen von Immobilienbesitzern zu Hypothekendarlehen überredet, auch wenn es so gut wie keine Sicherheiten gab. Als die Zinsen auf breiter Front stiegen, begann die Katastrophe. Hausbesitzer konnten ihre Kredite nicht mehr zurückzahlen. Massenhaft mussten Häuser verkauft werden, was zu einem ungeheurem Preisverfall führte. Da inzwischen ein Großteil dieser Ramschhypotheken über die halbe Welt verkauft war, breitete sich der amerikanische Finanzvirus wie eine ansteckende Krankheit auch in Asien und Europa aus. Das Misstrauen der Banken untereinander und das ihrer Kunden, die ängstlich um die Sicherheit ihrer Einlagen bangten, drohte schließlich das ganze Finanzsystem zu sprengen.

Wer konnte in dieser Situation helfen?
Der Markt hatte versagt. Hätte man ihn noch weiter gewähren lassen, wären die Volkswirtschaften vieler Länder in den wirtschaftlichen Abgrund gerissen worden. Wenn der Markt nicht mehr funktioniert, muss der Staat eingreifen. Und so wurden nicht nur in Deutschland, sondern weltweit dicke Rettungspakete für die Wirtschaft geschnürt.
Welche Absichten verfolgte der deutsche Staat hiermit in seiner Rolle als Organisator und Wächter der sozialen Marktwirtschaft mit seinen Rettungspaketen? Er bereitete ein Schutzschild über die Finanzbranche und verhinderte den Zusammenbruch. Dabei ist die Hilfe nur ein Mittel zum Zweck. Ein zerstörtes Finanzsystem hätte wie ein Brandbeschleuniger gewirkt. Große Teile der Volkswirtschaft wären ruiniert worden.

Aber nicht nur die Banken, auch viele der anderen Branchen wurden von der Wucht der Finanzkrise hart getroffen. So litten z. B. die Automobilhersteller und ihre Zuliefererbetriebe unter großen Absatzproblemen. Leidtragende sind dabei vor allem die Beschäftigten, deren Arbeitsplätze stark gefährdet waren. Über zusätzliche Konjunkturprogramme haben die Industriestaaten weltweit die Nachfrage gestärkt.

Für die deutsche Wirtschaft wurden folgende konjunkturbelebenden Maßnahmen ergriffen:

- Zahlung von Abwrackprämien für Altfahrzeuge beim Kauf von Neu- oder Jahreswagen,
- Senkung von Steuern,
- befristete Verlängerung des Kurzarbeitergeldes von 12 bis 18 Monaten,
- Vorziehen von ohnehin geplanten Infrastrukturmaßnahmen (z. B. Bau von Straßen und öffentlichen Gebäuden),
- Verstaatlichung der Hypo Real Estate Bank durch Enteignung der Aktionäre, um einen Zusammenbruch zu verhindern.

Wie sah es nach der Krise aus?

Rückblende auf das Jahr 2010: Die Fiskalpolitik des Staates hat sich in der Krise bewährt. Das Konjunkturprogramm war erfolgreich. Die Wirtschaft hat wieder zu alter Stärke zurück gefunden. Sie wächst so stark wie nach der Wiedervereinigung nicht mehr. Der Staat nimmt mehr Steuern ein, die Unternehmer machen wieder richtig Gewinne und fragen verstärkt Arbeitskräfte nach. Immer mehr Firmen klagen sogar über einen Mangel an Fachkräften. Die Gewerkschaften freut diese Entwicklung natürlich auch: Ihr Spielraum für die nächsten Lohn- und Gehaltsforderungen ist erheblich gewachsen.

Arbeitsvorschläge

1. Wirtschaftspolitiker möchten in einer sich überhitzenden Konjunktur für „Abkühlung" sorgen. Welche Maßnahmen kommen hier in Frage?
2. Was wurde vom Staat unternommen, um die Folgen der Finanzkrise zu mildern?
3. Welche der folgenden Maßnahmen sind antizyklisch ausgerichtet? Begründen Sie Ihre Antwort.
   a) In einer Aufschwungphase wird die Senkung der Einkommensteuer beschlossen.
   b) Die wirtschaft befindet sich in einer Depression. Die Subventionszahlungen an die angeschlagene Werftindustrie werden erhöht.
   c) Es herrscht Hochkonjunktur. Der geplante Bau einer Autobahn wird zurückgestellt.
   d) Die Bundesregierung beschließt in einer konjunkturelle Abschwungphase die Bausparprämien zu erhöhen.
4. Welche Ursachen führten zur Auslösung der großen Wirtschafts- und Finanzkrise 2008?

8 Wachstums- und Konjunkturschwankungen

Moment mal!

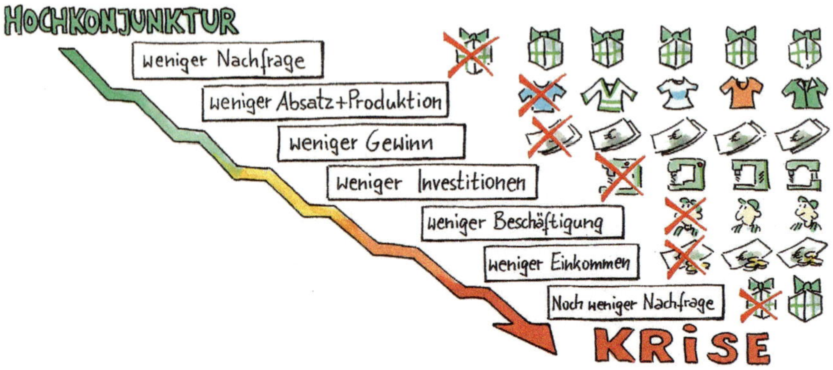

Kerstin May, Betriebsratsvorsitzende der Spedition Naumann GmbH, in einer Betriebsratsversammlung: „Liebe Kolleginnen und Kollegen, Sie haben es sicherlich schon gehört, die rosigen Zeiten in unserer Wirtschaft sind vorbei. Wir befinden uns in einer Krise. Auch in unserem Betrieb bläst uns der Wind ins Gesicht. Die Nachfrage nach Transport- und Logistikleistungen ist so gering, dass wir mit unserem Absatz in der Klemme stecken. Selbstverständlich schlägt die Entwicklung auch voll auf unseren Gewinn durch. Wir müssen froh sein, wenn wir in diesem Jahr keine roten Zahlen schreiben. Da fehlt natürlich auch Geld für Investitionen. Statt sechs sollen dieses Jahr nur drei neue Lastzüge angeschafft werden. Wie Sie sich vorstellen können, bleibt unsere Beschäftigungssituation von dieser ganzen Entwicklung nicht unberührt. Liebe Kolleginnen und Kollegen, Sie müssen sich leider für die nächsten zwei Monate auf Kurzarbeit einstellen.

- Wie kann man einen Konjunkturverlauf beschreiben?
- Welche Folgen haben Konjunkturschwankungen?

?

8.1 Der typische Konjunkturverlauf

Das wirtschaftliche Geschehen läuft nicht gleichmäßig und störungsfrei, sondern es vollzieht sich in Wellen. Zu beobachten sind Auf- und Abwärtsbewegungen z. B. bei Beschäftigung, Produktion, Löhnen, Zinsen und Preisen. Dieses wirtschaftliche Auf und Ab bezeichnet man als Konjunkturschwankungen. Sie sind typische Erscheinungen einer Marktwirtschaft.

Der wellenförmige Konjunkturverlauf wird auch als Konjunkturzyklus bezeichnet, weil er sich in ähnlicher Form immer wiederholt. Die Konjunktur durchläuft in der Regel vier verschiedene Phasen (Abschnitte). Die einzelnen Phasen sind aber nie völlig gleich. Sie unterscheiden sich in der Phasenlänge und in der Stärke des Ausschlages. Als Maßstab für den Konjunkturverlauf dient die Entwicklung des realen Bruttoinlandsproduktes.

Das reale Bruttoinlandsprodukt ist die Summe aller Waren und Dienstleistungen, die innerhalb eines Jahres in der Bundesrepublik hergestellt werden. Um den Wert des Bruttoinlandsproduktes (BIP) zu ermitteln, werden alle hergestellten Waren und Dienstleistungen mit dem aktuellen Preis bewertet (Marktpreis). Steigen die Preise aber an, so wird das BIP wachsen, obwohl die Menge der hergestellten Waren und Dienstleistungen eventuell gleich geblieben ist. Um diesen Nachteil auszugleichen, wird das so ermittelte nominale BIP um die Preissteigerungsrate berichtigt. Im übertragenen Sinne könnte man sagen: Aus dem durch die Preissteigerungsrate aufgeblähten BIP lässt man die Luft raus. Das funktioniert so, dass das BIP zu Preisen eines bestimmten Basisjahres (z. B. 2005) bewertet wird.

Das Ergebnis ist das reale BIP. Nur dieses ist als Maßstab zur Beschreibung des Konjunkturverlaufs geeignet.

Beschreibung des Konjunkturverlaufs

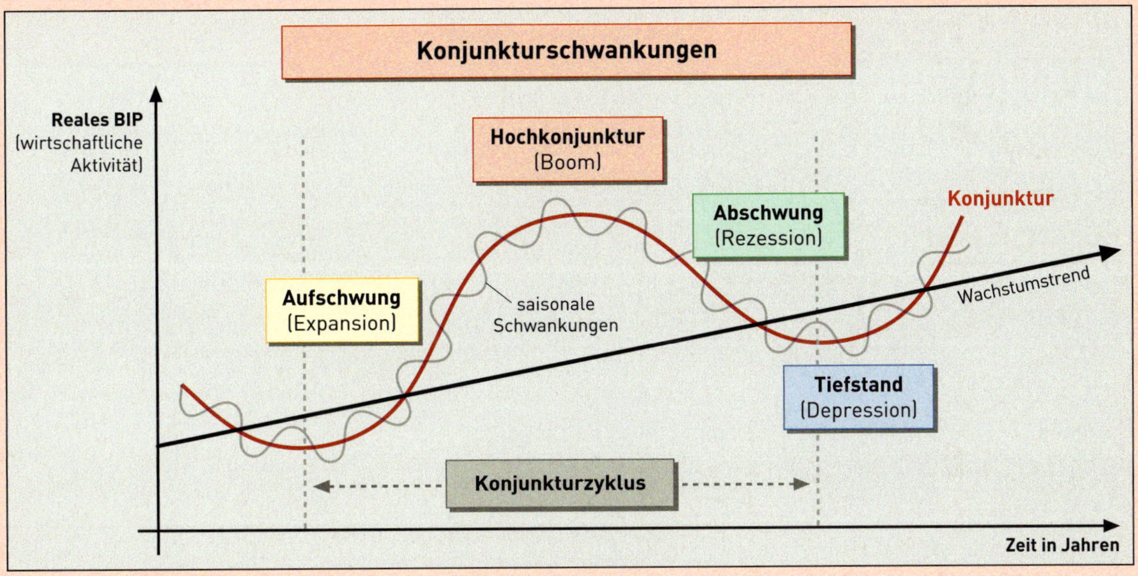

Der Konjunkturverlauf wird in folgende Phasen eingeteilt:
- Aufschwung (Expansion)
- Hochkonjunktur (Boom)
- Abschwung (Rezession)
- Tiefstand (Depression)

Von den Konjunkturschwankungen sind die saisonalen Schwankungen zu unterscheiden. Sie sind jahreszeitlich bedingt und dauern nur wenige Wochen oder Monate. Saisonale Schwankungen finden immer statt, egal in welcher Phase die Konjunktur sich befindet. Schwankungen dieser Art findet man z. B. im Fremdenverkehr. In der Hauptferienzeit ist wirtschaftlich einfach mehr los als in der Nebensaison.

Außer von den vorstehenden Einflussfaktoren wird der Konjunkturverlauf auch maßgeblich durch einschneidende Basisinnovationen bestimmt. Im Allgemeinen lösen diese einen anhaltenden Wachstumsschub der Konjunktur aus. Wie die Erfahrung gezeigt hat, ebbt dieser nach 40 bis 50 Jahren ab und wird von der nächsten konjunkturellen Welle abgelöst. Diese Theorie der langen Wellen (Konjunkturzyklen) wurde 1926 von dem russischen Ökonom Kondratieff entwickelt und von dem Innovationsforscher Nefiodow verfeinert und fortgeschrieben. Seit der Entwicklung der Dampfmaschine gibt es fünf sog. „Kondratieff-Zyklen". Der letzte Zyklus war die Informationstechnik, der zurzeit aber zu Ende geht. Der neueste (sechste) Kondratieff, so die Meinung von Nefiodow, geht von Basisinnovationen im Gesundheitswesen aus. Eine Schlüsselstellung nimmt dabei die Biotechnologie ein. Sie bietet die Chance, Krankheiten früher zu erkennen und Medikamente zu entwickeln, die auf die individuelle Krankheitssituation des jeweiligen Patienten optimal zugeschnitten sind. Ein großes Zukunftspotenzial sieht Nefiodow auch bei der alternativen Medizin.

Kondratieff-Zyklen

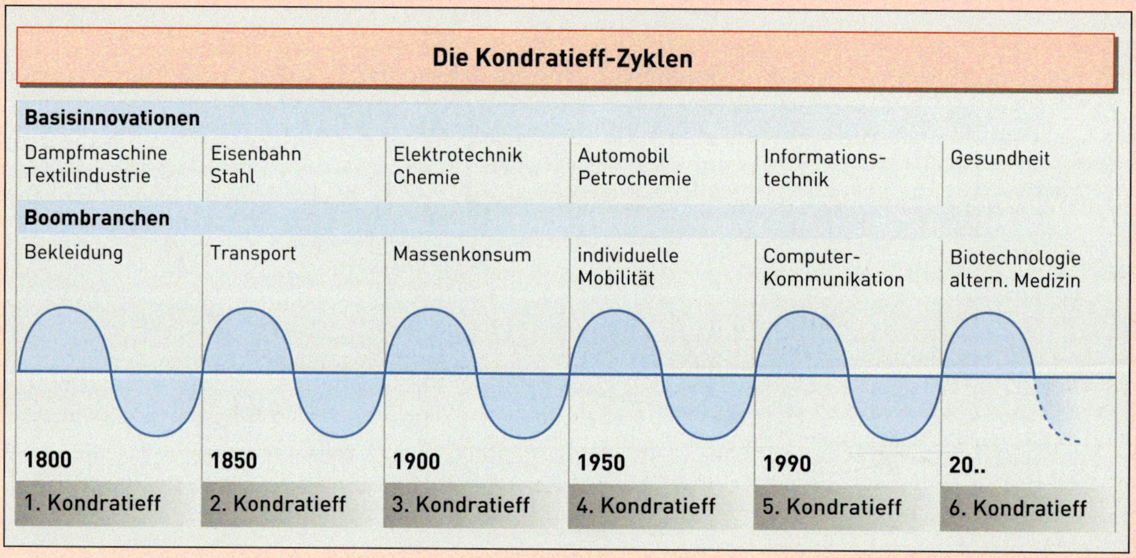

(nach: Börse Online 11/2004, S. 61)

Die durch Basisinnovationen ausgelösten Wachstumsschübe haben auch immer positive Auswirkungen auf die Beschäftigungssituation einer Volkswirtschaft. Länder, in denen Basisinnovationen verspätet oder auch nur halbherzig umgesetzt werden, setzen sich der Gefahr aus, von dem Beschäftigungssog dieser Branchen nur teilweise zu profitieren. Ein Beispiel hierfür ist die Entwicklung der Gentechnologie in Deutschland. Betriebe anderer Länder, wie z. B. englische Unternehmen, haben aufgrund einer toleranteren Rechtslage bei der Stammzellenforschung viel günstigere Ausgangsbedingungen auf diesem Gebiet als ihre deutschen Konkurrenten. Um hier den Anschluss nicht ganz zu verlieren, sehen sich immer mehr Betriebe dazu gezwungen, ihr Tätigkeitsfeld in das Ausland zu verlegen mit entsprechend negativen Folgen für die inländische Beschäftigung.

8.2 Konjunkturelle Einflussfaktoren

Die konjunkturelle Situation eines Landes ist das Ergebnis einer Vielzahl von Einflussfaktoren. Das Wirkungspotenzial der Faktoren ist dabei unterschiedlich. So hat z. B. eine Missernte in der Landwirtschaft für eine Industrienation wie Deutschland eine geringere Auswirkung auf die Konjunktur als ein lang anhaltender Arbeitskampf in Betrieben der Schlüsseltechnologie.

Die nachfolgende Übersicht zeigt beispielhaft einige Einflussfaktoren:

Übersicht über konjunkturelle Einflussfaktoren

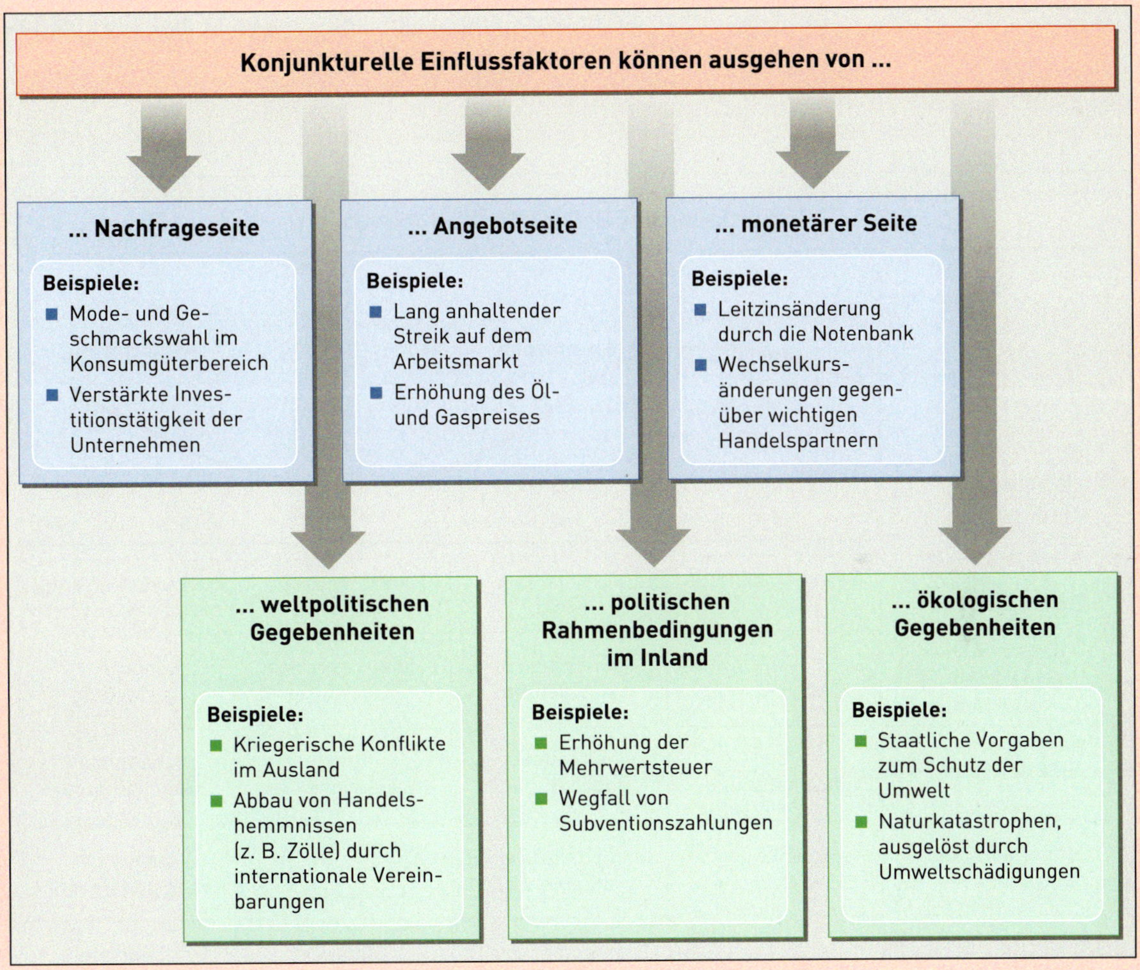

8.3 Konjunkturindikatoren

Ein Arzt, der die körperliche Verfassung eines Patienten beurteilen soll, orientiert sich an bestimmten Merkmalen wie z. B. Blutdruck, Pulsschlag und Temperatur. Sie liefern einen Hinweis auf einen bestimmten Zustand und werden allgemein als Indikatoren bezeichnet. Auch für die am Wirtschaftsgeschehen Beteiligten ist es wichtig, den Zustand der Volkswirtschaft beurteilen zu können. Mithilfe wirtschaftlicher Messgrößen lässt sich bestimmen, in welcher Konjunkturphase die Wirtschaft sich befindet und wie sie sich in nächster Zukunft weiterentwickeln wird. Besteht z. B. eine hohe Arbeitslosigkeit und gibt es viele freie Produktionskapazitäten in den Betrieben, dann spricht das für ein konjunkturelles Tief. Ausgehend von dieser Diagnose kann der Staat jetzt geeignete Schritte unternehmen, um das Tief schneller zu überwinden. Denkbar ist z. B. eine Senkung der Lohnsteuer, sodass die Bürger mehr Geld im Portmonee haben und so über eine stärkere Güternachfrage die Wirtschaft ankurbeln.

In der Wirtschaftstheorie werden zahlreiche Konjunkturindikatoren unterschieden. Über die Entwicklung einiger Indikatoren in den einzelnen Konjunkturphasen informiert die folgende Übersicht:

Wie entwickelt sich das BIP

Entwicklung des Bruttoinlandsproduktes

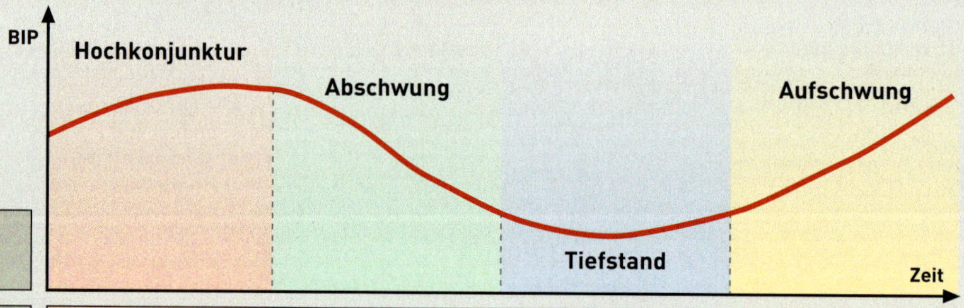

Konjunkturindikatoren	Hochkonjunktur	Abschwung	Tiefstand	Aufschwung
Konsumbereitschaft	starke Nachfrage nach Konsumgütern	die Nachfrage sinkt	sehr niedrige Nachfrage	steigende Nachfrage nach Konsumgütern
Kapazitätsauslastung (Produktion)	volle Auslastung	abnehmende Auslastung	unausgenutzte Kapazitäten	zunehmende Auslastung
Beschäftigung	Überbeschäftigung	sinkende Beschäftigung	hohe Arbeitslosigkeit	steigende Beschäftigung
Löhne, Gehälter und Gewinne	hohe Löhne und Gewinne	Löhne und Gewinne stagnieren	Löhne sinken, Verluste werden erwirtschaftet.	steigende Löhne und Gewinne
Preise	stark steigende Preise (Inflation)	stagnierende Preise	sinkende Preise	steigende Preise
Auftragseingänge	schnell steigende Auftragseingänge	sinkende Auftragseingänge	schlechte Auftragslage	steigende Auftragseingänge

Folgen der Konjunkturschwankungen

- Vom Aufschwung zur Hochkonjunktur

Maschinenbau hat volle Auftragsbücher
Lieferzeiten verlängern sich

So wie in der Zeitungsmeldung oben könnte z. B. eine Nachricht lauten, die auf einen beginnenden Aufschwung hinweist. Er wird meist dadurch ausgelöst, dass die Nachfrage der Verbraucher stark zunimmt. Die laufende Produktion reicht nicht mehr aus, um alle Kundenwünsche zu erfüllen. Sind Lagerbestände vorhanden, werden sie abgebaut. Die Produktion wird ausgeweitet. Vieles passiert in der Wirtschaft. Und ein paar Jahre später steht z. B. in der Zeitung:

Läuft die Wirtschaft heiß?
Inflation steigt weiter an

Die Zeitungsmeldung zeigt an, dass der Konjunkturverlauf seinem wirtschaftlichen Höhepunkt zustrebt. Die Phase der Hochkonjunktur ist erreicht. Wie der wirtschaftliche Prozess vom Aufschwung bis zum Höhepunkt in einzelnen Schritten verlaufen könnte, zeigt die folgende Abbildung:

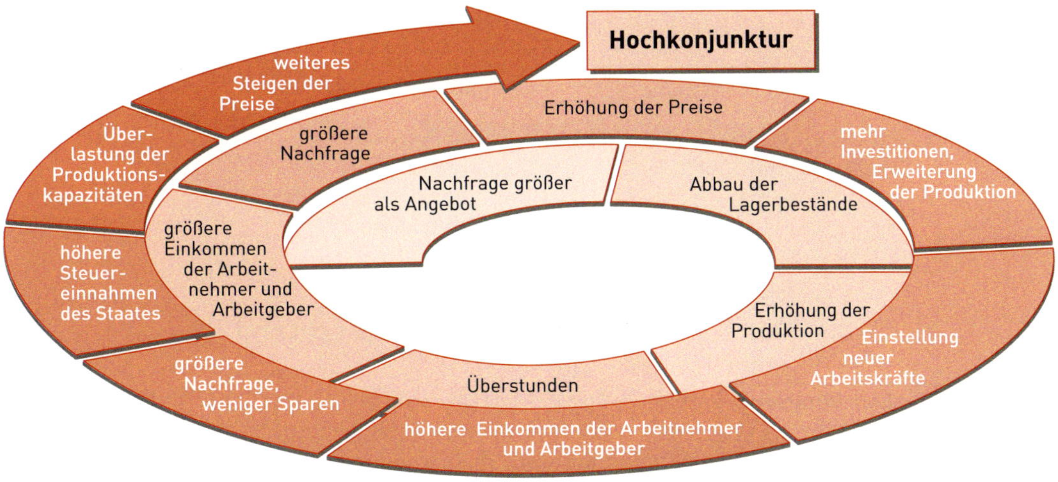

- Vom Abschwung zum wirtschaftlichen Tiefstand

Speditionsbranche klagt über sinkende Nachfrage
Kommt jetzt die Kurzarbeit?

Ein Abschwung deutet sich an, wenn Zeitungsmeldungen z. B. die vorstehende Nachricht verbreiten. Der Absatz geht zurück. Die in der Hochkonjunktur geräumten Lager werden wieder aufgefüllt. Die Abschwungphase geht weiter. Sie wirkt sich negativ auf die Gewinne der Unternehmen und die Steuereinnahmen des Staates aus. Die Beschäftigungssituation am Arbeitsmarkt verschlechtert sich und die Höhe der Einkommen sinkt. Es kommt zu zahlreichen Firmenzusammenbrüchen. Investitionen werden kaum noch getätigt. Die Verbraucher halten sich mit ihren Ausgaben stark zurück und verschlimmern dadurch die Situation in den Betrieben. Das wiederum wirkt sich auf die Arbeitsplätze aus. In der Zeitung steht z. B. die Nachricht:

Arbeitslosenzahl weist neuen Höchststand auf
Arbeitslosenquote steigt auf 10 Prozent

Die Abwärtsentwicklung der Wirtschaft hat ihren Tiefstand erreicht. Die Volkswirtschaft befindet sich in einer Depression.
Wie der Prozess des wirtschaftlichen Abschwungs im Einzelnen verläuft, ist der folgenden Abbildung zu entnehmen:

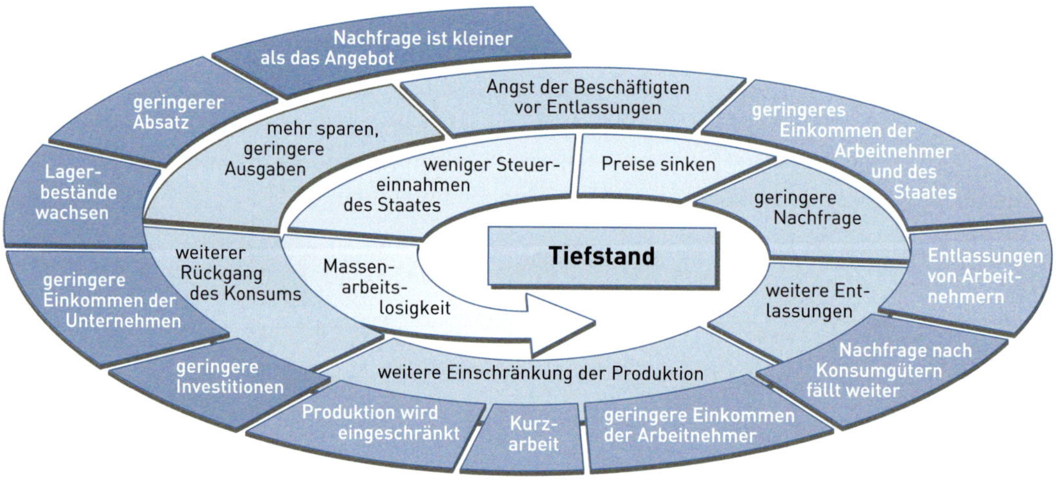

8.4 Der Konjunkturverlauf in Deutschland

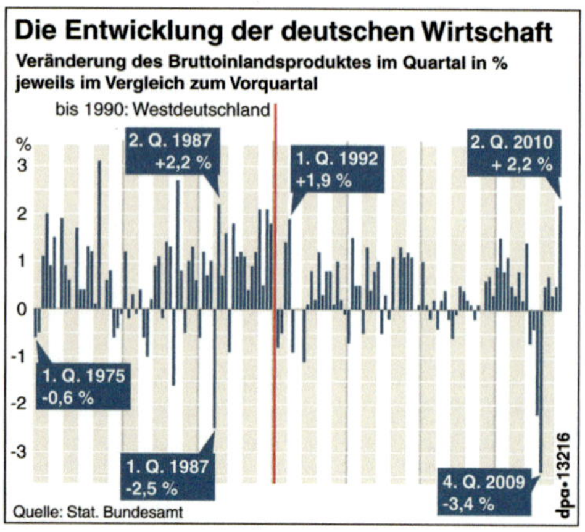

Die Statistik beweist: Das Bruttoinlandsprodukt entwickelt sich nicht in gleichmäßigen Wellen. Es gibt vielmehr starke Schwankungen. Aufschwungs- und Abschwungszeiträume sind unterschiedlich lang. Auch die Wachstumsraten zeigen im zeitlichen Ablauf große Unterschiede. Sogar negative Wachstumsraten hat es in manchen Jahren gegeben.

Wachstumstäler wurden früher in der deutschen Wirtschaft aber relativ schnell wieder überwunden. Anschließend ging es recht zügig wieder aufwärts zu neuen Höhen. Seit Mitte der 90er-Jahre hat sich aber viel geändert. Die Konjunktur dümpelt nur noch vor sich hin. Alle Anstrengungen, neue konjunkturelle Höhen zu erklimmen, sind in den letzten Jahren gescheitert. Eine Ausnahme bildete nur das Jahr 1990, in dem die Konjunktur durch die Wiedervereinigung einen kräftigen Wachstumsschub erfuhr. Seit 2006 ging mit der Wirtschaft kurzzeitig aufwärts. Ein Rückschlag kam in den Jahren 2008 und 2009. Die globale Finanz- und Wirtschaftskrise drückte auch in Deutschland das Wachstum in den Keller. Selbst Fachleute waren aber überrascht, wie schnell sich die Wirtschaft aus dem Tief herausarbeiten konnte und in den folgenden Jahren bemerkenswerte Wachstumsraten aufwies.

8.5 Ein Konjunkturindikator für die deutsche Logistikwirtschaft

Der Logistik-Indikator wird vom Institut für Weltwirtschaft für die Bundesvereinigung Logistik e.V. ermittelt. Je nach den konjunkturellen Gegebenheiten kann er Werte zwischen 0 und 200 anzeigen. Der Wert 100 markiert eine konjunkturelle Normalsituation in der Logistikwirtschaft. Der Wert 100 weist darauf hin, dass eine befriedigende und stabile Auftragslage vorliegt und die Kapazität normal ausgelastet ist.

Wie kommen die Werte zustande? Sie beruhen auf einer vierteljährlichen Befragung von Experten von 2000 deutschen Unternehmen, für die Logistikleistungen eine besondere Bedeutung haben. Zur Hälfte bestehen die Befragten aus Logistikdienstleistern. Die andere Hälfte besteht aus Handels- und Industrieunternehmen der Nachfrageseite.

Beispiel

Der Logistik-Indikator für das dritte Quartal 2011: Er ist um 4 Indexpunkte gestiegen und befindet sich auf dem hohen Niveau von 152,5 Indexpunkten.

Arbeitsvorschläge

1. Beschreiben Sie einen typischen Konjunkturverlauf.
2. In welcher konjunkturellen Phase befindet sich die deutsche Wirtschaft zurzeit?
3. Die Bauwirtschaft läuft im Winter bekanntlich auf „Sparflamme". Entscheiden Sie, ob hier eine konjunkturelle oder eine saisonale Schwankung vorliegt.
4. Beschreiben Sie den Verlauf eines konjunkturellen Aufschwungs.
5. Die Nachfrage der Verbraucher geht stark zurück. Gehen Sie von dieser Situation aus und beschreiben Sie den Prozess eines konjunkturellen Abschwungs.
6. Machen Sie einen Konjunkturcheck!
   a) Informieren Sie sich darüber, wie hoch das Wirtschaftswachstum, die Inflationsrate und die Arbeitslosenrate im letzten Jahr waren.
   b) Wie groß sind die Änderungen gegenüber dem vorletzten Jahr?

Arbeitsvorschläge

c) Wie hoch ist die aktuelle Arbeitslosenquote in Hessen und in dem für Sie zuständigen Arbeitsagenturbezirk?

d) Versuchen Sie, Informationen darüber zu erhalten, wie die Entwicklungen von Arbeitslosenquote und Wirtschaftswachstum für das kommende Jahr in Deutschland eingeschätzt werden.

e) Beurteilen Sie, ob der Aussagegehalt der Karikatur auch für die aktuelle Wirtschaftslage zutrifft.

7 Zeitungen berichten auch immer über die Wirtschaft. Die Zeitungsartikel sind ein Spiegelbild der jeweiligen Konjunkturphase. Metaplanübung: Bilden Sie einen Konjunkturverlauf als Spiegelbild von Zeitungsmeldungen ab.

a) Die Klasse wird in vier Gruppen eingeteilt. Je eine Gruppe ist für eine bestimmte Konjunkturphase (Hochkonjunktur, Abschwung, Tiefstand, Aufschwung) zuständig.

b) Sichten Sie Zeitungen, Zeitschriften und Nachrichtenmagazine nach Berichten über die jeweilige Wirtschaftslage. Schreiben Sie die Artikelüberschriften auf Pinnkarten.

c) Wenn Sie keine Schlagzeilen finden konnten, die typisch für eine bestimmte Konjunkturphase sind, denken Sie sich selbst eine Reihe passender Schlagzeilen aus. Schreiben Sie auch diese auf Pinnkarten (Beispiel: Aufschwung ➔ „Die Facharbeiter werden knapp"; Tiefstand ➔ „Auftragslage in der Bauwirtschaft so schlecht wie nie").

d) Auf eine Stellwand ist der typische Verlauf einer Konjunkturwelle zu zeichnen. Die Pinnkarten sind passend zu der jeweiligen Konjunkturphase an der Konjunkturwelle anzubringen.

e) In einer abschließenden Diskussionsphase verteidigen die einzelnen Gruppen ihre Arbeit gegenüber den anderen Gruppen. Eventuell wird danach die Anordnung der Karten korrigiert.

8 Der konjunkturelle Verlauf wirkt sich an vielen Stellen einer Volkswirtschaft aus. Ordnen Sie die unten aufgeführten Vorgänge der jeweiligen Konjunkturphase zu. Übernehmen Sie dazu die nachstehende Übersicht als Skizze in Ihre Unterlagen. Tragen Sie darin die Nummer der nachstehenden Vorgänge in die jeweiligen Felder ein:

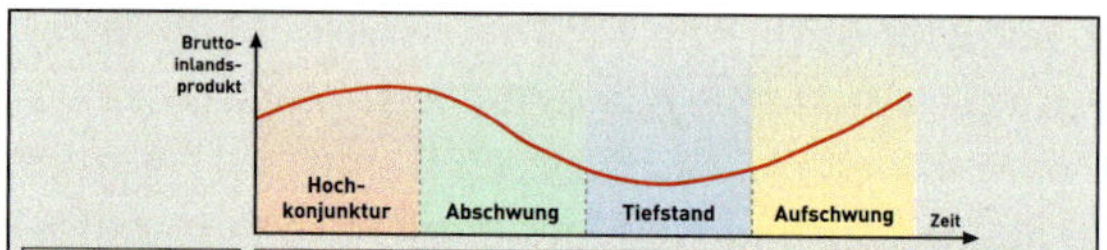

	Hochkonjunktur	Abschwung	Tiefstand	Aufschwung	
Konsumgütermarkt	?	?	?	?	
Arbeitsmarkt	?	?	?	?	
Industrie	?	?	?	?	
Kapitalmarkt	?	?	?	?	
Staat	?	?	?	?	

Wirtschaftliche Vorgänge im konjunkturellen Verlauf (Beispiele)	
1	Steuereinnahmen steigen.
2	große Nachfrage nach Konsumgütern
3	Es kommt zu Massenentlassungen.
4	Die industriellen Kapazitäten sind voll ausgelastet.
5	Kreditnachfrage steigt.
6	Industrielle Produktion steigt.
7	Es kommt zur Kurzarbeit.
8	Steuereinnahmen fallen.
9	Arbeitskräfte werden entlassen.
10	Lagerbestände bei Industriebetrieben wachsen.
11	Rückgang der Nachfrage
12	Der Arbeitsmarkt beginnt sich zu beleben.
13	steigende Preise bei Konsumgütern
14	hohe Steuerausfälle
15	Löhne beginnen zu steigen.
16	Es besteht ein hohes Zinsniveau.
17	Kosumgüternachfrage bricht ein.
18	Löhne beginnen zu sinken.
19	Kredite werden kaum noch nachgefragt.
20	Es besteht Überbeschäftigung.
21	Zinsen beginnen zu sinken.
22	Steuerquellen „sprudeln stark".

9 Markt und Preisbindung

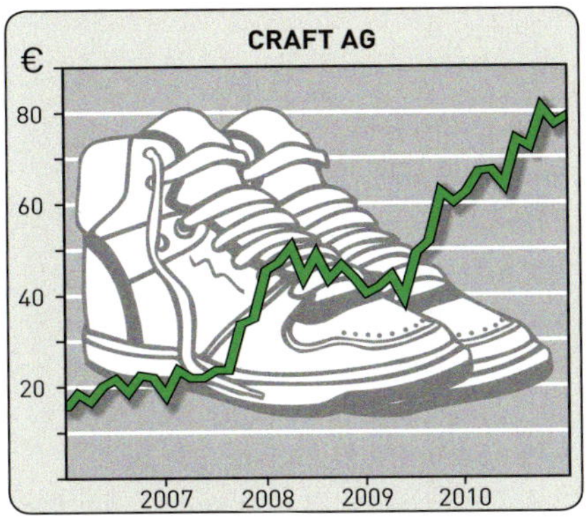

Kurs der Craft-Aktie mit Schwankungen, aber Trend nach oben

An der Börse steht der Bulle für Optimismus, der Bär für Pessimismus

Moment mal!

Modellbeispiel Aktienbörse

Birgit Kniss hat sich entschieden. Für einen Teil ihrer Erbschaft will sie Aktien kaufen. Sparbücher und andere Anlageformen bringen zurzeit so geringe Erträge, dass sie finanziell einfach uninteressant sind. Nach dem Motto: „Wer nicht wagt, der nicht gewinnt" entscheidet sich Birgit K. für die Aktien des Sportartikelherstellers Craft AG. Der Grund ihrer Wahl: Die Firma ist dabei, neue Absatzgebiete für ihre konkurrenzlos preiswerten Artikel in Südamerika und Mexiko zu erschließen. Mittelfristig, so sagt ihr Anlageberater voraus, werde der Kurs der Aktie voraussichtlich weiter stark anziehen. Ein stattlicher Kursgewinn sei daher nicht unwahrscheinlich. Gestützt wird seine Annahme auch durch die Tatsache der bevorstehenden Olympiade, an der Sportartikelhersteller immer kräftig mitverdienen.
B. Kniss erteilt ihrer Bank die Order zum Kauf von 200 Craft-Aktien. Für ihren Kauf gibt sie ein Limit (Höchstkurs) von 105,00 € pro Aktie.

- Wie kommt ein Börsenkurs zustande?
- Was versteht man unter einem vollkommenen und was unter einem unvollkommenen Markt?
- Wie unterscheidet sich die Preisbildung von vollkommenen und unvollkommenen Märkten?

?

9.1 Die Preisbildung auf vollkommenen Märkten

Märkte lassen sich nach verschiedenen Merkmalen einteilen. Sie können nach der Art der umgesetzten Güter und Dienstleistungen eingeteilt werden. Oder die Einteilung erfolgt nach der Zahl der Marktteilnehmer. Es ergibt sich das Marktforscherschema.

Möglichkeit 1: Einteilung nach der Art der umgesetzten Güter und Dienstleistungen.

Unterscheidung nach der Art der umgesetzten Güter bzw. Dienstleistungen

Gütermärkte	Märkte für Produktionsfaktoren (Faktormärkte)	Dienstleistungsmärkte
• **Konsumgütermärkte:** Waren werden gehandelt, die für den Konsum bestimmt sind, z. B. Schokolade, Möbel. • **Investitionsgütermärkte:** Waren für die Weiterverarbeitung (z. B. Holz zur Möbelherstellung) und Produktionsmittel (z. B. Maschinen und Fahrzeuge) werden gehandelt.	• **Arbeitsmarkt:** Arbeitsuchende treffen hier mit den Anbietern von Arbeit (Arbeitgebern) zusammen. • **Immobilienmärkte (Bodenmärkte):** Grundstücke und Gebäude werden angeboten und nachgefragt. • **Kapitalmärkte:** Privatpersonen und Unternehmen fragen hier Kredite nach. Banken und Sparkassen sind die Hauptanbieter.	• **Markt für persönliche Dienstleistungen:** Leistungen werden direkt an Personen verrichtet, wie z. B. bei der Fußpflege oder beim Arzt. • **Markt für sachliche Dienstleistungen:** Leistungen werden an einer Sache vorgenommen, wie z. B. Autoreparatur, Warentransport.

Für die Verhaltensweisen von Anbietern und Nachfragern ist deren Zahl von großer Bedeutung. Je geringer die Zahl der Anbieter ist, umso stärker ist deren Marktmacht. Gibt es dagegen viele Anbieter auf einem Markt, müssen diese bei ihren Entscheidungen das Verhalten der Konkurrenten mit bedenken. Entsprechendes gilt für die Nachfrager. Je weniger auf einem Markt auftreten, desto geringer ist ihr Einfluss auf das Marktgeschehen.

Möglichkeit 2: Einteilung nach Zahl der Marktteilnehmer (Marktforscherschema)

Nachfrager (N)	**Anbieter (A)**		
	Viele	**Wenige**	**Einer**
Viele	**Vollständige Konkurrenz** A: Lebensm.-Einzelhandel N: Lebensm.-Konsumenten (in Ballungsgebieten)	**Angebots-Oligopol** A: Mineralölgesellschaften N: Autofahrer	**Angebots-Monopol** A: Briefmonopol der Post N: Postkunden
Wenige	**Nachfrage-Oligopol** A: Landwirte N: Molkereien	**Zweiseitiges-Oligopol** A: Flugzeuge N: Fluggesellschaften	**Oligopolistisch beschränktes Angebots-Monopol** A: Hersteller eines medizinischen Spezialgeräts N: Krankenhäuser
Einer	**Nachfrage-Monopol** A: Bauunternehmen, die Kasernen bauen können N: Staat	**Oligopolistisch beschränktes Nachfrage-Monopol** A: Straßenbaufirmen N: Staat	**Zweiseitiges-Monopol** A: Einziger Hersteller eines PKW-Einzelteils N: 1 Automobilunternehmen

Verhalten von Anbietern und Nachfragern
Am Beispiel einer vereinfachenden Ausgangssituation sei unterstellt, dass bei einer Aktienbörse sechs Aufträge zu den Aktien der Craft AG vorliegen. Die Personen Kniss, Kunold und Karson wollen die Aktien kaufen. Ihrer Bank haben sie dazu die gewünschte Stückzahl und den Höchstkurs mitgeteilt. Die Bank soll die Wertpapiere nur dann kaufen, wenn dies unterhalb des limitierten Kurses möglich ist. Die Aktionäre Vogel, Viebig und Vechta haben ihrer Bank Verkaufsaufträge erteilt. In ihnen wird die Stückzahl und der Mindestkurs der Aktien festgelegt. Er gibt an, ab welcher Preisuntergrenze sie nicht mehr zum Verkauf bereit sind.
Aufgrund der Kauf- und Verkaufsorder wird der Tageskurs (Einheitskurs) der Craft-Aktien ermittelt.

Märkte entstehen durch jedes Zusammentreffen von Angebot und Nachfrage. Ein besonderer, aber trotzdem typischer Markt ist die Börse.

Nach folgendem Schema werden die amtlichen Mittelkurse berechnet. Dies geschieht heute allerdings nicht mehr manuell, sondern im elektronischen Computerhandel.

Berechnung amtlicher Mittelkurse

Kauforder			Verkaufsorder		
Personen	**Höchstkurs, den Nachfrager zahlen wollen**	**Anzahl der nachgefragten Aktien**	**Personen**	**Mindestkurs, den Anbieter verlangen**	**Anzahl der angebotenen Aktien**
Kniss	105,00 €	200	Vogel	55,00 €	150
Kunold	80,00 €	250	Viebig	80,00 €	300
Karson	60,00 €	300	Vechta	105,00 €	250

Wird die zu einem bestimmten Kurs nachgefragte bzw. angebotene Aktienmenge zusammengefasst (kumuliert), ergibt sich folgende Übersicht:

Nachfrage nach Aktienmengen

Kauforder		Verkaufsorder	
Höchstkurs	**zusammengefasste Aktienanzahl**	**Mindestkurs**	**zusammengefasste Aktienanzahl**
105,00 €	200	55,00 €	150
80,00 €	450 (= 200 + 250)	80,00 €	450 (= 300 + 150)
60,00 €	750 (= 300 + 250 +200)	105,00 €	700 (= 250 + 300 +150)

Die **Anbieter von Aktien** und anderen Gütern handeln nach dem Maximalprinzip, d. h., sie wollen für ihre Waren einen möglichst hohen Kurs bzw. Preis erzielen.

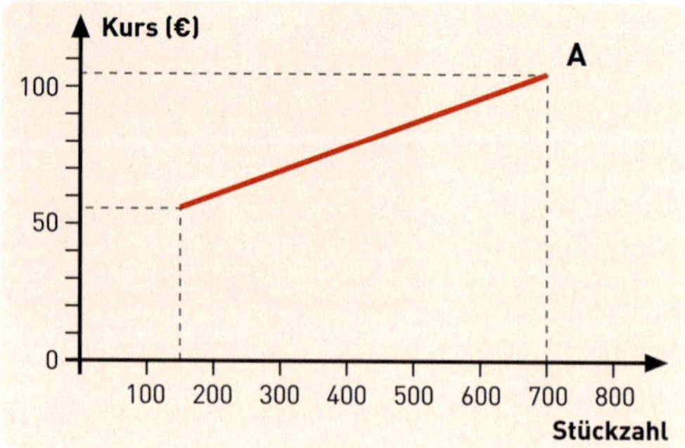

Die Kurs-Mengen-Relation der Aktienanbieter drückt sich folglich so aus:

- Je niedriger der Aktienkurs, desto niedriger ist das Aktienangebot.
- Je höher der Aktienkurs, desto höher ist das Aktienangebot.

Die Angebotskurve läuft daher von links unten nach rechts oben.

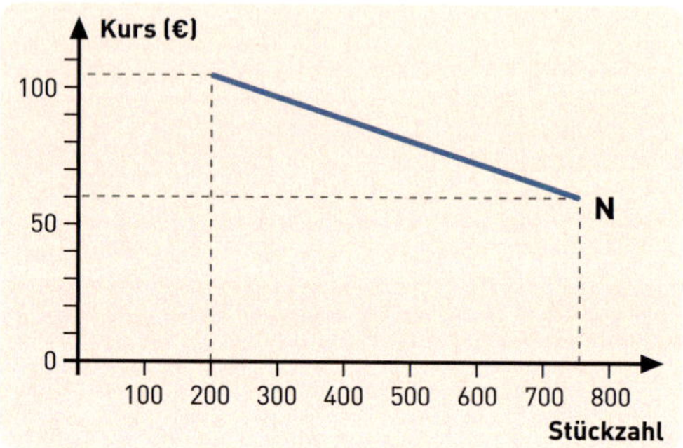

Die **Nachfrager nach Aktien** und anderen Gütern handeln nach dem Minimalprinzip, d.h., sie wollen für ihre Aktien möglichst wenig bezahlen.
Die Kurs-Mengen-Relation der Aktiennachfrager drückt sich also aus:

- Je niedriger der Aktienkurs, desto größer die Aktiennachfrage.
- Je höher der Aktienkurs, desto niedriger ist die Aktiennachfrage.

Die Nachfragekurve läuft daher von links oben nach rechts unten.

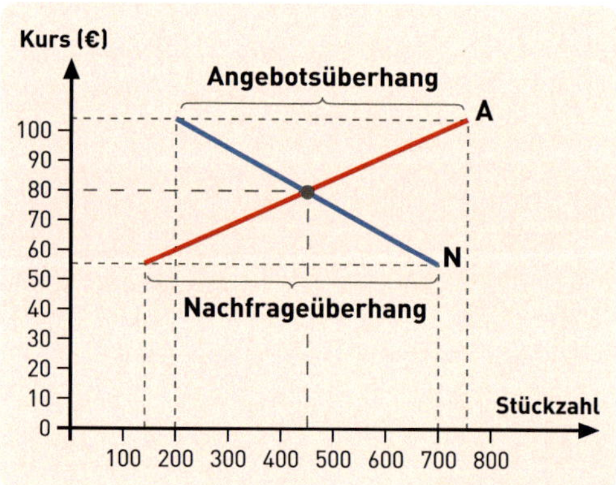

Wenn Angebot und Nachfrage ausgeglichen sind, ist das **Marktgleichgewicht** erreicht.
Im nebenstehenden Beispiel legt der Börsenmakler den Tageskurs der Craft AG-Aktien auf einen Wert von 80,00 € fest. Zu diesem Kurs sind die Kauf- und Verkaufsaufträge ausgeglichen. Die Anzahl der nachgefragten stimmt mit der Menge der angebotenen 450 Aktien überein. Der Markt wird „geräumt". Der mengenmäßige Börsenumsatz ist bei dem Gleichgewichtskurs von 80,00 € maximal.
Bei Abweichungen vom Gleichgewichtskurs tendiert das System zu einer automatischen Korrektur. Liegt der Kurs z.B. über dem Gleichgewichtskurs, wird mehr angeboten als nachgefragt. Ein Angebotsüberhang liegt vor, der so lange auf den Kurs drückt, bis sich das Gleichgewichtsniveau wieder eingestellt hat.
Liegt der Kurs kurzfristig unter dem Gleichgewichtskurs, werden mehr Aktien nachgefragt als angeboten. Dieser Nachfrageüberhang wirkt sich kurssteigernd aus. Beim Gleichgewichtskurs ist der Anpassungsprozess beendet.

In der wirtschaftlichen Praxis sind Situationen vorstellbar, wo es zu einer Abweichung von der oben aufgezeigten klassischen Kursmengenbeziehung kommen kann. Steht z.B. ein Unternehmen kurz vor dem Konkurs, so kann es durchaus sein, dass zu dem sehr niedrigen Kurs weniger Aktien nachgefragt werden als zu dem höheren Aktienkurs früherer Zeiten. Und wird z.B. bekannt, dass ein Pharmaunternehmen kurz vor der Markteinführung eines einzigartigen Medikaments steht, so ist es nicht unwahrscheinlich, dass die Nachfrage trotz eines bereits gestiegenen Kurses gewaltig zunimmt.

Nicht selten kommt es auf Aktienmärkten auch zu unrationalen Verhaltensweisen. Kauf- und Verkaufsentscheidungen werden mangels genauer Informationen von Gerüchten und Vermutungen mit beeinflusst.
Trotz der oben beschriebenen Einschränkungen kommt die Wertpapierbörse dem Idealfall eines vollkommenen Marktes sehr nahe. Die Bedingungen, die für diese Marktform gelten, werden hier weitgehend erfüllt.

Die allgemeinen Bedingungen für vollkommene Märkte sind:

Allgemeine Bedingungen

Bedingungsart	**Erklärung**	**Beispiel**
Keine sachlichen Präferenzen	Güter sind gleichartig (homogen). Unterschiede in der Farbe, Qualität, Aufmachung, Größe usw. sind nicht vorhanden.	Aktien des gleichen Nennwerts oder auch Weizen des gleichen Qualitätsstandards gelten als homogene Güter.
Keine persönlichen Präferenzen	Anbieter und Nachfrager machen ihre Entscheidungen nicht abhängig von der Wertschätzung einer bestimmten Person.	Sympathie gegenüber einer netten Verkäuferin hat keinerlei Einfluss auf die Kaufentscheidung.
Keine räumlichen Präferenzen	Kauf- und Verkaufsentscheidungen werden nicht beeinflusst durch örtliche Gegebenheiten.	Von dem Käufer wird das Lebensmittelgeschäft um die Ecke wegen seiner räumlichen Nähe nicht bevorzugt.
Keine zeitlichen Präferenzen	Kauf- und Verkaufsentscheidungen werden unabhängig von zeitlichen Aspekten getroffen.	Eventuelle Lieferzeiten für eine Ware spielen für die Kaufentscheidung des Käufers keine Rolle.
Markttransparenz ist gegeben	Anbieter und Nachfrager sind über alle Marktgegebenheiten informiert.	Der Käufer eines Fernsehgerätes kennt Preise, Zahlungs- und Lieferbedingungen aller infrage kommenden anbietenden Geschäfte.

Verschiedene Situationen der Preisbildung

Situation 1: Bei gleichbleibendem Angebot ändert sich die Nachfrage nach einem Gut.
Mögliche Gründe für eine verstärkte Nachfrage sind z. B.
- gestiegenes Einkommen,
- Verschiebung der Bedarfsstruktur (z. B. Diätwelle setzt sich durch),
- Preiserhöhung bei einem Substitutionsprodukt (z. B. verstärkte Erdölnachfrage aufgrund einer Preiserhöhung bei Erdgas).

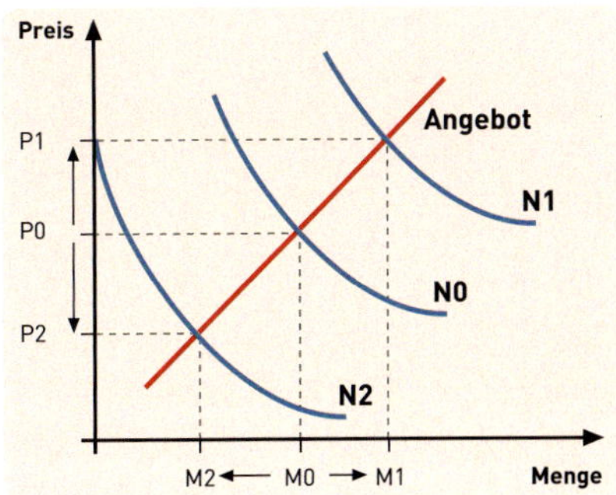

Folge
Die Nachfragekurve verschiebt sich nach rechts oben. Die allgemeine Zunahme der Nachfrage bewirkt einen Anstieg des Preises (von P0 auf P1) und einen mengenmäßigen Mehrumsatz (statt M0 jetzt M1).

Entsprechendes gilt, wenn sich die Nachfrage bei gleichbleibendem Angebot vermindert, so z. B. aufgrund sinkender Realeinkommen. Für die geringere Menge M2 wird nur noch der niedrigere Preis P2 verlangt.

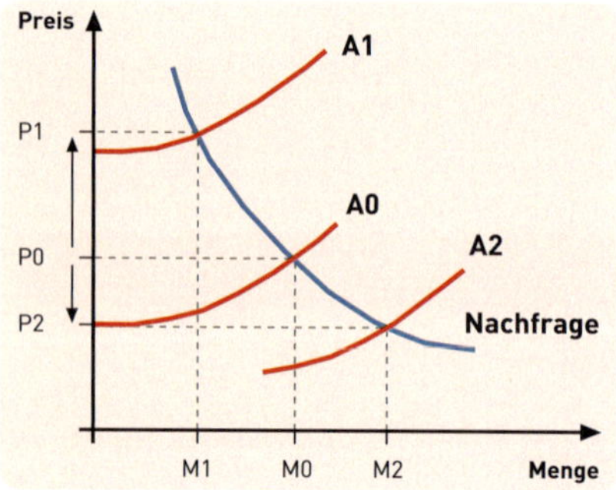

Situation 2: Bei gleichbleibender Nachfrage ändert sich das Angebot.

Mögliche Gründe für eine Zunahme des Angebots:

- technische Verbesserung eines Produktionsverfahrens,
- ausländische Anbieter kommen zusätzlich auf den Markt,
- Erntezeit bei landwirtschaftlichen Produkten,
- Zahlung von Subventionen an anbietende Firmen.

Folge

Die Angebotskurve verschiebt sich nach rechts unten. Die alleinige Zunahme des Angebots bewirkt einen Rückgang des Preises (von P0 auf P2) und einen mengenmäßigen Mehrumsatz (statt M0 jetzt M2). Entsprechendes gilt, wenn sich bei gleichbleibender Nachfrage das Angebot vermindert, so z. B. aufgrund gestiegener Produktionskosten. Für die geringere Angebotsmenge M1 wird der höhere Preis P1 verlangt.

9.2 Die Preisbildung auf unvollkommenen Märkten

Beispiel: Lokaler Tankstellenmarkt von Neuhaus und Umgebung

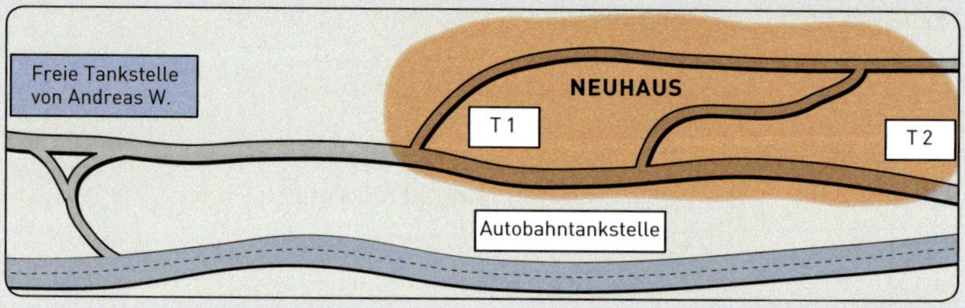

Laut Marktuntersuchung setzt sich das „Tanken neben der Autobahn“ immer mehr durch. Sinkende Realeinkommen und steigende Benzinpreise haben die Gruppe der preisbewussten Autobahnfahrer allein in den letzten zwei Jahren um 3 % wachsen lassen.

Mit seiner kürzlich errichteten Tankstelle in der Nähe der Autobahnabfahrt Neuhaus lag Andreas W. voll im Trend dieser Entwicklung. Während viele städtische Tankstellen nach wie vor um ihre Existenz bangten, ging es den meisten in gut erreichbarer Nähe von Autobahnen wirtschaftlich gut. Für Andreas W. kam positiv hinzu: Als „freie Tankstelle“ unterlag sein Betrieb nicht dem preisbestimmenden Einfluss der Mineralölgesellschaften.

Der lokale Tankstellenmarkt um Neuhaus stellt sich wie folgt dar:

- freie Tankstelle von Andreas W. an der Zubringerstraße nach Neuhaus;
- Autobahntankstelle 5 km von der Abfahrt Neuhaus entfernt;
- städtische Tankstellen (T 1 und T 2), davon eine am Ende und eine am Anfang des Ortes.

Für Andreas W. ergab sich aus dieser Situation ein Problem: Welchen preispolitischen Spielraum hatte er auf diesem lokalen Markt?

Wie bildet sich der Preis, wenn die Marktbedingungen nicht ideal sind?

Märkte im tatsächlichen Wirtschaftsgeschehen sind unvollkommene Märkte. Die Gesamtheit aller Bedingungen, die an einen vollkommenen Markt gestellt werden, trifft man in der Realität so gut wie nie an.

9.2.1 Preisbildung beim Polypol auf einem unvollkommenen Markt

Auf unvollkommenen Märkten sind Güter oder Dienstleistungen vertreten, die aus Sicht der Verbraucher meist **heterogen** sind. Ein Grund ist darin zu sehen, dass Unternehmen sich bemühen, anders zu sein als die Mitbewerber. Sie versuchen z. B. über einen guten Service, freundliche Kundenbedienung und attraktive Lieferungs- und Zahlungsbedingungen ein besonderes Ansehen zu erhalten und mithilfe der Werbung ihrem Angebot den Anschein von Einzigartigkeit zu geben.
Mangelnde Marktübersicht der Verbraucher und deren räumliche, zeitliche, sachliche und persönliche Präferenzen lassen aus an sich homogenen Produkten so heterogene Waren werden. Marktsituationen dieser Art findet man z. B. bei Handwerkern, Einzelhändlern, Tankstellen und auch zahlreichen Dienstleistungsbetrieben.

Bei heterogenen Gütern weist die Nachfragekurve einen doppelten Knick auf. In diesen Grenzen hat der Anbieter einen fast **monopolistischen Preisfreiraum**. In diesem Bereich ist die Nachfragekurve nur wenig elastisch. Würde z. B. ein Friseur in einem kleinen Dorf den Preis für einen Herrenhaarschnitt von 9,00 € auf 10,00 € erhöhen, müsste er nur eine geringe Reaktion seiner Kunden erwarten. Senkt er den Preis auf 8,00 €, wird er hierdurch kaum neue Kunden gewinnen. Überschreitet er seinen Spielraum, indem er z. B. den Preis auf über 11,00 € heraufsetzt, verliert er vermutlich viele seiner Kunden. Setzt er den Preis auf unter 7,00 €, lockt er neue Kunden an. Der Preis ist aber jetzt so niedrig, dass er keinen Gewinn mehr erzielte. Der Bestand seines Unternehmens wäre gefährdet.

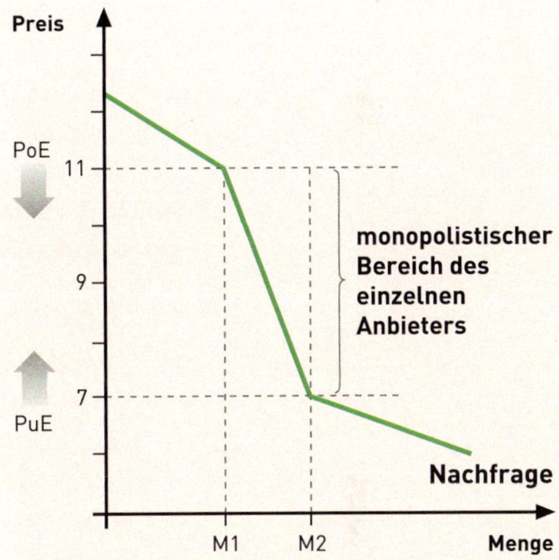

PoE Preisobergrenze des einzelnen Anbieters
PuE Preisuntergrenze des einzelnen Anbieters

Existieren für Güter und Dienstleistungen auf einem unvollkommenen Markt nur Preisspielräume und keine einheitlichen Preise, dann hat dies Auswirkungen auf die grafische Darstellung der Preisbildung. Statt Angebots- und Nachfragelinien gibt es für den Gesamtmarkt jetzt **Angebots- und Nachfragebänder**. Innerhalb dieses Bandes haben die Marktteilnehmer preispolitische Spielräume.

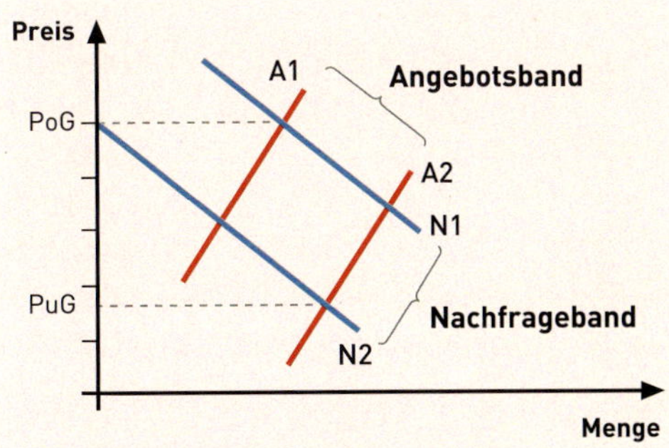

PoG Preisobergrenze des Gesamtmarktes
PuG Preisuntergrenze des Gesamtmarktes

9.2.2 Preisbildung beim Oligopol

Oligopolmärkte sind in entwickelten arbeitsteiligen Volkswirtschaften sehr häufig anzutreffen. Sie sind die typischen Marktformen in Branchen mit hohem Konzentrationsgrad. Unterhaltungselektronik, Automobile, Waschmittel, Pharmazeutika, Mineralölprodukte, Sportbekleidung und Kosmetik sind Produktbereiche, bei denen auf der Angebotsseite vor allem bei Großunternehmen Oligopole zu finden sind. Ihnen stehen häufig eine Vielzahl von kleinen Nachfragern (Verbraucher oder Handelsbetriebe) gegenüber.
Oligopolmärkte weisen eine **Besonderheit** auf: Der Unternehmer hat bei seiner Preispolitik nicht nur das Verhalten der Nachfrager zu bedenken. Er muss vielmehr auch mögliche Reaktionen seiner Mitbewerber in die Planung mit einbeziehen. Dies gilt vor allem für **Oligopole, die homogene Güter anbieten** (z. B. Steinkohlebergbau, Zementindustrie, Mineralölgesellschaften). Wird der Preis gesenkt, haben die Konkurrenten keine andere Wahl, als sich dem niedrigen Preis anzuschließen, da die Nachfrager beim günstigsten Anbieter kaufen.
Anders ist die Situation auf den **Oligopolmärkten mit heterogenen Gütern**. Hier werden ähnliche, aber nicht identische Güter angeboten. Technische Unterschiede und sonstige Eigenarten des Unternehmens (z. B. Kundenfreundlichkeit, guter Service), die über Werbemaßnahmen verbreitet werden, lassen bei den Kunden Präferenzen entstehen, die auch unterschiedliche Preise auf diesen Märkten in Grenzen zulassen.

Auf Oligopolmärkten lassen sich grundsätzlich drei verschiedene Strategieformen unterscheiden:

- Ein Unternehmen versucht, die Konkurrenten mit seiner Preispolitik und anderen Mitteln aus dem Markt zu verdrängen (Verdrängungswettbewerb). Zwischen den Unternehmen herrscht eine ausgesprochene Kampfsituation. Haben sich die Mitbewerber schließlich aus dem Markt zurückgezogen, kann der „Sieger" die Preise wieder erhöhen.
- Die Konkurrenz passt sich an die Handlungen eines Oligopolisten an. Die eigene Gewinnsituation wird nicht aggressiv verteidigt. Es wird mehr reagiert und weniger agiert. Da das aktive Unternehmen die anderen nicht über eine aggressive Preispolitik vom Markt verdrängen will, herrscht ein friedlicher Wettbewerb.
- Die Preispolitik ist auf Verständigung ausgerichtet. So wird z. B. ein besonders großes Unternehmen als Preisführer akzeptiert. Die anderen kleineren Unternehmer akzeptieren dessen Rolle. Mit den Preisabständen sind sie einverstanden. Die Verständigung kann aber auch weitergehen und eine offizielle vertragliche Absprache vorsehen. In diesem Fall wird aus dem Oligopol ein Kartell. Es herrscht dann eine kollektive Preispolitik zwischen den beteiligten Unternehmen, die aber verboten ist. Das Bundeskartellamt wacht über die Einhaltung des Kartellverbots.

Arbeitsvorschläge

1. Die Angebots- und Nachfragesituation von Eiern auf einem dörflichen Wochenmarkt wird durch die folgende Tabelle beschrieben:

Eierpreis je Stück in €	angebotene Stückzahl	nachgefragte Stückzahl
0,10	1 400	4 200
0,12	2 000	3 400
0,14	2 600	2 600
0,15	2 900	2 200
0,16	3 200	1 800

a) Wie hoch sind der Gleichgewichtspreis und die Gleichgewichtsmenge?

b) Zeichnen Sie die Angebots- und Nachfragekurve in einem Koordinatensystem.

c) Markieren Sie den Angebots- und Nachfrageüberhang in Ihrer zeichnerischen Darstellung und erklären Sie deren Bedeutung.

d) Eine Hausfrau will für Eier nicht mehr als 12 Cent bezahlen. Beurteilen Sie ihre Kaufchancen.

2. Die folgenden Kurven bilden schematisch die typische Preis- und Mengenentwicklung auf dem PC-Markt ab, wie sie seit einigen Jahren besteht:

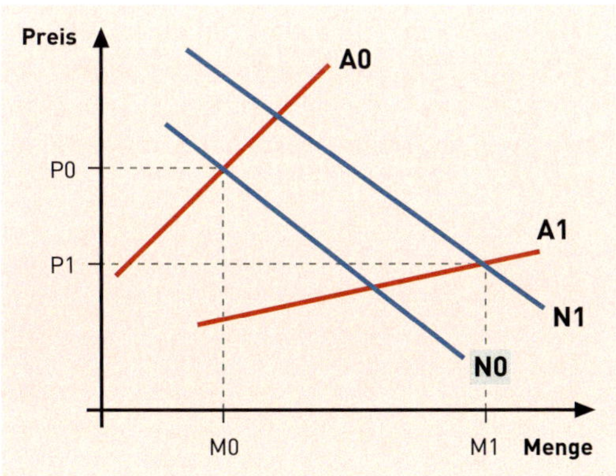

a) Interpretieren Sie diese Kurvenverläufe und die Preisbildung für die beiden Zeitbereiche (0 und 1).

b) Welche Entwicklungen könnten zu einer Ausdehnung der Nachfrage geführt haben?

c) Welche Entwicklungen haben zu einer Vergrößerung der Angebotsmenge geführt?

d) Unter welchen Bedingungen könnte es unzutreffend sein, für die Zukunft weitere Preissenkungen für PC-Geräte anzunehmen?

3. Welche Auswirkungen auf das Marktgeschehen hat es, wenn der Staat Mindestpreise für landwirtschaftliche Produkte festsetzt?

4. Begründen Sie, warum der Aktienmarkt ein nahezu vollkommener Markt ist.

5. Bearbeiten Sie die folgenden Aufgaben zu dem Modellbeispiel „lokaler Tankstellenmarkt von Neuhaus“.

a) Begründen Sie, ob die Marktsituation einen vollkommenen oder unvollkommenen Markt darstellt.

b) Durch welche Maßnahmen könnten die einzelnen Anbieter ihren preispolitischen Spielraum vergrößern?

c) Annahme: Folgende Preise werden für einen Liter Superbenzin verlangt: Autobahntankstelle 1,45 €, örtliche Tankstellen (T 1) 1,35 € bzw. (T 2) 1,30 €. Diskutieren Sie über einen Literpreis, den Andreas W. an seiner freien Tankstelle verlangen kann.

10 Marktentwicklung und Leistungsangebote auf dem Verkehrsmarkt

Moment mal!

Montagmorgen bei der wöchentlichen Besprechung der Versandabteilung der Maschinenfabrik Schulz AG. Frau Böhm hat sich letzte Woche mal wieder geärgert über die ungelösten Probleme mit den Versandverpackungen. Mit den Worten: „Mir reicht es jetzt. Es geht nicht so weiter", brachte sie ihren Ärger auf den Punkt. „Wir müssen etwas dagegen tun, das der Rücklauf unserer teuren Transportverpackungen nicht klappt. Teilweise kommt Verpackung von unseren Kunden zurück, die eigentlich entsorgt werden müsste, weil sie beschädigt ist. Dann schicken uns Kunden neben der Transportverpackung auch die Verpackungsrahmen zurück. Was wollen wir damit? Mein Vorschlag: Wir beauftragen einen Logistikdienstleister mit dieser Aufgabe. Der weiß am besten, wie das effektiv und kostengünstig organisiert werden muss. Der kann die Verpackungen sammeln, unbrauchbare Teile entsorgen und die brauchbaren Rückläufe lagern, bis sie von uns abgerufen werden. Herr Wagner, holen Sie doch bitte einige Angebote ein".

- Welche Besonderheiten weist der Verkehrsmarkt auf?
- Welche Entwicklungen gibt es in dem Bereich der Speditions- und Logistikdienstleistern?

?

10.1 Die Verkehrsmärkte

Verkehrsmärkte zählen zu der Gruppe der Dienstleistungsmärkte. Wie bei allen Märkten wird die Preisbildung stark beeinflusst durch das Verhalten von Anbietern und Nachfragern. Ein Verkehrsmarkt ist kein konkreter Ort, wie z. B. die Börse, sondern jede Form des Zusammentreffens von Angebot und Nachfrage. Märkte in diesem abstrakten Sinne entstehen z. B. dann, wenn Anbieter und Nachfrager über das Internet Geschäfte abschließen, in telefonischen Kontakt treten, Briefe schreiben oder Zeitungsanzeigen aufgeben.

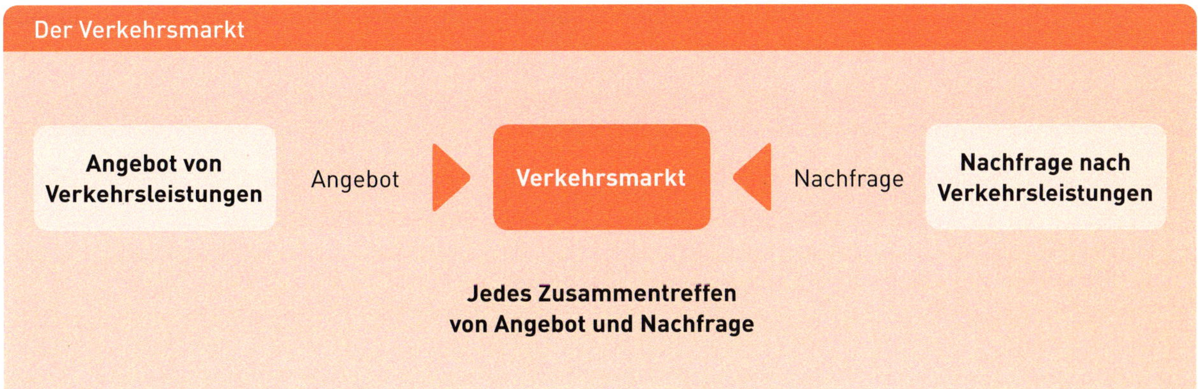

Verkehrsmärkte werden in starkem Maße von Faktoren bestimmt, die von außen vorgegeben sind (exogene Fakten). Diese sind:

- staatliche Vorgaben, wie z. B. Fahrverbot für LKWs an Sonn- und Feiertagen
- technische Entwicklungen, wie z. B. abgasfreundliche Motoren
- ökologische Gegebenheiten, wie z. B. EU-Norm für Gefahrenstoffe
- internationale Vereinbarungen, wie z. B. strategische Allianzen im Luftverkehr
- geographische Gegebenheiten, wie z. B. länderspezifische Maut-Bestimmungen

10.2 Anbieter auf dem Verkehrsmarkt

Welche Unternehmen haben etwas zu tun mit dem Angebot von Verkehrsleistungen?

- **Infrastrukturanbieter:** Infrastruktur wird gern als Aufgabe des Staates betrachtet. In zunehmendem Maße tauchen aber auch Privatunternehmen in diesem Marktsegment auf, wenn z. B. Autobahnabschnitte von ihnen erstellt und gegen Mautzahlungen den Verkehrsteilnehmern genutzt werden können.
- **Verkehrsunternehmen:** Sie sind zuständig für die eigentlichen Transportaufgaben. Im Personenverkehr wird diese Funktion z. B. von Busunternehmen und im Güterverkehr von Frachtführern wahrgenommen.
- **Transportmittler:** Unternehmen, die in dieser Funktion tätig sind, organisieren den Verlauf der Transportleistung. Sie sind zuständig für komplexe Transportaufgaben, wie dies z. B. bei Reiseunternehmen im Personenverkehr anfällt, oder Speditionen im Güterverkehr. Durch die Möglichkeit des Selbsteintritts der Spediteure können diese auch den Transport mit übernehmen.
- **Zubringerdienste für die Speditions- und Logistikbranche:** Mit dem erweiterten Leistungsangebot in der Logistik- und Speditionsbranche ist auch der Informations- und Beratungsbedarf gestiegen. Neue Berufsfelder sind entstanden. Die Branche bedient sich dabei immer häufiger Spezialanbieter. Beispiel: Betriebe die branchenspezifische Risikoanalysen erstellen, Versicherungspolicen ausarbeiten, oder auch maßgeschneiderte Finanzierungs- und Leasingkonzepte anbieten.

Betrachtet man die Verkehrsmärkte etwas genauer, bietet sich folgende Gliederung an:

Gliederung der Verkehrsmärkte

Transportobjekte	Räumliche Merkmale	Verkehrsträger	Angebotsformen
• Personenverkehr • Güterverkehr • Nachrichtenverkehr	• Nahverkehr • Regionalverkehr • Fernverkehr • Nationaler und Internationaler Verkehr	• Straßenverkehr • Schiffsverkehr • Bahnverkehr • Luftverkehr • Rohrleitungsverkehr	• Werksverkehr, gewerblicher Verkehr • Gelegenheitsverkehr, Linienverkehr • Öffentlicher Verkehr, privater Verkehr

(nach: Krumme, Einführung in die Verkehrswirtschaft, Wien 2006, S. 249)

10.3 Beispiel: Die Konkurrenzsituation der Deutschen Bahn AG auf dem Verkehrsmarkt

Marktform: Die Deutsche Bahn ist ein Schienenmonopolist ohne wirkliche Monopolmacht.

	Konkurrenzsituation Güterverkehr	Konkurrenzsituation Personenverkehr
Nahverkehr	• nicht bundeseigene Bahnen • Frachtführer • Werksnahverkehr	• Teilnehmer an Individualverkehr (z. B. private Autofahrer) • private Busunternehmen • kommunale Busunternehmen • Straßen-/U-Bahnen • Taxen
Fernverkehr	• Frachtschiffe • Straßengüterfernverkehr • Werksfernverkehr • Frachtflugzeuge	• Flugzeuge • Fernbusse • Reisebusse • Schiffe

Die Deutsche Bahn AG ist zwar kein richtiger Monopolist, aber mit dem Wettbewerb im Eisenbahnverkehr ist es nicht zum Besten bestellt. Es hat sich zwar was getan, aber das reicht nach Meinung der Monopolkommission bei weitem nicht aus. Hier der Bericht:

Noch immer zu wenig Wettbewerb

Monopolkommission fordert sofortige Trennung von Netz und Betrieb der Bahn AG

Bonn. Um den Wettbewerb im Eisenbahnsektor zu erhöhen, fordert die Monopolkommission die sofortige Trennung von Netz und Betrieb der Deutschen Bahn AG. In einem in Bonn veröffentlichten Sondergutachten erklärte die Kommission, ein solcher Schritt sei die zentrale Voraussetzung für eine erfolgreiche Entwicklung von mehr Konkurrenz in der Sparte. Grundsätzlich werden in dem Gutachten die Wettbewerbsintensität und die bestehenden Rahmenbedingungen im Eisenbahnverkehr als nicht zufriedenstellend beurteilt. Töchter der Deutschen Bahn verfügten in allen Teilmärkten weiterhin über sehr dominante Positionen.

Bis zum Jahr 2010 ist der Anteil der Wettbewerber im Nahverkehr nach Bahnangaben auf 21,6 Prozent gestiegen, im Güterverkehr lag er bei 25,1 Prozent. „Der Staat muss endlich konsequente Maßnahmen ergreifen, um stabile und faire Wettbewerbsbedingungen zu schaffen. Davon profitieren insbesondere die Verbraucher", erklärte der Vorsitzende der in Bonn ansässigen Monopolkommission, Justus Haucap.

Die Monopolkommission ist ein Beratergremium der Bundesregierung auf den Gebieten der Wettbewerbspolitik und Regulierung.

(HNA vom 21.09.2011)

10.4 Leistungsangebote der Speditions- und Logistikbranche

Die Speditions- und Logistikbrache ist im Umbruch. Die Entwicklung geht rasant schnell voran. Die Branche hat ein Innovationstempo, das eine wichtige Antriebskraft für die gesamte Volkswirtschaft geworden ist. 150 Milliarden Euro beträgt etwa das jährliche Marktvolumen in Deutschland. Etwa 400.000 Menschen sind in der Branche beschäftigt und ihr Beitrag zum Bruttoinlandsprodukt beläuft sich auf ca. 7,5 %.

Welche Leistungsangebote erbringt die Speditions- und Logistikbranche heute? Angefangen hat die Entwicklung vor 125 Jahren. Die logistischen Kernleistungen (Transport, Warenumschlag und Lagerung) wurden schon damals erbracht und zählen immer noch zu den zentralen Bereichen der Speditionen.

Klassische Logistikfelder

Beschaffung	Transport Warenumschlag Lagerung	Produktion	Transport Warenumschlag Lagerung	Absatz

Der Aufgabenumfang des modernen Spediteurs geht aber inzwischen weit über diese Kernleistungen hinaus. Der Spediteur hat sich im Laufe der letzten Jahrzehnte zum Logistikdienstleister entwickelt. Früher wurden viele der logistischen Leistungen durch das Unternehmen noch selbst erstellt.

Inzwischen hat ein Prozess der Übertragung logistischer Aufgaben auf Spediteure bzw. Logistikdienstleister stattgefunden (Outsourcing). „Do-it-yourself“ ist out. „in“ ist eine Übertragung von Aufgaben an spezialisierte Dienstleister. Alles was nicht unmittelbar mit der Produktion zusammenhängt, können die Spediteure bzw. Logistikdienstleisterden den Herstellern heute abnehmen. Sei es die Beschaffung der Rohstoffe, die Montage, Qualitätskontrolle oder die Versendung der Mahnung bei nicht bezahlten Rechnungen. Mit ausgefeilten Warenflusskonzepten sorgt die Branche dafür, dass die Montagebänder in den Autofabriken nicht still stehen, die Verkaufsregale genug Vorräte aufweisen und das Frühstücksei auch pünktlich auf den Tisch kommt.

Spediteure sind Logistikdienstleister. Aber die Entwicklung geht weiter. Manche Spediteure werden zu **„supply chain manager“** wobei sie entlang der Wertschöpfungskette (supply chain) eines Unternehmens die Aufgabe übernehmen, Verbesserungen aufzuspüren und dann abarbeiten. Dabei sind es nicht nur Verkehrsdienstleistungen die optimiert werden sollen, sondern auch produktbezogene Arbeiten (z. B. Reparatur- und Montagearbeiten).

Supply Chain Management (SCM) betrachtet das Unternehmen als Bestandteil eine Prozesskette. Management-Lösungen erstrecken sich über die Grenzen von Abteilungen hinaus und beziehen auch Kunden und Lieferanten mit ein. Strategische Partnerschaften werden mit Lieferfirmen geschlossen. Ein Unternehmen, das SCM installiert, ist mit einem Netzwerk von Lieferanten und Logistikdienstleistern zu einer großen **Wertschöpfungskette** verbunden.

Die Verknüpfung geht über nationale Grenzen weit hinaus. Die Logistik integriert inzwischen Wertschöpfungsketten zu globalen Netzwerken. **Global Sourcing** ist längst zum Standard von Unternehmen geworden.

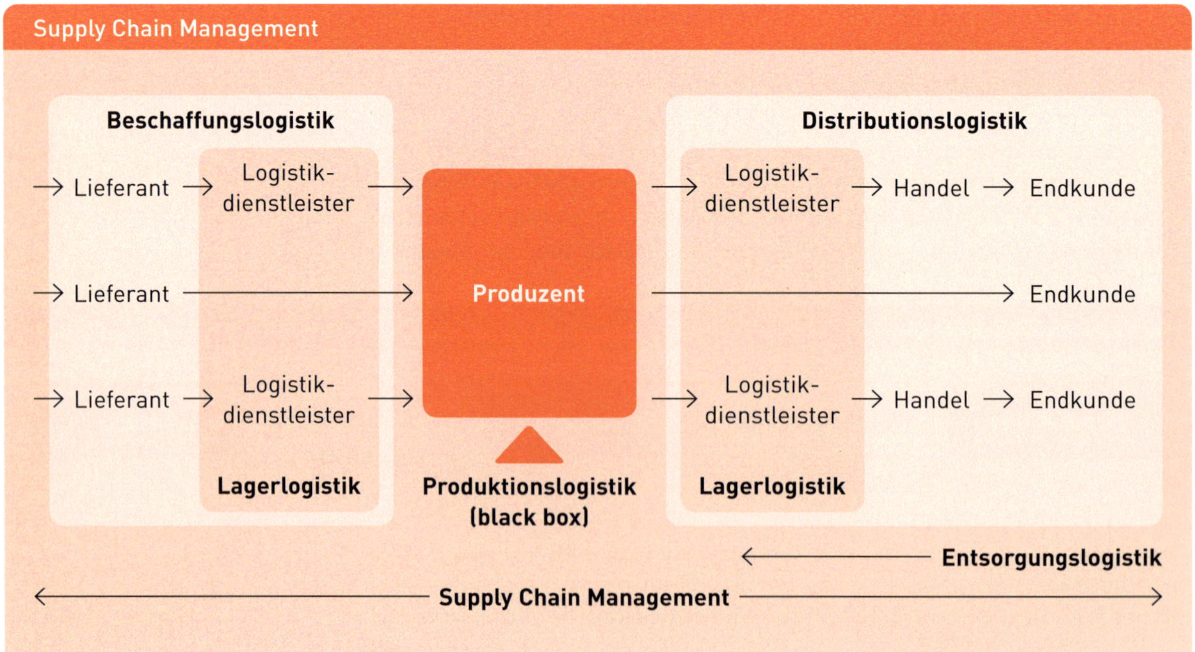

Leistungsangebote im Überblick

Tätigkeitsbereiche von Spedition und Logistikdienstleistern

Spedition- und Logistikdienstleistende sind im Durchschnitt in 7 Leistungsbereichen tätig. Bereiche, die besonders häufig bedient werden sind: Internationale Spedition, Stückgutverkehr und Befrachtung von LKW

Weitere Beispiele:

- Paketdienste
- Luftfrachtspedition
- Seehafenspedition
- Güterverkehr
- Gefahrgutlogistik
- Fahrzeugdistrubution
- Umzüge
- Massengutlagerung
- Entsorgungslogistik
- Absatzlogistik
- Beschaffungslogistik
- Neumöbelspedition

Logistische Teilmärkte

Statt ein „Allroundplayer" zu sein spezialisieren sich immer mehr Spediteure auf abgegrenzte Teilmärkte. Ihr Leistungsangebot wird bestimmt durch die speziellen Kundenforderungen. Bedingung, um hier tätig zu werden, sind gute Kenntnisse der Prozessketten in Industrie und Handel.

Beispiele:

- Automobillogistik
- Chemielogistik
- Ersatzteillogistik
- Textillogistik
- Logistik für Nahrungs- und Genussmittel
- Logistik für Baumärkte
- Logistik für Hightechprodukte
- Genussmittellogistik
- Handelslogistik

Logistische Mehrwertdienste (Value Addet Services)

Diese auch als Mehrwertlogistik bezeichnete Leistung orientiert sich besonders eng an den speziellen Bedürfnissen des jeweiligren Kunden. Häufig wird hierbei ein mittel- bis langfristig laufender Rahmenvertrag (Kontrakt) abgeschlossen, der die Einzelheiten festschreibt (Kontraktlogistik).

Beispiele:

- Regalservice
- Retourenmanagement
- Abrufsteuerung
- Qualitätskontrolle
- Logistikberatung
- Etikettierung
- Montagearbeiten
- Kommission Verpacken
- Bestandsmanagement

Speditionsbetriebe sind auch bedeutende Leistungsträger bei dem Angebot von Ausbildungsberufen. Die folgende Übersicht informiert über diese Tatsache.

Ausbildungsberufe

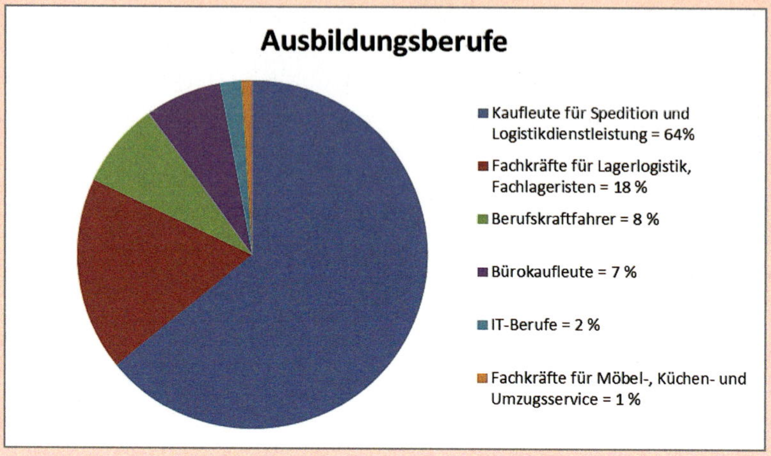

Arbeitsvorschläge

1. Welche Funktion liegt vor beim
   a) täglichen Individualverkehr,
   b) Luftverkehr,
   c) öffentlicher Straßenverkehr?
2. Nehmen Sie Stellung zu der Behauptung: „Die Deutsche Bahn AG ist ein Angebotsmonopolist".
3. Nennen Sie die sieben „r's", durch welche die Aktivitäten der Logistiker beschrieben werden. Ergänzen sie hierzu:

   Logistische Aktivitäten sorgen dafür, dass
   - das richtige Gut
   - ....
   - ....
   - ....
   - ....
   - zu den richtigen Kosten
   - für die richtigen Kunden

   zur Verfügung steht
4. Beschreiben Sie das Ablaufschema zum Thema Supply Chain Management (SCM) anhand der Grafik im Kapitel 10.4.
5. Erklären Sie die Aussage: „SCM bedeutet, das Unternehmen ist Bestandteil einer Prozesskette."
6. Was ist gemeint, wenn von „Intralogistik" die Rede ist?
7. Nennen Sie vier Beispiele von logistischen Mehrwertdiensten.
8. In welchen Teilmärkten sind z. B. Logistikdienstleister tätig?

11 Unternehmenszusammenschlüsse

Moment mal!

Kartellamt vermutet Preisdiktat der Mineralölkonzerne

Fünf diktieren den Preis.

Düsseldorf. Das Bundeskartellamt geht davon aus, dass auf dem deutschen Benzinmarkt wenige Anbieter die Preise zum Schaden der Autofahrer diktieren. Die fünf großen Tankstellenketten Aral/BP, Shell, Jet, Esso und Total bilden nach Meinung des Kartellamtes ein marktbestimmendes Oligopol. Mit einem Oligopol wird ein Markt bezeichnet, der von wenigen Anbietern beherrscht wird.

Nah Erkenntnis des Kartellamts unterhalten die Großen ein Beobachtungs- und Meldesystem. Geheimabsprachen sind so nicht notwendig. „Preisabsprachen sind verboten, Preis abgucken nicht“, zitiert Welt am Sonntag einen Manager der Mineralölwirtschaft. Du so wird's gemacht: Einer der fünf Großen prescht mit einer Preisanhebung vor. Mit Vorliebe am Wochenende, vor Feiertagen oder den Ferien. Die anderen ziehen dann nach.

Das Bundeskartellamt hält ein Kartellverfahren gegen die Mineralölkonzerne „nicht für ausgeschlossen.“ Schützenhilfe bekommt das Amt von den Automobilklubs. Der Auto Club Europa (ACE) fordert den Staat auf, nun endlich mal etwas zu tun. „Mächtige Konzerne unterlaufen im Gleichschritt den Wettbewerb und benachteiligen den Verbraucher. Das darf die Bundesregierung nicht länger hinnehmen“, erkläret der ACE-Vorstand.

(xrl)

- Wie wirken sich Unternehmenszusammenschlüsse aus?
- Welche Arten von Unternehmenszusammenschlüssen sind zu unterscheiden?
- Wie verhält sich der Staat gegenüber Unternehmenszusammenschlüssen?

?

11.1 Arten der Unternehmenszusammenschlüsse

Unternehmen schließen sich zusammen, um gemeinsame Ziele zu erreichen. Eine sehr lockere Form des Zusammenschlusses liegt z. B. dann vor, wenn zwei Großbäckereien vereinbaren, ihre technischen Erfahrungen bei der Herstellung von Vollkornbrötchen auszutauschen. Zusammenschlüsse können aber so weit gehen, dass beteiligte Unternehmen ihre Selbstständigkeit total aufgeben. Bei Unternehmenszusammenschlüssen unterscheidet man die folgenden Arten:

Kartell

Kartelle sind horizontale (betreffen Unternehmen der gleichen Wirtschaftsstufe) oder vertikale (betreffen Unternehmen verschiedener Wirtschaftsstufen) vertragliche Zusammenschlüsse von Unternehmen. Diese bleiben zwar rechtlich selbstständig, verlieren aber einen Teil ihrer wirtschaftlichen Selbstständigkeit. Ziel eines derartigen Zusammenschlusses ist die Beschränkung des Wettbewerbs durch einheitliches Verhalten der beteiligten Unternehmen. Werden die vertraglichen Vereinbarungen nicht beachtet, muss im Allgemeinen eine Konventionalstrafe an die Vertragspartner gezahlt werden.

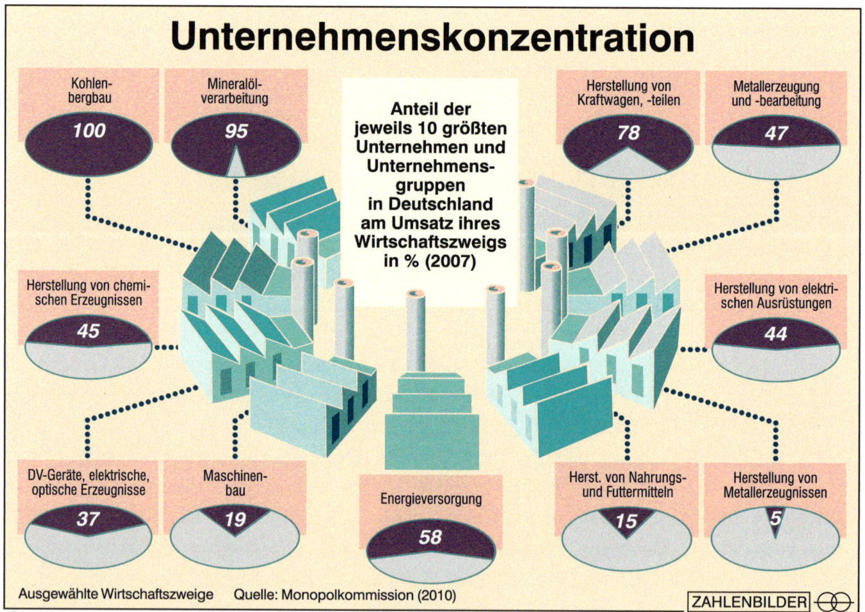

346 150

Syndikat

Syndikate sind Kartelle mit einer gemeinsamen Verkaufsorganisation. Ziel der Syndikate ist es, Rationalisierungsvorteile bei der Beschaffung und dem Absatz von Waren zu erreichen. Die Kunden treten dabei nur noch in Kontakt mit dem Syndikat, das die Aufträge nach einem bestimmten Schlüssel an die beteiligten Unternehmen weitergibt. Die Belieferung der Kunden erfolgt direkt durch die einzelnen Unternehmen.

Funktionsweise eines Syndikats

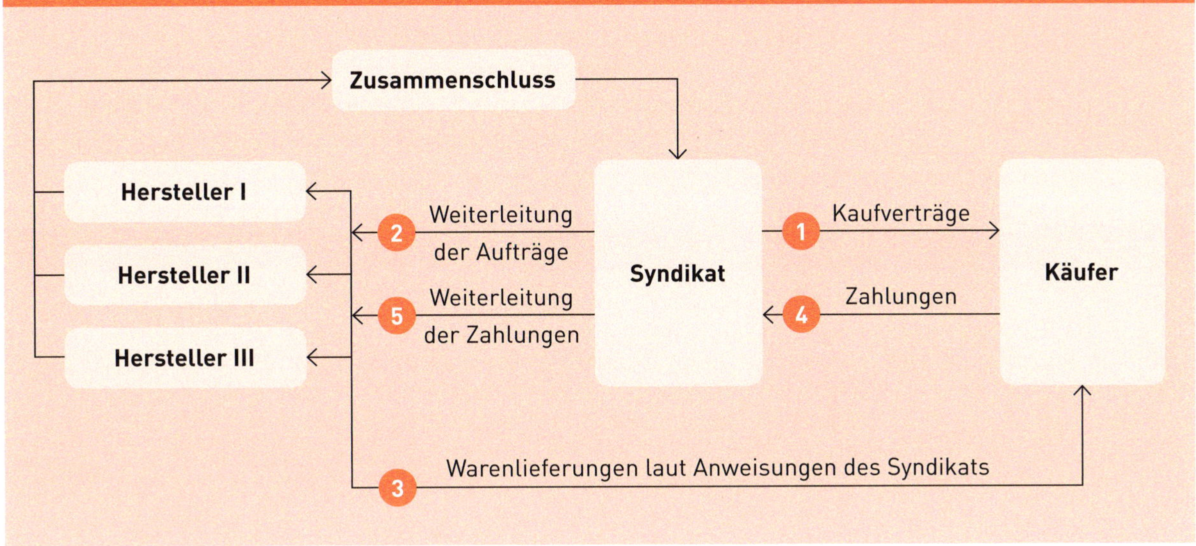

Interessengemeinschaft

Die Interessengemeinschaft ist ein Zusammenschluss gleich- oder verschiedenartiger Unternehmen, die rechtlich selbstständig bleiben. Ihre wirtschaftliche Selbstständigkeit wird in einem größeren Maße als beim Kartell aufgegeben.

Die gemeinsamen Interessen, die die beteiligten Unternehmen verfolgen, können u.a. darin bestehen:

- eine gemeinsame Verwaltung einzurichten,
- die Forschungs- und Entwicklungsarbeiten gemeinsam zu betreiben,
- das Produktionsprogramm aufeinander abzustimmen,
- technische Erfahrungen auszutauschen,
- gegenseitig Erzeugnisse abzunehmen.

Arbeitsgemeinschaft (Arge)

Arbeitsgemeinschaften sind Zusammenschlüsse verschiedener Unternehmen zur gemeinsamen Durchführung eines Auftrages. Zusammenschlüsse dieser Art sind vor allem bei solchen Großprojekten zu finden, die von einem einzelnen Unternehmen nicht durchgeführt werden könnten. Arbeitsgemeinschaften sind vor allem in der Bauwirtschaft zu finden, so z.B. beim Bau von Autobahnen, Kraftwerken oder auch Schulzentren. Der Zusammenschluss der Firmen ist nur für eine bestimmte Zeit vorgesehen. Er endet mit der Durchführung des gemeinsamen Auftrages.

Rechtlich bleiben die Mitglieder der Arbeitsgemeinschaft selbstständige Unternehmen, deren wirtschaftliche Selbstständigkeit aber für eine gewisse Zeit eingeschränkt wird.

Eine besondere Art der Arbeitsgemeinschaften, die vor allem im Finanzbereich vorkommt, sind die **Konsortien**. Mehrere Banken arbeiten hier für eine gewisse Zeit zur Durchführung eines Konsortialgeschäfts zusammen. Die häufigste Form ist das Emissions-Konsortium, bei dem es darum geht, Aktien oder Anleihen für einen Großkunden zur Beschaffung finanzieller Mittel auf dem Kapitalmarkt zu platzieren.

Konzern

Schließen sich rechtlich selbstständig bleibende Unternehmen (gleich- oder verschiedenartige) unter einer einheitlichen Leitung zusammen, entsteht ein Konzern. Die wirtschaftliche Selbstständigkeit geht hierbei verloren. Nach der Abhängigkeit, die zwischen den einzelnen Unternehmen eines Konzerns besteht, unterscheidet man den **Unterordnungs-** von dem **Gleichordnungskonzern**.

Konzerne

Arten	Merkmale	Darstellung (Beispiele)
Unterordnungskonzern	Ein Unternehmen beherrscht andere Unternehmen durch: • Aktienmehrheit an dem beherrschten Unternehmen. Die Obergesellschaft ist dabei häufig eine Dachgesellschaft (Holdinggesellschaft), die nur die angeschlossenen Unternehmen verwaltet, ohne selbst Produktionsaufgaben zu erledigen. • Abschluss eines Beherrschungsvertrages.	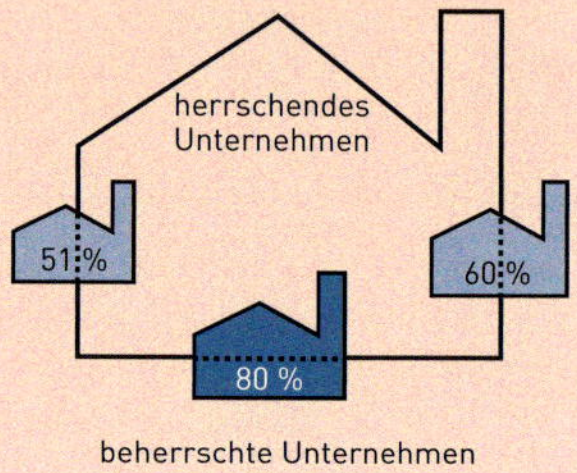
Gleichordnungskonzern	Unternehmen sind unter einheitlicher Leitung zusammengefasst durch gegenseitigen Austausch von Aktien.	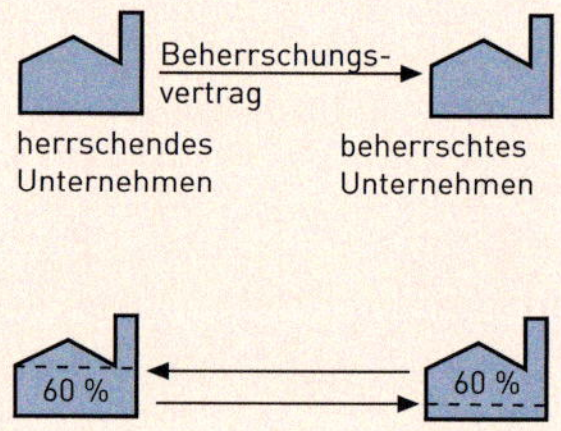

Trust

Der Trust ist ein Zusammenschluss von Unternehmen, die ihre rechtliche und wirtschaftliche Selbstständigkeit aufgeben und durch **Verschmelzung** (Fusion) ein neues Unternehmen bilden. Die Fusion kann auf zwei Arten geschehen: Fusion durch **Aufnahme** und Fusion durch **Neubildung**.

Trust

Arten	Merkmale	Darstellung (Beispiele)
Fusion durch Aufnahme	Das Vermögen der übertragenden Gesellschaft geht als Ganzes auf die übernehmende Gesellschaft über. Diese muss ihr Grundkapital erhöhen, um den Aktionären der übertragenden Gesellschaft Aktien anbieten zu können.	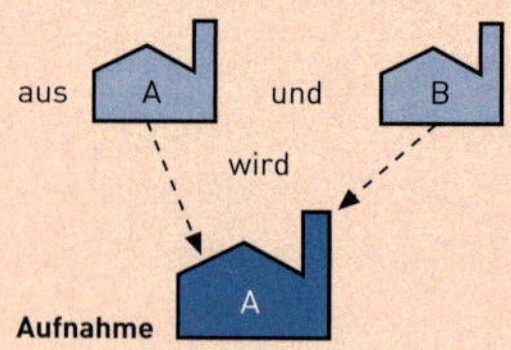
Fusion durch Neubildung	Es wird eine neue Gesellschaft gegründet, in die die alten Gesellschaften ihr Vermögen gegen Gewährung von Aktien einbringen.	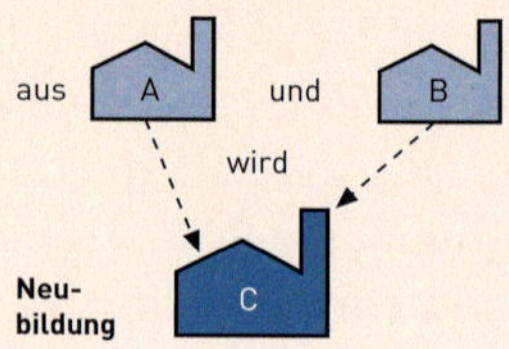

11.2 Ursachen und Auswirkungen

Ursachen der Unternehmenskonzentration

Unternehmen schließen sich zusammen, um gemeinsame Interessen zu verfolgen. Im Übrigen können Unternehmenszusammenschlüsse Vorteile im Beschaffungs-, Produktions- oder Absatzbereich haben. So können z. B. Großunternehmen

- durch den Einkauf größerer Mengen höhere Rabatte aushandeln und dadurch günstiger einkaufen als kleine und mittlere Unternehmen.
- sich leichter finanzielle Mittel beschaffen, da sie entsprechende Sicherheiten bieten können (Stärkung der Kreditwürdigkeit). Steuerliche Vorteile können leichter genutzt werden. Eine Verminderung des finanziellen Risikos z. B. durch gemeinsame Finanzierung von Großprojekten ist möglich.
- kleine Konkurrenzbetriebe durch einen scharfen Preiswettbewerb vom Markt verdrängen. Großunternehmen können durch groß angelegte Werbemaßnahmen und durch aufwendige Marktforschung ihre Absatzchancen verbessern.
- aufgrund ihrer höheren Finanzkraft finanzielle Durststrecken länger durchhalten als kleine und mittlere.
- als Mehrproduktbetrieb die Verluste bei einem Erzeugnis durch eventuelle Gewinne bei anderen ausgleichen. Dieser Fall ist z. B. bei Mischkonzernen gegeben. Denkbar ist auch, dass Großunternehmen wie z. B. Aldi völlig unwirtschaftliche Filialen über mehrere Jahre in ihrer Existenz absichern, in der Erwartung besserer Zeiten.
- durch die Herstellung größerer Stückzahlen kostengünstiger produzieren als kleinere. Hinter diesem Argument steht die Vorstellung, dass mit steigender Produktion die Herstellungskosten pro Stück in Großunternehmen stärker sinken als in kleinen. Dieser sogenannte Vorteil der Massenproduktion lässt sich damit erklären, dass Großunternehmen eine relativ höhere Fixkostenbelastung bei vergleichsweise niedrigen variablen Kosten haben. Bei zunehmender Produktionsmenge sinken die Fixkostenbelastungen pro Stück (Fixkostendegression) und damit natürlich auch die gesamten Stückkosten.

Auswirkungen der Unternehmenskonzentration

Konzentrationsprozesse in einer Volkswirtschaft können unterschiedliche Auswirklungen haben:

- Konzentration bedeutet Marktmacht, die dazu missbraucht werden kann, dem Kunden höhere Preise abzuverlangen. Möglich ist auch, dass die Vielfalt der angebotenen Produkte eingeschränkt wird.
- Großunternehmen stellen sich auf veränderte Nachfragegewohnheiten nicht selten langsamer ein als kleinere Unternehmen.
- Ihre wirtschaftliche Macht können Großunternehmen dazu benutzen, um auch politische Macht auszuüben.
- Großunternehmen können zum Zwecke einer Gewinnmaximierung ihre Kosten stärker beeinflussen als kleinere Unternehmen. Dies ist vor allem möglich bei Großbetrieben, die keiner größeren Konkurrenz ausgesetzt sind. Denkbar ist hier, die Kosten zu reduzieren, indem die Qualität der Erzeugnisse durch die Verwendung minderwertiger Rohstoffe oder auch durch eine schlechtere Verarbeitung gesenkt wird.

- Kleinere Unternehmen, die z. B. als Zulieferer einen großen Teil ihrer Produktion an Großunternehmen liefern, sind auf gute Geschäftsbeziehungen mit ihnen angewiesen. Großkunden kennen ihre Macht und benutzen sie nicht selten dazu, kleine und mittlere Zulieferbetriebe im Rahmen von Preisverhandlungen regelrecht „auszuquetschen".

Arbeitsvorschläge

1. Nennen Sie Gründe, wie es zu einem Machtzuwachs eines Unternehmens im Rahmen eines internen Unternehmenswachstums kommen kann.
2. Beim Oetker-Konzern liegt eine Konzentrationsform vor, die in der Fachsprache als diagonale Unternehmenskonzentration (Gegenstück: horizontale Unternehmenskonzentration) bezeichnet wird. Versuchen Sie zu erklären, was hiermit gemeint sein könnte.

Mit „Backin", hier eine Verpackung von 1920, begann der Aufstieg der Familie Oetker.

3. Ordnen Sie die Unternehmenszusammenschlüsse Trust, Kartell, AG, Interessengemeinschaft und Konzern nach dem Merkmal der abnehmenden Selbstständigkeit.
4. Unterscheiden Sie zwischen Fusion durch Aufnahme und Fusion durch Neubildung.
5. Welche Arten von Unternehmenszusammenschlüssen liegen in den folgenden Fällen vor?
   - Unternehmen der Textilindustrie bringen ihr gesamtes Vermögen in eine neue Gesellschaft ein und erhalten hierfür Aktien.
   - Großbetriebe der Zigarettenindustrie vereinbaren eine einheitliche Unternehmensleitung. 60 % der Aktien werden gegenseitig ausgetauscht.

„Man nehme, was man kriegen kann"

Gegen Ende des 19. Jahrhunderts gab der Bielefelder Apotheker Doktor August Oetker die Herstellung von Warzentinkturen und Fußsalben auf, um sich ganz auf ein neues Produkt zu konzentrieren: Backpulver in kleinen Tütchen. „Meist genügt eine gute Idee, und der Mann ist gemacht", pflegte der streng gescheitelte Herr Doktor mit dem Zwirbelbart zu sagen. Die Backpulvertütchen waren eine sehr gute Idee. Wenn heute, mehr als 110 Jahre später, seine Urenkelin Rosely Schweizer ihren Geburtsnamen Oetker nennt, „echot mein Gegenüber in neun von zehn Fällen Backpulver oder Pudding".

Dabei steht Oetker für viel mehr als nur für pfiffige Kochhilfen. Der Clan verdient mit Schiffen mehr Geld als mit Nahrungsmitteln, betreibt Luxushotels, kauft Biermarken wie andere Leute Bierkästen, besitzt eine eigene Bank und dazu gleich eine eigene Versicherung. Außerdem ein Chemiewerk und einen Verlag, der mit seinen Kochbüchern Auflagen erreicht, die in Deutschland nur von der Bibel übertroffen werden. Wenn die Oetkers auf ihre Erfolge anstoßen wollen, können sie zwischen einem halben Dutzend Sektsorten aus eigenen Kellereien wählen. Allein die Bielefelder Oetker-Gruppe, zu der längst nicht alle Unternehmen der Gruppe zählen, besteht aus über 300 Firmen. Auf 7,5 Milliarden Dollar schätzte das Magazin „Forbes" das Vermögen der Ostwestfalen. Auf der Liste der reichsten Menschen der Welt kletterten sie bis auf Platz 50.

(Quelle: Schmitz, S., Stern, Nr. 38/2004, S. 73 f.)

12 Kooperation und Konzentration in der Transportwirtschaft

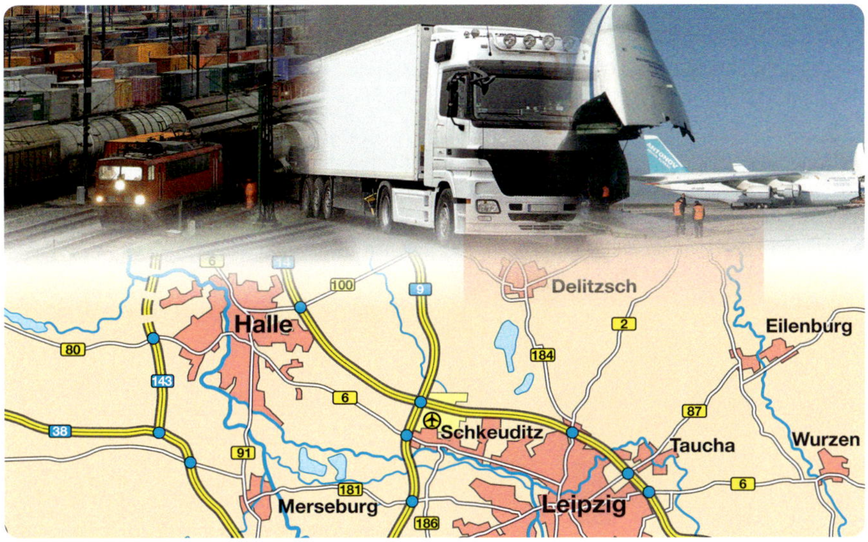

Netzwerk Logistik Leipzig-Halle E.V.

Ein Kooperationsnetz der Logistikbranche stellt sich vor:
Das Kooperationsnetz wurde im September 2008 auf Initiative der regionalen Logistik-Akteure als Verein gegründet und vereint derzeit **110 Mitglieder**. In diesem Netzwerk arbeiten Logistikdienstleister, Zulieferer und Verlader aller Größenordnungen und Spezialisierungen, öffentliche Verwaltung, Kammern und Verbände sowie Forschungs- und Bildungseinrichtungen zusammen, um das Leistungsspektrum und die Leistungsfähigkeit der Logistikregion Leipzig-Halle immer weiter zu verbessern.
Im Personalsektor kooperiert das Netzwerk mit regionalen Arbeitsvermittlern, Personaldienstleistern, Qualifizierungs- und Rekrutierungsagenturen.
(nach: http://www.logistik-leipzig-halle.net/index.php?id=34)

- Was sind Kooperationen?
- Welche Kooperationen werden unterschieden?
- Welche Merkmale weisen sie auf?
- Welche Ziele verfolgen sie?

?

12.1 Merkmale von Kooperationen

Kooperationen in der Spedition- und Logistikbranche entstehen durch eine freiwillige Zusammenarbeit von Unternehmen. Diese bleiben rechtlich selbständig. Die wirtschaftliche Selbständigkeit geht teilweise verloren. Sie bleibt nur bei solchen betrieblichen Tätigkeiten erhalten, bei denen keine Zusammenarbeit vereinbart wurde.

Kooperierende Speditions- und Logistikfirmen haben einen Teil ihrer wirtschaftlichen Aktivitäten aufeinander abgestimmt. Je nach Situation weisen die Kooperationen unterschiedliche Merkmale auf. Diese sind z. B.:

Merkmale von Kooperationen in der Transportwirtschaft

Transportdisposition erfolgt von einer gemeinsamen Zentrale aus.

Vertraglich vereinbarte gemeinsame Qualitätsstandards gegenüber Kunden (z. B. hinsichtlich Liefertreue).

Unternehmensübergreifende Teamarbeit zwischen den kooperierenden Unternehmen.

Beteiligung aller Kooperationspartner an wichtigen Entscheidungen.

Gemeinsamer Marktauftritt der kooperierenden Unternehmen (z. B. durch gemeinsame Markenzeichen).

Austausch von Mitarbeitern um Erfahrungen und Wissen an Kooperationspartner weiterzugeben.

Gemeinsame Nutzung von Betriebsstätten, Maschinen und Anlagen.

Großeinkauf z. B. Kraftstoffen und Versicherungspolicen.

12.2 Ziele von Kooperationen

Die Kooperation zwischen Unternehmen in der Transportwirtschaft hat das Ziel, **Synergieeffekte** zu erzielen. Sie zeigen sich in der positiven Wirkung der Zusammenarbeit und bestehen z. B. darin:

- den Umsatz zu steigern
- die Kosten zu senken
- die Geschäftsrisiken zu verringern
- außerökonomische Ziele, wie z. B. das Ansehen gegenüber den Geschäftspartnern und der Öffentlichkeit zu steigern.

12.3 Kooperationsformen in der Transportwirtschaft

Schon bei kleineren und mittleren Transportbetrieben waren Kooperationen früher ein Bestandteil der Geschäftspolitik. Mit der Vielzahl von logistischen Dienstleistungen die inzwischen von den Kunden verlangt werden, ist deren Anzahl stark angestiegen. Entsprechend der Stellung der Unternehmen im Wirtschaftsprozess sind drei Kooperationsformen zu unterscheiden:

Kooperationsformen in der Transportwirtschaft

Kooperationsformen

horizontale Kooperation	vertikale Kooperation	diagonale Kooperation
Merkmal: Zusammenarbeit von Unternehmen auf gleicher Wirtschaftsstufe. **Beispiel:** vier Speditonsbetriebe arbeiten zusammen um ihre Marktmacht zu vergrößern.	**Merkmal:** Zusammenarbeit von Unternehmen auf verschiedene Wirtschaftsstufen. **Beispiel:** Eine Fluggesellschaft arbeitet mit einem Verkehrsunternehmen zusammen, um sich gegen Markteinbrüche abzusichern.	**Merkmal:** Zusammenarbeit von branchenfremden Unternehmen. **Beispiel:** Verkehrsunternehmen arbeitet mit Kreditkartenorganisation zum Zweck einer Angebotserweiterung zusammen.

Die Kooperationen in der Transportwirtschaft vollziehen sich immer stärker in Netzwerken. Um ihre Machtposition zu verbessern werden seit einigen Jahren vermehrt **strategische Allianzen** gebildet. Sie sind häufig grenzüberschreitend tätig.

Beispiel 1: Strategische Allianzen bei Speditionen

Die Zusammenarbeit auf internationaler Ebene ermöglicht eine große Flächenabdeckung. Kostspielige Filialen im Ausland zu errichten oder gar ganze Unternehmen zu haben, entfällt. Ein praktisches Beispiel: „System Allianz Europe".

Das **europäische Sammelgut-Netzwerk System Allianz Europe** ermöglicht europaweit IT-gestützte Abholaufträge sowie die Einrichtung kundenindividueller Logistikmodelle. Mit den neuen Angeboten können System Allianz Europe Partner das Netzwerk für ihre Kunden noch flexibler einsetzen.

Europaweite Abholaufträge

Mit der neuen, IT-gestützten Lösung für Beschaffungslogistik nimmt der nächstgelegene Netzwerkpartner Abholaufträge für Sendungen aus allen 23 durch Partnern abgedeckten Ländern entgegen. Begünstigt wird dies durch die neue Webanwendung „CargoCollect". Mit dieser können die System Allianz Europe Partner Abholaufträge auch dann elektronisch übermitteln und verwalten, wenn ihr Haussystem dafür noch keine Möglichkeit vorsieht. Durch diesen Schritt sind alle 166 Betriebe der 47 Netzwerkpartner technisch noch enger zusammengerückt. Ein weiteres Plus für die Kunden: das Sendungsverfolgungssystem „CargoTrack" bietet maximale Transparenz von der Abholung bis zur Zustellung.

(Quelle: http://www.systemallianceeurope.net/system-alliance-europe/presse/einzelansicht.html?tx_ttnews%5Btt_news%5D=127&cHash=3416c701fd6ad2a2746c80b2cefb4cbb)

Beispiel 2: Strategische Allianz im Luftverkehr

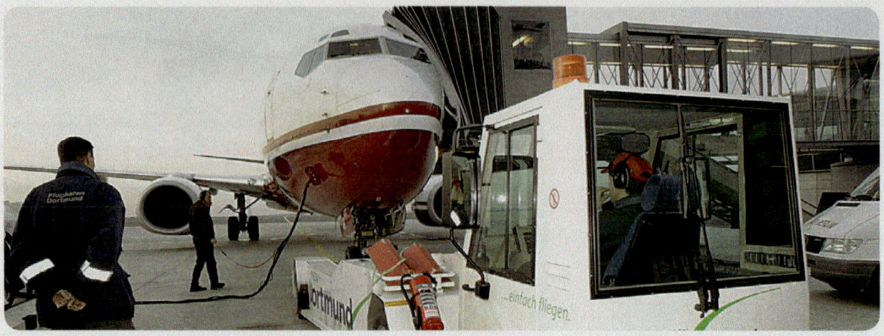

Rechtlich selbständige Fluggesellschaften kooperieren im Personen- und Frachtverkehr, um ihre Existenz langfristig zu sichern. Auf folgenden Ebenen wird z. B. kooperiert: Flugpläne werden aufeinander abgestimmt, gemeinsame Marketingmaßnahmen werden durchgeführt und das Bodenpersonal wird gemeinsam genutzt. Eine Standartmaßnahme bei der Zusammenarbeit ist das „Code sharing". Hierbei fliegen mehrere kooperierende Gesellschaften unter einer gemeinsamen Flugnummer mit gemeinsamer Abfertigung. Wer von den Allianzpartnern den Flug tatsächlich ausführt, entscheidet sich nach den jeweils freien Ladekapazitäten.
Z. B. Star Allianz: Die beteiligten Fluggesellschaften sind Air Canada, Air New Zealand, ANA, Asiana, Australian Airlines, bmi, LOT, Lufthansa, Swiss, Scandinavian, TAP, Thai Airways, United Airlines, US Airways, VARIG.

Beispiel 3: Kartellbildung in der Transportwirtschaft

Eine der wichtigsten Organisationen im Luftverkehr ist die International Air Transport Amociation (IATA). Bis zur Liberalisierung im Luftverkehr war diese Organisation ein klassisches Preis-Konditionen-Kartell. Ihre Kernfunktion bestand darin, die nationalen Fluggesellschaften bei der Preis- und Leistungsabsprache zu beraten. Diese Kartellfunktion hat die IATA nicht mehr. Ihre Aufgabe besteht jetzt im Wesentlichen darin, die nationalen Fluggesellschaften bei organisatorischen Aufgaben zu unterstützen. Beispiel: Verrechnung von Forderungen zwischen den Fluggesellschaften über eine zentrale Abrechnungsstelle.
Kartelle im klassischen Sinne, die bereits seit dem vorigen Jahrhundert bestehen, sind die Schifffahrtskonferenzen (Liner Conference). Es handelt sich um Zusammenschlüsse von Reedern. Gegenstand der Vereinbarungen sind Preise und Margen für die gemeinsam betriebenen Fahrstrecken. Preis-Quote-Kartelle dieser Art sind in andern Wirtschaftsbereichen ausdrücklich verboten.

12.4 Unternehmensstrategie: Wirtschaftswachstum in der Transportwirtschaft

Transportbetriebe haben ein gemeinsames Ziel. Sie wollen wachsen um ihre Marktposition zu stärken. Nur wer wächst, kann auch langfristig überleben. Zwei grundlegende Strategien sind möglich:

Strategien zur Wachstumssteigerung in der Transportwirtschaft

Internes Wachstum	Externes Wachstum	
	Wachstum durch Kooperation	**Wachstum durch Konzentration (Unternehmens-zusammenschlüsse)**
Maßnahmen: • Gründung von neuen Niederlassungen • Ausbau vorhandener Niederlassungen	**Maßnahmen:** Bildung von Netzwerken und strategische Allianzen	**Maßnahmen:** • Verschmelzung (Fusion) von Betrieben • Zusammenschluss von Unternehmen unter einheitlicher Leitung (Konzernbildung)

Schließen sich Transportbetriebe zusammen, so geht ein größerer Teil ihrer Selbständigkeit verloren, als bei einer Kooperation. Bei einem Konzern schließen sich z. B. rechtlich selbständige Speditionen unter einer einheitlichen Leitung zusammen. Häufig ist es eine unzureichende Betriebsgröße mit fehlenden Finanzmitteln, welche mittelständische Speditionen zu diesem Schritt veranlassen.

Entschließen sich Transportbetriebe zu fusionieren, so verschmelzen sie zu einer rechtlichen Einheit. Beispiel: Ein Autohersteller erwirbt die Aktienmehrheit an einem Großspediteur, der auf Autotransporte spezialisiert ist. Das eingegliederte Unternehmen hört dann auf zu bestehen.

Arbeitsvorschläge

1. Eine mittelständische Spedition möchte mit einer anderen Spedition kooperieren, um seine Marktposition zu verbessern. Machen Sie vier Vorschläge über Maßnahmen, die unternommen werden sollten.
2. Unterscheiden Sie zwischen einer horizontalen, vertikalen und diagonalen Kooperation.
3. Nennen Sie einige Merkmale von strategischen Allianzen in der Transportwirtschaft.
4. Warum kooperieren Betriebe in der Transportwirtschaft?
5. Versuchen Sie einige Nachteile von Kooperationen aufzuzeigen.
6. Um die gegenseitige Konkurrenz auszuschalten, beschließen zwei mittelständische Möbelspeditionen ihre Preiskalkulation aufeinander abzustimmen und zu vereinheitlichen.
   a) Welche Art von Kooperation liegt vor?
   b) Beurteilen Sie dieses Vorgehen aus rechtlicher Sicht.

13 Staatliche Wettbewerbspolitik

Moment mal!

Energieversorger darf keine Sperre androhen

Kartellamt stärkt Verbraucher im Streit um Preiserhöhungen

Kassel/Bonn. Erneut hat das Bundeskartellamt Deutschlands Gas- und Stromversorgern die rote Karte gezeigt. Kartellamtspräsident Ulf Böge will die Energielieferanten mit Bußgeldern von bis zu einer Million Euro belegen, falls sie jenen Kunden, die höhere Preise nicht einfach so schlucken und ihre Überweisung kürzen, mit Strom- oder Gassperre drohen.
Deutsche Energielieferanten müssen misstrauischen Kunden eigentlich ihre Kalkulation offenlegen und damit steigende Tarife nachvollziehbar machen – im Extremfall sogar vor Gericht. Das predigen Verbraucherschützer seit Jahren. Diese Nachweispflicht der „Billigkeit" einer Preiserhöhung legt § 315 des Bürgerlichen Gesetzbuches (BGB) fest – als Ausgleich dafür, dass Energieversorger in der Regel über Gebietsmonopole regieren und Kunden nicht einfach den Anbieter wechseln können.

Missbrauchsverfahren

Die Konzerne wüssten sehr wohl, dass sie im Streit um Tarife nicht damit drohen dürften, Strom oder Gas abzudrehen, hieß es beim Kartellamt gestern auf Anfrage: „Sie tun es trotzdem, eine Vielzahl der Verbraucher hat sich bei uns beschwert." Vor allem ältere und arme Menschen, die sich Papierkrieg oder Gerichtsstreit am wenigsten leisten können, würden damit unter Druck gesetzt. In einem Fall – hier hat ein Versorger Kunden innerhalb eines Vierteljahres sogar zweimal eingeschüchtert – haben die Kartellwächter ein Missbrauchsverfahren eingeleitet.

(Quelle: HNA, 26. Sept. 2006)

- Welche Bedeutung hat der Wettbewerb für die Volkswirtschaft?
- Welche Rolle nimmt der Staat dabei ein?

?

13.1 Bedeutung des Wettbewerbs in der Marktwirtschaft

„Wettbewerb ist die beste Organisationsform, um volkswirtschaftlich Wohlstand und Wachstum zu mehren. Wettbewerb ist kein Nullsummen-Spiel, denn Wettbewerbsfähigkeit, Wachstum und gesellschaftlicher Fortschritt verstärken sich gegenseitig.“[1]
Die Marktwirtschaft kann ihre Aufgaben nur erfüllen, wenn auch der Wettbewerb funktioniert. Er ist der Motor der Marktwirtschaft. Ihn zu schützen, gehört daher zu den Fundamenten der Wirtschaftsordnung in der Bundesrepublik. Im Einzelnen erfüllt der Wettbewerb die folgenden Aufgaben:

- **Antriebs- und Leistungsfunktion**
  Durch den Wettbewerb sollen die Unternehmen dazu veranlasst werden, möglichst preiswerte und gute Sachgüter und Dienstleistungen anzubieten. Die Einführung kostengünstiger Produktionsmethoden und die Umsetzung von Innovationen soll durch den Wettbewerb begünstigt werden.
- **Steuerungsfunktion**
  Durch den Wettbewerb soll die Zusammensetzung des Güterangebotes entsprechend den Wünschen der Nachfrager gesteuert werden.
- **Koordinationsfunktion**
  Durch den Wettbewerb sollen die Einzelpläne der Wirtschaftssubjekte koordiniert, d. h. abgestimmt werden. Die Produktionsfaktoren sollten jeweils dort eingesetzt werden, wo sie am dringendsten benötigt werden und unter wirtschaftlichen Gesichtspunkten am effektivsten sind.
- **Schutz von Anbietern und Nachfragern**
  Er ergibt sich durch Konkurrenz auf der Marktgegenseite. Durch den Wettbewerb soll jeder zwischen mehreren Anbietern bzw. Nachfragern auswählen können. Eine Ausbeutung der Marktteilnehmer soll es durch den gegenseitigen Unter- bzw. Überbietungsprozess nicht geben.

(vgl.: Gotthold, J., Markt und Wettbewerb in der Wirtschaft, Köln 1985, S. 14)

13.2 Wettbewerbspolitik mithilfe des Gesetzes gegen Wettbewerbsbeschränkung

Die Tendenz zu Preissenkungen und Qualitätssteigerungen sind die positiven Beiträge des Wettbewerbs für die Allgemeinheit. Der einzelne Unternehmer hat andere Interessen. Für ihn wäre es vorteilhafter, durch Ausschaltung des Wettbewerbs eine bestimmte Ware zu einem höheren Preis zu veräußern. Die Allgemeinheit würde aber durch ein derartiges Verhalten geschädigt.
Im Gesetz gegen Wettbewerbsbeschränkungen (GWB) hat sich der Staat ein Instrument zum Schutz des Wettbewerbs geschaffen. Die wettbewerbsüberwachenden Stellen sind das Bundeskartellamt in Bonn und die jeweiligen Landeskartellbehörden. Für die Durchsetzung des europäischen Wettbewerbsrechts ist die EU-Kommission in Brüssel zuständig.
Grundlegende Bestimmung dieses Gesetzes ist das:

Verbot von Kartellen und parallelem Verhalten

„Alles war so schön bequem geregelt, und nun sollen wir wieder auf die grässliche Aschenbahn und laufen und kämpfen und Wettbewerbe durchstehen.“

1 Quelle: Böge, U., Tätigkeitsbericht des Bundeskartellamtes, Bonn 2005, S. 7

Kartelle schränken den Wettbewerb im Allgemeinen ein. Sie sind daher nach § 1 GWB grundsätzlich verboten.

So ist in § 1 GWB zu lesen:

> Vereinbarungen zwischen Unternehmen, Beschlüsse von Unternehmensvereinigungen und aufeinander abgestimmte Verhaltensweisen, die eine Verhinderung, Einschränkung oder Verfälschung des Wettbewerbs bezwecken oder bewirken, sind verboten.

Beispiele für wettbewerbsbeschränkende Vereinbarungen

horizontal		vertikal	
Name	**Beispiele**	**Name**	**Beispiele**
Preiskartell	Vier Farbenhersteller treffen Absprachen über gemeinsame Verkaufspreise.	Vertikales Preiskartell der zweiten Hand	Ein Fahrradhersteller vereinbart mit dem Großhändler und den Einzelhändlern die Höhe der jeweiligen Verkaufspreise.
Gebietskartell	Fünf Schulmöbelhersteller teilen das Absatzgebiet der Bundesrepublik unter sich auf.	Ausschließlichkeitskartell	Ein Arzneimittelhersteller vereinbart mit den Pharmagroßhändlern, bestimmte Apotheken nicht zu beliefern.

Die Neufassung des GWB hatte im Wesentlichen eine Angleichung der deutschen Vorschriften an das europäische Kartellrecht zum Ziel. Im deutschen Recht wurde die bestehende grundsätzliche Anmelde- und Genehmigungspflicht für wettbewerbsbeschränkende Vereinbarungen abgeschafft. Danach war es so, dass bestimmte Kartellarten der Anmeldung beim Kartellamt bedurften. Sie wurden dann wirksam, wenn die Behörde nicht widersprach.
Dieses Anmelde- und Genehmigungssystem wurde ersetzt durch das Prinzip der **Legalausnahme**. Danach bleibt es den Unternehmen überlassen, die wettbewerbsbeschränkende Wirkung selbst einzuschätzen.
Als unbedenklich im Sinne des § 1 GWB ist eine Vereinbarung zwischen Unternehmen dann einzustufen, wenn sie die Bestimmungen des § 2 GWB (freigestellte Vereinbarungen) erfüllt. Danach werden solche Vereinbarungen durch die Kartellbehörde akzeptiert, wenn sie z. B. zur Förderung des technischen oder wirtschaftlichen Fortschritts beitragen.

Beispiele

Förderung des technischen Fortschritts:
Zwei Autohersteller vereinbaren, gemeinsam einen serienreifen Hybridmotor zu entwickeln, um den Energieverbrauch zu senken.

Förderung des wirtschaftlichen Fortschritts:
Zwei Großbäckereien vereinbaren, ihre Getreidebestellung zu bündeln, um dadurch ihre Produkte günstiger kalkulieren zu können.

Die Kartellbehörde behält sich dabei allerdings eine Kontrolle der zwischenbetrieblichen Vereinbarungen vor. Wer also die im Gesetz vorgeschriebenen Voraussetzungen erfüllt, benötigt keine ausdrückliche Genehmigung durch die Kartellbehörde mehr.
Damit das Prinzip der Legalausnahme nicht zu einer Schwächung des Wettbewerbs führt, sieht das Gesetz verbesserte Schadensersatzansprüche und höhere Bußgelder vor.
Eine Sonderstellung nehmen die **Mittelstandskartelle** ein. Dies sind Vereinbarungen über die Zusammenarbeit mittelständischer Unternehmen mit dem Ziel, ihre Wettbewerbssituation zu verbessern. Mittelstandskartelle sind grundsätzlich vom Kartellverbot des § 1 GWB ausgenommen. Bedingung ist, dass der Wettbewerb auf dem Gesamtmarkt nicht wesentlich beeinträchtigt wird. Anders als die übrigen Kartellarten hatten Mittelstandskartelle bis 2009 noch das Recht, ihr Kooperationsvorhaben durch die Kartellbehörde überprüfen zu lassen.

Aus dem Informationsblatt des Bundeskartellamtes:

Das Bundeskartellamt hat ein Mittelstandskartell in der Entsorgungswirtschaft genehmigt. 29 ausnahmslos kleine und mittlere Unternehmen können dadurch bei der Durchführung flächendeckender Entsorgungslösungen u.a. im Bereich Elektroschrottentsorgung für zentrale Auftraggeber zusammenarbeiten. Erst durch diese Kooperation können die Unternehmen in den Wettbewerb mit Großunternehmen einsteigen.

Prinzip der Legalausnahme im GWB

Grundsatz	→ Unternehmen schätzen die wettbewerbsbeschränkende Wirkung ihrer zwischenbetrieblichen Vereinbarungen selbst ein.
Grundsätzliche Annahme	→ Vereinbarungen gelten grundsätzlich als legal.
Legalitätsbedingung	→ Vereinbarungen müssen z. B. dem technischen oder wirtschaftlichen Fortschritt dienen.
Funktion der Kartellbehörde	→ Kartellbehörde kontrolliert Vereinbarungen und leitet bei Verstößen Sanktionsmaßnahmen (z. B. Bußgelder) ein.
Kartellrechtliche Ausnahme	→ Mittelstandskartelle sind unter bestimmten Bedingungen vom Verbot des § 1 GWB ausgenommen.

Verboten nach dem GWB sind auch aufeinander abgestimmte Verhaltensweisen (Parallelverhalten) von Unternehmen (sog. Frühstückskartelle). Verfahren in der Vergangenheit haben gezeigt, dass es für das Bundeskartellamt häufig schwierig ist, den beteiligten Unternehmen paralleles Verhalten (z. B. Vereinbarung einer gemeinsamen Preiserhöhung durch verschiedene Mineralölkonzerne) nachzuweisen.

13.3 Weitere Instrumente gegen Wettbewerbsbeschränkung

Instrumente im Einzelnen

- **Verbot der Preisbindung**
  Ebenfalls nach § 1 GWB sind vertikale Preisbindungen verboten. Gemäß dieser Bestimmung ist es nicht erlaubt, dass ein Vertragspartner einen anderen verpflichtet, bestimmte Preise oder Konditionen beim Weiterverkauf der Ware an einen Dritten einzuhalten. Wurden derartige „Preisbindungen der zweiten Hand" abgeschlossen, so sind sie nichtig.
  Erlaubt ist dem Hersteller von Waren eine unverbindliche Preisempfehlung. Allerdings darf diese nicht aus „Mondpreisen" bestehen: Dies ist die bewusste Angabe überhöhter Preise, durch deren Unterschreitung der Handel gegenüber dem Verbraucher werben kann. Preisempfehlungen dieser Art können vom Bundeskartellamt verboten werden.

- **Fusionskontrolle**
  Durch Fusionen werden bisher selbstständige Unternehmen zusammengefasst. Da derartige Zusammenschlüsse im Gegensatz zur Kartellbildung auf Dauer angelegt sind, ist die Funktionsfähigkeit des Wettbewerbs besonders gefährdet.
  Werden durch Fusionen marktbeherrschende Stellungen erreicht oder verstärkt, so sind sie vom Bundeskartellamt zu verbieten. Der Bundeswirtschaftsminister kann sich in besonderen Situationen über ein Fusionsverbot des Bundeskartellamtes hinwegsetzen und eine Ausnahmegenehmigung für einen Zusammenschluss erteilen. Dies ist möglich, wenn der Nachteil der Wettbewerbsbeschränkung von gesamtwirtschaftlichen Vorteilen aufgefangen wird.

- **Missbrauchsaufsicht**
  Unternehmen mit einer besonders starken Marktstellung können sich nicht selten der Kontrolle durch den Wettbewerb entziehen. Diese marktbeherrschenden Unternehmen unterliegen einer Missbrauchsaufsicht durch die Kartellbehörde. So soll sichergestellt werden, dass sie ihre Marktmacht nicht zum Nachteil von Lieferanten, Abnehmern und Konkurrenten ausüben.

> Das Bundeskartellamt hat den Pharmagroßhandlungen Anzag, Gehe AG und Sanacorp e. G. untersagt, den Vertrieb importierter Arzneimittel der Eurim-Pharm GmbH an Apotheken generell zu verweigern. Die drei führenden deutschen Pharmagroßhandlungen wollten mit ihrer Abwehrhaltung die preisgünstigen Reimporte vom deutschen Markt fernhalten. Das Verhalten der Pharmagroßhandlungen stellte einen **Behinderungsmissbrauch** dar, weil Eurim-Pharm für den Zutritt zum Pharmamarkt auf das flächendeckende, lückenlose und pünktliche Belieferungssystem des Pharmagroßhandels angewiesen ist.
> (Quelle: Informationsblatt des Bundeskartellamtes)

Durchsetzung des Kartellrechts
Das Bundeskartellamt kann zur Erfüllung seiner Aufgaben
- Zusammenschlüsse verbieten und missbräuchliches Verhalten untersagen,
- wettbewerbsbeschränkende Verträge und Beschlüsse für unwirksam erklären, aufheben oder eine Änderung veranlassen,
- Erlaubnis zu bestimmten Verträgen und Beschlüssen erteilen,
- Geldbußen bei Verstößen gegen das GWB oder gegen Verfügungen des Amtes verhängen.

Das Bundeskartellamt in Bonn

Das Bundeskartellamt hat bisher gegen 33 Unternehmen der Fahrbahnmarkierungsbranche und 21 verantwortliche Personen aus diesen Unternehmen Geldbußen in Höhe von 12,5 Mio. € verhängt. Die betroffenen Unternehmen haben seit vielen Jahren kartellrechtswidrige Absprachen bei Ausschreibungen von Straßenmarkierungsarbeiten durch die öffentliche Hand getroffen. Dabei wurde jeweils der Mindestbieter festgelegt und höhere Schutzangebote der übrigen Bieter vereinbart.
(Quelle: Informationsblatt des Bundeskartellamtes)

13.4 Wettbewerbspolitik am Beispiel des Gesetzes gegen unlauteren Wettbewerb (UWG)

Zu den wettbewerbsordnenden Gesetzen zählt auch das UWG. Seine Aufgabe besteht darin, die Lauterkeit (Qualität) des Wettbewerbs zu sichern. Im Mittelpunkt des Gesetzes steht die Generalklausel des § 1 UWG. Sie betont den Schutz der Mitbewerber und der Verbraucher vor unlauterem Wettbewerb. Im § 3 UWG wird ein ausdrückliches Verbot des unlauteren Wettbewerbs ausgesprochen. Wer gegen das Verbot verstößt, kann schadenersatzpflichtig werden.

Einige Beispiele für unlauteren Wettbewerb (§ 4 UWG). Unlauter handelt, wer:
- Werbehandlungen vornimmt, die die Unerfahrenheit von Kindern ausnutzen,
- den Werbecharakter von Wettbewerbshandlungen verschleiert,
- bei Preisausschreiben mit Werbecharakter die Teilnahmebedingungen nicht klar und eindeutig angibt,
- die Waren oder geschäftlichen Verhältnisse eines Mitbewerbers verunglimpft,
- Waren anbietet, die eine Nachahmung der Waren eines Mitbewerbers sind.

Arbeitsvorschläge

1. Erklären Sie anhand der Kapiteleinstiegssituation die Bedeutung und Funktionsweise des Begriffs „Missbrauchsaufsicht".
2. Entscheiden Sie, ob die folgenden Arten der Preisstellung nach dem GWB zulässig sind oder nicht:
   a) Ein Süßwarenhersteller beliefert verschiedene Lebensmittelmärkte und nennt dabei Preisempfehlungen für seine Artikel.
   b) Ein Schreibtischhersteller nennt in seinen Preislisten bewusst hoch angesetzte Preisempfehlungen, um den Händlern die Möglichkeit zu geben, ihren Kunden werbewirksam günstigere Preise zu berechnen.
   c) Ein Reifenhersteller will zukünftig seine Kunden in den neuen Bundesländern nur beliefern, wenn diese ausdrücklich der Vereinbarung zustimmen, den von ihm vorgegebenen Preis beim Weiterverkauf auch einzuhalten.
3. Dem GWB liegt nach seiner Neufassung das Prinzip der Legalausnahme zugrunde. Erklären Sie, was man unter diesem Fachbegriff zu verstehen hat.
4. Sind Großkonzerne mächtiger als Regierungen? Viele Globalisierungskritiker sind davon überzeugt und belegen ihre These mit einer imposant klingenden Zahl: Die 500 größten Unternehmen rund um den Globus kontrollieren zusammen mehr als die Hälfte der Weltwirtschaftsleistung.
   a) Diskutieren Sie über die Meinung der Globalisierungsgegner.
   b) Wie sind die einflussnehmenden Konzerne regional verteilt?
   c) Wie könnte sich Ihrer Meinung nach der politische Einfluss von Großkonzernen äußern?
   d) Versuchen Sie Ziele zu nennen, bei denen öffentliche und privatwirtschaftliche Interessen gegensätzlich sind.
   e) Wenn Sie der Meinung sind, dass die Globalisierungsgegner recht haben, diskutieren Sie über mögliche einflussbegrenzende Maßnahmen.

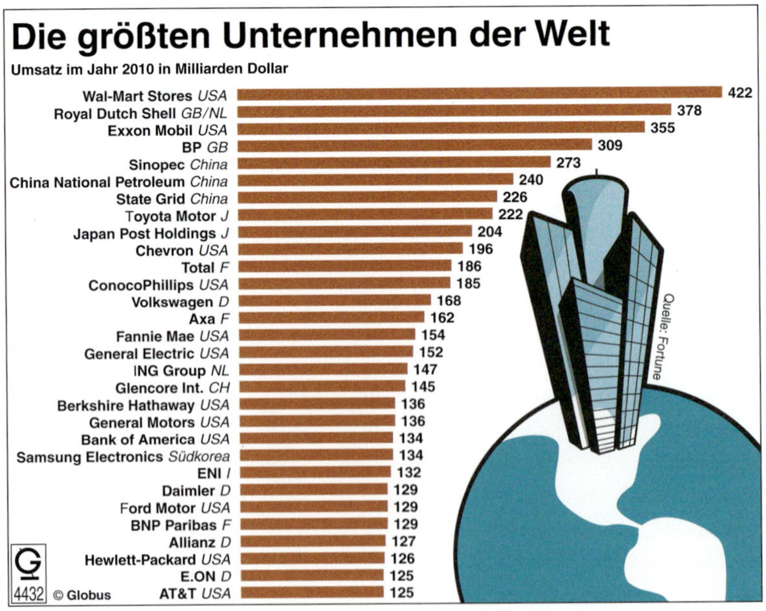

14 Umweltschutz als globales Problem

Moment mal!

Eine Kabinettsitzung unter Wasser: Was zunächst aussieht wie ein alberner Versuch in das Guiness-Buch der Rekorde zu kommen, hat einen sehr ernsten Hintergrund. Die Regierung der Malediven wählte diese Form der Aktion, um der Welt einen „SOS-Ruf aus der Tiefe“ zu senden.
Gezeigt werden sollte, wie lebensbedrohlich sich die klimatischen Veränderungen auf der Welt auswirken, wenn gegen die Erwärmung der Erde nichts unternommen wird. Für die 300.000 Bewohner der Inselwelt der Malediven würde es fast einem Todesurteil gleichkommen, wenn der durch die Erderwärmung ausgelöste Meeresanstieg nicht gestoppt wird. Die höchste Erhebung der Insel liegt mit nur 2,40 m dicht über dem Meeresspiegel. Sehr optimistisch ist man nicht auf den Malediven, ob die Menschheit in ihrer Klimapolitik wirklich umsteuert. Inzwischen bemühen sich die vom „Absaufen“ bedrohten Inselbewohner, sich auf das Schlimmste einzustellen. Gelder aus dem Tourismus, so ihr Plan, sollen auf die hohe Kante gelegt werden, um ein neues Staatsgebiet in Indien oder Australien kaufen zu können.

- Warum ist Umweltschutz notwendig?
- Was kann zum Schutz der Umwelt getan werden?

?

14.1 Notwendigkeit von Umweltschutz

Von dem Ziel, eine lebenswerte Umwelt zu erhalten, war die Menschheit noch nie so weit entfernt wie heute. Alle Länder sind gefordert, ihren Beitrag zu leisten, um eine Umweltkatastrophe zu vermeiden. In Deutschland gehört der Umweltschutz zu den wirtschaftspolitischen Zielen. Wegen seiner enormen Bedeutung werden Stimmen laut, den Schutz der natürlichen Umwelt als Staatsziel in der Verfassung zu verankern.

Schafft die Menschheit es nicht, ihr Verhalten zu ändern und einen rücksichtsvolleren Umgang mit der Umwelt zu pflegen, sind Umweltkatastrophen von ungeheuerem Ausmaß vorprogrammiert.

Umweltprobleme zeigen sich überall auf der Welt und in verschiedenen Formen: Immer mehr Länder leiden unter Wasserknappheit. Wälder werden zerstört und Wüsten bilden sich. Luft, Flüsse und Meere werden verschmutzt. Das Artensterben hat erschreckende Ausmaße angenommen. Ozonlöcher haben sich gebildet und gefährden die Gesundheit. Knappe Rohstoffe werden in Mengen verbraucht, die nachfolgenden Generationen fehlen.

Hauptproblem der bedrohten Umwelt ist die Veränderung des Klimas. Alarmsignale zeigen sich in vielen Lebensbereichen. Einen Überblick gibt das folgende Schaubild:

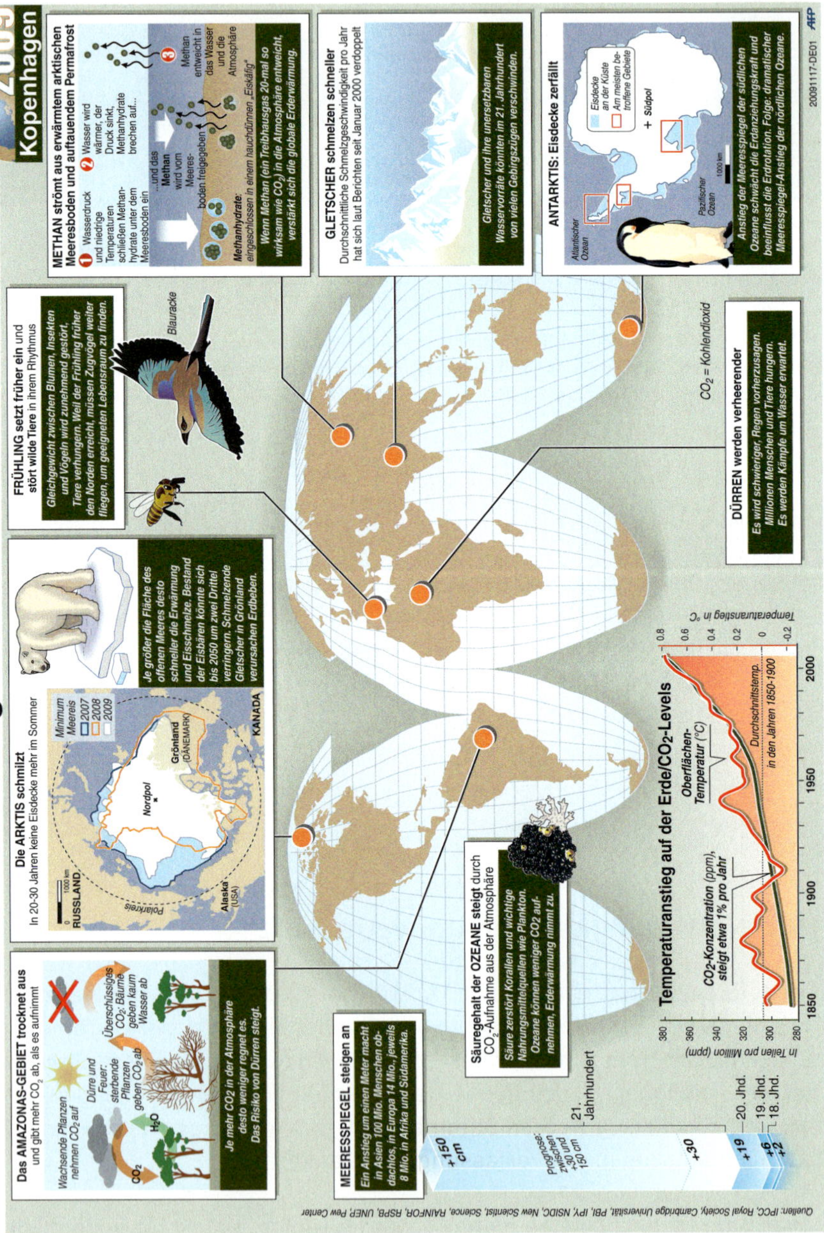

Das größte Problem für die Umweltbelastung ist der Ausstoß von CO_2 mit gravierenden Folgen für das Weltklima. Im Jahr 1990 trafen sich daher die Industrieländer in Japan und beschlossen, den Ausstoß ihrer Treibhausgase bis spätestens 2012 um 5 % gegenüber 1990 zu senken. Die Absicht wurde in einer Erklärung schriftlich festgehalten, die unter dem Namen **Kyoto-Protokoll** bekannt wurde. Nur wenige der 36 Länder, welche das Protokoll unterschrieben haben, werden dieses Ziel erreichen. Zu ihnen gehört Deutschland. Bedauerlich ist auch, dass die Länder mit dem größten CO_2-Ausstoß (USA, China und Indien) das Kyto-Protokoll nicht unterschrieben haben.

Um die Ziele von Umwelt und menschlicher Entwicklung miteinander stärker in Einklang zu bringen, wurde das **Nachhaltigkeitsprinzip** in die ökologische Diskussion eingeführt. „Nachhaltig ist eine Entwicklung dann, wenn sie den Bedürfnissen der heutigen Generation entspricht, ohne die Möglichkeiten künftiger Generationen zu gefährden, ihre eigenen Bedürfnisse zu befriedigen."

Vor allem die **globale Erwärmung** hat dramatische Ausmaße angenommen. Gemeint ist hiermit der während der vergangenen Jahrzehnte beobachtete allmähliche Anstieg der Durchschnittstemperaturen in der erdnahen Atmosphäre.
Die Experten sind sich einig, dass bei einem ungebremsten Ausstoß der **Treibhausgase** mit einer weltweiten Erwärmung um ca. 4,5 Grad Celsius bis zum Jahr 2100 zu rechnen ist.

Langfristig würde damit der Meeresspiegel um ca. einen Meter weiter ansteigen. Da wo heute Land ist und hunderte Millionen Menschen leben, würde sich dann wieder Wasser befinden. Das gilt nicht nur für Asien, sondern auch für die küstennahen Regionen in Europa und Afrika. Andere Regionen würden wiederum von katastrophalen Dürreperioden heimgesucht, da Erderwärmung auch zu Wassermangel führt. Fachleute sagen voraus, dass in Zukunft Kriege zwischen Völkern wegen Wasserknappheit geführt werden.

Das Kyoto-Protokoll von 1997 war für das Klima nur ein kleiner Erfolg. Fachleute kritisierten schon damals, dass die Klimaziele bei weitem nicht ausreichen, um die Erderwärmung zu stoppen. Besonders die größten Klimasünder China und USA müssen auch ihren Beitrag zum Klimaschutz leisten, so die Forderung.

Seit Kyoto haben sich die Klimaprobleme weiter verschlimmert. Der CO_2-Ausstoß ist rapide angestiegen. Der Klimaforscher Nikolaus Stern hat eine Rechnung aufgestellt, die wie eine Bombe einschlug. Danach könnte es 5,5 Billionen Euro kosten, wenn die Menschheit weiter so gewaltige Mengen von Klimagasen in die Atmosphäre pumpt. Das sind 20 % der Wirtschaftskraft der gesamten Welt. Je später man handelt, desto höher wird die aufzubringende Summe.

Was liegt näher bei den vielen Hiobsbotschaften als das Ruder herumzureißen und Besserung zu geloben. „Eine Weltklimaordnung muss her", so die erklärte Absicht vieler Staaten.

Die Weltklimakonferenz im südafrikanischen Durban sollte es richten. Wie bei ähnlichen Konferenzen zuvor fiel das Ergebnis mager aus. Für einige Teilnehmer sind die Abkommen aber immerhin ein Teilerfolg. Wichtige Beschlüsse waren:

- Ein Nachfolgeabkommen für das so wichtige Kyoto-Protokoll soll bei der nächsten Klimakonferenz 2012 in Katar erarbeitet werden. Die Vereinbarungen über die Verminderung von Treibhausgasen können dann bereits 2013 greifen.
- Bis spätestens 2015 soll ein Abkommen vereinbart werden, dass auch die Klimaziele von Staaten erfasst, die bisher nicht das Kyoto-Protokoll unterschrieben haben. Zu diesen Staaten zählen die USA, China und Indien. Allerdings erst ab 2020 sollen die Vereinbarungen verpflichtend werden.
- Durch einen grünen Klimafond sollen ab 2020 jährlich 100 Millionen Dollar in Entwicklungsländer für klimafreundliche Projekte fließen.

Unmittelbar nach der Konferenz von Durban kündigte Kanada seinen Rückzug aus dem Kyoto-Protokoll an, um so einer Vertragsstrafe von 14 Mrd. Dollar wegen Verletzung der Klimaziele zu entgehen.

Fast ein Musterland bei dem Ziel das klimaschädliche CO_2 zu vermindern ist Deutschland. Diese „Insellösung" hat aber nicht nur Freunde. Unternehmer warnen davor und befürchten große Wettbewerbsnachteile für den deutschen Standort und einen Verlust von Arbeitsplätzen. Deren Kritiker werfen ein, dass dieses Argument nur die halbe Wahrheit ist. Erlässt der Staat Verordnungen und Gesetze zum sparsamen Umgang mit Energie und anderen Ressourcen, schafft er gleichzeitig dadurch Investitionsanreize für Unternehmen. Mit neuen Techniken auf den Markt zu kommen, kann durchaus zu einem lohnenden Geschäft werden. Deutschland hat sich inzwischen auf vielen Gebieten der Öko-Industrie eine führende Rolle in der Weltwirtschaft erobert. Hocheffiziente Technologien wie z. B. Wärmepumpen, Dampf-

SMA bleibt auch in Zukunft ein Jobmotor

Kassel. Der Solartechnikhersteller SMA in der Nähe von Kassel dürfte auch im nächsten Jahr das am schnellsten wachsende Unternehmen der Region bleiben. Der Betrieb ist ein wahrer Beschäftigungsmotor. In 2011 stieg die Zahl der Mitarbeiter auf 5.900. Das Ende der Fahnenstange ist aber längst noch nicht erreicht. Ein neues Gewerbegebiet wird für SMA zur Zeit erschlossen. 2.500 neue Jobs sollen hier entstehen: Der Beschäftigungsaufbau geht also in großen Schritten voran.

(xrl)

turbinen, Brennwertheizungen oder Biogasanlagen sind international begehrt. Über die bereits geschaffenen Arbeitsplätze hinaus werden in der Zukunft immer mehr Menschen in der Öko-Industrie arbeiten. Sie entwickelt sich zum Motor für Wachstum und Beschäftigung.

14.2 Ansatzpunkte zum Umweltschutz: Was kann getan werden?

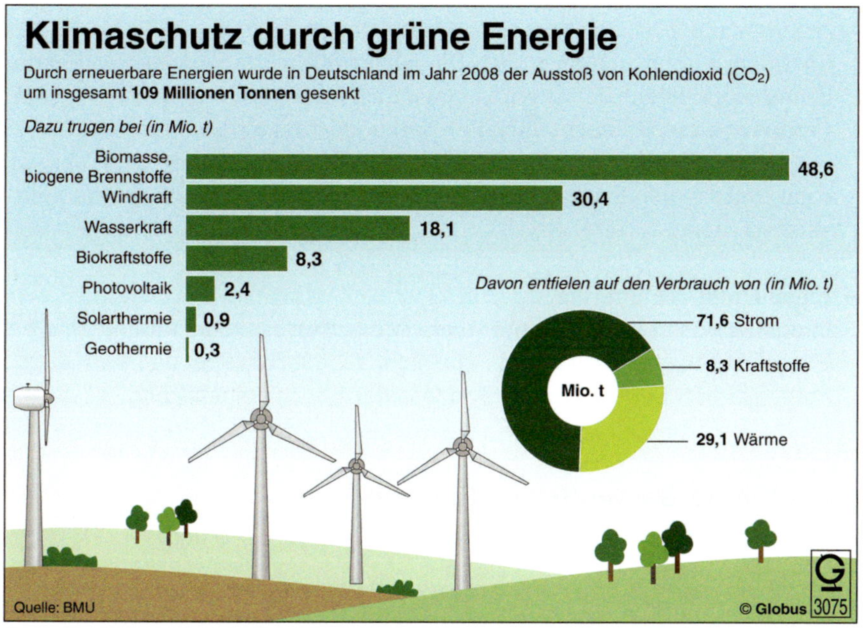

- **Ausbau der erneuerbaren Energie**
  Erneuerbare Energien (regenerative Energie) sind solche Energiearten, die nach menschlichen Maßstäben unerschöpflich sind. Sie gelten langfristig als einzig sicher verfügbare Energiequelle.

- **Ausbau alternativer Energiearten**
  Beschlossen ist in Deutschland der Bau von weiteren modernen Kohlekraftwerken, die ältere Werke wegen deren hoher CO_2-Emission ablösen sollen. Kritische Stimmen betonen, dass auch bei der Verwendung neuer Technologie die Schadstoffbelastung noch viel zu hoch sei. Viele Regierungen befürworten ein Festhalten an der Kernenergie. Es wird die Meinung vertreten, dass sich so der Klimawandel hinauszögern lasse. Kritische Stimmen weisen auf das enorme Gefahrenpotenzial hin. Vor dem Hintergrund der Reaktorkatastrophe in Japan ist die Zahl der Atomgegner in Deutschland massiv gestiegen.

- **Ökologische Finanzreform**
  Staatliche Pläne sehen vor, die Höhe der Kraftfahrzeugsteuern an umweltbezogenen Kriterien auszurichten. Zukünftig soll daher der Kohlendioxidausstoß die Bewertungsgrundlage bilden. Befürwortet wird auch von immer mehr Ländern eine international vereinbarte Besteuerung von Kerosin für Flugzeuge.

Europa plant riesiges Ökostromnetz

BERLIN. Ein Mammutprogramm zum Ausbau erneuerbarer Energie haben neun europäische Staaten beschlossen. Zu den Ländern, die bei diesem Projekt eng zusammen arbeiten wollen, gehören auch Deutschland, Großbritannien, Frankreich, Belgien, Dänemark, die Niederlande, Irland, Luxemburg und Norwegen. In dem Projekt wollen die Länder ein riesiges Energienetz unter der Nordsee aufbauen und die Windparks verkabeln. Geplant ist außerdem eine Verbindung mit Gezeiten- und Wasserkraftwerken sowie Solaranlagen auf dem europäischen Festland. Wetterbedingte Schwankungen innerhalb des weit gestreuten Feldes der Energieanlagen hofft man, so in den Griff zu bekommen. Die Kosten dieses Vorhabens werden auf die gewaltige Summe von 30 Milliarden Euro geschätzt. Zehn Jahre wird es etwa dauern, bis das Ökostromnetz seine Arbeit aufnehmen kann.

(xrl)

- **Recycling**
  Das Recycling von Erzeugnissen macht es möglich, ihren Weg über die Produktion, den Gebrauch und die Entsorgung im Idealfall kreislaufmäßig zu schließen. Die rohstoffarme deutsche Volkswirtschaft profitiert in besonders starkem Maße vom Einsatz von Recycling-Rohstoffen. Der Einsatz von brauchbaren Rohstoffen aus dem Müll, in der Fachsprache auch **Sekundärrohstoffe** genannt, entlastet die deutsche Volkswirtschaft um fast vier Milliarden Euro. Nach einer Berechnung des Instituts der deutschen Wirtschaft werden heute durch den Einsatz wiederverwertbarer Abfälle rund 20 % der Kosten für Metallrohstoffe und drei % der Kosten für Energieimporte eingespart. Die wirtschaftlichen Vorteile der Sekundärrohstoffe liegen vor allem in einer Kostenersparnis verglichen mit der Produktion mit **Primärmaterialien**. Sekundärrohstoffe werden im Betrieb eingesetzt, wenn es sich rechnet. Für die Gesamtwirtschaft folgt daraus, dass Importe von Primärrohstoffen durch inländische Wirtschöpfung ersetzt werden.

- **Einsparung von Energie**
  In das Bewusstsein von immer mehr Menschen tritt zunehmend eine Art Energiequelle, die bei Weitem noch nicht ausgeschöpft ist und ein riesiges Potenzial hat. Gemeint ist der **Prozess der Energieeinsparung**.

14.3 Einige Beispiele zur Energie- und Ressourceneinsparung

Beispiel 1: Unternehmen

Die Industrie hat seit Anfang der Neunzigerjahre den Ausstoß von Treibhausgasen verringert. Kritiker werfen ihr aber vor, dass ihr der Klimabeitrag quasi in den Schoß gefallen sei und nicht aktiv herbeigeführt wurde. Mit dem Strukturwandel in Ostdeutschland, so wird argumentiert, seien viele „schmutzige" Industrieanlagen einfach stillgelegt worden, was sich sehr positiv auf die Energiebilanz der Unternehmen ausgewirkt habe.

Abgesehen von dieser Entwicklung hat sich auch die **Energieeffizienz** in der Industrie natürlich verbessert. Wie die Europäische Umweltagentur fordert, reicht es aber nicht aus, die natürlichen Ressourcen wie z. B. Metalle, Flächen oder auch fossile Brennstoffe produktiver zu nutzen. Gefordert wird vielmehr, dass deren Inanspruchnahme absolut sinken müsse, um die Lebensgrundlagen zu erhalten.
Wie eine ressourcenorientierte Produktions- und Absatzkette aussieht, die über eine rein energiesparende Strategie hinausgeht, zeigt die folgende Abbildung:

Ressourcenorientierte Produktions- und Absatzkette

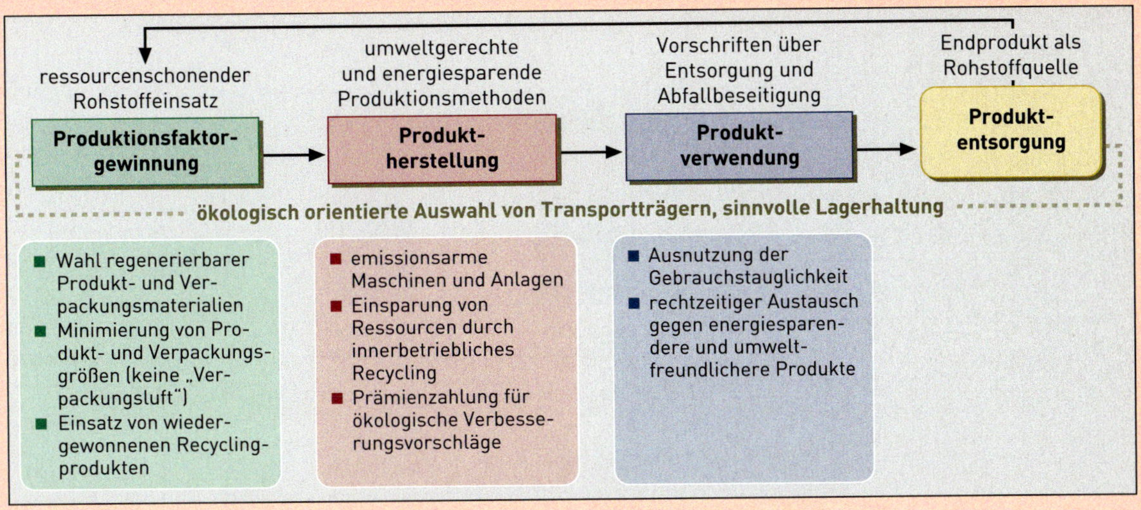

Beispiel 2: Haushalte

Elektrisches Licht, CD-Player, Kühlschrank, Waschmaschine, Computer, eine warme Wohnung – dies alles und noch viel mehr ist für Haushalte selbstverständlich. Noch immer wird sehr großzügig in den eigenen vier Wänden mit Strom und Wärme umgegangen. Inzwischen denken jedoch viele Privatpersonen in ihrem Alltag an die Umwelt. Aber die Sparpotenziale werden bei Weitem nicht ausgeschöpft. Das ist eine tragische Situation, denn unser scheinbar unstillbarer Energiehunger frisst nicht nur die natürlichen Energievorräte wie Öl und Gas auf. Er treibt auch den weltweiten Klimawandel mit seinen vielen negativen Folgen weiter voran.

Ein **Spartipp** von vielen: Beim Kauf von Elektrogeräten sollten Haushalte unbedingt auf die Energieeffizienz-Klasse achten. Es gibt sieben Klassen von A bis G, wobei A für „außerordentlich sparsam" und G für „verschwenderisch" steht. Bei Kühl- und Gefriergeräten haben immer mehr Geräte die Klasse A erreicht. Um weiterhin sehr gute von mittelmäßigen Geräten unterscheiden zu können, gibt es heute die Klassen A+ und A++. Ganz einfach kann man Energie- und Geldsparen, indem man den „Standby"-Modus abschaltet.

EU stoppt teures Standby

Brüssel: In der EU dürfen nur noch elektronische Geräte betrieben werden, die sich vollständig abschalten lassen. Es sei denn, sie haben eine neuartige Stand-by-Schaltung. Die Mehrkosten müssen die Verbraucher tragen. Sie belaufen sich auf zwei bis zehn Euro je Gerät. Über die Energieersparnis haben die Verbraucher die Mehrausgaben aber schnell wieder reingeholt.

(xrl)

Energieeffizienz lohnt sich
(Vergleich der Gesamtkosten[1] einer Kühl-Gefrier-Kombination)

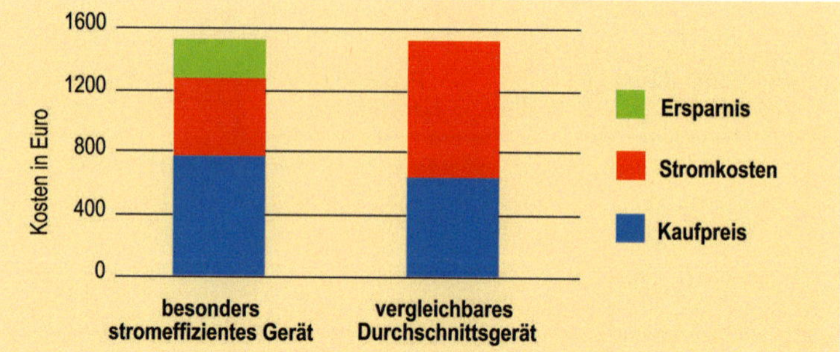

1) Anschaffungskosten und Stromkosten über eine Lebensdauer von 14 Jahren bei 18 Cent/Kilowattstunde

Quelle: Umweltbundesamt (UBA)

Beispiel 3: Mieter und Hausbauer

Die Menschheit vergeudet riesige Mengen an fossilen Brennstoffen zum Betreiben von Maschinen, als Antriebsenergie für Kraftfahrzeuge und als Heizenergie für Wohnraum. Vor allem der Energieverbrauch von Häusern und Wohnungen ist gigantisch. Aber auch das Einsparpotenzial ist hier besonders hoch. Nach Angaben des Bauministeriums könnten Mieter und Besitzer von Häusern bis 2020 nahezu 40 Milliarden Euro an Heizkosten sparen, wenn alle Häuser in Deutschland optimal saniert würden. Der Staat tut etwas gegen diese Verschwendung. Im Rahmen des nationalen Klimaschutzprogramms werden Maßnahmen zur Energieeinsparung von Wohngebäuden finanziell gefördert. Des Weiteren sind bis zu 30 % schärfere Energiestandards für neue Häuser geplant und der lange umstrittene Energiepass für Gebäude wurde endgültig beschlossen.
Wer sein Haus auf erneuerbare Energien umrüstet, bekommt vom Staat eine Klimaprämie. Im Einzelnen werden gefördert:
- thermische Solaranlagen,
- Kombination von Brennwerttechnik und thermischen Anlagen,
- automatische beschickte Biomassekessel,
- effiziente Wärmepumpen.

Beispiel 4: Ernährung

Was viele nicht wissen: Ein nicht unerheblicher Teil der gesamten weltweiten CO_2-Emissionen entsteht durch Lebensmittel.
Ein Beispiel: Die Erzeugung von Rindfleisch belastet die Umwelt erheblich.
- Um das Futtermittel Soja anzubauen, werden im Amazonasgebiet Waldflächen gerodet.
- Die Aufzucht der Tiere ist ebenfalls ein sehr klimaschädlicher Prozess, da die Tiere bei der Verdauung Methan absondern.
- Das Fleisch wird transportiert, gekühlt und verarbeitet. 36 Kilogramm CO_2 gelangen dadurch pro Kilogramm Fleisch in die Atmosphäre.

Da jeder Deutsche jährlich im Durchschnitt 88 Kilogramm Fleisch verzehrt, wird deutlich, wie groß das Einsparpotenzial hier ist. Ein Speiseplan mit weniger tierischen und mehr pflanzlichen Lebensmitteln wäre ein Beitrag für den Schutz der Umwelt. Kommen die Lebensmittel dann noch frisch und unbehandelt auf den Tisch und stammen sie auch noch aus der Region, wird die Umwelt doppelt beschenkt.

Arbeitsvorschläge

1. Welche Gefahren sind Ihrer Meinung nach mit der fortschreitenden Erderwärmung verbunden?
2. Energiesparen ist ein Gebot, dem alle folgen sollten. Machen Sie Vorschläge, welche Maßnahmen Sie persönlich ergreifen könnten.
3. Ein Karikaturist sieht den Umweltschutz als 11. Gebot.
   a) Was will die Karikatur ausdrücken?
   b) Formulieren Sie zehn Pflichten, welche die Menschen erfüllen sollten, um im Sinne dieses Gebots zu handeln.

4. Vor allem China, aber auch den USA wird immer wieder vorgeworfen, massiv gegen das Nachhaltigkeitsprinzip zu verstoßen. Erklären Sie, was hiermit gemeint ist.
5. Was hat Recycling mit Umweltschutz zu tun?
6. Unterscheiden Sie zwischen Primärrohstoffen und Sekundärrohstoffen.
7. Nennen Sie sechs Beispiele dafür, was Sie persönlich in Ihrem Ausbildungsbetrieb für den Umweltschutz tun können.

14.4 Umweltschutz im Verkehrswesen

Das Problem

Der Verkehr wird in den nächsten Jahrzehnten rapide ansteigen. Wenn er nicht wirkungsvoller organisiert wird, bedeutet dies auch mehr Schadstoffe und CO_2-Ausstoß, höhere Lärmbelästigung und einen größeren Flächenverbrauch. Ein erhebliches Problem stellt der Energieverbrauch des Verkehrs dar. 71 % des Gesamtverkehrs in der Europäischen Union sind abhängig von Mineralöl. Für Straßenverkehr beträgt die Abhängigkeit sogar 97 %. Die Umweltbelastung durch den verkehrsbedingten CO_2-Ausstoß wurde mit 20 % ermittelt. Die Konsequenz dieser Situation muss sein, den Verkehr stärker Umwelt- und Klimaverträglicher zu gestalten.
Die Lebensqualität sollte dabei allerdings nicht auf der Strecke bleiben. Es besteht so die Notwendigkeit, den Verkehr energiesparender, effizienter, sauberer und natürlich auch leiser zu machen. Lärm ist nicht nur lästig sondern auch krankmachend.

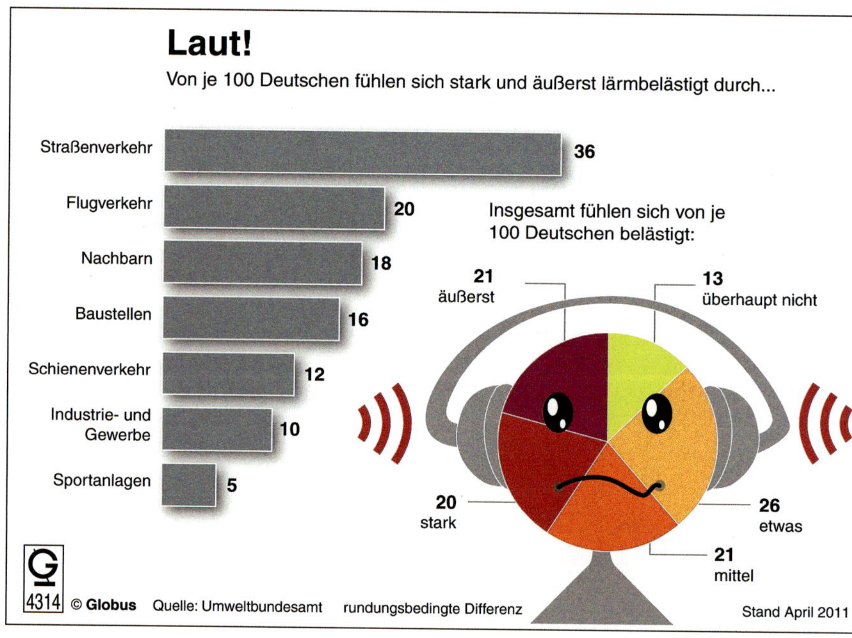

Auch die Transportwirtschaft hat inzwischen eingesehen, dass die begrenzten Ölvorräte und die verschärften Umweltauflagen ein Handeln der Unternehmen notwendig machen. Wer sich von den Betrieben nicht umweltgerecht verhält, wird auf Dauer seine Wettbewerbsfähigkeit verlieren und Arbeitsplätze gefährden. Ein Schlagwort macht in der Branche von sich reden. Das Wort von der **„Grünen Logistik"**. Sie umfasst alle Maßnahmen zur Auslastungsoptimierung, Bündelung und Tourenoptimierung, um so den Verkehr und verkehrsbedingte Emissionen zu reduzieren.
Der Markt für grüne Logistik wächst. Er ist aber auch angewiesen auf die Bereitschaft der Kunden mehr Geld in umweltfreundliche Transporte zu investieren. Umweltfreundliche Lösungen sind oft kostenintensiver als umweltschädliche.

Einige Maßnahmen

- **Stärkere Nutzung von Transportketten**
  Sie wird ermöglicht durch den kombinierten Verkehr. Sie trägt zur Steigerung der Kapazität des gesamten Transportsystems bei. Da wo es sinnvoll ist findet eine Verkehrsverlagerung der Gütertransporte der Straße auf die Schiene und Wasserwege statt. Die Vorteile der jeweiligen Verkehrsträger werden so besser ausgenutzt. Insgesamt kommt es zu einer umweltfreundlicheren Verkehrsabwicklung. Bedingung des Kombiverkehrs ist, dass kranbare Ladeeinrichtungen gegeben sind wie Sattelanhänger, Wechselbrücken oder Container.

- **Einbeziehung von externen Kosten**
  Kosten von Speditionsbetrieben fließen in die Kalkulation ein uns sind Bestandteile des Angebotspreises. Dies gilt z. B. für den Kraftstoffverbrauch und die Personalkosten. Außerdem entstehen aber externe Kosten. Sie sind eine Folgewirkung des Güterverkehrs. Sie werden von den Unternehmen verursacht, sind aber in der Regel von der Allgemeinheit zu tragen.

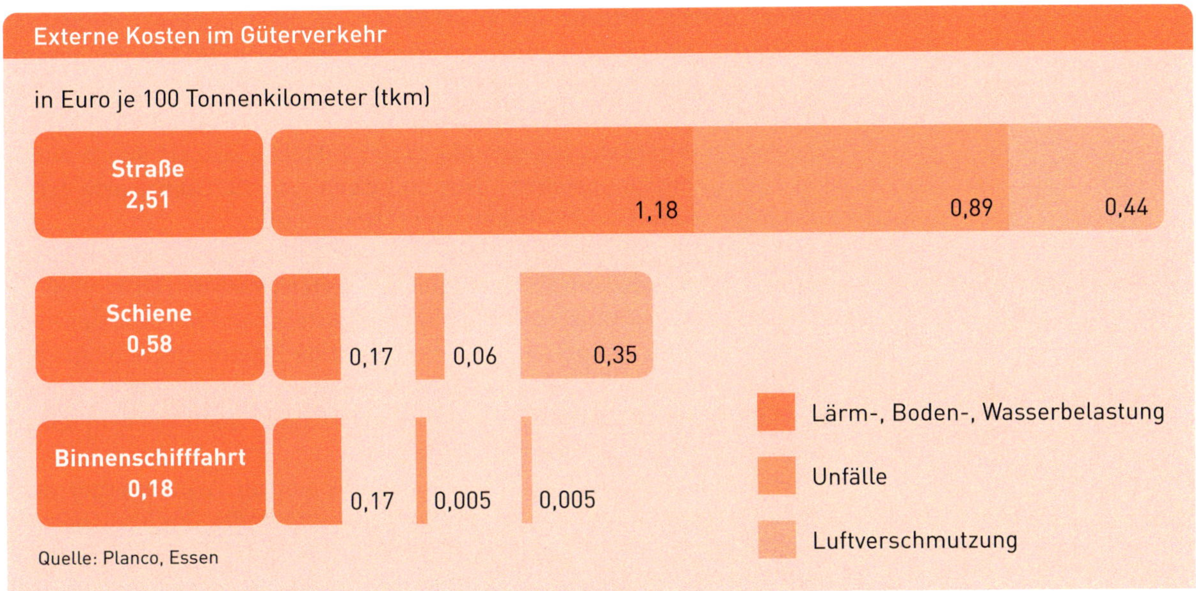

Im Normalfall sollen alle Kosten von demjenigen getragen werden, der sie auch verursacht (Verursacherprinzip). Der Eigentümer eines Lastzuges müsste daher auch alle externen Kosten tragen, die durch sein Fahrzeug entstanden sind. Die Kosten zu beziffern und gezielt zuzuordnen ist sehr schwierig. Aber andererseits sind die Preise für Verkehrsleistung, die externe Kosten ganz aussparen, zu niedrig kalkuliert. Die Nachfrage nach Verkehrsleistungen ist dann überhöht, was nicht im Sinne des Umweltschutzes ist. Die Folge: es kommt u. a. zu einer umweltschädigenden Verschwendung von Rohstoffen (z. B. Kraftstoff). Eine EU-Richtlinie sieht vor, externe Kosten in die EG-Wegekostenrichtlinie einzubeziehen. Eine Belastung aller Verkehrsträger wird es nicht geben. Belastet wird ausschließlich der LKW-Verkehr.

- **Forderung nach Elektromobilität**
  Traurig aber wahr: Die Erdölvorräte gehen zur Neige. Die Förderung wird immer schwieriger und damit auch kostenintensiver. Autofahrer können ein Lied davon singen, wenn sie für eine Tankfüllung tief in ins Portemonnaie greifen müssen. Gleichzeitig belasten die Abgasemissionen unser Klima und die Umwelt. Die Bundesregierung verfolgt daher das Ziel: weg vom Öl. Sie sieht die langfristige Zukunft beim Elektroantrieb der Fahrzeuge. Elektroautos tanken Strom statt Sprit. Einen Auspuff brauchen sie auch nicht, weil ihr Auto nichts verbrennt, was das Klima schädigt. Um diese neue Technologie zu fördern, hat die Bundesregierung eine Milliarde Euro bereitgestellt. Helfen soll das Geld vor allem bei der Entwicklung leistungsfähiger Batterien.
  Durchgesetzt hat sich die Elektromobilität längst noch nicht. Die Fahrzeuge sind teuer und ihre Reichweite noch sehr gering. Das ehrgeizige Ziel der Bundesregierung: Bis 2020 sollen eine Million Elektrofahrzeuge auf Deutschlands Straßen fahren. Was auch heute schon funktioniert ist ein Energiemix aus Verbrennungs- und Elektromotor, wie er bei der Hybridtechnologie zum Einsatz kommt. Die Energieeffizienz ist hier schon größer und damit umweltfreundlicher als beim Verbrennungsmotor.
  Kritiker der Elektroauto-Initiative werfen ein, dass die Elektromobilität zur Mogelpackung für Klima und Umwelt wird, wenn der Fahrzeugstrom aus Kohle- oder Atomkraftwerken stammt. Einwand der Kritiker ist: Nur die Kopplung der Elektromobilität an erneuerbare Energien macht Sinn. Es wird daher gefordert, in den Akkus der E-Mobile ausschließlich Wind- und Solarstrom zu speichern. Nur so lassen sich die Grenzwerte erreichen, welche die EU für 2050 anstrebt. Neuwagen dürfen dann nur noch 10 bis 35 Gramm CO_2 km ausstoßen. Das bedeutet, dass die Elektromobilität bei neuzugelassenen Fahrzeugen mindestens 93 % betragen muss. In den 93 % sind die mit Brennstoffzellen angetriebenen Fahrzeuge enthalten. Brennstoffzellen gelten als die langfristige Zukunftstechnologie mit der sich das Problem der geringen Reichweiten bei den E-Autos lösen lässt. Reine E-Autos werden dann vorwiegend batteriebetrieben im reinen Stadtverkehr eingesetzt werden.
  Neue Zukunftsmusik: Die Zauberformel Windkraft. Windenergie wird durch die Umwandlung von Strom zu Wasserstoff oder Gas speicherbar. Sie kann dann als Energie für Erdgasautos oder Brennstoffzellen dienen. Weitere Möglichkeit: Sie wird zum klimaneutralen Strom für Elektroautos.

- **Sprit vom Acker**
  Allein in 2010 wurden in Deutschland ca. 4 Millionen Tonnen Kraftstoff aus Pflanzen gewonnen. Der Biokraftstoff wurde dem fossilen Kraftstoff beigemischt. Mehr als 8 Millionen Tonnen CO_2 wurden so eingespart. Zukünftig soll der Anteil weiter ansteigen. Getreide, Zuckerrüben und Zuckerrohr sind die „Ökokost", die zur Herstellung des Bio-Sprits dient. Nachteilig bei diesem Vorgehen ist, dass diese Produkte der Nahrungsmittelkette entzogen werden. Weil die Weltbevölkerung steigt und die Ernte vernichtenden Naturkatastrophen zunehmen, werden die Nahrungsmittel allein schon deshalb immer knapper. Die Folge können steigende Lebensmittelpreise sein, die in ärmeren Ländern nicht mehr aufgebracht werden können. Verstärkt durch politische Instabilität kann es häufiger zu Hungersnöten kommen.
  Kann man es schaffen, die Biokost der Nahrungsmittelkette nicht zu entziehen und trotzdem den so umweltfreundlichen „Sprit vom Acker" zu erzeugen? Möglicherweise. Bei nachwachsenden Rohstoffen bahnt sich ein Generationswechsel an. In zahlreichen Ländern sind Verfahren in der Erprobungsphase, die aus Bioabfällen (z. B. Stroh) Kraftstoffe erzeugen wollen.

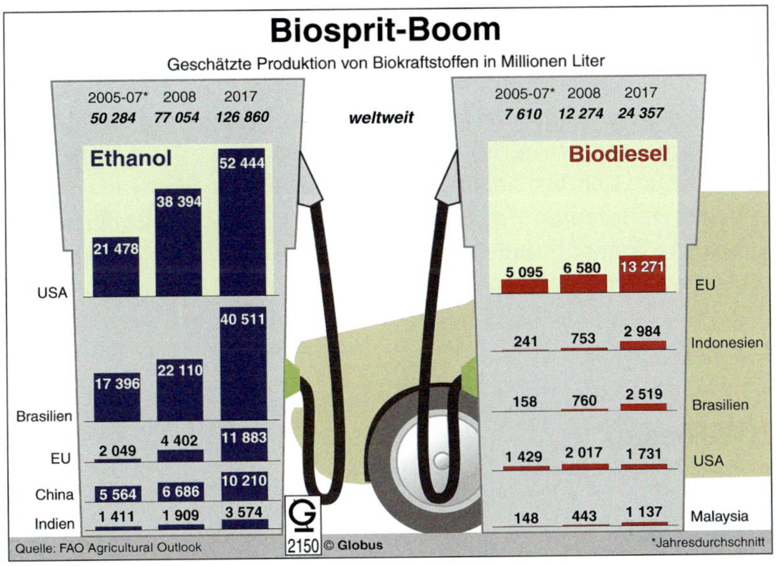

- **LKW oder Bahn? Was sagt die Ökobilanz?**
  Ein Viertel des CO_2 Ausstoß in Europa wird durch den Verkehr verursacht. Immer wieder wird gefordert, große Teile des Güterverkehrs auf die Schiene zu verlegen. Das ist wegen der zu geringen Kapazität der Bahn aber realitätsfremd. Neue Untersuchungen zeigen, dass es mit der Ökobilanz der LKWs gar nicht so schlecht aussieht. Die Verbrauchswerte an Kraftstoff sind in den letzten Jahren erheblich gesunken. Auch die Auspuffgase werden immer sauberer. Ermöglicht wird dies bei modernen Fahrzeugen durch eine Art von Abgas-Raffinerie hinter dem Führerhaus. Sie hat die Aufgabe, eine chemische Reinigung der Abgase vorzunehmen. Bereits heute gibt es LKW-Hersteller, deren Fahrzeuge die Abgasnorm Euro IV erfüllen. Sie ist ab 2014 verpflichtend.

Rauchverbot

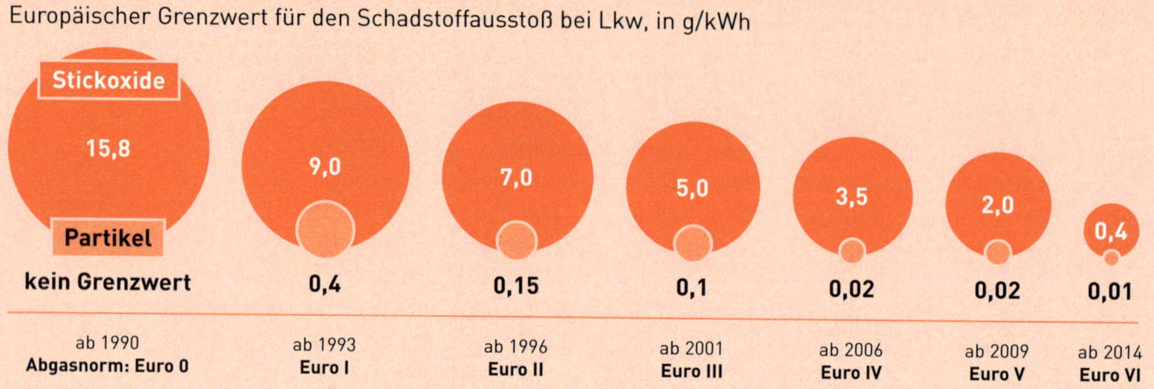

Quelle: Der Spiegel, Nr. 28 v. 11.07.11, S. 125

Hängen die LKW die Bahn in der Ökobilanz jetzt ab? So weit ist es noch nicht. Aber die LKWs haben aufgeholt. Niemand würde auf die Idee kommen z. B. Schüttgüter nicht per Waggon sondern per LKW in die Kraftwerke zu transportieren. Kann die Bahn nur kurze Züge einsetzen und fallen Leerfahrten an, desto schlechter wird die Ökobilanz der Bahn. Der allgemeine Grundsatz lautet: Je mehr Masse mit einer Fuhre bewegt werden kann, desto besser fällt die Ökobilanz für das Verkehrsmittel aus. Bezogen auf den LKW heißt das: Je länger und schwerer er ist, desto besser ist das für die Umwelt. Langlaster (Euro Combis) haben deshalb eine bessere Ökobilanz als die herkömmlichen Fahrzeuge. Um bis zu 24 % sinkt die Schadstoffemission pro transportierte Tonne. Freude dürfte aber bei den anderen Verkehrsteilnehmern nicht aufkommen, wenn diese Ungetüme über die Straßen rollen. Darüber hinaus sind die Belastungsfolgen für die Autobahnen noch längst nicht geklärt.

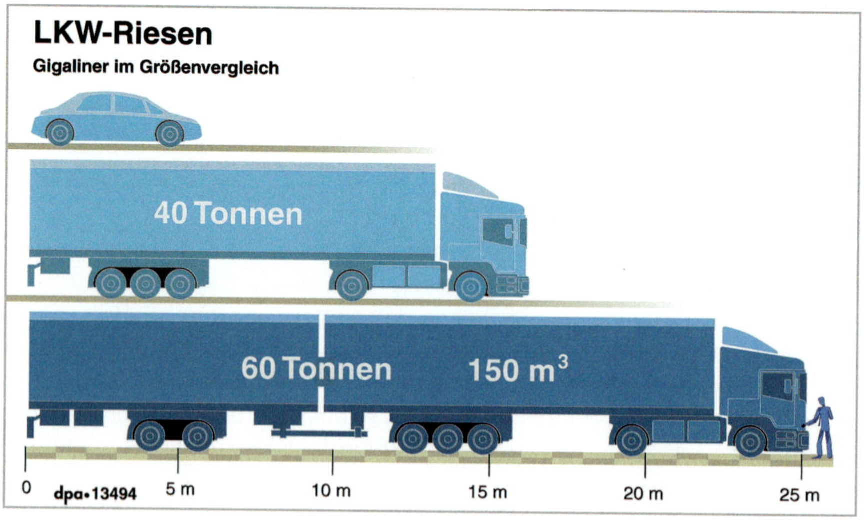

Arbeitsvorschläge

1. Was versteht man unter der „grünen Logistik"?
2. Nennen Sie vier Gründe warum der Verkehr umwelt- und klimaverträglicher werden sollte.
3. Worin sehen Sie die ökologischen Vorteile von sinnvollen Transportketten?
4. Unterscheiden Sie zwischen den kalkulierten und den externen Kosten für einen LKW.
5. Eine EU-Richtlinie sieht vor, den LKW-Verkehr mit einem Teil der externen Kosten zu belasten. Was bedeutet das?
6. Welche Bedingung sollte erfüllt sein, damit die Elektromobilität nicht zur Mogelpackung wird?
7. Reine E-Autos sind für den Straßenverkehr zurzeit nur bedingt geeignet. Nennen Sie Gründe.
8. Nehmen Sie Stellung zu der Behauptung: „Sprit vom Acker" ist für die Menschen und ihre Umwelt nur von Vorteil.
9. Erklären Sie die Übersicht „Sprit vom Acker" im gleichnamigen Kapitel.
10. In einer Diskussion vertritt jemand die Meinung: LKWs sind immer noch die großen Dreckschleudern, welche die Umwelt stark belasten. Beziehen Sei Stellung!

action press, Hamburg: 81.1, 139.1 (G. Ohlenbostel), 293.1 (Krüger, Marcus); adpic Bildagentur, Bonn: 200.1 (Yuri Arcurs); AFP Agence France-Presse GmbH, Berlin: 348.1; akg-images GmbH, Berlin: 268.2, 269.1; ANDIA, Pacé: 18.1; argum Fotojournalismus, München: 100.1; argus Fotoagentur GbR, Hamburg: 274.1 (Thomas Raupach), 350.1 (Griffiths Aid); Bergmoser + Höller Verlag AG, Aachen: 41.1, 84.1, 131.3, 237.1, 281.1, 330.1; Bildagentur Huber, Garmisch-Partenkirchen: 340.1; bildagentur-online GmbH, Burgkunstadt: 11.4 (TIPS/Stefano Tartarotti); Bildarchiv Werner Bachmeier, Ebersberg: 26.1, 182.1; BilderBox Bildagentur GmbH, Breitbrunn/Hörsching: 12.1; Borussia Dortmund GmbH & Co. KGaA, Dortmund: 167.1; bpk – Bildagentur für Kunst, Kultur und Geschichte, Berlin: 269.2 (K. Rohwedder); Bundesministerium der Finanzen, Berlin: 133 (beide); Deka Bank, Frankfurt: 124.4; Deutsche Börse AG, Frankfurt/Main: 315.1; Deutsche Post AG, Bonn : 14.1; DH Studio – Werbeagentur, Köln: 11.1; Druwe & Polastri, Cremlingen/Weddel: 40.1–3, 188.1; ecopix-Fotoagentur, Berlin: 223.1; Flughafen Dortmund GmbH, Dortmund: 338.1; Flughafen Frankfurt-Hahn GmbH, Hahn-Flughafen: 335.3; FOTODESIGN – HEINZ HEFELE, Darmstadt: 114.1, 117.1; fotolia.com, New York: 9.1 (Gina Sanders), 13.1 (FCS Photography), 45.1 (Yuri Arcurs), 51.1 (Picture-Factory), 86.1 (beermedia), 111.1 (M. H.), 168.1 (Franz Pfluegl), 171.1 (fotogestoeber), 178.1 (Graf_es), 191.1 (Light Impression), 259.1 (dedi), 283.1 (Eisenhans), 335.1 (Matthias Krüttgen), 335.2 (Thaut Images); Frambach, Timo, Braunschweig: 358.1; Fritz Schäfer GmbH, SSI Schäfer, Hannover: 10.2; Hasenpusch Photo-Productions, Schenefeld: 11.3; Haus der Geschichte, Bonn: 34.1 (Jupp Wolter/Künstler), 44.2, 89.1 (Jupp Wolter), 341.1; HHLA – Hamburger Hafen und Logistik AG, Hamburg: 11.2; Home Shopping Europe GmbH & Co.KG, Ismaning: 12.3; images de. digital photo GmbH, Berlin: 291.1 (Jespersen); imagetrust, Koblenz: 234.1 (Felix Seuffert); imu-Infografik, Duisburg: 276.1; iStockphoto, Calgary: 10.1 (carl swahn), 35.1 (Carmen Martínez Banús); KNAPP-AG, Hart/Graz: 327.3; Kohn, Klaus G., Braunschweig: 67.1, 329.1; laif, Köln: 73.2 (Tjaden), 229.1 (Huber); Löffler, Reinhold, Dinkelsbühl: 296.1; MEV Verlag GmbH, Augsburg: 98.1; Müller, Knut, Halle: 350.2; Norbert Schröter, Reutlingen: 322.1; NOTUS Energy Plan GmbH, Potsdam: 226.1; OKAPIA KG Michael Grzimek & Co., Frankfurt am Main: 46.1 (Chris Müller); Panther Media GmbH, München: 251.1 (Philipe Ramakers); photothek.net GbR, Radevormwald: 214.1 (Thomas Köhler); Picture-Alliance GmbH, Frankfurt/Main: 31.1 (Andreas Lander/ZB), 42.1 (Weiss), 49.1 (Jens Schierenbeck), 53.1, 57.1 (K.Rose), 58.1 (Design Pics), 59.1 (P.Pleul), 61.1 (G. Breloer), 61.2 (ZB/S. Thomas), 70.1 (Zentralbild/Jens Büttner), 73.1 (Sander/T. Roos), 77.1 (Jens Schierenbeck/dpa Themendienst), 80.1, 83.1, 94.1, 95.1 (F. May), 101.1 (O.Berg), 104.1, 105.1 (ZB/Waltraud Grubitzsch), 107.1 (Rauchwetter), 110.1, 112.1, 114.2 (Uli Deck), 118.1 (B. Weißbrod), 119.1, 130.1 (BPA/Hochheimer), 130.2, 163.1, 177.1 (ZB/Euroluftbild.de), 211.1 (CHROMORANGE/F. Röder), 244.1 (H. von Heydenaber), 247.1 (ZB/M. Gröning), 249.1 (S. Simon), 260.1 (ZB/P. Pleul), 261.1, 263.1, 272.1, 278.1, 284.1, 294.1 (ZB/P. Grimm), 295.1 (ZB/P. Ending), 297.1, 303.1 (licensegarden/Harm Bengen), 310.1, 327.1 (Peter Endig), 346.1, 347.1, 349.1 (AD Medien/Michael Kops), 351.1, 352.1 (ZB/B. Settnik), 356.1, 359.1, 360.1; Rainer Raffalski, Waltrop: 63.1; Seidel, Jürgen, Köln: 91.1; SG Gilsa-Jesberg: 54.1; Stadt Bonn – Presseamt –, Bonn: 345.1 (Michael Sondermann); Stiftung Warentest, Berlin: 255.2, 255.3, 257 (beide); Tomicek, Jürgen, Werl-Westönnen: 300.1, 355.1; transit – Fotografie und Archiv, Leipzig: 22.1 (Thomas Härtrich), 122.1; Trux, Stefan, Großkarolinenfeld: 313.1; ullstein bild, Berlin: 127.1, 127.2, 268.1, 334.1 (ddp Nachrichtenagentur); Umweltbundesamt, Dessau: 354.1; vario images, Bonn: 46.2 (Jürgen Moers), 146.1 (Stefan Kiefer), 336.1 (Design Pics); Varnhorn Fotografie Frankfurt, Bad Vilbel: 327.2; Visum Foto GmbH, Hamburg: 266.1 (Rudi Meisel); Volksbanken Raiffeisenbanken, Bonn: 123.1; Volkswagen Media Services, Wolfsburg: 266.2; Werbefotografie Weiss GmbH, Gersthofen: 12.2.